V&R

Gerald Willms

Die wunderbare Welt der Sekten

Von Paulus bis Scientology

Vandenhoeck & Ruprecht

Bibliografische Information der Deutschen Nationalbibliothek

Die Deutsche Nationalbibliothek verzeichnet diese Publikation in der Deutschen Nationalbibliografie; detaillierte bibliografische Daten sind im Internet über http://dnb.d-nb.de abrufbar.

ISBN 978-3-525-56013-6
ISBN 978-3-647-56013-7 (E-Book)

Umschlagabbildung: light in hands, magic energy, www.shutterstock.de

Printed in Germany.
Satz: SchwabScantechnik, Göttingen
Druck und Bindung: ⊕ Hubert & Co., Göttingen

Gedruckt auf alterungsbeständigem Papier.

Inhalt

Vorwort von Marco Frenschkowski

Die Einstellung der deutschen Gesellschaft gegenüber der Vielfalt gelebter Religionen ist in den letzten Jahren sehr viel lockerer und entspannter geworden. Im Urlaub hat man thailändischen Buddhismus kennengelernt oder in den USA eine amerikanische Gemeinde besucht – und vielleicht selbst erlebt, dass die etwas schulmeisterliche Überlegenheitsattitüde, die lange in Deutschland gegenüber dem amerikanischen Christentum herrschte, allenfalls hinsichtlich klar begrenzter Gruppen angemessen sein kann. Esoterikmärkte stehen unter der Schirmherrschaft von Bürgermeistern der großen Parteien und interreligiöse Veranstaltungen boomen. Damit verändert sich auch die Wahrnehmung von Religion in Deutschland insgesamt und herkömmliche Bewertungskategorien werden fraglich. Was ist »Kirche«, was »Sekte«, was »Religion«, was »Spiritualität«? Welchen Sinn machen solche traditionellen Begriffe aus einer völlig anderen kulturellen Konstellation in der Gegenwart? Wenn es um die »Gefährlichkeit« von Religion geht, denkt die Mehrheit der Bevölkerung nicht mehr an die traditionellen »Sekten« wie in den 1970er Jahren, sondern an islamistischen Fundamentalismus und die flächendeckende, nur langsam überwundene Vertuschung von Missbrauchsfällen in der katholischen Kirche. Gewiss, das Sektenthema ist nicht passé, immer wieder werden Vorwürfe aktuell. Aber auch hier kann sehr viel entspannter – und vor allem differenzierter diskutiert werden, als das noch vor wenigen Jahren der Fall war.

Als der faktische religiöse Pluralismus der Gegenwart in den 1970er und 80er Jahren allmählich in das allgemeine Bewusstsein rückte, war dieser Vorgang in breiten Teilen der Bevölkerung mit massiven Unterwanderungsängsten und anderen Befürchtungen verbunden. Die eigene religiöse Tradition wurde von nicht wenigen Menschen als so schwach und anfällig erlebt, dass jede Form religiöser Werbung, jede Präsenz neuer Religionen als gefährliche Manipulation oder bedrohliches Indiz spiritueller Verwahrlosung erscheinen musste, vor allem im Schatten der Antisektenarbeit der Mehrheitskirchen. Das Nebeneinander von werbenden, durch keine staatlichen Privilegien gestützten Gemeinschaften – in anderen Ländern der Welt wie den USA eine Selbstverständlichkeit – war unvertraut und löste zuerst einmal massive Ängste aus, auch wenn die Erfolge dieser werbenden Gemeinschaften nüchtern betrachtet minimal und zudem meist sehr vorübergehender Natur waren. Hinzu kam, dass auch die Religionswissenschaften noch eher an den klassischen Weltreligionen (und ihren Heiligen Texten) orientiert waren und eine Karriere mit Studien zu »neuen« und »merkwürdigen« Religionen kaum zu machen war. Einzig die christlichen Kirchen hatten eine Tradition der kritischen Bewertung »neuer Religionen« oder Gemeinschaften, und diese hatten eine schwere Altlast herkömmlicher Sektenklischees zu tragen, die letztlich aus der »anti-häretischen« Literatur des Altertums und Mittelalters stammten. Menschen in »anderen« Glaubensgemeinschaften mussten nach diesen Klischees entweder Opfer oder Verführer sein, oft beides gleichzeitig, und ihre Entscheidung für eine Gemeinschaft abseits der beiden großen Kirchen konnte keinesfalls mit rechten Dingen zugegangen sein. Gutwillige, kluge, informierte Menschen, die aus freier Entscheidung eine christliche Kirche verließen, konnte es in diesem ideologischen Konstrukt grundsätzlich nicht geben. Als die Mormonen Mitte des 19. Jh. in Großbritannien und den USA erhebliche Missionserfolge hatten, erklärten dies die etablierten Kirchen mit den »hypnotischen« (mesmerischen, wie man damals sagte) Kräften ihrer Prediger. Wenig früher hatte man von Behexung gesprochen; in den 1970er Jahren bürgerte sich dann dafür der aus der militärischen Propaganda des Koreakrieges überkommene Fantasiebegriff der »Gehirnwäsche« ein (den das Verteidigungsministerium der USA popularisierte, um zu erklären, warum es eine Handvoll amerikanischer Soldaten vorzog, auch nach ihrer Freilassung aus nordkoreanischer Kriegsgefangenschaft nicht in die USA zurückzukehren). In der Religionssoziologie ist dieser Begriff längst obsolet, weil er die komplexen Prozesse verschleiert, die Menschen in eine Religionsgemeinschaft führen. Nun, dies alles ist lange vorbei, und die Kriterien der Bewertung, mehr aber noch die Fakten der reichen Religionskultur unserer westlichen Gesellschaften liegen auf dem Prüfstein. Auch die kirchliche Kritik an kleinen Religionen ist sich der Notwendigkeit bewusst geworden, ihre eigenen Kriterien gegenüber häresiologischen Klischees zu emanzipieren und kritisch zu reflektieren.

Die Zeiten sind auch weitgehend vorbei, in denen angespannte Sektenwächter (keineswegs nur mit kirchlichem Hintergrund) sich als eine Art religiöser Polizei der Nation inszeniert haben. Wie gesagt: Der Umgang mit Religion ist freier geworden. Aus einer ängstlichen Überwachung vorgeblicher »Jugendreligionen« (die heute alle in die Jahre gekommen sind) ist ein komplexes interreligiöses Gespräch entstanden, an dem Mitglieder kleiner und alternativer religiöser Gruppen ebenso teilnehmen wie Menschen aus großen und etablierten Gemeinschaften. Die Weltanschauungsbeauftragten der Kirchen (die früher Sektenbeauftragte hießen) haben sich weitgehend von den Klischees der Tradition befreit und sind längst in der Regel wohlinformierte Gesprächspartner, nicht zuletzt für Menschen in Zeiten religiöser Neuorientierung. Sie sehen ihre Hauptaufgabe auch nicht mehr im Warnen vor »gefährlichen Sekten«, sondern in der Beratung und soliden Information über die Vielfalt, die Licht- und Schattenseiten gelebter Religion in unserem Umfeld. Viele neue Religionen haben sich energisch selbst in das interreligiöse Gespräch eingebracht, und manche (wie die von der Vereinigungskirche getragene *Universal Peace Federation* UPF) sind zu geachteten Global Players auf diesem Feld geworden. Noch nicht so ganz vorbei sind leider die Zeiten, in denen der Sensationsjournalismus in kleinen, neuen und/oder devianten Religionen einen wohlfeilen, weil durch keine Lobby geschützten Gegenstand schauerlicher Horrorgeschichten (*atrocity tales*, wie man in den USA sagt) finden konnte und jede Form sachlicher Berichterstattung oder gar Analyse in reißerischer Sensationsgier totgeschrien wurde. Aber auch das wird sich ja vielleicht in absehbarer Zeit ändern.

Mit erstaunlicher Gelassenheit kann eine Fernsehserie wie »Die Simpsons« nicht nur mit höflichem, ja geradezu verständnisvollem Spott den Fundamentalismus eines Ned Flanders entlarven, sondern auch mit großer Offenheit sensibelste Themen wie Verführbarkeit, Konversion (zum Buddhismus, zur katholischen Kirche), Umgang mit Tod und Sterben und tiefe religiöse Erfahrungen zur Sprache bringen; freilich auch die Klischees über destruktive Kulte gehörig ausschlachten (so in der bekannten *Movementarians*-Folge, Season 9, Folge 13). Von einer solchen humorvollen und oft erstaunlich informierten Offenheit sind die genuin deutschen Medien zwar noch weit entfernt, aber doch auch ebenso von der angespannten, überall Gefahren witternden Überwachungsmentalität der 1960er und 70er Jahre. Ich erwähne diese Beispiele, weil sie zeigen, dass ein humorvoller, entspannter Umgang mit Religion alles andere als unkritisch sein muss: Tatsächlich trifft die Kritik der Simpsons oft den Nerv der Sache. Überhaupt wird ein freierer, aufgeklärter Umgang mit Religion sicher nicht weniger Kritik an problematischen Aspekten von Religion bedeuten. Aber die Faktizität von Vorwürfen bedarf immer der Überprüfung, die Stereotypen der Wahrnehmung bedürfen der Analyse, überhaupt müssen die Selbstverständlichkeiten der Sektenklischees hinterfragt werden, und ein wenig gesunder Menschenverstand muss sich mit den Fakten moderner Religionskulturen verbünden, damit es zu einem gedeihlichen Nebeneinander der Religionen kommen kann.

In diesen entspannteren, kritischen, aber auch Stereotype radikal infrage stellenden Umgang mit der Vielfalt von Religion gehört nun auch das vorliegende exzellente kleine Buch. Es ist mir ein ausgesprochenes Vergnügen, ihm ein Vorwort voranzustellen. Gerald Willms ist über die Grenzen Deutschlands hinaus bekannt als Autor eines der wenigen (manche sagen: des einzigen) deutschen Buches über die Scientology Kirche, das religionswissenschaftlichen Ansprüchen gerecht wird. Er ist darüber hinaus ein vorzüglicher Kenner der Landschaft neuer religiöser Bewegungen, der mit souveräner Materialbeherrschung überraschende Vergleiche ziehen kann und selbst für den Fachmann verblüffende und nicht allgemein bekannte Details auf den Tisch zu bringen weiß.

Hier schreibt er nun freilich in einem ganz anderen Genre als dem der wissenschaftlichen Monographie. Mit Humor und leichter Hand, ja oft geradezu im Plauderton zeichnet er ein Bild der vielfältigen Landschaft der kleinen und nicht-etablierten Religionsgemeinschaften in Deutschland, wobei freilich in gewissem Umfang auch die großen Religionsgemeinschaften zur Sprache kommen, vor allem in ihren Randbezirken. Sein Blickwinkel ist der des Religionssoziologen und Kulturwissenschaftlers. Daher stehen immer die Fakten im Mittelpunkt: Und diese haben nach wie vor oft wenig gemein mit den gängigen Vorstellungen. Obwohl mit kritischen Informationen nicht gespart wird, steht daneben bei aller Lockerheit der Sprache doch immer auch der sehr ernsthafte Versuch, die Kriterien der Wahrnehmung kritisch zu hinterfragen. Selbst in scheinbar beiläufigen Sätzen zeigt sich seine Bemühung um Fairness, Verifizierbarkeit und Aufmerksamkeit den größeren Kontexten gegenüber. Dabei gelingt ihm oft mit wenigen Sätzen ein treffenderes Porträt, als es manche monographische Studie aufweist.

Das Erfrischende am vorliegenden Buch ist auch, dass es nicht auf eine »Position« reduziert werden kann, sondern sich immer gesunden Menschenverstand und Distanz bewahrt: Distanz nicht nur gegenüber den besprochenen Gruppen, sondern auch gegenüber den journalistischen und kirchlichen Klischees der Kritik. Dabei wird es möglicherweise viele Leserinnen und Leser irritieren. Evangelische Leser sind schockiert, wenn die Persönlichkeit Martin Luthers in ziemlich düsteren Farben gezeichnet wird, katholische vielleicht, wenn ihnen das schiere Ausmaß der extrem konservativen Szenen und Gruppen am Rand ihrer Kirche (mit Sedisvakantismus, Antisemitismus, Holocaustleugnung usw.) vor Augen geführt wird. Willms entspanntem Umgang mit dem Thema liegt jede Verharmlosung fern, aber seine Kritik fragt immer nach der Lebensrealität von Gruppen und Szenen sowie den Veränderungen, denen sie oft in sehr kurzer Zeit unterliegen. Einer der großen Fehler der (umfangreichen) Antisektenliteratur der Nachkriegsjahre bis in die 1980er Jahre war, dass sie »Sekten«, wenn einmal gegründet, als mehr oder wenige statische Größen gesehen hat. Sie wurden ja durch ihre »Irrlehren« und fragwürdige Werbemethoden definiert, nicht etwa durch soziale Dynamiken. Auch hier hat sich die Forschung längst in andere Bahnen bewegt, und Willms spiegelt diese Verschiebung. Religiöse Gemeinschaften können sich radikalisieren oder isolieren und dann wirklich gefährlich werden: Wie das passiert, beschreibt Willms detailliert. Aber der »normale« Vorgang ist im Gegenteil eine Bewegung »in die Mitte«, zu größerer etwa ökumenischer Offenheit, zu einer Anpassung an einen »Normaltyp« religiöser Gemeinschaft. Dieser Zug zur »Mitte«, zu einem »Normaltyp« der Gemeinde bzw. Gruppe, ist eine der bemerkenswertesten Entwicklungen der Gegenwart in vielen religiösen Gruppen (übrigens auch islamischen).

Willms ist auch polemisch, gewiss, sogar von unerwarteter Schärfe gegen das, was er »Sektenmacher« nennt (und damit sind nicht die Gründerinnen und Gründer neuer Religionen gemeint). Dahinter steht freilich die Erfahrung des Wissenschaftlers, dass differenzierte Urteile oder auch nur seriöse Recherche über die Haltbarkeit gemachter Vorwürfe in der Öffentlichkeit lange kaum gefragt waren. Mit großem Schmerz muss der Verfasser dieses Vorwortes – selbst evangelischer Theologe – sagen, dass die Vorwürfe auch gegen die kirchliche »Antisekten-Arbeit« vor allem der 1970er und 80er Jahre zwar polemisch formuliert, aber keineswegs unzutreffend sind. Es gab eben leider in der Tat auch »Sektenfachleute«, die von »heiligem Zorn gegen alle Sekten erfüllt« waren, und ihre »vollständige Vernichtung« als Lebensaufgabe sahen (Zitate eines der berühmtesten aller Sektenjäger dieser noch nicht so lange vergangenen Jahre) und die dabei an empirischen Fakten, größeren Zusammenhängen oder elementarer Fairness gegenüber Gruppen und Menschen keinerlei Interesse hatten. Ich meine aber doch, dass diese Tage im Großen und Ganzen vorbei sind. Die Arbeit beider großer Kirchen in Sachen Weltanschauungsfragen und »Sekten« hat heute doch ein sehr viel höheres Niveau, und sie wird im Schnitt mit sehr viel mehr Verständnis für den Blickwinkel kleiner, alternativer oder neuer Religionsgemeinschaften betrieben als damals. Völlig überwunden sind die Sektenklischees freilich nicht; man begegnet ihnen vor allem im nichtkirchlichen Journalismus (und wie alle Klischees sind sie auch gelegentlich völlig zutreffend). Und ein letztes Wort zum »kirchlichen Blickwinkel«: Selbstverständlich ist eine kritische Würdigung religiöser Gruppen durch die Kirchen deren gutes Recht – wie sich die kleinen Gemeinschaften oft ja auch nicht mit Angriffen gegen die größeren Kirchen zurückhalten. Eine faire Streitkultur muss aber immer den Schulterschluss mit sozialempirisch erhebbaren Fakten suchen. Das geschieht bei Willms, der eben immer primär nach den Fakten fragt und nichts unbesehen einfach übernimmt. Dazu gehört auch die Erkenntnis, dass Vorurteile gelegentlich völlig zutreffend sind und »traditionelle« Urteile nach wie vor den Kern der Sache treffen können.

Das vorliegenden Buch ist etwas, was es in dieser Form tatsächlich in Deutschland noch kaum je gegeben hat: eine wissenschaftlich in jedem Detail recherchierte Darstellung der Neuen Religiösen Bewegungen, die so locker geschrieben ist, dass man sie an den Strand oder in die Bahn mitnehmen kann – ein Buch, so zugänglich, dass es wirklich jeder, jede Interessierte ohne Vorkenntnisse lesen kann, und das doch mit selbst für den Fachkenner noch unbekannten Fakten aufwartet. Ich wünsche Willms' Darstellung von Herzen viele Leserinnen und Leser.

Leipzig, im März 2012 Marco Frenschkowski

Einleitung

2009 erschien ein schmales Büchlein mit dem Titel *Irre!* und dem Untertitel *Wir behandeln die Falschen – Unser Problem sind die Normalen*, das schnell zu einem Bestseller wurde. Sein Autor, Manfred Lütz, ist Psychiater, weshalb man ihm zutrauen darf, dass er weiß, wovon er spricht, weil er eben nicht nur »Normale«, sondern vor allem auch »Irre« kennt. Sein Buch verfolgt wesentlich zwei Anliegen. Zum einen soll »wir«, also die »Normalen«, in einer zwar stark vereinfachten, aber insgesamt doch korrekten Sichtweise, darüber aufgeklärt werden, wer diese »Irren« eigentlich sind und woran sie tatsächlich leiden. Lütz geht nämlich mit vollem Recht davon aus, dass die meisten von uns diese »Irren« gar nicht kennen bzw. auch gar nicht kennen können, da wir sie aus »unserer« Normalität längst ausgegrenzt haben. Das zweite Anliegen dieses Buches wird durch die sachkundige Darstellung des ersteren erreicht – und ist deshalb noch interessanter: Wem nämlich einmal die Augen für die »Irren« und die überraschende Vielfalt des »Irrsinns« geöffnet sind, erkennt auf diesem Wege den »ganz normalen Wahnsinn«, dem »wir«, die Normalen, verfallen sind.

Mit dieser kleinen Vorgeschichte will das vorliegende Buch auf ein sehr ähnliches Anliegen hinweisen. Wenn sich nämlich viele »Irre« zusammenfinden, dann wird das Ganze in der Öffentlichkeit meistens »Sekte« genannt. Denn Sekten gelten uns »Normalen« ja als die Orte des kollektiven Wahnsinns. Dementsprechend sind auch »Sekten« weitgehend aus »unserer« Normalität ausgegrenzt. Und eben deshalb weiß Otto-Normalbürger – der im Weiteren aus Gründen der leichteren Lesbarkeit stellvertretend auch alle Anna-Normalbürgerinnen meint – im Grunde nichts über sie. Außer natürlich, dass sie »Sekten«, also irgendwie »anders«, auf jeden Fall »böse« und deswegen ungemein »gefährlich« sind. Und weil nun selbst viele bildungsbeflissene und ansonsten überaus vernünftige Menschen denken, dass sie mit dem Verweis auf das Bedrohungsszenario alles über »Sekten« wissen: Das ist der Ausgangspunkt dieses Buches. Nicht anders als der Psychiater nämlich, der »seine« Irren kennt, geht es dem ernsthaft mit religiösen Phänomenen befassten Wissenschaftler, der »seine« Sekten tatsächlich kennt – und der die Dinge naturgemäß etwas differenzierter sieht.

Es ist also ein Buch über die Realität all jener Phänomene, die in der Öffentlichkeit und den Medien als »Sekten« begegnen. Aber weil man die sogenannten Sekten nicht verstehen kann, wenn man die vermeintlich »normalen« Religionen nicht kennt, ist es letztlich eine kleine Kulturgeschichte der Religionen und religiösen Bewegungen des

Abendlandes geworden, denn auch das Christentum hat ja als »Sekte« begonnen. Insofern ist es auch ein Buch über die »Normalität« religiöser Phänomene, die wir gemeinhin gar nicht wahrnehmen, wie beispielsweise die Mönchsorden oder die Neuen Geistlichen Gemeinschaften des Katholizismus. Oder die großen protestantischen »Sekten« des angelsächsisch geprägten Teils des Abendlandes, also die Methodisten, Baptisten, Adventisten, Quäker und viele andere, die mit dem »deutschen« Luthertum recht wenig zu tun haben.

Es ist natürlich auch ein Buch über die »Storys«, die Ideen, Motive und Hintergründe zumindest der bedeutsamsten der unzähligen religiösen Gemeinschaften und Bewegungen außerhalb der beiden großen »deutschen« Volkskirchen. Und da gibt es viel zu entdecken, denn abseits des politisch-religiösen Establishments der Kirchen tobte zu allen Zeiten die religiöse Revolte. Immer und überall gab es religiöse Schwärmer, Erweckte und Erwachte, neue Propheten und Reinkarnierte. Und in der Religionsgeschichte warten unzählige Wesen darauf, dass auch ihre Geschichten einmal erzählt werden: Jakob Lorber, der »Schreibknecht Gottes«; Ashtar Sheran, der spirituelle Leiter des göttlichen Plans zur Vervollkommnung der Menschheit; St. Germain, der Hüter der violetten Flamme des ewigen Licht Gottes; George King, die Stimme des intergalaktischen Parlamentes; der Engel Moroni, Überbringer der Goldenen Tafeln mit der uramerikanischen Geschichte des Christentums – und natürlich zahllose »letzte« Propheten Gottes. Somit ist es auch ein Buch über die Außenseiter und Abweichler, über verirrte Schafe und verwirrte Hirten, über einsame Rufer in den religiösen Wüsten und tragische Helden. Aber eben nicht nur!

Insgesamt ist es eine Reise in eine dem religiösen Laien wohl weithin unbekannte Welt, in der manchmal ganz andere, oft aber auch überraschend bekannte Pfade zu den religiösen Universalzielen von Gottes- und Selbsterkenntnis, von Seelenheil, Glück und Erlösung führen. Das Wichtigste aber ist, dass es ein Buch ist, in dem es um das »Verstehen« geht. Dieses Verstehen darf freilich nicht verwechselt werden. Es geht dabei nicht darum, etwas gutzuheißen oder schönzureden, sondern um das Aufzeigen von Sichtweisen, die den »Normalen« vielleicht helfen, das vorgeblich »Unnormale« nachvollziehen zu können. Und zwar ohne dass damit der Zwang einhergeht, das Verstandene »richtig« oder »gut« finden zu müssen. Man kann beim Thema Religion sicherlich verschiedene Meinungen haben. Gleichwohl können Meinungen nur am Ende des »Verstehens« stehen. Stehen Meinungen am Anfang, dann sind es lediglich Vorurteile. An die geneigten Leser dieses Buches ergeht also nur die Bitte, das Folgende mit jener notwendigen Offenheit und Neugier zu lesen, die man braucht, um etwas Unbekanntes kennenzulernen. Wer dazu bereit ist, kann schon jetzt zum ersten Kapitel übergehen, denn der letzte Absatz richtet sich an die thematisch »Eingeweihten«.

Liebe Kollegen: Das Buch ist, obwohl in fachlichem Zugang verfasst, kein im engeren Sinne wissenschaftliches Fachbuch. An vielen Stellen werden die formalen Gebote der religions- und sozialwissenschaftlichen Disziplinen verletzt. Dies geschieht freilich immer in bester Absicht und das heißt hier: Im Sinne der Leserinnen und Leser, die zwar ein gewisses Interesse am Thema mitbringen, aber keines der religionsbezogenen

»Orchideenfächer« studiert haben. So sind vermutlich 90 % aller Aspekte, die aus wissenschaftlicher Sicht hochrelevant und absolut diskussionswürdig sind, für den Laien schlicht uninteressant und vermutlich auch unverständlich; weshalb sie hier zumeist wortlos übergangen werden. Aus den gleichen Gründen wurde auch so weit wie möglich auf die Anwendung fachwissenschaftlicher Terminologie verzichtet. Dadurch geht manchmal die Schärfe und die Präzision von Argumenten verloren, aber dem Leser sollen so oft wie nur irgend möglich leidige Grundsatzdebatten und Definitionsprobleme erspart bleiben. Nach längerem Hin-und-Her-Überlegen wurde überdies der Entschluss gefasst, auf Fußnoten zu verzichten, denn auch das ist nicht leserfreundlich. Und die schließend angefügte Bibliografie enthält nur eine kleine Auswahl von Werken, die eher Einstiegs- und Überblickswissen enthalten. Und zuletzt folgt das Buch noch dem Ziel, die Leserinnen und Leser »bei der Stange« zu halten. Dies stellt gewisse Anforderungen an den Unterhaltungswert, weshalb hier zuweilen ein etwas salopper Umgangston gepflegt wird. Auch davor sei an dieser Stelle schon gewarnt.

Liebe Kollegen: *Mea culpa*!

Ohne Kirche – keine Hölle

(Max Frisch)

1 Von der Sekte zum Global Player: Eine kurze Reise durch die Kirchengeschichte

… er sei »eine gefährliche Pest, ein Unruhestifter bei allen Juden in der Welt und ein Rädelsführer der Nazoräersekte«. Laut *Apostelgeschichte* (24, 5 der Einheitsübersetzung) ist es das, was Tertullus, ein Anwalt im Auftrag der Jerusalemer Tempelgemeinde, dem römischen Statthalter Felix über den Angeklagten, einen gewissen Paulus von Tarsus, zu berichten weiß. Zu dieser Zeit, um die Mitte der 50er Jahre nach Christus, ahnt natürlich noch niemand, dass es dieser »Sekte« und ihren Anhängern in den folgenden gut 300 Jahren tatsächlich gelingen wird, fast das gesamte Römische Reich zu »unterwandern«, um schließlich im Verlauf weiterer Jahrhunderte zu einem echten Global Player der abendländischen Kulturgeschichte zu werden.

Diese Erfolgsstory ist vor allem die Geschichte des Machtzuwachses einer kleinen, auf der Schattenseite der Macht stehenden neureligiösen Gemeinschaft, bis diese selbst zu jenem hell erleuchteten Kirchschiff wird, das am Ende alle anderen religiösen Mitbewerber zu Sekten werden lässt, sie wortwörtlich in den Schatten ihrer eigenen Macht stellt. Wo anders also sollte man ein Buch über die religiösen Bewegungen des Abendlandes beginnen, wenn nicht bei der Mutter aller abendländischen »Sekten«, aus deren Schoß bis heute geschätzte 40.000 verschiedene christliche Bekenntnisse hervorgegangen sind?

Von Zeichen und Wundern

Bevor wir uns zurück in die Anfangszeit des Christentums begeben, um Zeuge seiner langwierigen Geburt, einer schwierigen Kindheit und einer nicht immer glücklichen Jugend zu sein – die fast schon folgerichtig in eine ziemlich ausgeprägte Gewaltbiographie der erwachsenen Religion mündete –, wollen wir uns kurz der zentralen Glaubensinhalte der nun sichtlich altersmilde gewordenen katholischen Kirche versichern. Dies ist durchaus wichtig, weil eben jene KATHOLISCHE KIRCHE, der heute weltweit über eine Milliarde Menschen und ca. ein Drittel aller Deutschen angehören, fraglos ein bedeutsamer Teil jener »normalen« Welt ist, aus deren medialen Sprachrohren stets das Gespött über den »falschen Glauben« der irrationalen Sekten zu vernehmen ist.

Die Grundlage des katholischen Weltbildes (in seiner »römischen« Ausprägung) ist der Glaube daran, dass sich der allumfassende, einzige und wahre Gott, der Schöpfer all dessen, was war, ist und sein wird, den Menschen geoffenbart und mit ihnen einen

Bund geschlossen hat. Zeugnis von diesem Geschehen gibt die Gottes Worte und Willen enthaltende Bibel, die Heilige Schrift der Christen. Sie besteht bekanntlich aus zwei zu unterschiedlichen Zeiten und von sehr vielen unterschiedlichen Autoren verfassten »Testamenten«, wobei das »neue« gemeinhin als echtes Sequel des »alten« gilt. Letzteres enthält die 6-tägige Schöpfungsgeschichte der Welt, nebst der Erschaffung des ersten Menschen (Adam) und seiner verführbaren Gespielin (Eva), ihren sogenannten Sündenfall und die Vertreibung aus dem Paradies. Ansonsten enthält das *Alte Testament* im Wesentlichen die Geschichte des jüdischen als des von Gott auserwählten Volkes und der nicht immer reibungsfreien und darob recht gewalttätigen Bündnisgeschichte beider. Das *Neue Testament,* eine Sammlung von 27 verschiedenen Texten (Bücher und Briefe), die sich bis ca. 400 n. Chr. als allgemein gültige Schriften durchgesetzt haben, erzählt im Kern die Geschichte des palästinischen Juden Jesus von Nazareth und die unmittelbaren Folgen seines Wirkens. In christlicher Lesart wird im Neuen Testament der »alte« Bund auf die gesamte Menschheit bzw. auf die Gemeinschaft aller Christen als neuem auserwählten Volk Gottes erweitert. Das ist der ursprüngliche Bedeutungsinhalt des aus dem Griechischen stammenden Wortes: Kirche!

Die Leitlinie dieser Kirche bzw. des christlichen Glaubens ist der Glaube an den biblisch bezeugten Jesus, den Sohn Gottes und biblisch verheißenen Erlöser der Menschheit. Gott lässt ihn allerdings nicht – wie man vielleicht hätte vermuten können – spektakulär vom Himmel fallen, sondern irdisch-regulär gebären. Die dafür von Gott Auserwählte und von einem »heiligen« Geist umgehend in Kenntnis Gesetzte ist die »unbefleckt« geborene Jüdin Maria (Marijam/Maryam). »Unbefleckt« bedeutet übrigens nichts Schmuddeliges, sondern dass Maria – im Gegensatz zum gesamten Rest der Menschheit – niemals mit der Erbsünde des paradiesischen Fauxpas belastet war. Maria ist sogar so tugendhaft, dass sie, obwohl ordentlich verheiratet, Jesus als Jungfrau zur Welt bringt.

Über Kindheit und Jugend des Jesus ist dann erstaunlicherweise nichts bekannt, dafür aber sein späteres Schicksal als beim Volk beliebter und mit 12 Jüngern umherziehender Wanderprediger, der binnen kürzester Zeit wegen Volksverhetzung und Religionsfrevel gekreuzigt wird. Als Gottes Sohn ist das natürlich nicht sein wirkliches Ende: Nach drei Tagen ersteht Jesus wieder auf, wird anschließend noch das ein oder andere Mal ausgewählten Anhängern erscheinen und nach ein paar Wochen dann endgültig zu seinem Vater abberufen. Diese Wiederauferstehung von den Toten ist ein fundamentaler Glaubensartikel *(Dogma)* der katholischen Kirche, dem mit dem höchsten kirchlichen Feiertag (Ostern) Rechnung getragen wird.

Was die weiteren Glaubensinhalte betrifft, so wird es nun etwas schwieriger. Ein überragender Aspekt ist die Dreifaltigkeit *(Trinität),* die besagt, dass Gott (Vater) und Jesus (Sohn) und der Heilige Geist eigentlich ein und dasselbe sind bzw. dass alle drei lediglich unterschiedliche Erscheinungsformen oder Wirkungsweisen des einen Gottes sind. Diese etwas merkwürdige Sichtweise, die mit Blick auf den Bibeltext sicherlich mehr Fragen aufwirft als beantwortet, ist die Folge eines weiteren zentralen Glaubensfundamentes der katholischen Kirche. Letztere betrachtet nämlich ihre eigenen

Lehren als *Heilige Überlieferung* und setzt diese als gleichrangige Quelle des Glaubens neben die Heilige Schrift. Damit beansprucht die Kirche die alleinige Interpretationsmacht über den »richtigen« (griechisch: *orthodox*) Glauben, zumal sie ihre Bischöfe bis heute – durch Handauflegen – in der ungebrochenen *apostolischen Sukzession,* also in der direkten Nachfolge der von Jesus persönlich Ausgesandten *(Apostel)* sieht. Und insofern ist es durchaus folgerichtig, dass sich der oberste aller Bischöfe als rechtmäßiger Stellvertreter Jesu Christi auf Erden (den entsprechenden Titel *Vicarius Iesu Christi* beanspruchen die Päpste seit 1445) und somit als alleiniges Oberhaupt über die gesamte Christenheit begreift.

Im Zuge der Autorität der Heiligen Überlieferung bzw. des sogenannten kirchlichen Lehramts sind dann weitere wesentliche Festsetzungen in Bezug auf den Glauben getroffen worden. Dazu gehören die Vorstellungen vom persönlichen Gottesgericht, jenem Weltgerichtstag, an dem jeder Einzelne entsprechend seiner guten oder schlechten Taten in den Himmel (zu Gott) oder in die Hölle (die ewige Gottferne) kommt, sowie auch eine mehrstufige Hölle inklusive des Fegefeuers als Läuterungsort für jene, die zwar für den Himmel vorgesehen sind, aber ihr irdisches Sündenkonto noch nicht ganz ausgeglichen haben. Wobei natürlich erwähnt sein muss, dass die Option auf den Himmel ohnehin nur für getaufte Mitglieder der katholischen Kirche besteht.

Die Taufe wiederum ist eines jener insgesamt sieben heiligen Zeichen *(Sakramente)* der Kirche, in denen das Wirken des Glaubens bzw. Jesu zum Ausdruck kommt. Die weiteren Sakramente sind die Firmung (die Vollendung der Taufe); das Feiern der Heiligen Messe *(Eucharistie)* – in der Jesus in Form von Brot (Leib) und Wein (Blut) als real präsent angesehen wird –; die regelmäßige Beichte (Buße); die (heterosexuelle und einmalige) Ehe; die Weihe (das allein den Männern vorbehaltene Übertreten in das kirchliche Amt) und die Krankensalbung, die früher auch als »Letzte Ölung« bekannt war, aber allgemein nur eine Stärkung des Glaubens (an die Heilung) bewirken soll.

Weitere Fundamente sind der Glaube an die Realität des Bösen bzw. des Satans sowie die Möglichkeit, als Mensch von eben diesem körperlich »besessen« zu sein; wofür die Kirche spezielle Riten entworfen hat, ihn von dort wieder zu vertreiben *(Exorzismus).* Die katholische Kirche ist dem Wesen nach messianisch, d. h., sie glaubt an die Wiederkehr Jesus Christus »in Herrlichkeit« und das Endgericht (den »Jüngsten Tag«) für die gesamte Welt. Und zuletzt – und im Zusammenhang mit allem Folgenden besonders wichtig – ist der Glaube an einen präsenten, aktiv in der Welt wirkenden Gott zu nennen. Dies nämlich ist das Einfallstor für unzählige »Zeichen und Wunder«, deren Echtheit von fundamentaler Bedeutung für die katholische Kirche ist. Einerseits, weil sie das Wirken Gottes und damit die Wahrheit des eigenen Glaubens belegen und andererseits, weil das Bewirken von Wundern Voraussetzung der kirchlichen Selig- und Heiligsprechung ist – zumindest für jene, die nicht die Gelegenheit hatten, die Heiligkeit durch den Märtyrertod zu erlangen. Wenn man also auf die Abertausenden Seligen und Heiligen in der katholischen Kirche schaut, fällt der Blick auf eine Religion, die den Zeichen und Wundern bis in die Gegenwart eng verbunden ist. Das alles hat freilich eine lange und ziemlich bewegte Geschichte, auf die wir nun zurückblicken wollen.

Häresien, so weit das Auge reicht: Die frühchristliche Anarchie

In der Schule wird das Christentum zuweilen mit einer mehr oder weniger seit Jesus gradlinig verlaufenden Kirchengeschichte gleichgesetzt, und die Irrungen und Wirrungen der Kirchengeschichte werden gerne äußeren Machtfaktoren wie beispielsweise »den Römern« zugeschrieben. Aber so einfach war es nie: Schon das Urchristentum im 1. Jh. war in kürzester Zeit faktisch in *Judenchristen* und *Heidenchristen* gespalten. Erstere waren im Selbstverständnis eine innerjüdische Gruppierung – wie auch die Pharisäer, Essener und Sadduzäer –, die in Jesus den von Gott gesandten *Messias* (hebräisch: der Gesalbte) sahen, der zur politischen Führung, zum exklusiven König des jüdischen Volkes ausersehen war. Letztere waren all jene, die sich als Nichtjuden zu Christen taufen ließen, aber keine Juden werden wollten oder konnten, und Jesus unabhängig von jüdischer Vereinnahmung als Propheten Gottes, als Gottes Sohn oder sogar als Gott selbst ansahen. Die anfänglich dominierenden Judenchristen, zu denen alle ursprünglichen Jesus-Anhänger gezählt werden müssen, bekämpften zunächst die Minderheit der Heidenchristen, bevor diese selbst nach und nach zur Mehrheit wurden und nun die Judenchristen zu den religiösen Irrlichtern erklärten.

Gleichzeitig befand sich das gesamte Urchristentum von Anfang an im Konflikt mit dem traditionellen Judentum bzw. dem über dieses die politisch-religiöse Herrschaft beanspruchendem Hohen Rat *(Sanhedrin).* Dieser nämlich fürchtete, das Römische Reich könne wegen der urchristlichen Umtriebe seine weitgehend tolerante Haltung gegenüber den Juden überdenken, denn für die Römer waren die Urchristen natürlich eine jüdische »Sekte« – das dürfte auch der tiefere Grund für die Anklage des Paulus gewesen sein. Und die Urchristen waren ja auch alles andere als eine harmoniesüchtige, fröhliche und der Welt zugewandte neureligiöse Bewegung. Im Gegenteil. Die Urchristen waren eine apokalyptische Bewegung: Sie glaubten mehrheitlich, dass die Wiederkehr Gottes/Jesu, einhergehend mit dem Jüngsten Gericht und dem Ende der Welt, unmittelbar bevorstünde. Sie waren entsprechend radikal, und nicht wenige waren bereit, für ihren Glauben zu sterben. Diese endzeitlichen und weltabgewandten Tendenzen findet man deshalb bis in die Gegenwart bei sehr vielen christlichen Gruppen, die sich auf das Urchristentum berufen, beispielsweise bei den Siebenten-Tags-Adventisten und den Zeugen Jehovas, aber auch bei vielen großen Pfingstkirchen und etlichen Neuoffenbarern.

Erst als es immer offensichtlicher wurde, dass der allenthalben prophezeite Weltuntergang vorerst ausblieb und man sich wohl auf eine etwas längere Wartezeit einrichten würde müssen, nahm die Radikalität spürbar ab. Unabhängig aber von zeitweiligen Verfolgungen und dem basalen Streit zwischen Judenchristen und Heidenchristen breitete sich das Christentum, ausgehend von Jerusalem und getragen von seiner missionarischen Grundstimmung, recht schnell im gesamten Mittelmeerraum aus; politisch gesehen also im damaligen Römischen Reich – zu jener Zeit auf dem Höhepunkt seiner Macht – und in den an dieses angrenzenden Gebieten. Freilich war die neureligiöse Bewegung des Christentums in den ersten Jahrhunderten weit davon entfernt, eine einheitliche Strömung oder gar eine greifbare Organisation zu sein. Erste größere »heidenchristliche« Zentren bilden sich in Antiochia (heute Antakya/Türkei), in Alexandria und in Rom, später im vormals judenchristlich dominierten Jerusalem und Konstantinopel (bzw. Byzanz, heute Istanbul). Mit etwas gutem Willen kann man – neben der stets im Zentrum der Aufmerksamkeit stehenden Christengemeinde im politischen Weltzentrum Rom – in der Kirche von Antiochien (damals Syrien), die später Syrisch-Orthodoxe Kirche genannt wird, und der Kirche des Ostens, die heute Assyrische oder Chaldäische Kirche genannt wird, die Vorläufer erster größerer Kirchenorganisationen sehen. Gleiches gilt für die Kirchengemeinde in Alexandria, aus der auf lange Sicht die Koptische Kirche entstand. Und abseits des Mittelmeerraums verschlug es den Apostel Thomas der Legende nach bis nach Indien, wo sich ebenso nach und nach eine Reihe eigenständiger christlicher Gemeinden entwickelte, die heute zumeist einer der beiden syrisch-orthodoxen Kirchen (West oder Ost) zugerechnet werden.

Faktisch aber gab es in dieser Zeit niemanden, der die christlichen Zügel wirklich in der Hand gehalten hätte. Und so strömen *Valentianer, Doketisten, Ebioniten, Elkesaiten, Basilianer, Ophiten, Enkraiten, Markioniten, Simonianer, Sethianer, Montanisten, Karpokratianer, Aloger, Monarchianer, Novatianer, Naassener, Eustathianer* und noch etliche andere in den ersten drei Jahrhunderten der christlichen Zeitrechnung (die übrigens erst im 6. Jh. entsteht) munter durcheinander. Und jede mehr oder weniger hart erkämpfte Festlegung dessen, was im Christentum verbindlich gelten sollte, brachte neue Widerstände und weitere Meinungen hervor. Und so tragen ab dem 4./5. Jh. *Sabellianer, Homousianer, Donatisten, Arianer, Messalianer, Pneumatomachen, Apollinarier und Luciferianer* zur allgemeinen Unübersichtlichkeit bei. Zwar waren alle Gruppen im Selbstverständnis Christen, aber die einen betonten eben Gott-Vater, die anderen Gott-Sohn; die einen suchten Gott im Herzen, die anderen in der Gemeinschaft; die einen waren asketisch, die anderen weniger streng; die einen lebten in Angst vor der Endzeit, die anderen in froher Erwartung; die einen unterwarfen sich den weltlichen Gesetzen, die anderen gaben sich rebellisch; die einen waren antijüdisch, die anderen projüdisch usw. usf.

Die Differenzen untereinander, deren Schilderung wir uns hier ersparen, waren manchmal größer, manchmal kleiner, aber immer erheblich genug, um sich selbst als echte und die jeweils anderen als fehlgeleitete Christen zu sehen. Im multikulturellen römischen Imperium, in dem vor- und nichtchristliche religiöse Traditionen, Kosmologien und Philosophien sich in den unterschiedlichsten lokalen und regionalen Kulten und Mysterien spiegelten, drehte sich der theologische Metastreit des frühen Christentums überwiegend um die Frage, wer dieser Jesus eigentlich war bzw. in welchem Verhältnis er zu Gott steht und wie man den Heiligen Geist verstehen muss. Das gegenwärtige Verständnis der Dreifaltigkeit, also der Wesensgleichheit von Gott als Vater, Sohn und Heiliger Geist, ist eine unter erheblichen inneren Verwerfungen zustande gekommene kirchliche Festlegung des frühen 4. Jh.

Wenn man bedenkt, dass der Trinitätsglaube gegenwärtig das einzige verbindliche Bekenntnis der – real nicht existierenden – christlichen *Ökumene* (griechisch: die bewohnte Welt) ist, dann ist gerade damit ein Aspekt ausgesucht, der zwar theologisch-systematisch durchaus Sinn macht, den man als Laie aber nicht so ohne Weiteres aus der Bibel entnehmen kann. So gibt es beispielsweise verschiedene biblische Stellen, in denen Jesus seine Unterordnung unter den (göttlichen) Vater betont oder in denen er Gott »anruft« oder sagt, dass er von diesem »ausgesandt« oder auch »verlassen« sei – all das wird im trinitarischen Denkmodell, in dem Jesus ja Gott selbst ist, zumindest missverständlich. Auch die irdische Leidensgeschichte und die Sterblichkeit des »Menschen« Jesus passen nicht wirklich gut zu einem übermenschlichen und unsterblichen Gott. Andererseits gibt es hierfür natürlich theologische Lösungen und ebenso lassen sich zahlreiche Bibelstellen finden, in denen Jesus recht unverblümt als Gott auftritt bzw. so dargestellt wird. Worauf es hier ankommt ist aber: Eine solche Festlegung ist am Ende Ausdruck einer (macht-)politischen Entscheidung, mit der viele damalige Strömungen des Christentums gewissermaßen über Nacht zu Irrlehren *(Häresien)* werden. In der Möglichkeit solcher Festlegungen und Entscheidungen äußert sich die Autorität des schon genannten kirchlichen Lehramts. Und am Ende ist es der Bischof von Rom bzw. der Papst, dem die vollständige Verfügungsgewalt nicht nur über die Kirche, also die weltweite Christengemeinschaft, sondern auch über alle Glaubensangelegenheiten zufällt *(Jurisdiktionsprimat)*.

Einige der oben genannten christlichen Strömungen gehören zu einem Phänomen, welches man heute gerne im Begriff der *Gnosis* (griechisch: Erkenntnis) zusammenfasst. Und in gewisser Weise ist man mit der Verwendung dieses Begriffes schon mitten drin in der Logik aller Sektengeschichten. Denn auch wenn es möglicherweise vereinzelte Gruppierungen oder Lehrer gab, die sich selbst als »gnostisch« bezeichneten, so stammt der Begriff letztlich aus der christlichen *Häresiologie*, also jener merkwürdigen »Glaubenswissenschaft«, die sich mit den »falschen« Ansichten anderer Menschen und Gruppen, oder kurz: mit den »Sekten« auseinandersetzt. Noch interessanter ist, dass die ersten Häresiologen ihre Polemiken gegen die gnostischen »Irrlehren« teilweise schon zu einer Zeit entfalteten, als überhaupt noch nicht absehbar war, welche Lehrmeinungen später einmal das Mehrheitschristentum prägen würden. Und ähnlich wie bei der jüdischen Anklage gegen Paulus wiederholen sich auch hier die Klischees von Gottlosigkeit und falschem Glauben, von Betrügerei, Wahrheitsfrevel und Unruhestiftung sowie allerlei ganz und gar weltlichen Untugenden, die vorgeblich das gemeinsame Merkmal aller Abweichler seien.

Ossis und Wessis: Aufstieg und Spaltung der Römischen Reichskirche

Obwohl das Nebeneinander verschiedener Ausprägungen des christlichen Glaubens in theoretischer wie in praktischer Hinsicht bis heute besteht, ändern sich die Perspektiven auf dieses Nebeneinander, wenn man den weltlichen Machtfaktor einbezieht. Dabei sollte man sich vor Augen halten, dass die Religionen der sogenannten abrahamitischen Tradition – also die auf den gemeinsamen biblischen Stammvater Abraham zurückgehenden Religionen des Judentums, des Christentums und des Islams – vergleichsweise intolerante Religionen sind. Wir wollen hier darauf nicht weiter eingehen, aber es ist hinlänglich bekannt, was der alttestamentarische Gott von Konkurrenz hält – und das wurde von seinen menschlichen Anhängern zumeist sehr ernst genommen. Vor allem die vielen gnostischen Richtungen, die das Christentum mit dem philosophisch-religiösen Erbe der antiken griechischen und ägyptischen Hochkulturen in Einklang bringen wollten, wurden von Beginn an mit allen Mitteln bekämpft. Richtungsweisend war dabei die apologetische Schrift *Adversus haereses* (Gegen die Häresien) des Irenäus von Lyon (ca. 140–200), die diesen zum Kirchenvater und bedeutendsten Theologen des 2. Jh. werden ließ. Das alles meint im Übrigen nicht, dass die christliche Religion im Sinne des *Neuen Testamentes* nicht durchaus »fortschrittliche« humanistische Züge aufzuweisen hätte; es geht vielmehr um den religiösen Ausschließlichkeitsanspruch, mithin das Wahrheitsmonopol, dessen Besitz immer dann Schaden anrichtet, wenn seine weltlichen Verfechter nicht nur willens, sondern auch praktisch in der Lage sind, die Wahrheit für alle verbindlich zu machen.

In diese Situation kommt das Christentum langsam gegen Ende des 4. Jh., in dem es zur Staatsreligion des sich in seiner »alten« imperialen Form nun machtpolitisch auf dem Abstieg befindlichen Römischen Reiches wird. Die zwischen ca. 380 und 391 sich vollziehende gesellschaftliche Etablierung als RÖMISCHE REICHSKIRCHE geschieht indes nicht zufällig, denn zu dieser Zeit hatte das Christentum schon bedeutsame eigene Machtstrukturen ausgebildet. Nach einer Zeit erheblicher Christenverfolgungen ab etwa 250, verkündete der römische Kaiser Konstantin (ca. 272/285–337) im Jahr 313 die völlige Religionsfreiheit im Römischen Reich *(Mailänder Vereinbarung)*. Dies hatte zur Folge, dass die christlichen Gemeinden sich wieder besser organisieren konnten und stark anwuchsen. Dank Konstantin und seiner machtpolitischen Unterstützung konnte so ein selbstbewusstes und kirchlich organisiertes christliches Zentrum in Rom entstehen, das sich immer deutlicher anschickte, die Rolle eines politisch-religiösen Machtfaktors einzunehmen. Binnen kurzer Zeit bildeten sich neue bedeutende bischöfliche Zentren, u. a. auch in den römischen Provinzen Trier und Köln. Das 4. Jh. bringt die unter dem Strich bedeutendsten Kirchenväter der Kirchengeschichte hervor – unter ihnen der Heilige Augustinus bzw. Augustinus von Hippo (354–430) –, von dem noch mehrfach die Rede sein wird. Gemeint sind jene Kirchenlehrer der ersten christlichen Jahrhunderte, deren Schriften und Wirken die Kirche grundlegend prägten bzw. die östlich-orthodoxen Kirchen und die römisch-katholische Kirche bis in die Gegenwart prägen. Seit den Konzilen von Nicäa (heute Isnik bei Istanbul/Türkei) im Jahre 325 und Konstantinopel im Jahre 381 (hier wurde u. a. die Trinitätslehre beschlossen), gab es zudem weitere verbindliche Festlegungen in grundlegenden theologischen Fragen. Die Römische Reichskirche versteht sich seit dieser Zeit als apostolisch (in der Tradition der von Christus selbst Ausgesandten stehend), katholisch (griechisch: allumfassend, allgemein gültig) und orthodox (griechisch: rechtgläubig, im Sinne von »der richtigen Lehre« folgend).

Aber es sei nochmals betont: Diese Einheit war nur deswegen möglich, weil viele der oben genannten christlichen Strömungen, besonders die jüdischen sowie die später als gnostisch bezeichneten Richtungen, mittlerweile ausgeschlossen und als »Häresien« gebrandmarkt waren. Die Einheit der Römischen Reichskirche wurde nun zunehmend auch durch einen hierarchischen Führungsanspruch des jeweiligen Bischofs von Rom demonstriert: Der seit 383/84 regierende römische Bischof Siricius (gest. 399) ist der erste, der für sich die Eigenbezeichnung »Papst« (Vater, lateinisch: *papa*) benutzt und wohl auch der erste, der sich tatsächlich als Oberster aller Bischöfe sieht. Das Auseinanderbrechen des Römischen Reiches kann der Papst freilich ebenso wenig verhindern wie die schon lange begonnene Abnabelung des »östlichen« vom »westlichen« Christentum. Im Laufe des 5. Jh. zerfällt also nicht nur das weströmische Reich: Nach den Konzilen von Ephesos (431) und Chalkedon (451) trennen sich die heute »altorientalisch« genannten Kirchen – die Koptische Kirche, die Armenische Kirche, die (syrische) Kirche von Antiochien und die (assyrische) Kirche des Ostens – von der Römischen Reichskirche ab. Die verbleibende Kirche ist zwar formell noch bis zur endgültigen Spaltung in eine orthodoxe Ostkirche und die römische Westkirche vereint, aber der Riss zwischen der »lateinischen« Kirche in Rom und der »griechischen« Kirche in Byzanz bzw. Konstantinopel zeichnete sich schon im 5. Jh. deutlich ab. Der Heilige Hieronymus (347–419) ist wohl der letzte der westlichen Kirchenväter, der die traditionellen Kirchensprachen (Hebräisch, Griechisch, Syrisch/Aramäisch) verstand und entsprechend übersetzen konnte. Schon der für die westliche Kirchengeschichte bedeutsamste aller Kirchenväter, Augustinus, beherrschte fließend wohl nur noch das Lateinische; weshalb er in den orthodoxen Traditionen ebenso unbedeutend ist, wie es viele seiner östlichen Mitväter in der römischen Tradition sind.

Obwohl es stets pflegliche Kontakte gab, kann man etwas überspitzt formulieren, dass sich der byzantinisch-östliche und der römisch-westliche Teil der Reichskirche im Grunde unabhängig voneinander entwickelten. Die byzantinischen Bischöfe, dort *Patriarchen* (griechisch: der Erste unter den Vätern) genannt, operierten weiterhin im noch relativ stabilen oströmisch-kaiserlichen Rahmen, während die römischen Päpste im zerfallenden weströmischen Reich gerade durch das politische Machtvakuum immer mächtiger wurden. Als das politische System des weströmischen Reiches unter den Anstürmen von Germanen, Hunnen, Goten, Vandalen usw. völlig zerbrach – der letzte weströmische Kaiser wurde 476 abgesetzt und durch einen italienischen König ersetzt –, blieb das römische Papsttum davon merkwürdig unberührt. Zum einen war das Christentum unabhängig vom weströmischen Kaisertum längst auch in den nördlichen Teilen des ehemaligen weströmischen Reiches, also über das »Frankenreich« bis auf die britischen Inseln und im heutigen Süddeutschland, in Form von zahllosen Kirchen und Klöstern präsent. Zum anderen bekannte sich das mächtige Herrschergeschlecht der Merowinger unter Chlodwig I. (466–511) zum römisch-katholischen Glauben bzw. zum römischen Papst. Diese Verbindung wurde unter dem den Merowingern folgenden Herrschergeschlecht der Karolinger noch verstärkt. Pippin III. (797–838, »Pippin der Jüngere«), Hausmeier beim letzten Merowinger-König Childerich III. (ca. 720–755), ließ seinen Herrn 751 mit ausdrücklicher Genehmigung von Papst Zacharias (ca. 679–752) absetzen und übernahm selbst die Königswürde. Sein Sohn schließlich, Karl der Große (747–814), in manchen Augen der Begründer des Abendlandes, wird 768 zunächst König des Frankenreiches und lässt sich nach einigen militärischen Erfolgen im Jahr 800 von Papst Leo III. offiziell zum römischen Kaiser krönen.

Darin lag natürlich einige Brisanz: Dass Papst Leo überhaupt meinte, es stünde in seinem Ermessen, einen weltlichen Kaiser zu krönen, zeigt, in welcher Machtposition sich die Römische Kirche mittlerweile wähnte – zumal es ja immer noch einen byzantinischen, also einen römischen Kaiser gab. Dass dieser Affront des Papstes letztlich (noch) keine handfesten Folgen hatte, ist wohl einerseits der Tatsache zu verdanken, dass die byzantinischen Kaiser mittlerweile erheblich mehr mit dem Vordringen des sich seit Mitte des 7. Jh. in der arabischen Welt rasant ausbreitenden Islam beschäftigt waren. Vielleicht hatten sie auch genug mit sich selbst zu tun, denn nicht selten gab es zwei oder drei, manchmal sogar vier konkurrierende oströmische Kaiser gleichzeitig. Andererseits lagen die politischen Zentren der Herrschaftsbereiche der in der heutigen Türkei residierenden morgenländischen und der im heutigen Frankreich ansässigen abendländischen Kaiser wohl auch zu weit auseinander, als dass es wirklich zu ernsthaften Auseinandersetzungen gekommen wäre. Der tiefe Riss zwischen Ost- und Westkirche ließ sich indes nicht mehr kitten. Gestritten wurde über Missions- und Machtbereiche, über theologische Grundsatzfragen und über Fragen der Liturgie, aber auch über praktische Dinge, wie die Ehelosigkeit oder das Beschneiden der Bärte von Klerikern. Spätestens als der Patriarch Photios I. (ca. 820–891) in Kreisen der Ostkirche eine *Enzyklika* (ermahnendes Rundschreiben) verbreiten ließ, in der er die lateinischen Kleriker als »Diener des Antichristen« bezeichnete und Papst Nikolaus I. (820–867) exkommunizierte, waren die Gegensätze unüberwindbar geworden.

Kleinere Wiederannäherungen können nicht verhindern, dass es 1054 den nächsten großen Zwischenfall gibt: Als der byzantinische Kaiser Konstantin IX. (1000–1055) zu militärischen Verteidigungszwecken ein Bündnis mit Papst Leo IX. (1002–1054) anstrebt, befürchtet der byzantinische Patriarch Michael I. (ca. 1000–1059) um die Autonomie seiner Kirche. Aus Protest lässt er umgehend die wenigen lateinischen Klöster und Kirchen in Konstantinopel schließen, was wiederum den Papst dazu veranlasst, eine Gesandtschaft nach Konstantinopel zu schicken, um klarzustellen, wer Chef im Ring ist. Abgesehen davon, dass der Papst zwischenzeitlich in Rom verstirbt und der Papststuhl zum Zeitpunkt der Verhandlungen unbesetzt *(sedisvakant)* ist, scheitern die Verhandlungen am beiderseitigen Selbstbewusstsein: Der päpstliche Kardinal Humbert von Sevilla exkommuniziert den Patriarchen Michael, der postwendend Gleiches mit der päpstlichen Gesandtschaft tut. Das Jahr 1054 gilt im Allgemeinen als das eigentliche Scheidungsjahr von byzantinischer und römischer Kirche, obwohl der Bruch erst im 15. Jh. »amtlich« wird.

Fassen wir die unübersichtliche Lage kurz zusammen: Zunächst haben wir die heute so genannten altorientalischen Kirchen, die sich überwiegend im 5. Jh. aus der Römischen Reichskirche gelöst haben, von denen aber einige heute wieder mit der katholischen Kirche verbandelt sind. Weltweit gehören den orientalischen Kirchen heute etwa 60 Millionen Gläubige an. Dann haben wir die byzantinisch-orthodoxen Kirchen bzw.

die heute so genannten orthodoxen Ostkirchen, die sich in einem viele Jahrhunderte dauernden Prozess aus der Römischen Reichskirche gelöst haben. Die orthodoxen Ostkirchen bestehen aus mittlerweile 18, zumeist nationalen Konfessionen (Bekenntnissen). Die bedeutendsten davon sind die russisch-orthodoxen und die griechisch-orthodoxen Teilkirchen. Sie umfassen nach eigenen Angaben immerhin etwa 350 Millionen Gläubige. Die orthodoxen Kirchen sind übrigens auch in Deutschland mit reichlich Anhängern präsent: So liegen die Mitgliederzahlen der größeren orthodoxen Kirchen in Deutschland (die russische, die rumänische und die serbische) jeweils deutlich jenseits der 100.000. Das konfessionelle Flaggschiff bleibt freilich die »römische« sich noch immer als einheitlich und einzig wahre verstehende katholische Kirche, der gegenwärtig über eine Milliarde Menschen angehören. Darüber hinaus gibt es noch mehrere reformierte altkatholische Kirchen, die sich zwischen dem 18. und 20. Jh. aus der katholischen Kirche herausgelöst haben und die heute sämtlich mit den anglikanischen Kirchen verschwistert sind.

»Rom hat gesprochen. Die Sache ist erledigt«: Die Kirche und die Macht

Obiges, natürlich auf Glaubensangelegenheiten bezogenes Zitat des Kirchenvaters Augustinus bringt das Autoritätsbewusstsein der Römischen Reichskirche im Mittelalter recht prägnant zum Ausdruck. Der absolute, also auch weltliche Herrschaftsanspruch nahm spätestens mit der Kaiserkrönung Karls des Großen durch Papst Leo III. Formen an. Für Leo war es seinerzeit klar, dass, wer den Kaiser krönen kann, notwendig über diesem stehen muss. Karl der Große hatte natürlich eine andere Sicht der Dinge, da er sich in der Tradition der alten römischen Kaiser sah, die stets das Amt des *Pontifex Maximus,* des höchsten Priesters, beanspruchten – die früheren Kaiser ließen sich sogar selbst als Götter verehren. Die Rivalität von Päpsten und weltlichen Herrschern um die Macht und die zahllosen kirchlich-politischen Ränkespiele werden West- und Mitteleuropa bis zur Reformation im 16. Jh. prägen.

Einen zentralen Ausdruck finden sie im *Investiturstreit* des 11. und 12. Jh., der sich um das Recht zur Einsetzung Geistlicher in Kirchenämter drehte. Es war die von der Kirche zwar immer wieder offiziell verurteilte, aber seit Langem verbreitete Praxis, dass die geistlichen Ämter Teil der politischen und wirtschaftlichen Verhandlungsmasse zwischen Kirche und Hochadel waren, die jeweiligen Landesherren also Einfluss auf die Einsetzung von Bischöfen und Äbten in ihrem Herrschaftsbereich nahmen. Kaiser Otto I. (912–973) verfügte, dass das Eigenkirchenrecht – das kirchlich gestattete Recht der weltlichen Grundherren auf die Vergabe der Ämter in jenen Kirchen, die sie selbst auf eigenem Grund und Boden erbaut hatten – nun für alle Kirchen gelten sollte. Dadurch nahm der Handel mit ganzen Kirchen, Kirchenämtern und Reliquien eine neue Dimension an. Was den Ämterhandel, die sogenannte *Simonie,* betraf, so war dieser keineswegs auf das mittlere Management der Kirche beschränkt. Auch das Amt des Papstes war zeitweilig Gegenstand des Ämterhandels, was mit ein Grund dafür war, dass es beispielsweise im Jahre 1046 gleichzeitig drei Päpste gab. Der deutsche König Heinrich III. (1017–1056) machte diesem unwürdigen Spiel ein Ende, setzte alle drei Päpste ab und ernannte einen neuen Papst. Dass er sich von diesem als Gegenleistung zum Kaiser krönen ließ, versteht sich wohl von selbst.

Während also der biblisch bezeugte Jesus keine weltliche Macht anstrebte und nach heutigen Maßstäben wohl als Pazifist durchgehen würde, war die sich auf ihn berufende Kirche im Hochmittelalter auf dem Gipfel des weltlichen Machtbewusstseins und der Kriegslust angekommen. Papst Gregor VII. (ca. 1020–1085), intern durchaus ein Kirchenreformer, bastelte an imperialen Plänen zur Errichtung einer päpstlichen Weltherrschaft mithilfe der von ihm entworfenen Kreuzzugsideologie, die – beginnend mit dem von Urban II. (ca. 1033–1099) ausgerufenen Ersten Kreuzzug (1095) – in den folgenden ca. 200 Jahren von seinen Nachfolgern in die blutige Tat umgesetzt wurde. Die Kreuzzüge, die bis auf den ersten im Grunde wenig erfolgreich waren, forderten für die damalige noch eher bevölkerungsarme Zeit riesige Opferzahlen. Seriöse Schätzungen beginnen im niedrigen 6-stelligen Bereich und reichen bis zu 2 Millionen. Mochten Kirche und Politik im eigenen Haus Machtkonkurrenten sein: Die christliche Mission der »Heidenbekehrung« und das weltliche Interesse an materiellen Gütern und Ländereien ließ sich in »heiligen« Kriegen gegen äußere Feinde bestens verbinden.

Freilich darf man dabei nicht übersehen, dass diese äußeren Feinde zumeist von den gleichen »heiligen« Motiven beseelt waren. Der Islam, der sich ab dem frühen 8. Jh. als vorherrschende Religion im südlichen (Nordafrika) und südöstlichen (Palästina, Syrien, Irak) Mittelmeerraum etabliert hatte, war mittlerweile tief in das Westgotenreich (Portugal und weite Teile Spaniens) vorgedrungen. Der Heilige Krieg, den so manche islamische Splittergruppe derzeit gegen Juden, Christen und natürlich »Amerikaner« ausruft, ist natürlich eine religionsgeschichtliche Paradoxie, denn in historischer Betrachtung ist der im 7. Jh. entstandene Islam aus dem »jüdischen« Referenzrahmen des Alten Testamentes entsprungen. Und ein »ketzerischer« Islamwissenschaftler der Gegenwart geht sogar so weit, den Islam als eine Häresie des syrisch-aramäischen Christentums zu betrachten. Gleichwohl: Was den heute in aller Munde stehenden islamischen *Djihad*, den Heiligen Krieg betrifft, so hat die christliche Kirche an der Idee die älteren Rechte. Es war wiederum schon Augustinus, der in seinem voluminösen Hauptwerk *Vom Gottesstaat* (auch dieser ist also keine islamische Erfindung) den Krieg gegen die Heiden als »gottgewollte« und »heilige« Unternehmung rechtfertigte. Das 12. und 13. Jh. ist jedenfalls das Zeitalter der Heiligen Kriege; aus christlicher Sicht die Blütezeit der Kreuzritter, der Kreuzzüge und der mönchischen Ritterorden. (Vgl. hierzu die Darstellung der katholischen Sondergemeinschaften im vierten sowie des historischen Templerordens im sechsten Kapitel.)

Wir wollen an dieser Stelle aber nicht weiter auf diese »äußeren« Kriege eingehen, sondern den Blick wieder nach innen richten. Die Kreuzzüge richteten sich nämlich nicht nur gegen die Mauren (islamisierte Berberstämme Nordafrikas) in Spanien oder die islamischen Mächte im Heiligen Land (Palästina), sondern auch gegen die Häresien und Sekten. Der Kampf gegen Christen, die »nicht mit der römischen Kirche übereinstimmten« – so das kirchliche Verständnis von Häresie seit Papst Gregor VII. – bestimmte ja auch schon die Geschichte der sogenannten *Alten Kirche* (die Kirche in den ersten Jahrhunderten). Im Grunde war die Etablierung einer Einheitskirche überhaupt nur durch siegreiche Schlachten über die vielen Häresien, besonders über die gnostischen und die an das Urchristentum anknüpfenden Richtungen möglich. Und diese Schlachten waren keineswegs nur geistiger Art: Schon Augustinus hatte seinerzeit bekundet, dass gewisse Zwangsmaßnahmen im Umgang mit Häretikern gerechtfertigt seien, weil es entscheidend sei, in welche Richtung man dadurch gebracht werde. Und da sich Häretiker nun zweifellos auf dem Irrweg befänden, wäre es insgesamt eine gute Sache, gar »ein Akt der Liebe«, ihnen die Wahrheit zu zeigen bzw. sie wieder in die richtige Spur zu lenken. Aus diesen durchaus vorsichtigen Ansichten wurde zu Inquisitionszeiten die irrwitzige theologische Folgerung abgeleitet, dass die Folterung und Tötung von Häretikern letztlich ein »Akt der Nächstenliebe« sei. Natürlich gab es immer kritische kirchliche Stimmen gegen die gewaltsamen Formen der Seelenrettung, aber insgesamt war die römisch-katholische Kirche viel zu eng mit den machtpolitischen Interessen der weltlichen Herrscher verknüpft, als dass sie jemals ihre mittelalterliche Vernichtungspolitik gegenüber den Abweichlern, den Häretiker und Sektierern, wirklich infrage gestellt hätte.

Dennoch ist es wichtig darauf hinzuweisen, dass die Entwicklung der juristischen Instrumente gegenüber den Häretikern (Ketzergesetze, Inquisition) sowie auch deren praktische Verfolgung, Verurteilung und Bestrafung in der Praxis immer das Ergebnis eines Zusammenspiels von kirchlicher und weltlicher Macht war. Denn Kirchenkritiker waren immer auch potenzielle Herrschaftsverweigerer, und Majestätsbeleidigung war zugleich auch Häresie – so sah es Papst Innozenz III. (ca. 1160–1216). Lange bevor es die berühmt-berüchtigten kirchlichen »Untersuchungen« (lateinisch: *inquisitiones*) gab, arbeiteten kirchliche und weltliche Herrscher gegen störende Kräfte aller Art zusammen. Die zwischen 1220 und 1238 erlassenen Ketzergesetze Kaiser Friedrichs II. von Hohenstaufen (1194–1250) stehen beispielhaft für die – keineswegs von persönlicher Zuneigung getragene – politisch-religiöse Machtsymbiose zwischen einer die religiöse Legitimität benötigenden politischen Herrscherkaste und eines auf die kompromisslose Einheit der Kirche fixierten Papsttums, das seinerseits abhängig von der Macht des kaiserlichen Schwertes war. Die Einrichtung der römischen Inquisition um die Mitte des 13. Jh. war nur noch die Legalisierung einer Arbeitsteilung: Die Kirche untersuchte und klagte an, während die weltlichen Herrscher urteilten, die Folterknechte bezahlten und das Feuerholz für die Scheiterhaufen zusammensuchen ließen. Die späteren Inquisitionen in Spanien und Portugal waren schließlich sogar in Gänze staatliche Einrichtungen.

»Nur wer selbst brennt, kann Feuer in anderen entfachen«, schrieb Augustinus, und im Hoch- und Spätmittelalter schien es zeitweilig, als würde die sich auf ihn berufende – und im Kampf gegen die Häresien und Sekten fraglos »brennende« – Kirche diesen Satz etwas zu wörtlich nehmen.

Kirchliche Sektenpolitik: Paulikianer, Bogumilen, Katharer und Waldenser

Nun ist es gewiss nicht so, dass man das bis hier geschilderte Handeln einer der weltpolitisch mächtigsten Institutionen der abendländischen Geschichte in direkte Verbindung zu ihren Anhängern, den einfachen Christen, setzen kann. (Und es sei schon hier vorangeschickt, dass dies ein elementarer Grundsatz ist, der für alle in diesem Buch geschilderten Phänomene gelten muss.) Letzteren bot die christliche Religion, soweit sie die Bevölkerung in dieser Zeit überhaupt erreichte, eine Weltanschauung. Sie verlieh der Geschichte, dem Sosein der Dinge und der eigenen Existenz einen mehr oder weniger plausiblen Sinn; sie bot moralische Anleitungen für die soziale Wirklichkeit und rituelle Bewältigungsstrategien für die Wechselfälle des Lebens. Das alles gehört zu den allgemeinen Merkmalen jeder Religion und hatte mit der Weltpolitik der Päpste, dem Machthandeln der römischen Amtskirche und den intellektuellen Querelen klerikaler Autoritäten um die reine Lehre wenig zu tun.

Gleichwohl blieb den Gläubigen wohl niemals gänzlich verborgen, wie sehr die Kirche in weltliche Angelegenheiten und Machtpolitik verstrickt war bzw. wie weit sie und ihre Amtsträger vom Christentum des *Neuen Testamentes* entfernt waren. Befördert wurde der Unmut seit jeher durch umherziehende Wanderprediger, Propheten und Apokalyptiker. Diese übten nicht selten harsche Kirchenkritik und sie bedienten sich dabei der Sprache des Volkes. Mit ihrem apostolischen Gestus, der sichtbar in Armut und asketischer Lebensweise zum Ausdruck kam, konnte sich eine oft von Not, Kriegen, Seuchen und feudalherrschaftlicher Willkür heimgesuchte Bevölkerung zumeist besser identifizieren als mit dem demonstrativ zur Schau gestellten klerikalen Prunk. Das, was in der Theologie als *Theodizeeproblem* bekannt ist, beschäftigte einige Menschen vielleicht ganz praktisch: Wie kann Gott so viel Leid, Elend und Unrecht zulassen, wenn er doch allwissend, allmächtig und gut ist? Und um wie viel eindringlicher muss sich diese Frage gestellt haben, als die Pest in der Mitte des 14. Jh. binnen eines Jahrzehnts fast ein Drittel der europäischen Bevölkerung dahinraffte?

Tatsächlich ist diese Grundsatzfrage der Rechtfertigung des menschlichen Leidens vom Katholizismus und seinem Verweis auf die Willensfreiheit der Menschen nie wirklich überzeugend gelöst worden. Aber viele der von der Kirche bekämpften und in den Untergrund gedrängten gnostischen Richtungen hatten zumindest ansatzweise recht gute Erklärungen vorrätig. Die meisten vertraten einen radikalen Dualismus, sei es, indem sie die Welt von einem unversöhnlichen Gegensatz, einem immerwährenden Kampf zwischen Gut und Böse geprägt sahen *(Manichäismus)* oder gar indem sie die gesamte materielle Welt als unvollendete oder schlichtweg irreale Schöpfung eines bösen »Handwerkers« *(Demiurg)* ansahen; eine Schöpfung, mit welcher der gute Gott (Vater) als reiner »Geistesarbeiter« überhaupt nichts zu tun hatte. Folglich betonten Gnostiker zumeist sehr disziplinierte und asketische Lebensweisen. Entweder, um damit ihre eigene freie Wahlentscheidung für das Gute zum Ausdruck zu bringen oder als konsequente religiöse Technik, um sich selbst von den Übeln der materiellen Welt zu befreien und auf diese Weise langfristig in das geistige Reich des Guten/Gottes aufzusteigen. Glaubensrichtungen dieser und ähnlicher Art wurden (und werden bis heute) von der Kirche zwar stets als Häresien angesehen und mit harten Bandagen bekämpft, aber ausgestorben waren sie nie.

Um die Mitte des 7. Jh. formierte sich in Kleinasien/Armenien eine christlich-gnostische Strömung, die die soziale Gleichheit aller Menschen als Grundlage christlicher Gemeinschaft verstand und deshalb vor allem in der einfachen Landbevölkerung Anklang fand. Da sie nicht nur den kirchlichen Heiligenkult, die Erlösungslehre und das Kreuzsymbol, sondern auch den Klerus und die Kirchenorganisation ablehnte, wurde ihre Ausbreitung von den ostkirchlichen Patriarchen mit allen Mitteln bekämpft – militärisch oft unterstützt vom Landadel, der seinerseits wenig Interesse an einem »sozialistischen« Christentum hatte. Allen Verfolgungen zum Trotz, breiteten sich die von ihren Gegnern wegen ihrer Vorliebe für die Paulusbriefe abschätzig so genannten *Paulikianer* bis ins 9. Jh. überwiegend in den slawischen Ländern sowie in Syrien und im heutigen Irak erfolgreich aus. Ihr wachsender Einfluss und ihre politische Radikalisierung werden schließlich auch im kaiserlichen Konstantinopel als Bedrohung wahrgenommen: 843 befiehlt die – später wegen ihres Einsatzes für die Ikonenverehrung heiliggesprochene – Theodora II. (ca. 815–867) die Vernichtung der Paulikianer. Es folgen Pogrome und Massenhinrichtungen. Die Paulikinaner gründeten als Reaktion einen eigenen Stadtstaat und unterstellen sich dem Schutz des (islamischen) Kalifen von Bagdad – was sie aus Kirchensicht natürlich noch suspekter macht. 871/72 werden sie militärisch vernichtend geschlagen und in alle Winde verstreut.

Wahrscheinlich ist, dass die Paulikianer Einfluss auf die *Bogumilen* hatten, die zunächst eine östliche, vom Gebiet des heutigen Bulgarien ausgehende und später über den ganzen Balkan sich erstreckende christliche Bewegung waren, die um die Mitte des 10. Jh. von einem Priester namens Bogumil (ca. 913–963) begründet wurde und die in vielem den Paulikianern ähnelte. Wenn auch nicht im engeren Sinne gnostisch, so war auch sie höchst antiklerikal sowie in politischer Hinsicht radikal antifeudalistisch, weshalb sie ebenso einerseits Zuspruch in der Bevölkerung fand und damit andererseits natürlich selbst den Grundstein zu ihrer gnadenlosen Verfolgung durch die etablierten klerikalen Kräfte – der östlichen wie der westlichen Kirche – gelegt hatte. Als die Bogumilen begannen Adelssitze und Kirchen niederzubrennen, war auch ihr Schicksal eigentlich schon im 11. Jh. besiegelt, obwohl sie sich im Balkanraum noch bis ins 15. Jh. halten konnten (bis heute spielen sie eine gewisse Rolle für das bosnische Nationalbewusstsein). Paulikianern wie Bogumilen war ein urchristliches Selbstverständnis gemeinsam, weshalb sie sich selbst als wahre oder gute Christen bezeichneten, in aller Deutlichkeit den moralischen Verfall von Kirche und Klerus anprangerten – und letztlich wegen ihres sozial-revolutionären Charakters dem Untergang geweiht waren.

Im Lichte einer sehr stark gnostisch geprägten Ideenwelt und mutmaßlich von den bogumilischen Umtrieben inspiriert, nun aber im »Westen«, entstanden um die Mitte des 12. Jh. die *Katharer* (griechisch: »die Reinen«). Die auch unter dem Namen *Albigenser* bekannte christliche Laienbewegung ist die erste wirklich als solche unter diesem Begriff verfolgte Ketzerbewegung. Vom lateinischen Namen eben jener Bewegung *(cathari)* leitet sich nicht nur das deutsche Wort Ketzer ab, sondern auch eine Vielzahl allgemeiner Klischeevorstellungen über Häretiker und Ketzer geht auf sie zurück. Die Katharer haben ihre Wurzeln vermutlich im Südwesten des heutigen Deutschlands und ihre antiklerikale Bewegung breitete sich in der Lombardei (Norditalien) und in Okzitanien (Südfrankreich), wo sie auch politische Unterstützung fand, schnell aus. Sie mag im 13. Jh. vielleicht sogar einige Hunderttausend Anhänger gehabt haben. Ihre Lehre war gnostisch-dualistisch: Einer bösen materiellen Welt, wie sie für die Katharer exemplarisch im *Alten Testament* und dessen »bösem« Gott zum Ausdruck kam, stand eine gute, rein göttlich-geistige Welt gegenüber. Das religiöse Ziel war es, ein »Perfekter« zu werden bzw. die Seele vermittels einer sogenannten Geisttaufe *(Consolamentum)* aus der materiellen Welt zu erlösen. Zumindest die »perfekten« Katharer befolgten asketische Prinzipien (Ehelosigkeit, strikt vegetarische Ernährung, Gewaltverzicht, Aufgabe jeglichen Eigentums) und genossen ein hohes Ansehen auch im Kreise jener »Normalen«, die diesem Perfektionismus selbst nicht gerecht werden konnten. Interessant ist, dass die Katharer, obwohl Laienbewegung, recht schnell eine gegenkirchliche Organisationsform entwickelten, die sichtbar ihrem römisch-katholischen Widerpart glich. Traurige Berühmtheit erlangten die Katharer dadurch, dass ihnen Papst Innozenz III. einen offiziellen Kreuzzug (Albigenserkreuzzug, 1209–1229) widmete. Dieser sorgte, auch dank der Unterstützung durch den nordfranzösischen Adel, für eine vollständige Ausrottung zumindest der okzitanischen Katharer; den europäischen Rest erledigte die Heilige Römische Inquisition bis zur Mitte des 14. Jh.

Um 1175/77, also etwa zeitgleich zu den Katharern und ebenso zunächst von Südfrankreich ausgehend, formierte sich die neureligiöse Bewegung der *Waldenser* – später so benannt nach ihrem Begründer, Pierre Waldes (auch: Petrus Valdes, gest. Anfang des 13. Jh.), einem gebildeten und wohlhabenden Lyoner Kaufmann. Dieser entsagte irgendwann seinen weltlichen Besitztümern und predigte ein frommes und demütiges Leben in Armut. Waldes war schon vor seiner Zeit als Laienprediger ein frommer Christ, der sogar eine Bibelübersetzung ins Okzitanische veranlasst hatte, weil die Heilige Schrift auch dem einfachen Volk zugänglich sein sollte. Eigentlich waren Waldes und seine schnell wachsende Anhängerschar echte Vorzeigechristen: Im Gegensatz zu den oben genannten Bewegungen bildeten sie keine schlagkräftige sozial-revolutionäre Organisation oder gar eine Gegenkirche wie die Katharer aus. Sie hielten sich vom politischen Tagesgeschäft fern und waren auch keine Gnostiker. Eigentlich hatten sie überhaupt keine eigene Lehre, sondern sie waren schlicht bibeltreu. Sie verbreiteten die Evangelien und das Gotteswort mit Hingabe und betrachteten sich selbst als gute katholische Christen. Sie predigten die apostolischen Werte von Armut und Frömmigkeit und lebten selbst nach diesem Vorbild vom Betteln bzw. in absoluter Bescheidenheit, was ihnen den Spitznamen »Arme von Lyon« einbrachte.

Ihr »Verbrechen« gegenüber der Kirche bestand einzig darin, dass sie bzw. Waldes den neutestamentlichen Verkündigungsauftrag aus dem *Markusevangelium* als allgemeinen Auftrag an alle Christen betrachteten. Die Kirche dagegen sah unter Berufung auf das *Matthäusevangelium* einzig ihren ausgebildeten Klerus als zur Predigt berechtigt an. Obwohl es kurzfristig so aussah, dass es zu einer friedlichen Einigung über diesen Punkt kommen könnte, siegte am Ende doch die seinerzeitige Kirchenlogik: 1182/83 wird Waldes exkommuniziert und samt seiner Anhänger aus Lyon vertrieben. Ab 1184 wird die Bewegung als »ketzerisch« und »infam« (schändlich) gebrandmarkt und mit erheblichen Sanktionen belegt; kurz vor der Mitte des 13. Jh. nimmt sich dann die Inquisition der Waldenser an. Die Waldenser, die auch in den folgenden Jahrhunderten in ganz Europa immer wieder schwerste Verfolgungen und Vertreibungen erlitten, überlebten dennoch im regionalen Untergrund, der weit bis ins heutige Deutschland reichte. Obwohl große Teile von ihnen später in der Reformation aufgingen, haben sie als einzige der genannten neureligiösen Bewegungen des Mittelalters den Sprung bis in die Gegenwart geschafft: Weltweit gibt es noch geschätzte 100.000 Waldenser; in Deutschland sind es wohl um die 4000, die mehrheitlich im Schwäbischen angesiedelt sind und sich im heutigen Selbstverständnis protestantischer Freikirchen bewegen.

Bei aller platzbedingten Konzentration auf die vier großen sozial-religiösen Bewegungen, deren Opferzahlen über die Jahrhunderte ihrer Verfolgung insgesamt wohl in die Hunderttausende gingen (genaue Zahlen lassen sich nicht mit Sicherheit ermitteln), sei zumindest der Vollständigkeit halber erwähnt, dass es auch noch etliche andere kleine religiöse Bewegungen gab, die ebenso der Einheitspolitik der Kirche zwischen dem 12. und 15. Jh. zum Opfer fielen; egal ob *Amalrikaner, Beginen/Begarden, Joachimiten, Apostelbrüder, Fraticellen,* Brüder und Schwestern des freien Geistes *(Adamiten)* und zuletzt die *Lollarden* und *Hussiten.* Auch hier können wir wohl auf die Darlegung der unterschiedlichen häretischen Aspekte verzichten: Die Inquisition machte irgendwann allen »Sekten« den Prozess. Und die Rädelsführer von Häresien konnten dem Scheiterhaufen weit seltener entgehen als jene, die in späterer Zeit der Hexerei bezichtigt wurden. Die Hexen übrigens – die wir aus gegebenem Anlass erst im Kapitel über die religiösen Trends der Gegenwart (Kapitel 9) unter dem Stichwort der Wicca-Bewegung genauer betrachten – wurden erst ab dem 16. Jh. wirklich konsequent verfolgt. Vielleicht ist diese merkwürdig späte Orientierung auf neue Gegner aber auch ein Indiz dafür, dass die Kirche zu diesem Zeitpunkt den Kampf gegen die Ketzerbewegungen letztlich doch verloren hatte: Am Beginn des 16. Jh. nämlich erstand der katholischen Kirche in der Reformationsbewegung ein langfristig ebenbürtiger Gegner.

Kaum haben sie Christus gepredigt,
beschuldigen sie sich gegenseitig Antichristen zu sein
(Voltaire, d.i. François Marie Arouet)

2 Vorwärts in die Vergangenheit: Die Reformation und die protestantischen Sekten

Wenn wir im Kapitel über die Geschichte des Christentums, die ja in weiten Teilen die Erfolgsgeschichte der katholischen Kirche war, von der »Mutter aller Sekten« gesprochen haben, so sollte man sie mit Blick auf den nun folgenden Abschnitt vielleicht besser als Großmutter aller Sekten bezeichnen. Denn mit der »Luther-Sekte« (die *secta lutherana* wird erstmals 1520 in einem katholischen Flugblatt so genannt) erwächst dem Christentum ein zweiter echter Mutterschoß, aus dem heraus die christliche Sektiererei im Abendland förmlich explodieren wird.

Die Reformation vor der Reformation: John Wyclif und Jan Hus

In der Schule lernt man gemeinhin, dass die Reformation genau am 31. Oktober 1517 begonnen hat. An diesen Tag nämlich soll ein Augustinermönch – genauer: ein Augustiner-Eremit – namens Martin Luther (1483–1546) ein 95 Punkte umfassendes Thesenpapier an die Schlosstür der Kirche zu Wittenberg »genagelt« haben. Ob er tatsächlich diese Form der Veröffentlichung gewählt hat – in der Wissenschaft herrscht darüber Uneinigkeit – kann hier dahingestellt bleiben, denn das Papier als solches existiert. Datiert auf den »Allerheiligen Abend 1517« wurde es einem Brief Luthers an den Erzbischof von Mainz und Magdeburg beigelegt, binnen weniger Wochen in Theologenkreisen verbreitet und anschließend veröffentlicht. Der Zorn des ausgebildeten Theologen Martin Luther galt dem sogenannten Ablasshandel, sehr vereinfacht gesagt also dem kirchlichen Handel mit Gottes Gnade. Luther stellt zunächst weder den Papst noch das kirchliche Instrument des Ablasses (das Erlassen oder zeitliche Verkürzen von Höllenstrafen, die man aufgrund von Schuld und Sünde auf sich geladen hat) infrage. Ihm geht es vielmehr nur um den Missbrauch des Ablasses, nämlich wenn den Sündern von den kirchlichen Ablasshändlern suggeriert werde, dass sie sich von persönlicher Buße und tätiger Reue freikaufen könnten bzw. dass die göttliche Gnade ein Gut sei, über das nicht nur Gott allein, sondern auch die Kirche verfügen würde.

Mit Blick auf die Folgen von Luthers Thesen und seiner weiteren Bedeutung spricht nichts dagegen, an diesem Datum festzuhalten, aber aus dem Bisherigen sollte hervorgegangen sein, dass Luthers Thesenpapier wohl nur noch der Funken war, den es brauchte, den überall in Mittel- und Nordeuropa schwelenden Antiklerikalismus zum offenen Feuer der Reformation zu entfachen. Die Katharer, Waldenser und viele andere neureligiöse Bewegungen mochten der Inquisitionspolitik zum Opfer gefallen sein: die ideellen und praktischen Voraussetzungen, also die politischen, sozialen und religiösen Beweggründe, die zu ihren kirchenkritischen oder sogar offen kirchenfeindlichen Haltungen geführt hatten, waren es nicht. Im Gegenteil. Im Hoch- und Spätmittelalter, und erst Recht im Gefolge der Pest, einer Seuche, die in Ermangelung einer medizinischen ja vor allem einer religiösen Erklärung bedurfte, konnte man den Autoritätsverlust der Kirche über die einfachen Gläubigen gewissermaßen mit Händen greifen. Die päpstliche Kurie – die obersten Leitungs- und Verwaltungsorgane der katholischen Kirche – des 14. Jh. war in weiten Teilen zu einem Lobbyclub unterschiedlicher machtpolitischer Interessen degeneriert. Ab 1309 residierten die römischen Päpste im französischen Exil, der Versuch ihrer Rückkehr nach Rom endet 1377/78 im sogenannten *Abendländischen Schisma:* 40 Jahre lang wird es nun einen Papst in Rom und einen Gegenpapst im französischen Avignon geben – nach dem kontraproduktiven Konzil von Pisa (1407) gibt es sogar kurzfristig drei Päpste. Im Zuge des fast dreieinhalb Jahre dauernden Konzils von Konstanz (1414–1418) konnte die Einheit der Kirche zwar wiederhergestellt werden, aber selbst der mächtigen Inquisition gelang es nicht mehr, alle kirchenkritischen Brandherde auszutreten.

In England hatte der hoch gebildete Theologe John Wyclif (ca. 1325–1383), der die erste englische Bibelübersetzung anfertigte, mehr oder weniger alle zentralen Kritikpunkte der Reformation schon knapp 150 Jahre vor Luther formuliert. Er kritisierte den Ämterhandel und forderte die Rückkehr der Kirche zu ihren apostolischen Wurzeln, also den Verzicht auf weltliche Güter und vor allem auf weltliche Macht. Er lehnte die Heiligen-, Bilder- und Reliquienverehrung ab, und er bestritt den »antichristlichen« päpstlichen Anspruch, Oberhaupt der Kirche bzw. der Christen zu sein. Unter Bezug auf Augustinus bringt er die freie Gnadenwahl Gottes *(Prädestination),* die später zu einem zentralen Aspekt der Reformation werden sollte, ins Spiel, womit er letztlich auch den Sinn der kirchlichen Bußsakramente bzw. deren Bedeutung bei der Gnadenvergabe infrage stellte. Leitlinie jeglichen christlichen Handelns sei allein die Bibel, weshalb ein professioneller Klerus im Grunde überflüssig sei. Wyclifs antiklerikaler Mut war sicherlich zum Teil der Tatsache geschuldet, dass er in puncto der weltlichen Herrschaftsfrage voll auf der Linie des englischen Königs lag, der sich seinerseits im Hundertjährigen Krieg (1337–1453) mit Frankreich befand und für die »französischen« Päpste dieser Zeit keinerlei Sympathien hegte. Wyclif, auf dessen Wirken sich später die englische Reformbewegung der *Lollarden* gründet, wurde vonseiten der Kirche umgehend von seinem offiziellen Lehramt in Oxford enthoben und später exkommuniziert, aber seine große Reputation bewahrte ihn vermutlich vor Schlimmerem. Wie sehr der kirchliche Zorn dennoch gegen Wyclif brannte, lässt sich daran ersehen, dass die Kirche ihn über 30 Jahre nach seinem Tod nachträglich als Ketzer verurteilt, seine Gebeine ausgraben und verbrennen lässt.

Jene Vorsicht, die die Kirche zu dessen Lebzeiten gegenüber Wyclif an den Tag legte, lässt sie bei dem nicht minder gebildeten Theologen Johann/Jan Hus (1369–1415), ab

1402 Rektor der Universität Prag, vermissen – was tatsächlich mittelfristig zu einem Volksaufstand und den *Hussiten-Kriegen* zwischen 1419 und 1434 führt. Studenten hatten schon in den 1380er Jahren die Wyclif'schen Lehren nach Prag gebracht, und Hus erwies sich bald als ein glühender Anhänger. Hus, der der Lehre Wyclifs nichts Eigenes hinzufügt, teilweise sogar hinter dessen Radikalität zurückbleibt, wird wie sein (zu dieser Zeit schon toter) Ideengeber während des Konzils in Konstanz 1415 zum Ketzer erklärt. Er wird verhaftet und gefoltert, weigert sich aber, der Lehre Wyclifs und dessen »Irrtümern« abzuschwören. Als Ketzer wird Jan Hus schließlich am 6. Juli 1415 zusammen mit seinen Schriften öffentlich verbrannt.

Zu dieser Zeit hatte Hus aber bereits eine recht große Anhängerschaft, die vom einfachen Volk über die universitären Eliten bis in böhmische Adelskreise reichte. Die breite Zustimmung hatte freilich nicht nur religiöse Gründe, sondern beruhte auch zu einem Gutteil auf einer gemeinsamen Antipathie gegenüber den »Deutschen«, die nicht nur einen beträchtlichen Bevölkerungsanteil in Böhmen und Prag stellten, sondern auch als Fremdherrscher wahrgenommen wurden, da die böhmischen Könige dieser Zeit auch das Amt des römisch-deutschen Kaisers innehatten bzw. sich auf dieses beriefen. Der papsttreue böhmische König Wenzel (1361–1419) jedenfalls, seinerseits eigentlich weit weniger auf das Kaiseramt fixiert als seine Vorgänger und Nachfolger, wollte die rebellischen Hussiten aus öffentlichen Ämtern entfernen. Die bedeutsamste Folge war, dass die Hussiten im Jahr 1419 einige Prager Ratsherren aus ihren Ämtern entfernten – und zwar durch die geöffneten Fenster des Rathauses. Der sogenannte (erste) *Prager Fenstersturz* eröffnet eine ganze Reihe von bewaffneten Konflikten zwischen verschiedenen sozial und religiös reformerischen und kaiserlich-katholischen Kräften. Nach gut zwei Dutzend teilweise verlustreicher Schlachten und kleineren Zugeständnissen von päpstlicher Seite kehren die gemäßigteren Hussiten 1434 in den Schoß der katholischen Kirche zurück, die radikaleren *Taboriten* werden zwischen 1434 und 1437 restlos unterworfen.

Zusammenfassend kann man also sagen, dass die Reformation in Mitteleuropa, also im Heiligen Römischen Reich Deutscher Nation, überall in den Startlöchern saß – wobei der Antiklerikalismus natürlich nur ein Aspekt unter vielen anderen ist. Im 15. Jh. vollzieht sich ein weit reichender sozialer und kultureller Wandel: Die Wirtschaft und vor allem der Seehandel florieren – Columbus entdeckt Amerika 1492 bekanntlich auf seiner Suche nach einer neuen Handelsroute –, die Städte und das Bürgertum gewinnen an Bedeutung; es ist das Zeitalter der Renaissance, der »Wiedergeburt« des antiken Geistes und des Humanismus. Die Universitäten werden zu neuen Zentren des geistigen Lebens, Johannes Gutenberg (ca. 1400–1468) revolutioniert in der Mitte des 15. Jh. den Buchdruck; Schriften können nun viel schneller und in größeren Mengen gedruckt werden. All das – und noch vieles mehr – ist in anderer Lesart natürlich der Anfang vom Ende der alten Ordnung. Das deutsch-römische Kaisertum befand sich genauso im Sinkflug wie das feudale Wirtschaftssystem und die ständische Ordnung – alle freilich aus großer Fallhöhe, weshalb das System formal noch bis zum Beginn des 19. Jh. weiter besteht. Und der grassierende Antiklerikalismus schließlich zeigte, dass auch das mittelalterliche Kirchensystem sich überlebt hatte. In dieses gesellschaftliche Klima also stellt Luther 1517 seine Thesen, die rückblickend als offizieller Auftakt der Reformation gelten.

Das Trio infernale der Reformation: Luther, Zwingli, Calvin

Ein in der Gegenwart weit verbreiteter Irrtum ist die Annahme, die Reformation sei in religiöser Hinsicht eine liberale oder gar aufklärerische Bewegung gewesen, die für eine Befreiung des Menschen aus den Fesseln einer dogmatisch erstarrten Religion eingetreten wäre. Das Gegenteil ist der Fall. Die Reformation wäre aus heutiger Sicht das, was man eine fundamentalistische Bewegung nennen würde. Sie will raus aus der Weltlichkeit und zurück zu den Fundamenten der christlichen Religion: zur Heiligen Schrift, zu Christus, zu Gott und Glauben. Und natürlich ist sie, wie die meisten Religionen mit vermeintlich urchristlichem Bezug, in weiten Teilen von apokalyptischen Untertönen geprägt. Nur auf den ersten Blick widerspricht das der oben angedeuteten Umbruchstimmung, denn religiöse Fundamentalismen sind seit jeher kulturelle Bewältigungsinstrumente des sozialen Wandels. Folglich darf man den Antiklerikalismus des 15. und 16. Jh. nicht mit einer allgemeinen Religionskritik gleichsetzen.

Die reformatorische Kritik zielt vor allem auf den Papst bzw. die römische Kurie sowie alle mit diesen unmittelbar paktierenden Einrichtungen. Dazu gehören, neben dem Kaisertum und einigen weltlichen Herrscherhäusern, die regionalen Kirchenfürsten (vor allem Erzbischöfe) und die meisten Klöster. Inhaltlich richtet sich die Kritik also gegen ein klerikales Machtsystem, dem über weltliche Machtversessenheit und Glaubensabfall vor allem die Praktizierung sämtlicher biblischer Hauptsünden, vor allem aber Hochmut, Trägheit, Völlerei und Wollust zur Last gelegt wurde. Letztere Kritikpunkte richteten sich vor allem gegen die Mönche, wie zahlreiche Karikaturen und Flugschriften aus dieser Zeit belegen. Im Kern ist das alles eine moralische Kritik am Fehlverhalten der katholischen Kirche, und die Reformation ist in ihren Anfängen eine Bewegung zur Wiederherstellung (lateinisch: *reformatio*) der religiösen Moral.

Luther, der unter den großen Reformatoren des 16. Jh. sicherlich der am wenigsten revolutionäre und zudem unverbrüchlich obrigkeitstreu ist, glaubt anfänglich an eine innere Reform der Kirche. Er muss aber recht schnell feststellen, dass man in Rom nicht beabsichtigt, seinem Aufruf zur moralischen Besinnung zu folgen: Luther wird der Ketzerei bezichtigt, und da er sich wiederholt weigert, die päpstliche Autorität in Glaubensdingen anzuerkennen, wird er 1521 exkommuniziert. Kaiser Karl V. (1500–1558), der letzte von einem Papst gekrönte deutsch-römische Kaiser, verhängt kurz darauf mit dem *Wormser Edikt* die Reichsacht über Luther, also die Ächtung seiner Person, seiner Schriften und Lehren im gesamten Kaiserreich. Luther sollte gefangen genommen und nach Rom überstellt, seine Bücher öffentlich verbrannt werden. Friedrich der Weise (1463–1525), Kurfürst von Sachsen, hielt aber, ebenso wie der ihm nachfolgende Johann der Beständige (1468–1532), stets seine schützende Hand über ihn – womit nebenbei belegt ist, wie begrenzt mittlerweile die päpstlich-kaiserliche Machtallianz war. Luther, dessen persönliche Freiheit zwar auf den Herrschaftsbereich der sächsischen Kurfürsten eingeschränkt war, setzte in der Folgezeit sein reformatorisches Werk vor allem in schriftlicher Form fort. Sämtliche seiner Schriften und Pamphlete der 1520er Jahre werden zu Bestsellern und es ist dieses intellektuelle theologische Wirken, das ihn zum Größten der Reformatoren werden lässt.

Die vier Leitsätze aller reformatorischen Bewegungen gehen auf Luther zurück und sie sind sämtlich gegen die katholische Kirche und ihren Machtapparat gerichtet: Nicht der Papst sei das Oberhaupt der Christen, sondern Christus allein *(solus Christus);* nicht die Kirche besitze die Autorität über die Gläubigen, sondern allein die Heilige Schrift *(sola scriptura);* der Mensch könne sein Seelenheil nicht durch kirchliche Vermittlung, durch priesterliche Fürbitten und Sakramente, sondern einzig durch den Glauben erlangen *(sola fide),* wobei seine Errettung auch nicht von guten Taten, sondern allein von der Gnade Gottes abhänge *(sola gratis).* Aus diesen vier Grundsätzen ergeben sich vielfältige Konsequenzen, die freilich in den verschiedenen reformatorischen Bewegungen in unterschiedlichen Regionen unter unterschiedlichen politischen Bedingungen durchaus unterschiedliche Gestalt annahmen.

Luther selbst wird in praktisch-politischer Hinsicht zeit seines Lebens der alten ständischen Ordnung verhaftet bleiben: Als die deutschen Bauern, die seine reformatorische Hauptschrift *Von der Freiheit eines Christenmenschen* offensichtlich als Aufruf zur Beendigung ihrer Leibeigenschaft missverstehen und sich gegen ihre Feudalherren erheben, stellt sich Luther gegen sie. Er bezeichnet sie in einer eigenen Schrift als »mörderische Rotten«, sieht in den Aufständen gar »ein Werk des Teufels« und empfiehlt den Fürsten die gnadenlose Niederschlagung des Aufstandes – was diese umgehend tun. Im Zusammenhang mit der Niederschlagung der Bauernaufstände wird klar, dass Luther weder revolutionäre Intentionen gegenüber den weltlichen Herrschern hatte noch in sonstiger Hinsicht gegen die althergebrachte soziale Ordnung aufbegehrte. Luthers späte Weltsicht schließlich ist hoffnungslos reaktionär, sein Menschenbild fast schon verstörend negativ: Er hasst Katholiken, Täufer, Juden, Bauern und Frauen gleichermaßen. Für Menschen gibt es keine Freiheit, keinen eigenen Willen, keine Möglichkeit eines Selbstbewusstseins; überall lauert das Böse in Gestalt von Dämonen, die ganze Welt ist Versuchung und Teufelswerk. Luthers Gesellschaftsbild könnte antidemokratischer kaum sein; es ist einerseits geprägt vom uneinsehbaren Willen des göttlichen Absolutisten, dem jede irdische Vorstellung von Gerechtigkeit fremd ist, und andererseits von den Vollzugsbeamten der weltlichen Obrigkeit, die allein zu kritisieren schon ein Verbrechen ist. Entsprechend werden das deutsche Luthertum und speziell die Lutherische Kirche noch viele Jahrhunderte absolut obrigkeitstreu bleiben. Und mit einigem Recht werden am Ende auch nicht die auf Luther, sondern die auf Zwingli und Calvin zurückgehenden Kirchen als »reformierte« bezeichnet.

Einen politisch deutlich konsequenteren Weg nimmt die Reformation im Gefolge des parallel zu Luther wirkenden Zürcher Reformators Huldrych (Ulrich) Zwingli (1484–1531). In theologischer Hinsicht sind die Unterschiede zwischen den beiden kaum erwähnenswert, aber während Ersterer aus der Reformation keine praktischen Konsequenzen für die gottgewollte weltliche Obrigkeit ableitete, nahm Letzterer diese in die reformatorische Pflicht. Für die Obrigkeit sollte die »Schnur Christi« ebenso verbindlich sein wie für den einfachen Gläubigen; dort wo das nicht der Fall sei, sei auch die Herrschaft nicht rechtmäßig, geschweige denn gottgewollt. Und deshalb befürwortete Zwingli im Gegensatz zu Luther ein aktives und aus der Religion ableitbares Widerstandsrecht gegen nicht genügend gottesfürchtige Herrscher.

Die Reformatoren im Umfeld Zwinglis waren außerdem, und auch dies im Gegensatz zu den Lutheranern, tatkräftige Bilderstürmer, die die Gemälde und Heiligenstatuen aus den Kirchen entfernten, die Klöster entrümpelten, Mönche verprügelten, Prozessionen, Musik und Gesang aus den Kirchen verbannten. Ebenso wie die Lutheraner erkannten sie nur noch Taufe und Abendmahl als kirchliche Sakramente an. Und Letzteres lediglich in einer symbolischen Form, was schon 1529 zum Bruch mit Luther führt, der auch in diesem Punkt »katholisch« bleibt, also darauf besteht, dass Jesus in der Abendmahlsfeier leiblich präsent ist.

In theologischer Hinsicht ist es Jean Cauvin (1509–1564), besser bekannt als Johannes Calvin, ein französischer Jurist, der die Reformation in zweiter Generation und in wieder etwas anderer Lesart von Genf aus vorantreibt. Calvin ist im persönlichen Vergleich zu Zwingli eher zurückhaltend und »seine« Reformation ist eher vom Gedanken einer wohlgeordneten Gemeinde als von religiösem Dogmatismus angetrieben. Mit Blick auf seine strenge Theologie und besonders seine »Kirchenzucht«, also die Überwachung und Sanktionierung einer in jeder Hinsicht gottesfürchtigen und sittlich einwandfreien Lebensführung aller Gemeindemitglieder, scheint Calvin zunächst ein unerbittlicher Religionspolizist zu sein. Dabei übersieht man leicht, dass seine Konzeption der Kirche von bemerkenswerter Offenheit ist. Calvin weiß nämlich, dass nur Gott allein in der Lage ist, die Seinen zu erkennen, weshalb der Mensch darüber niemals urteilen sollte. Insofern steht Calvins Kirche jedem offen, sofern dieser nicht danach trachtet, die Heiligkeit des »Leibes Christi« (= Kirche) zu zerstören. Aber die Exkommunikation, der Ausstoß aus der Kirche, war nur das allerletzte Mittel der Kirchenzucht. Abseits davon sollte der Leib Christi im Zentrum eines wohlgeordneten und zur Ehre Gottes blühenden Gemeinwesens stehen, geprägt von Wohlstand, Bildung und sozialer Fürsorge.

Wenn mit einigem Recht behauptet wird, dass Calvin der wirkmächtigste Theologe des Protestantismus ist, dann bezieht sich das vor allem auf den *Calvinismus,* also auf diverse und durchaus unterschiedliche religiöse Strömungen, die im Gefolge seiner Theologie erwachsen sind. Im Mainstream-Calvinismus zu Beginn des 17. Jh. dominiert dann auch mehr die theologische Strenge als die kirchliche Offenheit. Und von einer »frohen Botschaft« ist gar nicht zu reden, denn die – von Calvin selbst so niemals systematisierten – *Fünf Punkte des Calvinismus* sind in global-christlicher Perspektive eher deprimierend.

Der erste Punkt, die »völlige Verderbtheit«, bekräftigt das christliche Basiswissen, dass die Menschheit seit Adams paradiesischem Fauxpas das ewige Leben und das Heil verloren hat und in rettungslose Ungnade gefallen ist. Genauer gesagt, die Erbsünde rechtfertigt auf alle Zeiten die göttliche Todesstrafe für alle Menschen – und der Mensch kann aus eigener Kraft nichts dagegen tun. Gott allerdings hat aus seiner Gnade und Souveränität heraus einen kleinen Teil der Menschheit zur Wiedergeburt und zum ewigen Heil vorherbestimmt *(Prädestination)*. Kennzeichnend für den Calvinismus sind nun besonders zwei Aspekte. Einerseits handelt es sich hierbei um eine »bedingungslose Erwählung« – so die Überschrift des zweiten Punktes –, weil Gott die Seinen in einem einsamen und nur ihm bekannten Ratschluss vor Anbeginn aller Zeit erwählt hat. Andererseits – und das präzisiert Calvin selbst – ist damit auch klar, dass der nicht erwählte Teil der Menschheit von Beginn an zur ewigen Verdammnis in der Hölle verurteilt ist. Und an dieser »doppelten Prädestination« gibt es nichts zu rütteln: Der von Gott »bedingungslos« Erwählte kann diese Gnade niemals verlieren und der von Gott Verworfene kann sie niemals gewinnen. (Die etwas paradoxen Folgen dieses Glaubens, der scheinbar einer totalen moralischen Anarchie Tür und Tor öffnet, werden wir etwas weiter unten im »amerikanischen« Abschnitt dieses Kapitels behandeln). Daraus folgt der dritte Punkt, die »begrenzte Sühnung«. Damit ist gemeint, dass Jesus den Sühnetod am Kreuz nicht für alle Menschen gestorben ist, sondern nur für die von Gott Erwählten. Und diese Erwählten, die ja aus eigener Kraft nicht einmal fähig sind zu glauben, zieht Gott zu sich – ob sie wollen oder nicht. Das ist der vierte Punkt, die »unwiderstehliche Gnade«. Und wer zuletzt die Erwählung und den Glauben gefunden hat und wen Gott zu sich gezogen hat, der wird darin bis zu seinem Ende beharren und gottgefällig sein, das ist der letzte Punkt, das »Ausharren der Heiligen«. Man kann diese fünf Punkte, zu denen sich zumindest die orthodoxen reformierten Kirchen bis heute bekennen, erstmals den »Lehrregeln« der Dordrechter Synode von 1618/19 entnehmen.

Die auf der Synode verfassten Regeln sind übrigens lediglich eine Reaktion der orthodoxen Calvinisten auf die »Fünf Artikel der Zurückweisung«, welche die liberale – aber Calvin keineswegs prinzipiell fernstehende – Glaubensbewegung der *Remonstranten* (lateinisch: *remonstrare* = zurückweisen) schon im Jahre 1610 formuliert hatte. Die der Lehre des niederländischen Theologieprofessors Jacobus Arminius (1560–1609) folgende und bis heute vor allem in den Niederlanden aktive REMONSTRANTSE BROEDERSCHAP ist im gegenwärtigen Selbstverständnis eine »freisinnige Asylkirche«, die kritischen und allen vor kirchlichen Dogmen »flüchtenden« Christen ein Zuhause bieten will. Diesem Credo folgend, lehnen sie seit jeher den alles vorherbestimmenden Gott ab und glauben an die Freiheit des Menschen, sich willentlich für das Gute (Gott) entscheiden zu können und dadurch für das Heil erwählt zu werden. Wer bis hierhin aufmerksam gelesen hat, kann sich natürlich denken, dass die Remonstranten bzw. *Arminianer* während der Dordrechter Synode als »gräuliche Ketzer und die gefährlichsten Feinde der Gemeinde des Herrn« verurteilt und von den »wahren« Calvinisten aus dem Land gejagt wurden – und am arminianischen Gedankengut scheiden sich bis heute die reformierten Geister.

Auch wenn man viel Unsachliches über Calvin lesen kann, und einige Dinge, die man ihm rückschauend vorwirft, weniger seinem eigenen Handeln als vielmehr seiner Duldung zuschreiben muss, so ist der prägende Wesenszug des orthodoxen Calvinismus letztlich untrennbar mit theologischer Strenge, besonders mit der Radikalisierung der auf Augustinus zurückgehenden Prädestinationslehre und des verborgenen Ratschluss Gottes verbunden. Dass letztlich sogar der Sündenfall und die ewige Verdammnis nichts anderes sind als notwendige Geschehnisse aufgrund einer für den Menschen unergründlichen Vorsehung Gottes, hielt selbst Calvin für einen »fürchterlichen Ratschluss«.

Kurz gesagt: In wohl keinem anderen Glauben der Welt ist der Abstand zwischen einem in seiner unendlichen Größe, absoluten Souveränität und in menschlichen Maßstäben nicht zu begreifenden Gott und dem in rettungsloser Verderbtheit und seinem vorherbestimmten Schicksal willenlos ausgelieferten Menschen größer als im radikal-orthodoxen Calvinismus. (Wer der Einsamkeit dieses Glaubens nachspüren will, dem sei an dieser Stelle der autobiographische Roman *Im Garten des Vaters* (2007) des Niederländers Jan Siebelink empfohlen, der diese am Beispiel seines Vaters beschreibt.)

Natürlich sind die grundlegenden reformatorischen Richtungen wesentlich komplexer als es hier in den kurzen Andeutungen dargelegt werden kann, zumal Luther und Calvin ein riesiges theologisches Werk hinterlassen haben, dessen Durchdringung sich leicht zur Lebensaufgabe auswachsen kann. Auch in praktischer Hinsicht sind die eben skizzierten reformierten Strömungen und besonders der Calvinismus natürlich nicht in fünf Punkten abgehandelt – und die später unter dem Strömungsnamen der *Presbyterianer* in den USA so erfolgreichen Calvinisten gehen auch schon wieder auf ein anderes, etwas weniger strenges calvinistisches Bekenntnis (das *Westminster Bekenntnis* von 1646) zurück.

Und abseits aller Bekenntnisse würde ein genauerer Blick auf das damalige »römische« Deutschland zeigen, dass alle religiösen Strömungen fast immer mit den unterschiedlichen politischen Interessen von gut 300 Reichsständen – geistliche und weltliche Kurfürsten, Fürstbischöfe und -äbte, Hochmeister der Ritterorden, Fürsten, Grafen, Freiherren sowie freie Reichsstädte – verschmolzen und mit teilweise sehr unterschiedlichen sozialen und kulturellen Voraussetzungen konfrontiert waren. Letztlich war also auch die Reformation in einem kaum durchschaubaren, den christlichen Anfängen ähnelnden Wirrwarr unterschiedlicher Ansichten verstrickt.

Die heimatlosen Spiritualisten: Täufer und Schwärmer

Wie es echten radikalen Gruppierungen geziemt, gingen auch Reformierte (Calvinisten, Zwinglianer) und Lutheraner – untereinander über die Abendmahlfrage zerstritten – mit aller Härte gegen jegliche religiöse Konkurrenz vor. Und die Reformationspolitik des 16. Jh., besonders die lutherische, war nicht weniger mit herrschaftspolitischen Interessen verknüpft als die der römisch-päpstlichen Kurie.

Natürlich gab es auch die in machtpolitischer Hinsicht eher »naiven« und deswegen letztlich wenig erfolgreichen christlichen Reformbewegungen. Die religiösen »Schwarmgeister«, wie Luther sie abfällig nannte, zeichneten sich zumeist durch einen mystischen oder spirituellen bzw. stark auf ein inneres Christentum ausgerichteten Glauben aus. Etwas zynisch könnte man über die meisten dieser Bewegungen sagen, dass sie so klein und erfolglos waren, dass sie, obwohl zumeist der Ketzerei bezichtigt, nicht einmal wirklich verfolgt wurden. Das galt freilich nur, wenn sie in weltabgewandter und individueller Schwärmerei verharrten. Einer der das nicht tat, war der Schwärmer Thomas Müntzer (ca. 1489–1525), ein lutherischer Prediger. Auch er glaubte schwärmerisch, dass man in der Abkehr von der sinnlichen Welt Gott im Inneren der Seele erleben könne. Ihm wurde allerdings zum Verhängnis, dass sein Seelenerlebnis apokalyptische und praktisch-revolutionäre Züge aufwies und er sich zusammen mit Jesus auf der Seite der Armen und Unterdrückten wähnte. So wurde er zum Wortführer des Bauernaufstandes, was ihn im Wortsinne seinen Kopf kostete.

Was die Schwärmer auch aus protestantischer Sicht so suspekt machte, war vor allem, dass sie ihre Ideen nicht allein aus dem Bibelwort schöpften, sondern durch persönliche Gottesschau, Visionen und Seeleneindrücke zu einer Interpretation des Glaubens gelangten, der sichtbar humanistische und gnostische Züge aufwies. Man kann hier problemlos Namen wie Agrippa von Nettesheim (1486–1535) oder auch Paracelsus (1493–1541) erwähnen – wir werden an späterer Stelle im fünften Kapitel noch etwas näher auf sie eingehen –, die beträchtlichen Einfluss auf die vorwiegend bürgerlichen Schwärmer hatten. Es sind vor allem die pantheistischen, also Gott in Allem sehenden, und insofern nicht unbedingt an einen konkreten Christengott gebundenen Lehren einer spirituellen, innerlichen und im Einklang mit der Natur stehenden Religion, die sich im reformatorischen Kontext der Schwärmer spiegeln: Kaspar Schwenckfeldt (1490–1561), Leitfigur der sich auf ihn später berufenden *Schwenckfelder,* sah die Reformation im Licht der persönlichen Erfahrung des inneren Wortes Gottes und des mystischen Fühlen der Gnade Gottes. Sebastian Franck (1499– ca. 1542), bis zu seinem Lebensende ein Solist, aber mit großem Einfluss auf den christlichen Spiritualismus des 17. Jh., hing der Idee eines rein innerlichen, von jeder Kirche unabhängigen und völlig dogmenfreien Christentums an. In die gleiche Kerbe schlugen Valentin Weigel (1533–1588), ein Pfarrer aus dem Erzgebirge, dessen kirchenfeindlicher Spiritualismus erst postum bekannt wurde, und Jakob Böhme (1575–1624), ein Schuhmacher mit eigenen mystischen Erlebnissen, die ihn letztlich dahin führten, Gott vollständig in der Natur zu erkennen. In religionsgeschichtlicher Hinsicht beeinflussen vor allem Böhmes Schriften im 17. Jh. die *Pietisten* und die *Quäker.*

Auf lange Sicht und mit Blick auf die Wirkung ihrer zentralen Botschaft, gab es im 16. Jh. abseits des reformatorischen Mainstreams nur eine erfolgreiche neureligiöse Bewegung. Von Zwingli-Schülern in Zürich um die Mitte der 1520er Jahre ausgehend, formierte sich die sogenannte Täuferbewegung. Die Täufer waren schlicht unzufrieden darüber, dass die Reformation aus ihrer Sicht überall auf halbem Wege stehen blieb und weiterhin mit den weltlichen Mächten paktierte. Sie selbst verweigerten sich folglich weitgehend der Weltlichkeit, vor allem dem Wehrdienst und der Leibeigenschaft. Ihr zentrales Symbol war die Ablehnung der Säuglingstaufe und deren Ersetzung durch die Erwachsenentaufe, denn auch in der Bibel wurden schließlich nur glaubensmündige

Erwachsene getauft. Zum Verhängnis wurde ihnen aber wohl der Unwillen zur realpolitisch-kirchlichen Vereinnahmung. Die »Kinder Gottes«, wie sich die ersten Schweizer Täufer schon 1527 in ihrer auch als *Schleitheimer Artikel* bekannten Bekenntnisschrift bezeichnen, werden kurzum der »Güter- und Weibergemeinschaft« bezichtigt und von Luther, Zwingli und Calvin einträchtig als »gefährliche Sekte(n)« verurteilt. Auf dem Reichstag zu Speyer (1529) – der wegen einer von verschiedenen Fürsten und Bürgermeistern an den Kaiser überreichten Protestnote gegen die Ächtung Luthers weltberühmt wurde, weil darauf der Begriff des Protestantismus zurückgeht – wird die (Wieder-)Taufe unter die Todesstrafe gestellt und ein faktischer Taufzwang für Neugeborene beschlossen. Es hatte also nicht sonderlich lange gedauert, bis die »Luthersekte« und die reformierten einstmaligen Ketzer selbst gegen Sekten, Häretiker und Ketzer vorgingen.

Die Täufer blieben allen Verfolgungen zum Trotz eine der erfolgreicheren neureligiösen Bewegungen. Neben den ursprünglichen Schweizer Täufern entstanden stark endzeitlich geprägte Täufergruppen in Süddeutschland *(Süddeutsche Täufer)* und in Münster *(Münstersche Täufer)*, wo sie sehr kurz ein eigenes »Täuferreich« (1534/35) beherrschten. Letztere waren eine besonders radikale Strömung, die sich von den strikt pazifistischen niederländischen und ostfriesischen Täufergruppen *(Mennoniten)* abgespalten hatte. Und zuletzt sind die *Hutterer* zu nennen, die sich von Tirol und Mähren aus, nach etlichen Vertreibungen, später vor allem in Osteuropa und dann in den USA verbreiteten. Alle Täufer eint bis heute ein urchristliches Selbstverständnis, das nicht nur zumeist strikt pazifistische (die Mennoniten und die Hutterer werden zusammen mit den Quäkern oft auch als klassische »Friedenskirchen« bezeichnet), sondern gemeinhin auch »kommunistische« Züge aufweist. Viele, vor allem kleinere Täufergemeinschaften leben auch gegenwärtig in kommunaler Gütergemeinschaft ohne nennenswerten Privatbesitz. Neben radikaler, im täuferischen Gestus gipfelnder Urchristlichkeit ist ihnen allen vor allem aber eines gemeinsam: die Verfolgung durch sämtliche im 16. Jh. herrschenden Konfessionen.

Very british: Der anglikanische Sonderweg und die puritanische Herausforderung

In England nahm die Reformation einen etwas anderen Verlauf. Zunächst vollzog sich die Trennung der später anglikanisch genannten Church of England von Rom kurz und schmerzlos: 1529 lag der englische König Heinrich VIII. wieder einmal mit dem Papst über die Rechtmäßigkeit der letzten seiner insgesamt acht Ehen im Streit. Überraschenderweise stellten sich die Oberen der Kirche von England, die Bischöfe von Canterbury und York, in diesem Streit auf die Seite Heinrichs und erklärten kurzerhand ihn und nicht den Papst zum Oberhaupt der Englischen Kirche. (Das ist übrigens bis heute so geblieben, weshalb die »Queen« das derzeitige Oberhaupt der Anglikanischen Staatskirche ist.) In der mittelfristigen Konsequenz entstand daraus eine eigentümliche

Mischform aus katholischer und reformierter Kirche. Während die klerikale Organisationsform und die Liturgie der ANGLIKANISCHEN KIRCHE eher katholisch blieben, ist ihre Theologie deutlich reformatorisch geprägt. Obwohl es der Anglikanischen Kirche über die Jahre hinweg gelang, eine eigene Tradition auszubilden, ist die religiöse Bandbreite der anglikanischen Richtungen recht groß. So reichen die Unterschiede der gegenwärtig aus 38 selbstständigen Landes- und Provinzkirchen bestehenden Anglikanischen Kirche von einem kaum verfälschten konservativ-elitären Katholizismus (»High Church«) über einen sehr liberalen Zweig – an vorderster Front die EPISCOPAL CHURCH IN THE USA (gegenwärtig mit einer Frau als »Primas« an der Spitze und einem geweihten homosexuellen Bischof) – bis hin zu bodenständigen calvinistischen Richtungen (»Low Church«).

In der Reformationszeit ist die gemäßigte und staatstreue Anglikanische Kirche natürlich ebenso mit den radikaleren Strömungen der Reformation, besonders mit dem Calvinismus konfrontiert. Die angelsächsischen Calvinisten, die sich um die Mitte des 16. Jh. formieren, werden schnell in der spöttischen Bezeichnung als *Puritaner* bekannt. Obwohl auch die Puritaner immer wieder als Ketzer verfolgt wurden – wenn auch bei Weitem nicht so blutig wie ihre kontinentaleuropäischen Ketzerkollegen – so waren sie doch eine vergleichsweise erfolgreiche neureligiöse Bewegung. Aus dem englischen Bürgerkrieg zwischen 1642 und 1649, einerseits Machtkampf zwischen König und Parlament, andererseits aber religiöser Konflikt zwischen royalistischen Anglikanern und republikanischen Puritanern, gehen Letztere unter ihrem parlamentarischen Feldherren Oliver Cromwell (1599–1658) als Sieger hervor. Der Puritaner Cromwell – auf dem 1909 errichteten Genfer Reformationsdenkmal als calvinistische Lichtgestalt verewigt – wird die britische Insel 10 Jahre als »Lordprotector« mit eiserner Hand regieren, was ihn, und mit ihm die Puritaner, im Volk ziemlich unbeliebt macht.

Nun sind die Puritaner keine Religionsgemeinschaft im engeren Sinne, sondern eher eine Sammelbezeichnung für verschiedene calvinistische Richtungen, unter denen es radikale und eher gemäßigte Strömungen gab. Die Gemäßigten glaubten an die Möglichkeit, die Reformation innerhalb der Anglikanischen Kirche weiter voranzutreiben, die Radikalen strebten den vollständigen Bruch mit ihr an. Insofern können innerhalb des Puritanismus zwei bzw. drei Hauptströmungen unterschieden werden: Erstens die Presbyterianer, die zwar gegen die traditionelle episkopale (bischöfliche) Kirchenhierarchie waren, diese aber nach alttestamentarischem Vorbild durch gemeindlich gewählte Älteste *(Presbyter)* ersetzen wollten. Zweitens die *Kongregationalisten*, die sich für die vollständige Autonomie der einzelnen Gemeinden einsetzten. Diese Position lässt ihrerseits zwei Möglichkeiten zu: Entweder eine Gemeindeautonomie innerhalb einer dennoch staatlich verfassten Religion oder aber die Aufhebung jeglicher Trennung zwischen religiösen und weltlichen Angelegenheiten, also die Etablierung eines Gottesstaates. Die letztgenannten Puritaner wurden im Volksmund *separatists* (Spalter) genannt und waren naturgemäß jene, die auch in England am stärksten verfolgt wurden. Eine kleine Gruppe von ihnen wird Anfang des 17. Jh. nach Holland flüchten und im Jahre 1620, nach ca. 12 Jahren im holländischen Exil und einem kurzen Zwischenstopp in Plymouth/England, wo sich ihnen weitere »Spalter« anschließen, in die Neue Welt aufbrechen. Diese kleine, gerade einmal 100 Menschen zählende Puritaner-Gruppe wird unter dem Namen der *Pilgrim Fathers* (Pilgerväter) zur legendären Keimzelle des US-amerikanischen Protestantismus.

Eine weitere sich aus dem puritanischen Geist entwickelnde neureligiöse Bewegung waren die *Baptisten.* Ganz dem britischen Gestus der Eigenständigkeit, also dem Kongregationalismus verpflichtet, betonten sie, in keiner Verbindung zum älteren kontinentaleuropäischen Täufertum zu stehen – was allerdings schon mit Blick auf ihren Namen (englisch: *baptist* = Täufer) wenig überzeugend klingt. Ihr ideeller Begründer, John Smyth (ca. 1566–1612), ein in Amsterdam geborener, separatistischer Puritaner mit anglikanischer Priesterausbildung und einem unpuritanischen Hang zum schwärmerischen Spiritualismus, war 1608 mit einigen Anhängern aus England (zurück) nach Amsterdam geflohen, wo er und sein Kreis sowohl in Kontakt zu anderen englischen *separatists* als auch zu den *Mennoniten,* der friesisch-niederländischen Variante der Täufer, standen. Von Smyth, der sich immer mehr den Mennoniten annäherte und später auch von ihnen taufen ließ, wandte sich wiederum eine kleine Gruppe ab, die 1611 nach London zurückkehrte und dort die erste Arminianische Baptistische Kirche von England gründet. Arminianisch nennen sich diese ersten angelsächsischen Täufer nach dem schon erwähnten holländischen Theologen, der die anticalvinistische Ansicht vertrat, dass die göttliche Erwählung – Prädestination hin oder her – sehr wohl vom eigenen Glauben abhänge und dass man die göttliche Gnade bei entsprechend schlechtem Benehmen auch verspielen könne. Nur wenige Jahre später wird sich, ebenso in London, allerdings auch eine calvinistische Baptisten-Kirche gründen. Heute werden die Ersteren *General Baptists* und die Letzteren *Particular Baptists* genannt.

Die Strömungen der Kongregationalisten, Presbyterianer und Baptisten – im englischen Sprachraum zuweilen zusammen als *dissenters* (Abweichler) bzw. Nonkonformisten bezeichnet – wurden um die Mitte des 17. Jh. von der Strömung der *seekers* (Suchende) ergänzt, die man als das angelsächsische Pendant zu den kontinentaleuropäischen Schwärmern sehen kann. Denn natürlich gab es auch in England Gläubige, die angesichts der realpolitischen Ausrichtung der Anglikanischen Kirche mit dieser brachen, aber aufgrund ihres spirituellen und emotionalen Zugangs zum Christentum in den spröden puritanischen und baptistischen Gemeinden auch keine Heimat finden konnten. Aus dieser Gruppe der Unzufriedenen und Suchenden gingen schließlich um die Mitte des 17. Jh. die *Quäker* hervor. Der bedeutendste ihrer Gründerväter, George Fox (1624–1691), ein einfacher Mann aus dem Volk, vernimmt in den 1640er Jahren in seinem Herzen die Stimme Gottes und beschließt, ihr zu folgen. Seine zentrale und gänzlich unreformatorische Botschaft, die er in den folgenden Jahren und unermüdlich umherwandernd predigen wird, ist, dass man das Christentum, das Wort Gottes, nicht aus der Schrift entnehmen kann, sondern, wie schon die heiligen Propheten, nur durch den Geist empfangen und weitergeben kann. Quäkerische Gottesdienste bestehen oft in stundenlangem gemeinsamen Schweigen (stille Anbetung) bis der Geist auf die Gläubigen herabkommt und die Gemeinde in ekstatische Stimmung versetzt. Auf die ekstatische Verzückung, die die Quäker nach dem Niederströmen des Geistes und der Erfahrung des Gotteswortes erfasst und sie sprichwörtlich zum Beben (englisch: *quake*) bringt, geht der spöttische Name »Quäker« zurück; sie selbst nennen sich seit jeher und bis heute einfach »Freunde« oder Gesellschaft der Freunde.

Die in jeder Hinsicht undogmatischen und niemals im engeren Sinne kirchlich organisierten Quäker – wie die Täufer in praktischer Hinsicht Staats- und Kirchenverweigerer – wurden besonders in der Anfangszeit der kurzen Restaurationsphase der englischen Monarchie zwischen 1661 und 1667 zu Tausenden in die britischen Kerker geworfen, weshalb viele von ihnen ab den 1680er Jahren in die neu gegründete Überseekolonie Pennsylvania auswanderten. Deren Gründer, ein überaus wohlhabender britischer Quäker namens William Penn (1644–1718), ist wohl der erste christliche Territorialherrscher (faktisch ist er natürlich nur ein Gouverneur der englischen Krone), der auf seinem Gebiet echte Religionsfreiheit durchsetzt, alle Siedlergruppen und sogar die Indianer im Geiste der Brüderlichkeit beschützt. Mit den Puritanern, Baptisten und Quäkern wird es Zeit, Europa kurz zu verlassen und auf das Land zu schauen, das aus katholischer und lutherischer Sicht im Grunde nur aus Sekten besteht.

Das gelobte Land der »Sekten«: Die USA

Wie aus dem Bisherigen hervorgegangen sein sollte, waren die Bedingungen für Europas Christen im 16. und 17. Jh. alles andere als einfach: Zunächst unterschiedslos für alle Protestanten, die sich in ganz Europa ab etwa 1540 mit einer zunehmend gewaltsam agierenden katholischen Gegenreformation konfrontiert sahen. Nicht unerwähnt bleiben sollte, dass auch die Protestanten in ihren Gebieten nicht gerade zimperlich mit den Katholiken umgingen und die Lutheraner auch nur selten Freundlichkeiten mit den Calvinisten austauschten; Letztere waren noch bis zum Westfälischen Frieden (1648) keine wirklich anerkannte Konfession. Am schlechtesten ging es freilich den »Sekten«, also den unzähligen reformatorischen Strömungen und Gruppen, die nicht dem jeweiligen christlichen Mainstream angehörten, weil sie im Grunde von allen, je nach Dringlichkeit mal mehr, mal weniger, verfolgt wurden.

Die gegenseitigen Verfolgungen und Vertreibungen fanden einen Höhepunkt im Dreißigjährigen Krieg (1618–1648), der geschätzte vier Millionen Menschen das Leben kostete – was in etwa 20 % der damaligen Bevölkerung des Heiligen Römischen Reichs Deutscher Nation entspricht. Der Krieg hatte allerdings (mindestens) drei große Konfliktdimensionen: In seiner größten Dimension war es ein dynastischer Krieg zwischen den spanisch-österreichischen Habsburgern und Frankreich. Die Religion spielte hierbei keine Rolle, denn beide Mächte waren katholisch – und vor allem Frankreich scheute sich nicht, protestantische Kräfte zu unterstützen, wenn es gegen den gemeinsamen habsburgischen Feind ging. In zweiter Linie war es eine reichspolitische Auseinandersetzung zwischen dem Kaiser und den Reichsständen. Hier war die Rolle der Religion eher eine zwiespältige, denn die Mehrheit der Reichsstände war letztlich noch immer, bzw. nach teilweise erfolgreicher Gegenreformation wieder, katholisch. Die Religion spielt hier allenfalls als strategische und machtpolitische Komponente eine Rolle. Zuletzt war es aber auch ein innenpolitischer Konfessionskrieg zwischen der 1609 gegründeten *Katholischen Liga* und der ein Jahr vorher ins Leben gerufenen *Protestantischen Union*, also ein Krieg zwischen katholischen und protestantischen Reichsständen. Der Krieg mit seinen geschichtlich höchst bedeutsamen Konsequenzen für die europäische Staatenwelt – Anerkennung des Territorialprinzips und weitgehende staatliche Gleichberechtigung sowie die konfessionelle Anerkennung des Calvinismus – interessiert hier nicht weiter. Die erste Hälfte des 17. Jh. bot jedenfalls genügend äußere Anlässe, Europa gänzlich den Rücken zu kehren.

Im 17. Jh. ist Nordamerika das Ziel großer europäischer Auswandererwellen. Nicht alle sind auf der Flucht vor religiöser Verfolgung; viele sind auch einfache Wirtschaftsflüchtlinge, zumeist arme Bauern und Handwerker auf der Suche nach einer neuen Existenz. Dazu gesellen sich Kaufleute und Händler, und etliche sind Abenteurer und Glückssucher. Und natürlich gibt es offizielle Kolonisten, die in der Neuen Welt die wirtschafts- und machtpolitischen Ziele ihrer jeweiligen europäischen Auftraggeber verfolgten bzw. durch Besiedlung aktive Landnahme betrieben. Dennoch: Zwischen 1629 und 1640 und dann erneut ab den 1660er Jahren branden Zehntausende Puritaner aller Richtungen an die nordamerikanische Ostküste. In den nächsten Jahrzehnten folgen größere Gruppen von angelsächsischen Baptisten und kontinentaleuropäischen Täufern, von angelsächsischen Quäkern, deutschen und skandinavischen Lutheranern mit pietistisch-schwärmerischem Einschlag und noch viele andere religiöse Minderheiten aus allen Teilen Europas.

Um das nordamerikanische Bild um die Wende zum 18. Jh. gleich ein wenig zurechtzurücken: Nordamerika ist zu dieser Zeit noch ein dünn und überwiegend von seinen Ureinwohnern besiedeltes Land. Der Südwesten der heutigen USA ist fest in katholischer Hand, da Spanier und christianisierte Mexikaner, unterstützt von franziskanischen, dominikanischen und jesuitischen Missionaren, die südlichen und westlichen Gebiete schon seit dem 16. Jh. kolonisierten. Auch das heutige Kanada (Quebec) war – weil teilweise französisches Kolonialgebiet – zu einem Teil katholisch. Der britische Teil Kanadas war anglikanisch. Das Kerngebiet der puritanischen Einwanderung ist Neuengland, also der nordöstliche Küstenzipfel der heutigen USA, bestehend aus dem heutigen Bundesstaat Maine sowie den Ministaaten nördlich und östlich des heutigen New York (New Hampshire, Massachusetts, Connecticut und Rhode Island). Nur in diesen nördlichen britischen Kolonien, mit der Ausnahme der etwas unklaren Lage im anfänglich französischen Vermont, dominieren die angelsächsischen Puritaner. Abgesehen von Pennsylvania, dem Stammland der Quäker und später auch deutscher und böhmischer Pietisten (Herrnhuter Brüdergemeine, Mährische Brüder), gehörten die südlich unter Neuengland liegenden Kolonien an der Ostküste (New York, New Jersey, Delaware) bis in die zweite Hälfte des 17. Jh. zu den Niederlanden und teilweise zu Schweden. Sie waren zunächst entsprechend holländisch-reformiert bzw. auch lutherisch geprägt, wurden später aber zum Ziel von mehr oder weniger allen neuen und alten religiösen Strömungen. Die späteren südlichen britischen Kolonien (Virginia, Maryland, Georgia, North- und South-Carolina), die teilweise aus spanischem Besitz annektiert wurden, waren überwiegend anglikanisch mit zum Teil starken katholischen Minderheiten – im (katholischen) Maryland wird es 1649 das erste schriftliche Gesetz zur weitgehenden Religionsfreiheit geben, wobei der Hintergrund die Angst der dortigen Katholiken vor der protestantischen Unterwanderung war.

Letztlich herrschte fast überall eine undurchsichtige religiöse Gemengelage, was dadurch befördert wurde, dass fast jede Einwanderergruppe ihre Religion im Verständnis ihrer lokalen europäischen Herkunftskultur betrieb. Schon die Gemeindenamen von Plymouth, Manchester, Dover und Exeter über New Amsterdam (heute New York), New Port, New London bis New Hampshire verweisen auf die Intention der Siedler: Man wollte eine Kopie der Heimat, nur eben mit einer vollständig im jeweiligen Selbstverständnis reformierten Kirche. Den zahlreichen autonomen Kirchengründungen sowie auch dem stetigen Einströmen neuer Siedler standen die Vertreter der europäischen Staatskirchen relativ hilflos gegenüber, vor allem deswegen, weil sie in der Neuen Welt weitgehend auf die herrschaftlichen Unterstützernetzwerke der Alten Welt verzichten mussten. Unter diesen Voraussetzungen entstand der amerikanische Religionspluralismus: Keine der vielen amerikanischen »Sekten«, und noch weniger die importierten europäischen katholischen, reformierten, lutherischen und anglikanischen Staatskirchen, hat zu dieser Zeit aktiv einen religiösen Pluralismus befürwortet, er wurde im Laufe der Zeit einfach faktisch.

Von der Einsamkeit des Christenmenschen: Die protestantische Ethik

Die Entwicklung des Protestantismus vollzieht sich in Amerika unter wesentlich anderen Bedingungen als in Europa, weshalb er dort auch ganz eigenständige Formen entwickelt; amerikanische Formen eben, von denen die meisten erst spät im 19. Jh. den (Rück-)Weg nach Europa finden werden und wo sie seither von den europäischen Staats- und Volkskirchen zwar argwöhnisch beäugt, aber weitgehend in Ruhe gelassen werden. Doch zurück zu den amerikanischen Bedingungen im 17. Jh.

Zunächst bot der scheinbar unbegrenzte geographische Raum alle Voraussetzungen dafür, dass sich religiöse Gemeinden relativ ungestört entfalten konnten; sei es in dem Sinne, dass man tatsächlich unberührte Landschaften ganz nach eigenen religiösen Visionen und Vorstellungen gestalten konnte, oder in dem Sinn, dass man der religiösen Konkurrenz problemlos aus dem Weg gehen konnte – beides war in Europa ja völlig unmöglich. Diese räumliche Freiheit wurde, zweitens, von einer theologisch-dogmatischen Freiheit ergänzt: Während in Europa ganze Heerscharen von religiösen Autoritäten um die richtige Interpretation der Heiligen Schrift, die adäquate Form des Gottesdienstes und der christlichen Geisteshaltung rangen und diese mithilfe der kirchlichen, universitären und staatlichen Strukturen durchsetzten, zählte für die Reformierten und besonders für die Puritaner einzig die Bibel. Sie allein enthielt Gottes Wort und nur aus ihr entstammte jegliche Autorität – und bis heute ist die Bedeutung der Bibel als zentralem Bezugspunkt jeglicher US-amerikanischer (christlicher) religiöser Identität, auch der katholischen, ungebrochen. Drittens, und das ist sicherlich die wesentliche Erfolgsbedingung, kann sich der amerikanische Protestantismus unbehindert von Konservatismen und Besitzstandbewahrern entwickeln. Die in Europa über Jahrhunderte, wenn nicht Jahrtausende gewachsenen politischen, bürokratischen, wirtschaftlichen, sozialen und religiösen Strukturen bildeten in der Praxis ein zähes Geflecht aus Hierarchien, Institutionen, Besitzständen, Rechten und gegenseitigen Abhängigkeiten. Jede minimale Neuerung, jeder Fortschritt musste letztlich gegen unzählige »Bewahrer« mühsam durchgesetzt und manchmal wortwörtlich erkämpft werden. Ein solches Traditionsgeflecht musste in Amerika niemals überwunden werden bzw. die entsprechenden Bemühungen europäischer kirchlicher und weltlicher Eliten, die Neue Welt nach dem Muster der Alten zu stricken, scheiterten mittelfristig am Fehlen jener Traditionsfäden, an denen man die alten Seilschaften wieder hätte aufhängen können.

Diese äußeren Umstände waren natürlich die Grundvoraussetzungen des gesellschaftlichen Siegeszuges des US-amerikanischen Protestantismus und seiner puritanischen Keimzellen. Ebenso bedeutsam waren freilich innere, also im Glauben selbst angelegte Faktoren, weshalb es Zeit wird, den oben fallen gelassenen Faden des Calvinismus wieder aufzunehmen. Der Prädestinationsglaube, dem letztlich alle protestantisch-reformierten Gemeinschaften anhingen, enthält in seiner reinen Form ein scheinbar ernsthaftes intellektuelles Problem: Warum sollte man den beschwerlichen puritanisch-asketischen Lebensweg einschlagen, wenn dieser überhaupt keinen Einfluss auf das schon längst beschlossene eigene Jenseitsschicksal haben konnte? Genau das ist aber eines der großen Missverständnisse, die man typischerweise von außen an einen solchen Glauben heranträgt. Im Inneren des Calvinismus ging es nie um Spekulationen über Gottes Jenseitslotterie, sondern um Erwählung als Hoffnung: Mochte das Leben noch so hart oder ungerecht sein, mochte man seiner Besitztümer beraubt und von allen Seiten verfolgt werden (und das alles war die calvinistische Grunderfahrung im 16. und 17. Jh. in Europa), so gab es doch die Hoffnung, in Christus und damit am Ende der Geschichte, am Jüngsten Tag, zu den Erwählten zu gehören – auch wenn alle Anzeichen im Hier und Jetzt dagegen sprachen. Der biblische Leitgedanke ist dabei die alttestamentarische Geschichte Hiobs, den Gott 40 Jahre lang mit allem erdenklichen Leid prüft, der aber dennoch niemals an Gott zweifelte.

Hiob, der im Laufe der Zeit von Gott seiner Familie und all seiner Freunde beraubt wird, ist beispielhaft für die Einsamkeit, die den calvinistischen Glauben in seiner reinen Form bestimmt, denn in der persönlichen Glaubensbeziehung zwischen Gott und dem Einzelnen gibt es nichts und niemanden. Der Alleinverantwortlichkeit eines jeden Einzelnen vor Gott entspricht der uramerikanisch-protestantische Wesenszug einer ausgeprägt individualistischen Schicksalsgläubigkeit. Jeder erfährt in seinem Leben das Schicksal, das ihm von Gott zugedacht ist, weshalb letztlich kein Mensch Verantwortung für das Glück oder Unglück eines anderen Menschen trägt. Zwischenmenschliche Gefühle wie Neid oder Mitleid mögen verständliche menschliche Regungen sein; streng calvinistisch gesehen sind sie bedeutungslos.

Allerdings folgte aus diesem individualistischen Grundzug der Schicksalsbestimmung kein soziales Eremitentum: Tatsächlich war der ernsthafte Glaube an die persönliche Errettung sogar der sozialpsychologische Klebstoff, der die Erwählten und Bekehrten zu echten elitären Heilsgemeinschaften zusammenschweißte. So sind viele puritanische Gemeinden geradezu davon beseelt, dass sie das (neue) biblische Volk Gottes sind. Um diese Gemeinschaften zogen sich unsichtbare Klostermauern, und in ihrem Inneren folgte eine auserwählte Elite weltlicher Mönche rund um die Uhr ihrer Berufung und praktizierte ihre Art des Gottesdienstes: Harte und rastlose Arbeit gepaart mit asketischem Lebenswandel in ernsthafter Gottesfurcht. Das, was hier entsteht, ist einerseits das Klischee des arbeitsamen, fleißigen, aber auch verkniffenen, schmallippigen und völlig humorlosen Puritaners. Andererseits sind dies die Grundfeste dessen, was Max Weber – der wohl wichtigste Religionssoziologe des 20. Jh. – ca. 250 Jahre später die »protestantische Ethik« nennen wird und in seinem berühmten Aufsatz *Die protestantische Ethik und der Geist des Kapitalismus* sehr eindrücklich beschreibt. Die protestantische Ethik ist kein theologisches Dogma und sie wird weder von einer zentralen Kirche oder einem Klerus noch von einer staatlichen oder sonstigen Autorität durchgesetzt: Sie ist Sinnbild einer unbedingten Selbstverpflichtung, Ausdruck einer freien und individuellen Entscheidung für den Glauben an die eigene Erwählung und ein entsprechend solidarisches Leben im Kreis der Erwählten. Sie ist das Synonym für eine individuelle Würdigkeit, eine persönliche Qualifizierung zu einem ethisch einwandfreien Lebenswandel, der der beständigen Prüfung durch die Gemeinschaft der Auserwählten unterliegt – Max Weber spricht in diesem Zusammenhang mit Recht von sozialer »Auslese« und »Züchtung«.

Der Protestantismus gab aber noch einer anderen sozialen Komponente Auftrieb: Verstand der vorreformatorische Christenmensch die Arbeit zumeist als notwendiges Übel, um das »täglich Brot« zu erwerben – mehr war unter den feudalen sozialen Bedingungen von Leibeigenschaft und persönlichen Abhängigkeiten ohnehin nicht zu erwarten –, so ändert sich diese Sichtweise im radikalen Protestantismus. Schon Luther verlieh der weltlichen Arbeit ein positives Image, wenn auch vermutlich deswegen, weil ihm als Anhänger der ständischen Ordnung deren Erhalt sehr am Herzen lag. Luther also betonte, dass jedermann »in seinem Stande« verbleiben solle, denn die ständische Ordnung war ja gottgewollt; in diesem Sinne aber sei die Arbeit ebenso von Gott gewollt, sie sei im engeren Sinne als Berufung (daher unser heutiges Verständnis von Arbeit als Beruf) zu betrachten und stehe als gleichwertiger Gottesdienst in nichts der geistlichen Arbeit nach. Wieder aber sind es die in calvinistischer Tradition stehenden Puritaner, die diesen Gedanken der Arbeit als Berufung, als Teil des göttlichen Heilsplans radikalisieren. Wenn die Arbeit eine gottgewollte Aufgabe war, dann war es für die Erwählten natürlich eminent wichtig, sich dieser Berufung würdig zu erweisen, sich ihr also mit voller Inbrunst hinzugeben.

Daraus entsteht eine weitere soziale Konsequenz, die vielleicht die folgenreichste für die protestantische Ethik des amerikanischen Typs ist. Die Folgeerscheinung rastloser Arbeit war natürlich ein gewisser Wohlstand. Die puritanischen Siedlungen waren zwar kleine, aber stabile, wohlgeordnete und blühende Gemeinden: Man baute gemeinschaftlich Häuser und Kirchen, Schulen und öffentliche Einrichtungen; man betrieb erfolgreich Landwirtschaft, Viehzucht und Handel; man bildete den Kern von städtischen Zentren, die neue Siedler und Händler anzogen; man kaufte (oder eroberte) neues Land, errichtete neue Gemeinden und Kirchen usw. Diese Prosperität war in religiöser Hinsicht allerdings ein schwerwiegendes Problem, wenn man so will, ein echtes Erfolgsproblem. Der calvinistische Puritanismus war ja eine hochasketische Religion, die individuellen weltlichen Besitztümern eher ablehnend gegenüberstand; genau diese aber ließen sich durch Arbeitseifer gerade nicht vermeiden. Noch schlimmer: Der Wohlstand durfte nicht einmal wirklich »genossen« werden. Weltlicher Luxus, Verschwendung, Konsum oder Vergnügungen aller Art waren den Puritanern zutiefst wesensfremd. Insofern war das Gedeihen der Gemeinden und ihrer öffentlichen Einrichtungen schon deswegen kein Geheimnis, weil die Puritaner ihre Überschüsse stets bereitwillig den gemeindlichen Projekten zur Verfügung stellten – bis in die Gegenwart werden zahllose soziale und gemeindliche Projekte in den USA allein über Spenden von Kirchen und religiösen Gemeinschaften finanziert.

Andere Investitionen zur »Mehrung von Gottes Ruhm auf Erden« – so interpretierte man den wachsenden gemeindlichen Wohlstand – wie in neue Ländereien, in Unternehmen und Produktionsmittel, bei gleichzeitiger Beibehaltung des Arbeitseifers und der asketischen Lebensweise, verschärften das Wohlstandsproblem weiter. Aber: Wenn die Arbeit Berufung und damit gottgewollt war, dann musste doch auch ihr schöpferisches Ergebnis gottgewollt sein, denn letztlich kam ja alles von und durch Gott. Von hier aus ist es dann nicht mehr weit, die Geschichte Hiobs noch mal genauer zu lesen: Wurde Hiob nicht auch noch zu Lebzeiten von Gott mit weltlichen Gütern belohnt? Hätte Gott denn Hiob den späteren weltlichen Wohlstand geschenkt, wenn dieser etwas prinzipiell Schlechtes wäre? War ehrlich und durch harte Arbeit erworbener weltlicher Reichtum nicht vielleicht sogar ein heimliches Zeichen der Erwählung? Man muss an dieser Stelle nicht darüber spekulieren, wie genau sich diese unterschwellige Deutung sozialpsychologisch und praktisch durchgesetzt hat – und es sind auch nicht wirklich die ursprünglichen Puritaner, die diese Gedanken in letzter Konsequenz umgesetzt haben. Aber dass selbst und hart erarbeiteter Reichtum irgendwie gottgewollt ist, gehört bis in die Gegenwart zum Grundbestand der kulturreligiösen Mythen der US-amerikanischen *WASP* (*White Anglo-Saxon Protestants* – weiße, angelsächsische Protestanten).

Amerikanischer Protestantismus und die evangelikalen Erweckungen

Wenn man die theologischen Hintergründe außer Acht lässt, dann ist die protestantische Ethik eine lebensnahe, praktische und durchaus moderne Ethik: Der Glaube an die Selbstverantwortlichkeit für das eigene Schicksal, gepaart mit dem gesunden Misstrauen gegen klerikale, staatliche und bürokratische Bevormundung; der Glaube an

Gerechtigkeit, an Erfolg und mögliches Glück auch für die einfachen Menschen – nicht umsonst bedeutet das englische Wort *chance* zugleich »Glück« und »Möglichkeit« –, gepaart mit den kleinbürgerlichen Tugenden von moralischer Integrität, von Sitte und Anstand, von Fleiß, Sparsamkeit, Ehrlichkeit usw.

All das war natürlich auch über die virtuellen puritanischen Klostermauern hinaus attraktiv. Tatsächlich sind die Puritaner »alten« bzw. separatistischen Stils schon in der ersten Hälfte des 18. Jh. ausgestorben, ihr Erbe aber durchweht in Form der protestantischen Ethik die US-amerikanische Kultur bis heute. Dieses Aussterben sollte man mithin nur bedingt wörtlich nehmen, denn es handelte sich eher um ein langsames Absterben der europäischen Traditionswurzeln der Puritaner, die im nun faktisch immer US-amerikanischer werdenden Kulturboden keinen Halt mehr fanden. Die in Amerika geborenen Folgegenerationen der Puritaner wurden zunehmend mit sozialen, kulturellen, politischen und religiösen Dynamiken konfrontiert, die mit dem alten europäischen Instrumentarium des ursprünglichen Puritanismus nicht zu bewältigen waren. Und auch den meisten neuen Siedlern schien eine Bekehrung zum asketischen Puritanismus nicht sonderlich attraktiv. Angesichts der rasanten gesellschaftlichen Entwicklung hatte sich das Modell der vielen kleinen homogenen Gottestaaten überlebt, zumal die Puritaner auch in ihren eigenen Gemeinden zu Minderheiten geworden waren.

Das 18. Jh. ist gekennzeichnet vom Aufwind der zwar nicht unbedingt weniger religiösen, aber eben doch realistischer orientierten protestantischen Strömungen. Jenen also, die in entfernter Erinnerung an Luthers Zwei-Reiche-Lehre anknüpften und die Religion und Welt, Kirche und Staat als etwas wesenhaft anderes ansahen. Während im Norden die presbyterianischen und kongregationalistischen Richtungen dominierten, waren es im Süden vor allem die baptistischen Strömungen, die an Bedeutung gewannen. In den mittleren britischen Kolonien, Kerngebiet der europäischen Einwanderung im 18. Jh. und vor allem in New York, überwog eine unüberschaubare religiöse, wesentlich natürlich protestantische Vielfalt. Und es gab ja auch noch Pennsylvania, das »spirituelle« Territorium der überaus erfolgreichen Quäker und Pietisten, das mittlerweile von täuferischen Mennoniten und ihrer interessantesten Abspaltung, den Amish People, auf die wir im dritten Kapitel noch etwas genauer eingehen, bereichert wurde.

Die weitere Amerikanisierung des Protestantismus ist ein langfristiger Prozess und die ihn bestimmenden Faktoren sind so vielschichtig, dass sie hier nicht alle aufgeführt werden können. Von zentraler Bedeutung sind jedoch mehrere Evangelisierungswellen, *Great Awakenings* (Große Erweckungen) genannt. Das erste große Erwachen, das etwa zwischen 1730 und 1750 stattfindet, ist wesentlich verbunden mit einer nachhaltigen und konfessionsübergreifenden Spiritualisierung und, soweit es Neuengland betrifft, untrennbar mit dem Namen George Whitfield (1714–1770) verknüpft. Der englische Anglikanerprediger lernte in seiner Studienzeit in Oxford (England) in den 1730er Jahren die Brüder John (1703–1791) und Charles Wesley (1707–1788) kennen, die dort einen »Holy Club« (Heiliger Klub) unterhielten. Dort betrieb man ein zeitaufwendiges vertieftes Bibelstudium und versuchte sich dem Kern der Heiligen Schrift und der christlichen Lebensweise gewissermaßen »methodisch« zu nähern. Der Ernst dieser Unternehmung spiegelt sich im Spottnamen für die Mitglieder des Klubs wider, die in Oxforder Kreisen als *Methodisten* bekannt wurden. Markenzeichen der methodistischen Lehren, die im Kern anglikanisch geprägt sind, ist weniger eine eigenständige Theologie, sondern die methodische Hinwendung zum Bibelstudium und ein aktiv gelebtes, ganzheitliches Christentum, beruhend auf Erfahrung, Tradition und Vernunft.

Zum methodistischen Glauben musste man dennoch gleichsam erweckt werden. Es galt, den Gläubigen ihre Sündhaftigkeit vor Augen zu halten, sie zu Umkehr und Buße zu bewegen und letztlich zu vermitteln, dass Gottes Gnade und Gerechtigkeit jedem gewährt wird, der sich im aufrichtigen Glauben zum Erlösungswerk Jesu Christi bekennt – ein Vorgang der willentlichen Errettung, der einer Wiedergeburt gleichkommt. Theologisch gesehen sind die methodistischen Lehren, die neben den anglikanischen und arminianischen in unterschiedlichen Gewichtungen auch puritanische und vor allem pietistische Elemente aufweisen – John Wesley stand in engem Kontakt zur pietistischen Herrnhuter Brüdergemeine – wenig revolutionär. Aber es ist die emotionale Zugkraft von Sünde und Verderbtheit, von Buße und Umkehr, von Errettung und Wiedergeburt, die offensichtlich den Zeitgeist trifft. Der Erfolg der Wesley-Brüder und ihrer methodistischen Bibelkreise in England ist jedenfalls sensationell.

In den USA ist es der rhetorisch hochbegabte Whitfield, der auf seinen vielen Reisen in die britischen Kolonien mit seinen frei gehaltenen und wortgewaltigen Predigten die Massen begeisterte. Obwohl Whitfield im Gegensatz zu Wesley keine arminianische, sondern eine streng calvinistische Lehre vertrat, waren seine Predigten ungewöhnlich. Denn Whitfield predigte im ursprünglichen Sinne von Calvins offener Kirche für alle: für die Weißen und die Schwarzen (obwohl er selbst Sklavenhalter war und die Sklaverei für wirtschaftlich unverzichtbar hielt), die Armen und die Reichen, die Frauen und die Männer. Er tat es ohne Rücksicht darauf, ob seine Zuhörer Anglikaner, Presbyterianer, Kongregationalisten, Baptisten oder Quäker waren; und er tat es auf öffentlichen Plätzen und unter freiem Himmel. Er ist so überzeugend, dass sich ganze Hundertschaften unter Tränen zur Erlösung durch Christus bekennen. Whitfield ist zweifellos der erste Popstar unter den amerikanischen Predigern – und viele spätere evangelikale Prediger werden seinen Stil kopieren.

Die erste Erweckungsbewegung in den USA ist also weniger durch eine neue Religion als vielmehr durch eine neue Religiosität gekennzeichnet; einen dem lutherischen und calvinistischen Protestantismus völlig fremden spiritualisierenden Impuls, der auf die »Herzen« der einzelnen Gläubigen in ihrer jeweiligen Konfession zielt. Sowohl die Wesleys als auch Whitfield und viele andere Methodisten bleiben Anglikaner. Die Methodistisch-Episkopale Kirche in den USA wird erst 1784 gegründet; die Wesleyanische Kirche wird sich gar erst 1843 als Abspaltung von dieser gründen. Die Blütezeit des Methodismus beginnt, ebenso wie die des Baptismus, mithin erst im Gefolge der zweiten Erweckungsbewegung zwischen den 1790er und 1840er Jahren. Sie steht damit im Zusammenhang mit neuen sozialen und politischen Realitäten, die im Zuge der Unabhängigkeitserklärung der nun 13 konföderierten britischen Kolonien

(1776) und schließlich mit der politischen Verfassung der Vereinigten Staaten (1787/89) geschaffen worden waren.

Zunächst manövrierte die politische Unabhängigkeit der USA viele Anhänger des europäisch-englischen Staatskirchensystems in einen erheblichen Loyalitätskonflikt. Die religiöse Vormachtstellung besonders der anglikanischen Kirchen im Süden und der Kongregationalisten im Norden war letztlich mit dem britischen Kolonialsystem verbunden, das nun beendet war. Der neue Staat verfolgte zwar sichtlich eine Politik der Nichteinmischung in religiöse Angelegenheiten, aber gerade darin wurden jene religiösen Kräfte bestärkt, die von den staatskirchenähnlichen Organisation, vor allem der Anglikaner und Presbyterianer, bisher an den Rand gedrängt waren. Besonders den Baptisten, die seit jeher allen staatlichen Einflussnahmen gegenüber skeptisch waren, und den Methodisten, die sich gerade erst unter einem eigenen ersten Bischof mit durchschlagendem Erfolg selbstständig gemacht hatten, kam die neue Situation entgegen. Ganz im Sinne der schon 1776 verabschiedeten *Virgina Declaration of Rights,* deren Einfluss auf die spätere Verfassung maßgeblich war, vertraten sie jene individuelle, von äußeren kirchlichen und weltlichen Zwängen befreite gemeindliche Religiosität, die dem amerikanischen Mainstream-Protestantismus bis heute ihren Stempel aufgedrückt hat.

Natürlich ist das 19. Jh. in den USA wie auch in Europa eine Zeit riesiger sozialer Veränderungen, die sich sämtlich auf die Religionslandschaft auswirken: Die nationalistischen europäischen Revolutionen und die mit diesen einhergehenden sozialen und politischen Umwälzungen am Ende des 18. und im 19. Jh. spülen ganz neue Einwanderergruppen in die USA. Allein zwischen 1790 und 1840 verdreifacht sich die Bevölkerung und es beginnt eine massive Siedlungsbewegung in den »Wilden Westen«. Im Norden wird die Industrialisierung, mit all ihren Folgeerscheinungen wie Landflucht, Verstädterung, Entstehung eines unterprivilegierten Proletariats usw., langsam auf den Weg gebracht. Industrialisierung, Kapitalisierung und Verbürgerlichung führen zu inneramerikanischen Spannungen der Nordstaaten mit dem agrarisch, teilweise noch feudal-aristokratisch geprägten Südstaaten. Die Auseinandersetzungen über die Sklaverei führen zum Amerikanischen Bürgerkrieg (1861–1865) – in dessen Gefolge sich die gerade erst wiedervereinten General und Particular Baptists in Sklaverei befürwortende südliche und diese ablehnende nördliche Baptisten spalten. Die Afroamerikaner gewinnen in der christlichen Landschaft, besonders in Form der Gründung eigener »schwarzer« baptistischer und methodistischer Gemeinden, eine immer größere Bedeutung. Unzählige religiöse Interessenorganisation mit ganz unterschiedlichen missionarischen, sozialen und politischen Zielen werden gegründet – und am Ende des 19. Jh. werden die USA von einem dritten Großen Erwachen (etwa 1880–1910) geschüttelt, aus dem heraus sich die Pfingstbewegung bildet – die weltweit erfolgreichste religiöse Bewegung des 20. Jh., die sich neben Katholizismus/Orthodoxie und Protestantismus mittlerweile als dritte christliche Denomination begreift.

Der überragende Erfolg der Baptisten und der Methodisten, der diese zu den beiden größten protestantischen Konfessionen in den heutigen USA werden lässt, täuscht ein wenig über die Entwicklung der religiösen Landschaft im Allgemeinen bzw. des Protestantismus im Besonderen hinweg. Die Zersplitterung, um nicht zu sagen »Atomisierung« der protestantischen Religionslandschaft nimmt im 19. Jh. erst so richtig Fahrt auf. Aber mit dem sogenannten »langen 19. Jh.« – das man zwischen Französischer Revolution (1789) und dem Ersten Weltkrieg (1914) ansetzt – beginnt ohnehin das Zeitalter der Moderne und mit ihm erwachsen erneut religiöse Bewegungen und Strömungen ganz eigener Art, die man nun wieder besser thematisch als chronologisch erfasst. Gerade im Zuge des zweiten und des dritten *Great Awakenings* konstituiert sich eine Vielzahl jener christlichen Gruppen, die in Europa bis heute gemeinhin unter den unausrottbaren populären Sektenbegriff fallen. Sie werden Gegenstand des nächsten Kapitels sein.

Ein Mensch, sonderlich ein Christ, muss ein Kriegsmann sein
und mit den Feinden in Haaren liegen
(Martin Luther)

3 Traditionalisten und Fundamentalisten: Radikale Christen der Gegenwart

Angesichts von weltweit 35.000 bis 40.000 unterschiedlichen und je eigenständig organisierten Bekenntnissen mit vorwiegend protestantischem Hintergrund, also einschließlich der Bekenntnisse der vielen unabhängigen bzw. der in Deutschland so genannten Freikirchen, kann man sagen, dass der Protestantismus als Ganzes letztlich ein Sammelbegriff für alle jene christlichen Strömungen und Gruppen ist, die sich auf die historischen und im Gegensatz zur katholischen Kirche gewonnenen reformatorischen Glaubensgrundsätze beziehen. Unter diesem Dach – das vieles überspannt, aber letztlich nichts zusammenhält – realisieren also viele Tausend Gemeinschaften ihr eigenes Christentum. Die Organisationsform reicht von Staats- und Landeskirchen sowie den neuen, vorwiegend evangelikalen *Megachurches* über die Freikirchen, kleinere Kirchenfamilien, regionale und lokale Kirchen bis zu kleinen häuslichen Bibelkreisen. Manche Kirchen praktizieren pompöse, nahe am alten Katholizismus angelegte Riten, andere praktizieren allenfalls ein karges symbolisches oder sogar (wie einige radikal pietistische Gemeinschaften) überhaupt kein Abendmahl; manche Gemeinden geben sich ekstatischer Glaubensverzückung hin, andere kennen nur schweigendes Verharren und stille Anbetung. Manche sind spezielle Kirchen für den gesellschaftlichen Mainstream oder für Minderheiten, für Weiße oder Schwarze (oder alle anderen Hautfarben), für Arme oder Reiche, für Liberale oder Konservative, für gesellschaftliche Eliten oder einfache Leute. Folglich gibt es nicht einmal ansatzweise ein typisches ideologisches Verhältnis des Protestantismus zur modernen Gegenwartswelt: Protestanten können Aufklärer oder Antiaufklärer sein, Evolutionsanhänger oder Kreationisten, Multikulturalisten oder Rassisten; kurz gesagt: Protestanten können alles sein – außer eben: Katholiken. Aufgrund dieser Eigenschaften neigen manche dazu, den Protestantismus als eine liberale und tolerante Religion zu betrachten. Diese Schlussfolgerung ist – unbenommen der Tatsache, dass es liberale und tolerante Protestanten gibt – natürlich falsch, weil es »den« Protestantismus nicht gibt. Genau dieses Fehlen einer protestantischen Zentralinstanz ist Ursache der Entstehung der zahllosen protestantischen Bekenntnis- und Gemeinschaftsformen. Jedes mögliche Glaubensprofil hat gewissermaßen eine eigene kirchliche oder gemeinschaftliche Ausprägung gefunden oder begründet – und von den Ausprägungen sind viele radikal und nur wenige wirklich miteinander vereinbar.

Im Folgenden werden wir uns jenen eher großen Strömungen und einigen exemplarischen Ausprägungen des Protestantismus zuwenden, die man im engeren Sinne als »radikal« bezeichnen kann, weil sie ihr jeweiliges Weltverhältnis mehr oder weniger vollständig durch den Glauben bestimmt sehen.

Die Ordnung der Reinen: Amish People

Die *Amishen* oder auch AMISH PEOPLE sind zwar in gewisser Hinsicht radikale Christen, aber sie haben schon wegen ihrer frühen Entstehungszeit mit allen anderen im Folgenden geschilderten Gruppen und Strömungen wenig bis gar nichts zu tun. Wenn sie dennoch hier zu Anfang behandelt werden, dann, weil an ihnen zweierlei besonders gut dargestellt werden kann. Zum einen kann man an ihnen recht gut aufzeigen, was ein echter Traditionalismus ist und worin sich dieser von jenem »erfundenen« Traditionalismus unterscheidet, der besonders von den fundamentalistischen Ausläufern des Evangelikalismus in Anspruch genommen wird. Zum anderen sind die Amish eine in jeder Hinsicht bemerkenswerte Gemeinschaft, die außerhalb jeglichen Verdachtes steht, in irgendeiner Weise einer Doppelmoral anzuhängen, was nicht für jede Strömung des Evangelikalismus mit gleicher Sicherheit behauptet werden kann.

Die Amish People – mit deutsch gesprochenem »A« – gehen Ende des 17. Jh. aus den schweizerischen Mennoniten hervor, deren alte täuferische Religionstradition sie bis heute bewahren. Sie stehen also in der radikal-reformatorischen Tradition Zwinglis und wie alle Täufer praktizieren sie ausschließlich die Erwachsenentaufe und natürlich sind sie chronische Staats- und Weltverweigerer. Der Anlass ihrer Entstehung gründet in einem innermennonitischen Streit, der seinerseits auf den gebürtigen Schweizer Jakob Amman (ca. 1644–1730) zurückgeht. Amman, den es bereits in jungen Jahren in das Elsass verschlagen hatte, wo er sich einer französischen Mennoniten-Gemeinde anschloss, bereiste um 1693 das Schweizer Emmental, um dort eine kleine Gemeinde zu taufen. Dazu muss man wissen, dass die europäischen Mennoniten zu dieser Zeit bereits in diverse Strömungen mit allerlei unterschiedlichen Bekenntnissen zerfallen waren. Eines dieser Bekenntnisse, das 1632 beschlossene *Dordrechter Bekenntnis* bekräftigte den schon im täuferischen Zentraldokument, den *Schleitheimer Artikeln* von 1527, aufgenommen Aspekt der Exkommunikation bzw. der gemeindlichen Bannung von Ungläubigen. Diesem speziellen Punkt, der jeglichen Umgang mit Andersgläubigen und vor allem mit Abtrünnigen aus den eigenen Reihen verbot, hatten sich u. a. auch viele Schweizer Mennoniten verweigert. So kam es, dass die von Amman, der ein kompromissloser Anhänger des totalen Banns, der später so genannten »Meidung« war, getaufte Gemeinde in Widerspruch zu den anderen Schweizer Mennoniten geriet, was schließlich zur Abspaltung führte. Jene, die der auch ansonsten überaus strengen Gemeindezucht Ammans folgten, wurden nach ihm »Ammanische Leut« bzw. in anglisierter Form »Amish People« genannt; die anderen Schweizer Mennoniten sind heute eher als *Schweizer Brüder* oder *Alttäufer* bekannt.

Den seinerzeit zahlreichen lutherischen, calvinistischen und katholischen Täuferjägern waren diese Differenzen freilich egal, weshalb es viele Mennoniten in der ersten

Hälfte des 18. Jh. in die USA und dort vorwiegend ins religiös liberale Pennsylvania verschlug. Während sich die Mennoniten letztlich zu einer zwar radikalen, aber in den USA vergleichsweise offenen und weltweit verbreiteten Konfession mit ca. 1,5 Millionen Anhängern (davon etwa 450.000 in den USA und ca. 40.000 in Deutschland) entwickelten, sind die Amish zu einem eher geschlossenen und rein nordamerikanischen Phänomen geworden. Allerdings zu einem überaus erfolgreichen: In der Gegenwart leben in den USA und in Kanada ca. 250.000 Amish People, wobei diese Zahlen (von 2008) allerdings auch die Kinder einschließen, die nach internem Amish-Verständnis bis zu ihrer möglichen Taufe ab dem 17. Lebensjahr noch nicht zu den Gläubigen gezählt werden – wenn man also obige Zahl angesichts des Kinderreichtums der Amish in etwa durch 6 teilt, erhält man die ungefähre Zahl getaufter Amish.

Obwohl auch die Amish mittlerweile in mehrere, teilweise sogar ansatzweise modern lebende Amish-Familien zerfallen sind – letztere werden zusammenfassend *New Order Amish* genannt – so gehört der bei Weitem größte Teil (um die 230.000) noch immer zu den *Old Order Amish,* also jenen, die bis heute weitgehend der »Ordnung« genannten Gemeindezucht Ammans folgen. In den traditionellen Amish-Gemeinschaften, die entgegen einem weit verbreiteten Vorurteil keineswegs in abgeschlossenen Gettos leben, wird man tatsächlich sehr oft noch mit dem späten 17. Jh. konfrontiert. Die Amish leben in sehr einfachen, überwiegend bäuerlich geprägten Verhältnissen; sie kleiden sich sehr schlicht und uniform im Stile der bäuerlichen Kultur jener Zeit; sie bewirtschaften ihr Land ohne moderne Maschinen und zur Fortbewegung benutzen sie noch immer einfache, einspännige Pferdekutschen, wie sie überhaupt sehr weitgehend auf die Segnungen des technischen Zeitalters, worunter immerhin auch so zentrale Dinge wie Elektrizität, Autos und Telefone fallen, verzichten. Diese gerne auch medial verbreiteten Klischees sind nicht falsch, aber relativierend muss sicherlich hinzugefügt werden, dass auch strenge Amish mittlerweile durchaus manche Wege gefunden haben, diese Traditionen zeitweise und in bestimmten Situationen umgehen zu können. Möglich ist dies, weil ihre Lebensart im Grunde keinem im engeren Sinne religiösen Dogmatismus, sondern einem echten Traditionalismus geschuldet ist.

Im Vergleich zu vielen evangelikalen Christen sind die Amish nämlich wenig doktrinär: Sicherlich vermeiden sie jede Ausschweifung oder Maßlosigkeit, aber grundsätzliche Verbote wie beispielsweise von Alkohol oder Tabak existieren hier nicht. Natürlich führen die Amish kein Lotterleben, aber sie sind bei Weitem nicht so puritanisch-prüde wie viele Evangelikale. So wird beispielsweise den noch nicht getauften Jugendlichen eine längere Zeit des *Rumspringa* (des »Rumspringens«) gewährt, in denen ihnen allerlei jugendlicher Schabernack nachgesehen wird, der den Besuch von Diskotheken und Bars sowie Kontakte zu Nicht-Amishen und sogar vorsichtige erotische Erfahrungen einschließt. Erst nach der Zeit des Rumspringa entscheiden sich Jugendliche und junge Erwachsene für oder gegen die Taufe und damit für oder gegen ein Leben als Amish – und tatsächlich kehren nicht wenige, vor allem männliche Amish ihren Familien den Rücken; oft indem sie sich den weniger strengen Mennoniten anschließen. Im Grunde haben die Amish auch keine religiösen Einwände gegen Elektrizität oder moderne Technologie; faktisch ist es der Schutz der eigenen Gemeinschaft und Kultur, die Bewahrung ihrer traditionellen Lebensweise, die sie mittels einer konsequenten »Meidung« der Welt der »Anderen« betreiben. Es ist also eine primär soziale Regel, die der Anlass auch zur Ablehnung jener Dinge ist, die die Amish in einen zu engen Kontakt mit oder gar in Abhängigkeit von der Welt der Anderen bringen könnten. Dabei ist die Meidung von modernen technischen Geräten übrigens ein geringeres Amish-Problem, weil deren Anwendung von niemandem erzwungen werden kann. Anders ist dies mit staatlichen Gesetzen wie beispielsweise der Wehrpflicht, der Sozialversicherungspflicht oder der Schulpflicht bzw. der Gewährleistung eines bestimmten Bildungsniveaus für ihre Kinder, damit diese nicht per se vom Besuch höherer Schulen ausgeschlossen sind.

Bei genauerer Betrachtung kommt man nicht umhin festzustellen, dass das Leben der Amish generell kaum von Religion im engeren Sinne geprägt ist. Natürlich sind die Amish wie alle Täufer fromme und gänzlich gottergebene Menschen, aber letztlich ist es nicht die Bibel, sondern die bis heute nur mündlich überlieferte und vorwiegend im Gedächtnis der Gemeindeältesten aufbewahrte »Ordnung«, die das Amish-Leben und ihr Verhältnis zur Gegenwartskultur bestimmt. Die Amish versuchen auch nicht, irgendein fiktives Urchristentum zu leben, sondern sie reproduzieren immer wieder die Gegenwart ihrer Herkunftskultur – und das ist die bäuerliche mitteleuropäische Welt des 17. und 18. Jh., der sie entstammen und die sie so gut wie eben möglich vor jedem äußeren Einfluss schützen. Auch nach 300 Jahren amerikanischer Geschichte sprechen die meisten Amish neben der englischen Umgangssprache das sogenannte Pennsylvania-Dutch – was vermutlich (tatsächlich gibt es hierzu mehrere Theorien) nicht holländisch meint, sondern eine lautsprachliche Übersetzung von dytsch oder deitsch ist. Das heißt, sie sprechen ein Gemisch aus Englisch und einigen alten süd- und südwestdeutschen (badisch, elsässisch, alemannisch) Dialekten, und im Gottesdienst singen sie bis heute die Lieder aus dem *Auß Bundt* (Ausbund), einem aus dem 16. Jh. stammenden deutschsprachigen Gesangbuch der Täuferbewegung.

Der größte Unterschied zwischen den Amish und den meisten anderen radikalen christlichen Gemeinschaften ist ihr Verzicht auf jegliche Missionierung. Tatsächlich stammen fast alle gegenwärtigen Amish aus dem Gen-Pool der ursprünglichen etwa 200 Einwandererfamilien; mit der Konsequenz, dass die Amish erheblich unter Erbkrankheiten leiden und ihre Kindersterblichkeit weit über dem Durchschnitt liegt – was sie allerdings als gottgewolltes Schicksal betrachten. Andererseits ist auch die Geburtenrate der Amish mit durchschnittlich fast sieben Kindern pro Familie weltweit spitze, nicht einmal in Indien und Afrika wird dieser Schnitt erreicht. Nimmt man alles zusammen, dann sind die Amish weniger eine religiöse Gemeinschaft als vielmehr eine ethnische Gruppe: Ein kleines Täufervolk des 18. Jh., das sich in der modernen Welt so merkwürdig ausnimmt, dass es zunehmend zu einem Anlaufziel für Touristen geworden ist.

In das ihnen höchst unangenehme Licht der Öffentlichkeit traten die Amish allerdings im Zusammenhang mit einem tragischen Vorfall, an dem sie gänzlich unschuldig waren: Am Morgen des 2. Oktober 2006 stürmt ein schwer bewaffneter Mann eine kleine Amish-Schule in Nickel Mines, einer winzigen Siedlung im Lancaster County, einer südöstlichen Provinz in Pennsylvania. Er schickt die Erwachsenen und die Jungen aus dem Schulraum der traditionellen Ein-Raum-Schule – in der Amish-Kinder gemeinsam bis zur achten Klasse unterrichtet werden – und fesselt die zehn verbliebenen Mädchen, die im Alter zwischen sechs und 13 Jahren sind. Eine dreiviertel Stunde nach seinem Überfall eröffnet er das Feuer auf die gefesselten Mädchen und tötet sich anschließend selbst. Fünf Amish-Mädchen sterben, die anderen erleiden teils schwerste Schussverletzungen. Über die Motive des Täters, eines 32-jährigen verheirateten Familienvaters, der als Milchwagenfahrer arbeitete und selbst in der Gegend lebte, aber mit den Amish ansonsten nichts zu tun hatte, ist viel spekuliert worden. Aus verschiedenen Quellen sowie aus hinterlassenen Notizen des Mörders wurden unterschiedliche psychopathologische Motive abgeleitet; sie reichen von unbewältigten Schuldkomplexen aus der Pubertät des Täters über akute Vergewaltigungsphantasien an den Mädchen bis hin zum Rachemotiv an Gott, dem der Täter angeblich die Schuld am neun Jahre zurückliegenden Tod seiner eigenen Tochter kurz nach deren Geburt gab.

Hier ist nicht der Ort, sich an solchen Spekulationen zu beteiligen, denn es ist der Nachklang, der aus religionswissenschaftlicher Sicht von Interesse ist. In den Tagen nach der Tragödie stellten die Amish nämlich unter Beweis, dass ihnen die neutestamentliche Tugend der Vergebung keineswegs nur Lippenbekenntnis ist. Sie selbst vergaben dem Täter schon am Tag nach der Tat; sie nahmen mit mehreren Familien an der Beerdigung des Täters teil, sie besuchten und trösteten seine Familie, sie luden die Witwe zur Teilnahme an den Begräbnissen der Mädchen ein und sie richteten schließlich sogar einen Hilfsfond zur Unterstützung der »Täterfamilie« ein. Liebe und Vergebung seien die christlichen Tugenden der Menschen – die Herstellung von Gerechtigkeit bzw. eine etwaige »Rache«, so seinerzeit ein Amish, sei allein Gott vorbehalten.

Das Ende aller Tage: Apostolische und Adventistische Bewegungen

Das Urchristentum der Gründungszeit war, wie schon anfänglich bemerkt, von einer starken Endzeiterwartung, dem Glauben an das Ende aller Tage und die unmittelbar bevorstehende Wiederkehr Jesus/Gottes *(Parusie)* geprägt. In allen radikalen Ausprägungen des Protestantismus war dieses Thema stets präsent und zu allen Zeiten gab es neureligiöse Strömungen, die sich darauf bezogen und ihren Gemeinschaften einen entsprechend endzeitlichen Charakter verliehen haben. Soweit es die Neuzeit betrifft, sind die größten dieser Gruppen die Neuapostolische Kirche, die Kirche der Sieben-ten-Tags-Adventisten und die Zeugen Jehovas.

Die »katholischen« Protestanten: Neuapostolische Kirche

Was die Neuapostolische Kirche betrifft, so muss man zunächst anmerken, dass sie sich dagegen verwehren würde, hier im Kapitel über den radikalen Protestantismus aufzutauchen, und tatsächlich ist sie die »katholischste« der Endzeitkirchen. Sie geht aus dem überkonfessionell orientierten Teil der britischen Erweckungsbewegungen hervor, genauer: aus der überwiegend aus englisch-anglikanischen und schottisch-presbyterianischen Kreisen begründeten KATHOLISCH-APOSTOLISCHEN GEMEINDE. Bei dieser handelt es sich um eine in den frühen 1830er Jahren begründete Bewegung, die sich dadurch auszeichnete, dass sie zur Vorbereitung auf die irdische Wiederkunft Jesu zwölf neue Apostel berief. Diese verfassten gleich nach ihrer Berufung ein Testament, das sie weltweit an Kirchenobere aller Konfessionen schickten, in dem sie im Angesicht der Endzeit zur Beendigung der konfessionellen Differenzen und zur Vereinigung aller getauften Christen unter der Führung der neuen Apostel aufriefen. Den Aposteln wurden später »Stämme« zugeordnet, nun verstanden als geographische Gebiete, in denen sie zusammen mit ihnen zugeordneten Propheten, Evangelisten und Hirten wirken sollten. Auf diese Tradition, deren Gottesdienstpraxis ebenso auf einem konfessionellen Mix basiert, berufen sich gegenwärtig mehrere Dutzend verschiedene apostolische Kirchen und Gemeinschaften, wovon die in mehreren Schritten zwischen 1863 und 1897 gegründete Neuapostolische Kirche, oft kurz NAK genannt, mit weltweit 11 Millionen Mitgliedern (ca. 360.000 in Deutschland) die erfolgreichste ist.

Eine Leitdifferenz zwischen den ursprünglichen (sowie auch den reformierten) katholisch-apostolischen Gemeinschaften und der NAK besteht in der Rolle und der Bewertung eines obersten Apostels, Stammapostel genannt. In der NAK bestimmt er nicht nur über alle Lehren und Praktiken, sondern er herrscht auch über die anderen Apostel, die er einberuft und absetzt. Im Grunde besetzt der Stammapostel also den »Papststuhl« der NAK; eine Analogie, die umso mehr zutrifft, als die mittlerweile gut 300 Apostel der NAK faktisch das gleiche Amt ausüben wie die Bischöfe der römisch-katholischen Kirche. Auch sind, hier wie dort, das kirchliche Amt, die durch das Amt gespendeten Sakramente und eine ziemlich komplexe Hierarchie mit autoritativen Weisungsbefugnissen von oben nach unten von überragender interner und heilsgeschichtlicher Bedeutung. Man könnte das sogar inhaltlich noch weiterführen, indem man auf die in beiden Kirchen vorhandene Bedeutung von Engeln, Wundern, Jenseits und auf zahlreiche mystische Liturgiegegenstände (Weihrauch, Öle, spezielle Gewänder usw.) hinweist. Unterschiedlich und eines der Markenzeichen der NAK ist freilich das Sakrament der heilsnotwendigen Versiegelung: die Spende des Heiligen Geistes an die Gläubigen durch Handauflegen eines Apostels. Diese Versiegelung, einzige Möglichkeit einer echten Gotteskindschaft, kann in der NAK auch an Entschlafene, durch Fürbitte der Lebenden, gespendet werden, sogar wenn diese – was in der katholischen Kirche schlechthin unvorstellbar ist – zu Lebzeiten nicht getauft worden waren.

Die Geschichte der NAK war, ebenso wie die der anderen apostolischen Kirchen, recht wechselvoll. Der ökumenische Gedanke der Anfangszeit ging irgendwann völlig verloren, wird in jüngster Zeit aber wieder betont. Mit dem Aufkommen der Pfingstbewegung spalteten sich von NAK neue apostolische Gruppierungen ab, in der Gegenwart steht man den Pfingstbewegungen allerdings überwiegend freundlich gegenüber. Obwohl sich die NAK stets des »jüdischen« Charakters ihres eigenen Glaubens bewusst war, nahm sie während des nationalsozialistischen Regimes in weiten Teilen keine allzu heroische Rolle ein, sondern passte sich dessen Vorgaben stark an. Die Frühgeschichte der NAK ist rein europäisch, mittlerweile ist ihr Hauptverbreitungsgebiet Afrika. Natürlich ist die NAK ziemlich bibeltreu, aber im Vergleich zu den bibeltreuen Protestanten eher liberal in deren Auslegung, sodass sie intern durchaus Platz für einen progressiven Flügel hat, der vor allem unter der Führung der Stammapostel seit den späten 1980er Jahren im Wachsen begriffen ist.

Warten auf Jesus: Die Adventisten

Die Adventisten tragen die Endzeiterwartung bzw. die danach zu erwartende zweite Ankunft (lateinisch: *adventus*) Jesu Christi gewissermaßen schon im Namen. Die Gründung der Bewegung geht zurück auf William Miller (1782–1849), einen baptistischen Laienprediger, der die meiste Zeit seines Lebens im Grenzgebiet zwischen Vermont und New York zugebracht hat. Ab den frühen 1820er Jahren ist Miller davon überzeugt, in der Endzeit zu leben und der Bibel das Datum der Wiederkunft Christi entnehmen zu können. Maßgeblich ist das *Buch Daniel* des *Alten Testaments* bzw. der *Hebräischen Bibel* und hier besonders die mystischen Visionen des Propheten in den Kapiteln 7 bis 12, die der apokalyptischen Literatur des Judentums zugerechnet werden. Aus den metaphern- und symbolreichen Schriften und der Daniel'schen Zahlenmystik errechnet Miller zunächst ein vages Apokalypse-Datum um das Jahr 1843, das er später in den Zeitraum zwischen dem 21. März 1843 und dem 21. März 1844 legt.

In den frühen 1830er Jahren beginnt Miller seine Botschaft in Predigten und Schriften zu verbreiten. Bis zu Beginn der 1840er Jahre ist sein Erfolg eher schleppend, aber mit dem Näherrücken des Datums gewinnt er immer mehr endzeitgläubige Anhänger aus allen protestantischen Konfessionen. Diese Überkonfessionalität ist einerseits das Markenzeichen der nach ihm benannten Bewegung der *Milleriten,* andererseits aber auch der Grund für zahlreiche interne Meinungsverschiedenheiten und den raschen Zerfall der sehr kurzlebigen Milleriten-Bewegung. Bis 1844 aber – und begleitet von einer wahren Flut milleritischer Publikationen und einem erheblichen Presserummel – wartet eine immer größer werdende Schar von Anhängern gespannt auf den Weltuntergang – und nicht wenige Milleriten haben sich zur Vorbereitung bereits ihres gesamten weltlichen Besitzes entledigt.

Als der 21. März 1844 ereignislos vorübergeht, wird dies zum Rechenfehler erklärt und der 18. April festgesetzt; nach dessen Verstreichen wird das Datum auf den 22. Oktober verschoben. Dieses Datum geht ab dem 23. Oktober dann als *Great Disappointment,* als Tag der »Großen Enttäuschung«, in die Geschichte ein, und es ist zugleich der Anfang vom Ende der Milleriten. Der Glaube an die Endzeit, die seither nicht mehr exakt datiert wird, überlebt allerdings in den Resten der Milleriten-Bewegung, die sich ab 1845 in etliche konkurrierende und sehr unterschiedliche Adventisten-Kirchen aufspaltet. Die mit großem Abstand erfolgreichste dieser Kirchen wird die 1863 formal gegründete Freikirche der Siebenten-Tags-Adventisten werden – der Namenszusatz geht zurück auf den siebten Schöpfungstag, den heiligen Ruhetag, der nach dem jüdischen Kalender der Sabbat, also der Samstag ist. Allerdings spielt die mystische Zahl 7 generell eine große Rolle im Adventismus.

Die Kirche der Siebenten-Tags-Adventisten gewinnt ihre Gestalt vor allem im Zusammenhang mit den Schriften und Visionen von Ellen G. White (1827–1915). Ihr riesiges Werk gilt den Adventisten zwar nicht gleichrangig zur Bibel, aber doch als direkt von Gott inspiriert. Unter ihrer prophetischen Führung nimmt die Endzeitkirche ein rasantes Wachstum auf, obwohl sich auch von ihr immer wieder neue Adventisten-Gruppen abspalten. Zu trauriger Berühmtheit unter den Adventisten gelangte die kleine Splittergruppe der Branch Davidians, die 1993 im texanischen Waco ein tragisches Schicksal erlitt, das wir ausführlich im letzten Kapitel dieses Buches behandeln werden.

Wie alle Adventisten sind auch die Siebenten-Tags-Adventisten streng schriftgläubig und ganz der vermeintlichen Tradition der jüdisch-christlichen Urgemeinde verpflichtet. Ihre Doktrin ist entsprechend biblisch-konservativ (Unfehlbarkeit der Bibel, Schöpfungsglaube, Erbsünde, Jungfrauengeburt, realer Satansglaube usw.), wobei das zentrale Glaubenselement natürlich die Wiederkehr Jesu Christi im Gefolge der Apokalypse, dem letzten Gefecht Gottes gegen Satan und dem großen Endgericht, ist. Der gelebte Adventismus ist geprägt von tiefer Frömmigkeit in der Gemeinschaftstradition Jesu Christi, von menschlicher Demut und sozialer Verantwortung, sowie auch einem gewissen Missionseifer im Kampf gegen das Böse. Aus der Ernsthaftigkeit des Glaubens entspringt eine substanzielle Gesellschafts- und Kirchenkritik, die sich heute u. a. in der Ablehnung von Kapitalismus und Globalisierung, sozialer Ungerechtigkeit und staatlicher Einmischung in Glaubensfragen, in der Ablehnung von Waffendiensten (im Zuge der beiden Weltkriege wurde diese Ablehnung allerdings aufgeweicht) und Sklaverei, der Kritik an päpstlicher Unfehlbarkeit und kirchlichem Ämterwesen äußert.

In diesem Zusammenhang ist erwähnenswert, dass die Adventisten auch eine gewisse Rolle in der Lebensreformbewegung des 19. Jh. gespielt haben, da sie eine recht strenge vegetarische Ernährungsweise propagieren und insofern dem lebensreformerischen Vegetarismus eine heilsgeschichtliche Unterfütterung boten. Unter anderem war auch der Erfinder der Erdnussbutter und der Frühstücksflocken, der publizistisch höchst aktive Arzt und radikale Vegetarier John Harvey Kellogg (1852–1943), ein Adventist.

Die Kirche der Siebenten-Tags-Adventisten ist nicht nur die mit Abstand größte Gemeinschaft der Adventisten, sondern die weltweit größte Endzeitkirche überhaupt. Sie zählt gegenwärtig weltweit ca. 16 Millionen getaufte Mitglieder, d. h. ohne Kinder. Um diese Zahl in das richtige Licht zu setzen: Der jüdischen »Weltreligion« gehören weltweit nur knapp 14 Millionen Menschen an! Die Siebenten-Tags-Adventisten, von denen es ca. 35.000 in Deutschland gibt, teilen im Kern viele Glaubensgrundsätze der sich in den 1870er Jahren formierenden Zeugen Jehovas, die im Folgenden etwas eingehender betrachtet werden.

Was die Bibel wirklich lehrt: Die Zeugen Jehovas

Mit gut 6,5 Millionen »Verkündigern« weltweit, davon über 160.000 in Deutschland, sind auch die Zeugen Jehovas alles andere als eine kleine Religionsgemeinschaft. Dass sie vom kirchenchristlichen Mainstream sowie auch von weltlich gesinnten Kritikern gerne in den großen Sektentopf geworfen werden, hat freilich nur in geringerem

Maße etwas mit ihrer Endzeiterwartung zu tun: Die katholische Kirche mag die Zeugen nicht, weil sie letztlich Protestanten sind; die Protestanten mögen sie nicht, weil sie den »katholischen« Anspruch vertreten, die einzig wahre Kirche zu sein; und die Ablehnung des Glaubens an die Dreifaltigkeit Gottes (Trinität) ist beiden Konfessionen mehr als nur ein Dorn im Auge. Da die Zeugen überdies wegen ihres täuferisch-theokratischen Zuges Staats- und Weltverweigerer sind, sind sie auch den meisten weltlich gesinnten Kritikern suspekt.

Die Zeugen Jehovas entstehen offiziell unter diesem Namen erst 1931, ihre tatsächliche Geschichte beginnt indes in der zweiten Hälfte des 19. Jh. im Umfeld der adventistischen Bewegung. Zentrale Gründergestalt ist der in Pennsylvania geborene Kaufmann Charles Taze Russell (1852–1916). Angeregt durch einen Adventisten-Prediger beginnt Russell ab 1869 intensiv die Bibel zu studieren und gründet 1870 einen kleinen Bibelkreis, aus dem später die *Bibelforscherbewegung* hervorgeht. In dieser von Laien getragenen »Forscherbewegung« kam man zu durchaus spektakulären Erkenntnissen wie beispielsweise, dass die Bibel keine Belege für eine Seelenexistenz der Menschen nach dem Tod enthalte und es folglich auch keine ewigen Höllenqualen gebe. Auch sei die Dreieinigkeit Gottes ein durch inkorrekte Übersetzungen der Bibel in die Welt gesetzter Irrglaube. Der Schöpfer der Welt sei einzig und allein Jehova (*2. Buch Mose* 20,2–3: »Ich bin Jahwe, dein Gott, der dich aus Ägypten geführt hat, aus dem Sklavenhaus. Du sollst neben mir keine anderen Götter haben.«). Jesus ist »nur« Gottes Sohn. Er ist, weil allein von Gott geschaffen, ein zwar vollkommenes, aber menschliches Geschöpf; er ist folglich weder wesensgleich mit Gott noch steht er auf der gleichen Machtstufe. Dass er darüber hinaus an einem Pfahl bzw. einem Stamm und nicht an einem Kreuz gestorben sei, wie die korrekte Übersetzung der Bibel ergebe, weshalb die Zeugen die christliche Kreuzsymbolik ablehnen, ist eher eine Randnotiz. Denn Jesus ist auch für die Zeugen von überragender Bedeutung, weil sie ihn, wie es auch viele andere protestantische Strömungen tun, in der Funktion des Prokuristen Gottes sehen. Mehr noch: Die Zeugen Jehovas richten ihre Gebete überhaupt nur durch Jesus an Gott – und niemals an Gott selbst.

Diese Ansichten sind, wie gesagt, das Ergebnis einer ernsthaften Bibellektüre, und bis heute ist das von Gott inspirierte, aber durchaus auslegungsbedürftige Wort der Bibel der einzige weltanschauliche Maßstab, nach dem die Zeugen jegliche Wirklichkeit vermessen. Einschränkend muss dazu freilich vermerkt werden, dass die Zeugen seit 1950 über eine eigene und erkennbar auf ihre Sicht der Dinge zugeschnittene Bibelübersetzung *(Neue-Welt-Übersetzung)* verfügen und dass eine letztgültige Auslegung des Bibelwortes in den Händen des Leitungsgremiums der von Russell 1881 mitbegründeten ZION'S WATCH TOWER TRACT SOCIETY – seit 1955 in zwei Rechtsgesellschaften unter den Namen WATCH TOWER BIBLE AND TRACT SOCIETY OF PENNSYLVANIA/OF NEW YORK als Non-Profit-Organisationen eingetragen – also der sogenannten Wachtturm-Gesellschaft liegt. Die mit der Gründung dieser Gesellschaft stetig wachsende Autorität Russells und des Leitungsgremiums der Organisation führte Anfang des 20. Jh. zu mehreren Brüchen innerhalb der Bibelforscherbewegung. Zwischen 1909 und 1931 lösten sich mehrere Gruppen aus der Wachtturm-Gesellschaft bzw. sie bildeten Fraktionen; die bedeutendsten unter ihnen, die Freien Bibelforscher (in Deutschland seit 1948: Freie Bibelgemeinde), die Ernsten Bibelforscher und die Laien-Heim-Missionsbewegung existieren bis heute in durchaus wahrnehmbaren Größen von jeweils etwa 10.000 bis 15.000 Anhängern weltweit bzw. jeweils 600 bis 1000 in Deutschland. Dabei sind die Ernsten Bibelforscher jene Minderheit in der Wachtturm-Gesellschaft, die unter dem alten Namen übrig blieb, als die Mehrheit sich 1931 den Namen »Jehovah's Witnesses« (Zeugen Jehovas) gab.

Die Wachtturm-Gesellschaft als autoritatives Leitungsgremium der Zeugen Jehovas ist vor allem ein ziemlich großes Verlagsimperium zur Verbreitung religiöser Schriften, besonders natürlich jener der Zeugen Jehovas. Ihr derzeitiger Präsident, Don Adams, gilt folglich auch als Oberster der Zeugen Jehovas. Das bekannteste Produkt des Verlages, die gegenwärtig zweimonatlich erscheinende und seit einigen Jahren kostenlos verteilte Zeitschrift *Der Wachtturm*, erscheint unter ab und an leicht verändertem Namen ununterbrochen seit 1879 bzw. auf Deutsch seit 1886. Mit einer weltweiten Auflage von ca. 37 Millionen Exemplaren in über 180 Sprachen ist *Der Wachtturm* die weltweit auflagenstärkste christliche Zeitschrift – so jedenfalls vermerkt es das *Guinness Buch der Rekorde.*

Der ideelle Kern des Glaubens der Zeugen Jehovas ist die Endzeiterwartung, also die unmittelbar bevorstehende Vernichtung der Welt durch Gott in einer letzten großen Schlacht, die nach dem biblischen Ort der Endzeitschlacht aus der *Offenbarung des Johannes* (16,16) *Harmagedon* (Armageddon) genannt wird. Dabei wird ein von Gott gesandtes Engelheer unter der Führung des Erzengels Michael (=Jesus) das Weltsystem des Satans – repräsentiert durch jegliche Form menschlicher Herrschaft, wozu also auch die Kirchen gezählt werden – vernichten und sein verheißenes Königreich auf Erden errichten. In Letzteres, das »Paradies auf Erden«, werden jene einziehen, die sich zu Lebzeiten der Herrschaft Satans widersetzt und stets Zeugnis von Gott abgelegt haben. Das schließt auch die Verstorbenen ein, die Gott nach der Endschlacht wiederauferstehen lässt bzw. im Wortsinne von den Toten erweckt. Eine Sondergruppe von 144.000 Gläubigen, gebildet aus je 12.000 Erwählten der 12 Stämme Israels (*Johannesoffenbarung* 7, 5–8), zieht mit Jesus als erweiterte Regierung in das Himmlische Königreich ein. Diese Vorstellung von der himmlischen Herrschaft der 144.000 ist übrigens des Öfteren bei »urchristlich« und endzeitlich orientierten Christengruppen und auch bei der NAK zu finden. Ähnlich den Milleriten hatten auch die Zeugen Jehovas das Datum des Weltuntergangs mehrmals biblisch berechnet und angekündigt, zunächst für 1914, dann für 1925 und zuletzt für 1975. Angesichts des jeweiligen Ausbleibens verzichtet man auch hier mittlerweile auf eine exakte Datierung, betont aber noch immer die Naherwartung dieser Schlacht. 1914 gilt dennoch als das Jahr, in dem die Endzeit unwiderruflich angebrochen ist, was sich in einer verstärkten Aktivität des Bösen bemerkbar mache.

In praktischer Hinsicht erkennen die Zeugen Jehovas nur die Gottesherrschaft *(Theokratie)* als legitim an, weshalb sie sich der aktiven Teilnahme an Formen der weltlichen Herrschaft, die sie gleichwohl dulden, mehr oder weniger vollständig verweigern. Ebenso verweigern sie sich jenen weltlichen Dingen, die nach ihrer Ansicht keine biblische Grundlage haben, wozu – ausgenommen sind das Abendmahl und die Taufe – alle christlichen Feste ebenso gehören wie weltliche Anlässe zum Feiern (Geburtstage, Nationalfeiertage usw.). In der modernen Welt führt diese Weltanschauung den typischen Zeugen in eine gewisse Isolation sowohl zur christlichen wie auch zur nichtchristlichen Außenwelt, die durch ein Zusammenrücken im Inneren der Glaubensgemeinschaft kompensiert wird. Und in diesem Mikrokosmos herrscht, nicht anders als in jedem sozialen Mikrokosmos, eine soziale Dynamik eigener Art, die sich nur schwer einem Fremdverstehen erschließt. Egal aber, ob katholischer Orden, Osho, Wicca oder eine x-beliebige Familie: Das »Verstehen« der Vorgänge im Inneren von dichten sozialen Gemeinschaften erfordert ein »Verstehen« der jeweils spezifischen inneren Bedingungen, nach denen diese Gemeinschaften funktionieren.

Wer die Zeugen Jehovas nun als völlig weltfremde religiöse Bewegung abtut, wie viele ihrer Kritiker, sieht nur eine Seite der Medaille. Kaum eine andere christliche Bewegung nimmt nämlich so stark Bezug zum jeweiligen Zeitgeist und setzt sich mit ihm im Wortsinne »kritisch« (griechisch: *kritikē* = unterscheiden) auseinander. Von der Evolutionstheorie über das moderne Fiskalsystem bis hin zur Medizin: Zu allem haben die Zeugen Jehovas ausgesprochen differenzierte Ansichten und Interpretationen entwickelt, die sich keineswegs auf bloße Ablehnung oder Wissenschaftsfeindlichkeit reduzieren lassen. Nebenbei sei darauf verwiesen, dass die Zeugen viele ihrer, tatsächlich oftmals sehr antiquiert aussehenden, Publikationen auch in Blindenschrift und Tondokumenten auf sehr professionell gestalteten Internetseiten in den modernsten medialen Formaten zum Download bereitstellen.

Während nicht wenige evangelikale Strömungen eher einem »blinden« und oft sehr subjektiv gefühlten »wahren« Christentum folgen, sind sich die Zeugen weit mehr der Begründetheit ihrer Ansichten bewusst. Egal, ob es dabei um große Dinge wie Kriege oder kleine Dinge wie Tattoos, Piercings, Alkoholgenuss oder Verhütung geht: Die Zeugen wissen im Regelfall, warum sie dieses oder jenes so oder eben anders beurteilen. Im Gegensatz zu vielen evangelikalen Strömungen kennen die Zeugen, ähnlich wie die Katholiken, einen freien menschlichen Willen, der es ihnen ermöglicht, auf der Basis ihres eigenen Bibel(ge)wissens die richtigen Entscheidungen zu treffen. Insoweit ist es, um bei den Beispielen zu bleiben, den Zeugen Jehovas nicht grundsätzlich verboten, sich ein Tattoo stechen zu lassen, Alkohol zu trinken oder Verhütungsmittel zu benutzen – es sollte eben nur sehr kritisch anhand der Bibel überprüft werden. Und dass es da tatsächlich eine gewisse Interpretationsspanne gibt, lässt sich gut anekdotisch unterstreichen, denn auch Michael Jackson, der 2009 verstorbene *King of Pop,* gehörte der Gemeinschaft bis immerhin 1987 an. Und weil er seit spätestens 1982 ein Weltstar war, lässt sich daraus folgern, dass sich schillernde Exzentrik und scheinbar biederes Zeugentum nicht per se ausschließen.

Natürlich enthält die Bibel ziemlich viele Aspekte, die nicht unbedingt dem Zeitgeist entsprechen – absolute Gottesherrschaft, patriarchale Autorität, Lustfeindlichkeit usw. –, weswegen auch die meisten Zeugen ganz gewiss alles andere als modern sind. Und sie sind auch nicht »demokratisch« und nicht »liberal« und die aus ihrer Gemeinschaft wegen mangelnder Glaubensfestigkeit Verstoßenen werden, ähnlich wie bei den Amish, »gemieden«. Aber das alles sind Kriterien, die zu einem »Verstehen« der Zeugen Jehovas ebenso wenig beitragen wie ein Zollstock zum Wiegen von Gewichten geeignet ist. Wenn also eines Tages der Mega-Rockstar Prince an Ihre Tür klopft und mit Ihnen über Gott sprechen möchte, dann sollten Sie sich nicht wundern, denn auch er legt seit 2001 Zeugnis über Jehova ab.

Im Rahmen der hier zur Sprache kommenden radikalen Formen des protestantischen Christentums – und das ist der Rahmen, in dem das Phänomen verhandelt werden kann – sind die Zeugen am ehesten wegen ihrer Ernsthaftigkeit herauszustellen. Sinnfällig und auch von Zeugen gerne selbst hervorgehoben war ihre Rolle im nationalsozialistischen Deutschland: Während die beiden großen Volkskirchen in weiten Teilen auf Schmusekurs mit dem Nationalsozialismus gingen, haben die Zeugen sich diesem »satanischen« Regime unmissverständlich und offen widersetzt, weshalb viele von ihnen den Weg ins Konzentrationslager gehen mussten – umso mehr, weil sie, und auch dies im Gegensatz zu den beiden großen Konfessionen, seit jeher starke Sympathien für das theokratische Judentum und dessen monotheistische Religion hegen. Die lebensbedrohliche Ernsthaftigkeit des Glaubens haben sie dann auch in der generell religionsfeindlichen DDR durchgehalten. Trotz ihrer Verfolgung bis in die späten 1960er Jahre haben sie sich dort einer Anpassung widersetzt. Während der Anteil der kirchlich organisierten Protestanten in 40 Jahren DDR von ca. 80 % auf gut 15 % zurückging, blieb die Zahl der Zeugen Jehovas weitgehend konstant.

Und um ein letztes Missverständnis auszuräumen: Obwohl die Zeugen Jehovas in den Medien fast immer als »Sekte« im negativ-populären Verständnis des Wortes thematisiert und sämtliche Sektenklischees auf ihnen abgeladen werden, sind sie mittlerweile in der Mehrzahl der deutschen Bundesländer als Körperschaft des öffentlichen Rechts anerkannt. Letzteres ist in Bezug auf religiöse Gemeinschaften ein enorm komplizierter Rechtsstatus, den zu erklären hier den Rahmen sprengen würde. Faktisch kommt die Verleihung dieser staatlichen Privilegien aber einer offiziellen Anerkennung als »echter« und damit gesetzlich förderungswürdiger Religion gleich.

Die spirituelle Erneuerung: Pfingstler und Charismatiker

Anfang des 20. Jh. entsteht in den USA die *Pfingstbewegung*, die wohl erfolgreichste christliche Kirchenfamilie der Gegenwart. Sie erwächst aus den zahlreichen angelsächsischen *Erweckungs-* und *Heiligungsbewegungen* des 19. Jh., die eine christliche Vervollkommnung der Welt bzw. eine Heiligung des Lebens anstreben. Im Grunde ist dies die Wiederaufnahme bzw. die Verstärkung der alten protestantischen Themen der Lebensgestaltung als Gottesdienst und des Priestertums aller Gläubigen. Diese Themen werden in protestantischen Kreisen zumeist als »urchristlich« betrachtet, weshalb in den

Erweckungs- und Heiligungsbewegungen oft eine persönliche Beziehung zu Jesus bzw. eine unmittelbare Inspiration durch ihn betont wird: Disciples of Christ, Churches of Christ, Church of Christ of the Latter Day Saints – fast überall ist der Name Programm. Letztlich muss man auch die zahlreichen im Zuge dieser Bewegungen entstandenen Kirchen dazu zählen, die den Zusatz »apostel/apostolisch« im Namen tragen (z. B.: Das Apostelamt Jesu Christi, die Altapostolische Kirche, die Neuapostolische Kirche, die Apostolische Gemeinschaft und etliche andere mehr), sich aber nicht zu den Protestanten zählen. Auch Kontinentaleuropa bzw. Deutschland wird von dieser Bewegung erfasst, die hier wesentlich in pietistischen Strömungen innerhalb der lutherischen und der reformierten Kirchen zum Ausdruck kommt, aber auch in den Gemeinden Christi sowie der aus England importierten Brüderbewegung und der Heilsarmee.

In diesem weiten Feld entsteht die Pfingstbewegung. Sie ist in ihren Anfängen rein protestantisch, im Zuge der charismatischen Erneuerung der 1960er Jahre bekommt sie konfessionsübergreifende Züge. Mittlerweile versteht sie sich oft als Denomination, also als eigenständige und klar von den protestantischen sowie den orthodoxen bzw. katholischen Bekenntnissen unterscheidbare christliche Strömung. Genaue Anhängerzahlen sind freilich schwer zu ermitteln, weil neben den großen Pfingstkirchen Abertausende kleine und unabhängige Pfingstgemeinden existieren. Aber, um die Dimension zu verdeutlichen: Der World Assemblies of God, der mit Abstand größten Pfingstkirche, gehören nach eigenen Angaben (2008) über 60 Millionen Menschen in ca. 300.000 Kirchen an; auch die »kleineren« großen Pfingstkirchen wie die Church of God in Christ, die International Church of the Foursquare Gospel, die United Pentecostal Church International und die Pentecostal Assemblies of the World zählen ihre Mitglieder jeweils in Millionen.

Was den Glauben betrifft, so muss man für die Pfingstbewegung zunächst festhalten, dass in ihr über das erweckungstypische Heiligungsbewusstsein hinaus auch wieder die endzeitlichen Züge des Urchristentums hervortreten: Fast alle Pfingstler glauben an die unmittelbar bevorstehende Apokalypse und die Allgegenwart des Satans in der Welt. Wie ansonsten der Name vermuten lässt, steht der Heilige Geist im ideellen Zentrum der Bewegung. Pfingsten ist bekanntermaßen jenes in der *Apostelgeschichte* beschriebene biblische Ereignis (jüdischen Ursprungs), an dem der Heilige Geist über die Jünger und Apostel kam und sie »erfüllte« bzw. mit diversen göttlichen Gnadengaben zwecks effizienterer Verbreitung des Glaubens ausstattete. Diese sehr konkrete und persönliche, wortwörtliche Inspiration (lateinisch: *inspiratio* = Eingebung/Einhauchung des Geistes) der Gläubigen ist tatsächlich mit dem reformatorischen Grundsatz der alleinigen Inspiration durch die Heilige Schrift *(sola scriptura)* nur bedingt vereinbar, weshalb man hierin die Sollbruchstelle zu den evangelikalen Strömungen sehen kann. Andererseits steht die Pfingstbewegung natürlich in der evangelikal-freikirchlichen, besonders der methodistischen Tradition, weil ihr deren zentrales Diktum der Bekehrung, der persönlichen Wiedergeburt im Glauben als Voraussetzung des Empfangs des Heiligen Geistes gilt.

Sichtbar wird der Empfang des Heiligen Geistes, die Geisttaufe, durch die Gnadengaben, zu denen u. a. die Fähigkeiten der sogenannten Zungenrede, der Prophetie, der spontanen Lobpreisung sowie auch die Bewirkung von Wundern und Heilungen gehören. In der Pfingstbewegung sind diese paranormalen Gaben nicht nur einer Elite religiöser Virtuosen, sondern potenziell jedem zugänglich. Im volkskirchlich geprägten Kontinentaleuropa, also auch in Deutschland, wirken pfingstlerische Gottesdienste deswegen eher irritierend: Das Zungenreden *(Glossolalie)*, eine Form gutartiger »Besessenheit«, bei dem Gläubige während der Gottesdienste merkwürdige Laute und unverständliche Wortfetzen von sich geben, wirkt hier ebenso befremdend wie spontan herausgeschriene Lobpreisungen Gottes, gegenseitige Segnungen durch Handauflegen oder das gemeinsame Bezeugen von Heilungen und Wundern. Obwohl also viele pfingstkirchliche Veranstaltungen kurz gesagt chaotisch, grell, bunt und laut sind, gehören die Pfingstler ganz überwiegend zu den radikalen und das heißt zu den bibeltreuen Christen. Auch wenn sich die Mehrheit vermutlich eher mit ihrer spezifischen Spiritualität als mit politischen Zielen identifiziert, so kann man doch davon ausgehen, dass sie überwiegend die *fundamentals* der Christlichen Rechten (siehe dazu unten) teilen – obwohl sie den christlichen Fundamentalisten aus geschichtlichen Gründen eher feindlich gegenüberstehen.

Die Pfingstbewegung ist also eine im Wortsinne charismatische Bewegung (griechisch: *chárisma* = Gnadengabe/Begabung), weshalb sie oft in einem Atemzug mit der gleichnamigen *Charismatischen Bewegung* genannt wird, die allerdings erst ab den 1950er bzw. hauptsächlich in den späteren 1960er Jahren entsteht. Tatsächlich ist Letztere auch maßgeblich pfingstlerisch beeinflusst, allerdings rekrutiert sie ihre Mitglieder nicht nur aus dem genuin evangelikalen Protestantismus, sondern auch aus den lutherischen, anglikanischen und orthodoxen sowie nach dem Zweiten Vatikanischen Konzil auch in hohem Maße aus der katholischen Kirche. Mit einigem Recht sprechen die protestantischen Pfingstler in Bezug auf die Charismatiker gerne von Pfingstlern in anderen Konfessionen. Darin wird offensichtlich, dass man sich nicht unbedingt selbst zu den Pfingstlern zählen muss, um von diesen mitgezählt zu werden. Tatsächlich verbleiben viele Charismatiker in ihren Herkunftskirchen, was die Möglichkeit der Gewinnung von Zahlen zusätzlich erschwert. Alles in allem reichen die Schätzungen der Größe der Pfingstbewegung von 250 bis zu 700 Millionen. Zum Vergleich: Selbst wenn man die großen protestantischen Konfessionsfamilien weltweit, also die insgesamt etwa 85 Millionen Reformierten (davon ca. 49 Millionen Presbyterianer), ca. 59 Millionen Baptisten, 57 Millionen Lutheraner und etwa 35 Millionen Methodisten, zusammenzählt und auch noch ca. 73 Millionen Anglikaner dazurechnet, dann sind die Zahlen der Pfingstbewegung in jedem Fall beeindruckend.

Nach einer jüngeren seriösen Schätzung kann die Bewegung weltweit wie folgt in Zahlen beschrieben werden: Zu den traditionellen Pfingstlern, also solchen, die einer offiziellen Pfingstkirche angehören, kann man gut 200 Millionen Christen zählen. Die Charismatische Bewegung schätzt sich selbst sogar noch etwas größer ein, unterteilt in etwa 70 Millionen protestantische, gut 90 Millionen katholische und ca. 110 Millionen unabhängige Charismatiker. Und abseits dieser Systematik muss man wohl auch noch geschätzte 50 Millionen chinesische Pfingstler dazu zählen, die natürlich nicht in der gleichen Weise kirchlich organisiert sein können. Darüber, wie viele doppelte oder dreifache Zählungen es hier insgesamt gibt, kann indes nur spekuliert werden. Fest steht jedenfalls, dass die Pfingstbewegung ein ursprünglich nordamerikanisches Phänomen ist, das aber relativ schnell auch in Europa und hier vor allem in Skandinavien Fuß fasst – nach den lutherischen Kirchen sind die Pfingstler gegenwärtig die stärkste religiöse Strömung Skandinaviens. In den USA wiederum gewinnen die Pfingstler eine sehr große Anhängerschaft unter den lateinamerikanischen Einwanderern und den Afroamerikanern. Allen US-amerikanischen und europäischen Anhängerschaften zum Trotz sind die Pfingstler und Charismatiker der Gegenwart eher ein Phänomen der Südhalbkugel der Welt. Nicht zuletzt aufgrund massiver bis teils aggressiver Missionstätigkeit, und ausgestattet mit den dort oft sehr volksnahen Themen von Apokalypse und Errettung, von Dämonenglaube und Teufelsaustreibung, von spirituellem Siechtum und Wunderheilung, sind sie besonders in Latein- und Südamerika sowie in vielen afrikanischen und asiatischen Ländern zu den erfolgreichsten christlichen Kirchen geworden. Andererseits ist gerade das südliche Afrika betreffend nicht von der Hand zu weisen, dass viele der dortigen pfingstlich inspirierten Kirchen zugleich so nahe am animistischen Volksglauben angesiedelt sind, dass man sie schwerlich als christlich bezeichnen kann. Ein nicht-christlicher Pfingstglaube wäre freilich ein Widerspruch in sich.

Natürlich ist die Pfingstbewegung auch in Deutschland seit Beginn des 20. Jh. aktiv, wenn auch bei Weitem nicht so erfolgreich wie in den USA. Ebenso wie dort knüpft sie an die Heiligungs- und Erweckungsbewegungen des 19. Jh. an, die in Deutschland gemeinhin pietistisch oder neupietistisch genannt werden und innerhalb der etablierten Landeskirchen zum Tragen kommen. Von den lutherischen, den reformierten und katholischen Kirchen und dann auch von den pietistischen Gemeinschaften schnell als »dämonisch« verurteilt, breitet sich die Pfingstbewegung beginnend mit der amerikanisch inspirierten Christlichen Gemeinschaft Velbert ab etwa 1908 langsam aus. In der Folgezeit gründen sich einige Freie Christengemeinden und 1913 entsteht mit der Gründung des Mühlheimer Verbandes freikirchlich-evangelischer Gemeinden eine erste pfingstliche Struktur, die ab 1922 noch von der Elim-Bewegung (die sich später allerdings den Baptisten und damit einer Freikirche anschließen wird) und ab 1934 von der Volksmission entschiedener Christen ergänzt wird. Nach dem Zweiten Weltkrieg formieren sich die Pfingstler mehrfach neu, nicht zuletzt aufgrund zahlreicher Flüchtlinge aus den ehemaligen »deutschen Ostgebieten« 1982 wird der Bund Freier Pfingstgemeinden gegründet, dem gegenwärtig ca. 730 pfingstlerische und charismatische Gemeinden mit knapp 50.000 getauften Mitgliedern angehören. Ein gutes Drittel davon sind der Herkunft und/oder der Sprache nach Migrantengemeinden, darunter viele osteuropäischer Herkunft. Innerhalb der evangelischen Landeskirchen ist es der 1979 gegründete Verein Geistliche Gemeinde-Erneuerung der evangelischen Kirche, der die charismatische Grunderneuerung unter den kirchlich organisierten deutschen Protestanten verbreitet; eine Erneuerung, zu der sich gut 50.000 Protestanten bekennen.

Katholischer Gegenpart ist die CHARISMATISCHE ERNEUERUNG IN DER KATHOLISCHEN KIRCHE, der deutsche Zweig des INTERNATIONAL CATHOLIC CHARISMATIC RENEWAL SERVICE, dem in bundesweit ca. 500 Haus-, Bibel- und Gebetskreisen ca. 11.000 Katholiken angehören. Zählt man noch die sogenannten Zugehörigen (nicht getaufte Familienmitglieder wie Ehepartner und Kinder) dazu, so dürfte die Zahl der Pfingstler in Deutschland aktuell irgendwo um die 300.000 liegen. Ebenso wie in Amerika sind dabei allerdings nicht nur etwaige Unterschiede zwischen Pfingstlern und Charismatikern schwer auszumachen, sondern auch die einstmals recht deutliche Abgrenzung der »emotionalen« Pfingstler von den »rationalen« Evangelikalen verschwimmt zusehends. Zumindest für die europäischen, mithin also besonders für die »weißen« Pfingstler zeigt sich etwa seit Ende der 1980er Jahre ein starker Trend zurück zu den evangelikalen Wurzeln. Und das meint: eine Abnahme der allzu wilden emotionalen Ausdrucksformen, ein Zurückgehen der einstmals sehr starken weiblichen Prägung, Aufgabe der pazifistischen Grundhaltung und einige Dinge mehr.

Evangelikaler Fundamentalismus und Christliche Rechte

Die nun schon mehrfach erwähnten Evangelikalen, derentwegen hier insgesamt der unterschiedlich besetzte Begriff »evangelisch« – auch Katholiken beziehen sich auf die »gute Nachricht« (griechisch: *euangelion*) und sind deswegen im Wortsinne »evangelisch« – weitgehend vermieden und durch den eindeutigeren Begriff »protestantisch« ersetzt wurde, sind seit jeher radikale, weil bibeltreue Christen mit Verbreitung in allen protestantischen Bekenntnissen. Auch ihr Ursprung liegt wesentlich in den angelsächsischen Erweckungsbewegungen und auch ihr Credo ist das Bekehrungserlebnis, die Wiedergeburt in Christus. Seine theologisch-doktrinäre Ausformung gewinnt der *Evangelikalismus,* analog zum katholischen Antimodernismus, vor allem in der Auseinandersetzung mit dem modernen Zeitgeist des späteren 19. Jh. Seither lassen sich zwei evangelikale Grundströmungen voneinander unterscheiden. Zum einen jene, die einen gemäßigten Biblizismus vertritt, der in Bezug auf historische und zeitliche sowie auch dogmatisch widersprüchliche Aspekte eine kritische Lesart der Bibel zulässt. Zum anderen jene, die einem strengen Biblizismus anhängt und von einer absoluten und wörtlichen Wahrheit jeglicher in der Bibel genannten Personen-, Zeit- und Ortsangaben ausgeht.

Die Letzteren werden auch in der Religionswissenschaft zuweilen als *Fundamentalisten* bezeichnet, obwohl der Fundamentalismus-Begriff eher ein negativ besetztes Populärwort aus der Alltagssprache ist und in den Religions- und Sozialwissenschaften höchst selten verwendet wird. Hier allerdings lässt sich ein positiver Bezug finden, weil sich die streng biblizistischen Evangelikalen sehr selbstbewusst zu einer Reihe christlicher »Fundamente« bekennen, die ihren ersten Kristallisationspunkt zwischen 1910 und 1915 in einer 12-bändigen Textsammlung mit eben diesem Namen *(The Fundamentals)* fanden. Die völlige Irrtumslosigkeit der Bibel, die unbefleckte Empfängnis, die Jungfrauengeburt und die Göttlichkeit von Jesus, der Sühnetod und die körperliche Wiederauferstehung Jesu sowie dessen endzeitliche Wiederkunft sind typische Aspekte, für deren allgemeine und verbindliche Anerkennung in Religion und Gesellschaft die Fundamentalisten kompromisslos eintreten.

Dass man die ideellen Anfänge des fundamentalistischen Christentums ungefähr an den Beginn des 20. Jh. setzt und nicht etwa bis zum ersten großen Erwachen oder bis zu noch früheren europäischen Bewegungen zurückverfolgt, liegt, wie schon angedeutet, wesentlich in jenen äußeren gesellschaftlichen Umständen begründet, die zeitgleich in Europa zur Formierung des katholischen Antimodernismus geführt haben. Neben dem rapiden sozialen und ökonomischen Wandel sowie dem allgemeinen wissenschaftlich-technischen Fortschritt sind es besonders die Evolutionstheorie und der Historismus – hier verstanden als der Versuch, die Bibel als zeitgeschichtliches Dokument zu interpretieren, also in ihrem wörtlichen Wahrheitswert zu relativieren –, die die Glaubensgrundlagen des US-amerikanischen Protestantismus nicht weniger gefährden als die des europäischen Katholizismus. Dazu kommt in den USA noch eine vor allem seit der zweiten Hälfte des 19. Jh. stark zunehmende religiöse Konkurrenzsituation durch massenhafte Einwanderung von europäischen Bevölkerungsgruppen mit katholischem oder lutherischem Hintergrund. Die Formulierung von *fundamentals* und das Bekenntnis zu ihnen sind also Reaktionen auf die äußeren, zumeist »modern« oder »liberal« genannten Umstände, und darin unterscheiden sie sich von älteren radikal-religiösen Strömungen und Gruppen, die überwiegend innerreligiöse Reformbewegungen waren.

Der christliche Fundamentalismus ist also in diesem Verständnis eine Reaktion auf die äußere, auf die im fundamentalistischen Verständnis nicht religiöse Umwelt. Und in genau diesem Verständnis werden aus den von den *fundamentals* gesetzten ideologischen Rahmenbedingungen konkrete dogmatische Haltungen abgeleitet, die bei genauerer Betrachtung vor allem Negationen der modernen Gesellschaft und der sie vermeintlich kennzeichnenden Institutionen, Werte und Normen sind. Insofern ist der christliche Fundamentalismus weniger ein religiöser Traditionalismus als vielmehr eine im Kern gesellschaftspolitische Bewegung. In aller Deutlichkeit zeigte sich dies im Zuge der zahlreichen liberalen Aufbrüche der 1960er und 70er Jahre, die dem christlichen Fundamentalismus in Amerika als satanischer Generalangriff auf das eigene Weltbild erscheinen – nicht zuletzt ab 1961, als mit John F. Kennedy erstmals ein Katholik amerikanischer Präsident wird. Jene, die diesem Angriff aktiv politisch entgegentreten, bilden fortan die sogenannte *Christliche Rechte,* die in den USA als solche auftritt und dort schon allein deswegen eine beträchtliche Bedeutung hat, weil die Wahlforscher ihr ca. 15 % der amerikanischen Wähler zurechnen.

Ohne dass jeder einzelne Aspekt für jede der vielen christlich-fundamentalistischen Strömungen, Gruppen und Einzelakteure im Detail exakt zutreffend sein muss, ist sich die Christliche Rechte über die folgenden gesellschaftspolitischen Punkte weitgehend einig: Ablehnung der Evolutionstheorie bzw. eines »modernen« Biologieunterrichts in den Schulen; Ablehnung von Abtreibung, Verhütung, von vor- oder außerehelicher Sexualität, von Homosexualität, Pornographie und Prostitution; Ablehnung von sozialistischen und kommunistischen Ideen wie staatlichen Wohlfahrtsprogrammen, gewerkschaftlichen Organisationen und staatlichen Eingriffen in die Wirtschaft. Abgelehnt wird auch ein bekenntnisfreier Staat: Obwohl eine Trennung von Staat und Religion dahingehend befürwortet wird, dass Ersterer sich aus den Belangen der Letzteren herauszuhalten hat, wird gefordert, dass der Staat sich als Verteidiger einer »Christlichen Nation« positioniert, die Verbreitung der christlichen *fundamentals* im öffentlichen Leben fördert (z. B. durch die Einführung von Schulgebeten) und sich entsprechend gegen fremd- oder neureligiöse Einflüsse zur Wehr setzt. Dass die Christliche Rechte gemeinhin für eine kompromisslose Law and Order-Politik inklusive der Todesstrafe eintritt und der Gleichberechtigung von Frauen ebenso skeptisch gegenübersteht wie einer »internationalen Gemeinschaft«, bedarf wohl keiner gesonderten Erwähnung. Obwohl die Christliche Rechte nicht im engeren Sinne rassistisch ist, so ist sie doch eine ziemlich »weiße« angelsächsische Bewegung, die von erheblichen Vorurteilen gegenüber allem Fremden geprägt ist.

Gleichwohl gibt es vereinzelt Überschreitungen dieses rechten Randes, hinter dem ein offener und christlich begründeter Rassismus Platz hat. In Deutschland nicht oder allenfalls randständig präsent, aber in den angelsächsischen Ländern, besonders in den USA mit einigen 10.000 Anhängern recht weit verbreitet, existiert eine christliche Bewegung mit einem guten Dutzend angeschlossener oder ihr nahestehender Gruppen, die sich *Christian Identity* nennt. Kern des nicht sonderlich einheitlichen, aber dennoch plakativ als christlich bezeichneten Glaubens ist, dass die Angelsachsen bzw. die nordeuropäischen Völker zu den 10 verlorenen Stämmen Israels gehören. Aus dieser Idee, deren Wurzeln bis ins 17. Jh. zurückreichen, die aber erst im 19. Jh. mit der antikatholischen Bewegung des *British Israelism* populär wurde, hat sich auf kleineren Umwegen eine unverhohlen rassistische Lehre entwickelt, der u. a. der Ku Klux Klan (heute: The Knights Party) anhing. Wie man beispielsweise von der Church of Jesus Christ Christian/Aryan Nations erfahren kann, war der biblische Adam ausschließlich der Stammvater der weißen Rasse. Die »Schwarzen« haben dagegen einen anderen genetischen Ursprung – wobei unverhohlen auf deren Abstammung von den Affen angespielt wird. Dementsprechend enthält die Bibel nur die Familiengeschichte der weißen Rasse. Aus den 10 verlorenen Stämmen Israels wurden irgendwann die »guten« vom biblischen Abel abstammenden christlichen Völker, die im Gegensatz zu den beiden »bösen« von Kain abstammenden »jüdischen« Völkern standen. Erstere wurden in frühester Zeit ihrer Identität beraubt und in den Kaukasus vertrieben, von wo aus sie schließlich als »Arier« nach Europa und schließlich als Protestanten christlichen Glaubens in die USA und nach Kanada gelangten. In weiten Teilen des *Christian Identity Movements* wähnt man sich angesichts von allgemeinem Liberalismus, von Rassengleichheit, »Homo-Ehe« und jüdischer Weltherrschaft unter dem »Deckmantel« der Vereinten Nationen in der prophezeiten Endzeit angelangt, und einige Gruppen der Bewegung befürworten recht offen eine aktive und gewaltsame Teilnahme an der unvermeidlichen Endzeitschlacht.

Die evangelikale Szene in Deutschland: Freikirchen und Evangelische Allianz

Auch in Deutschland gibt es christliche Fundamentalisten innerhalb der seit den 1970er Jahren sich verstärkt konstituierenden evangelikalen Bewegung. Eine Christliche Rechte nach amerikanischem Vorbild spielt hier allerdings keine eigenständige Rolle. Auch lässt sich innerhalb der evangelikalen Bewegung in Deutschland, die sich selbst etwa 1,3 Millionen Anhänger, davon etwa ein Viertel mit (zumeist osteuropäischem) Migrationshintergrund, zuschreibt, nur schwer zwischen gemäßigten und strengen Evangelikalen unterscheiden. Man darf aber annehmen, dass Letztere klar in der Minderheit sind. Die meisten Evangelikalen haben sich hierzulande der Deutschen Evangelischen Allianz angeschlossen, die in über 1000 örtlichen Allianzkreisen organisiert ist und an einem riesigen evangelikalen Netzwerk mit weit über 400 Institutionen und Werken strickt.

Eine besondere Rolle innerhalb der Allianz, bzw. des deutschen evangelikalen Spektrums überhaupt, fällt dem Evangelischen Gnadauer Verband zu, der überwiegend innerhalb der Landeskirchen operiert und die dortigen bibeltreuen Kräfte dazu anregt, evangelikal orientierte Zellen und Arbeitskreise zu gründen. Der Verband, der schon Ende des 19. Jh. aus den Kreisen der pietistischen Gemeinschaftsbewegungen und Einflüssen aus der amerikanischen Heiligungsbewegung hervorging und sich zunächst Deutscher Evangelischer Verband für Gemeinschaftspflege und Evangelisation nannte, ist das traditions- und erfolgreichste evangelikale Sammelbecken in Deutschland, das insgesamt etwa 300.000 Evangelikale in seinen zahlreichen Gemeinschaften vereint. Neben den Pfingstlern und Charismatikern – die etwa zur Hälfte (natürlich ohne die katholischen Charismatiker), also mit ca. 140.000 Mitgliedern, auch zur Evangelischen Allianz gehören – und jenen schwer abzählbaren Evangelikalen innerhalb der Landeskirchen, die nicht vom Gnadauer Verband erfasst werden (Schätzungen reichen von 200.000 bis 500.000), arbeiten noch etwa 200.000 Mitglieder aus Freikirchen in der Evangelischen Allianz.

Die bedeutendsten Freikirchen in Deutschland sind unter dem Namen Vereinigung Evangelischer Freikirchen lose miteinander verbunden. Dazu gehören die knapp 65.000 Methodisten in 600 Gemeinden sowie die seit 1886 in Deutschland vertretene, aus britischen Methodisten hervorgegangen Heilsarmee mit etwa 2000 Mitgliedern und die amerikanisch-methodistisch geprägte Kirche des Nazareners mit etwa 1300 Mitgliedern. Dann sind die Baptisten zu nennen, die sich seit 1942 zusammen mit einem kleineren Teil der (südenglischen) Brüderbewegung und der vormals pfingstlerischen Elim-Bewegung zum Bund evangelisch-freikirchlicher Gemeinden zusammengeschlossen haben und insgesamt 85.000 Mitglieder in über 800 Gemeinden zählen. Zumeist außerhalb jeglicher Allianzen, aber der Vollständigkeit halber im Zusammenhang mit den Baptisten genannt, gibt es die Freien Baptisten Gemeinden. In diesen ebenfalls sehr mitgliederreichen Gemeinden (die Schätzungen bewegen sich zwischen 75.000 und 100.000 Anhängern) versammeln sich vorwiegend die osteuropäischen, besonders die »volksdeutschen« Einwanderer, die sich sehr stark sowohl von der Gesellschaft wie auch von den sonstigen Christengemeinden absondern. Hinzu kommt der Bund Freier evangelischer Gemeinden mit ca. 420 Gemeinden und 37.000 Mitgliedern, die überwiegend in die täuferisch-pietistische Traditionen gehören. Weitere Freikirchen sind pfingstlerisch wie die Kirchen im schon genannten Bund freikirchlicher Pfingstgemeinschaften, die insgesamt ca. 3000 Mitglieder zählenden Kirchen im Mühlheimer Verband sowie die Gemeinde Gottes in Deutschland, die ein Ableger der amerikanischen Church of God ist, die ihre Mitglieder nicht zählt, sondern auf ihre geschätzt 2500 Gottesdienstbesucher hinweist. Schließlich gehören noch die etwa 6000 in der Arbeitsgemeinschaft Mennonitischer Gemeinden in Deutschland organisierten täuferischen Mennoniten zur Vereinigung; wobei es sich hier, ähnlich wie bei den Baptisten, nur um einen Bruchteil der etwa 40.000 Mennoniten in Deutschland handelt; auch hier übersteigt die Zahl der osteuropäischen Mennoniten die Zahl der deutschen. Innerhalb der ca. 350 mennonitischen und baptistischen Auswanderergemeinden in Deutschland dürfte der christliche Fundamentalismus übrigens vergleichsweise weit verbreitet sein, aber diese stark ethnisch geprägten Gemeinden verweigern sich eher prinzipiell jeder Form von gesellschaftlicher Teilhabe.

Als »Gäste« gehören der Vereinigung Evangelischer Freikirchen außerdem an: Die schon im frühen 18. Jh. in Böhmen gegründeten Herrnhuter Brüdergemeinen (auch: Evangelische Brüder-Unität) mit ca. 6000 Mitgliedern; das Freikirchliche Evangelische Gemeindewerk – der deutsche Ableger der US-amerikanischen Foursquare Gospel – mit 30 Gemeinden und etwa 1100 getauften Mitgliedern; der aus dem amerikanischen Kontext der Erweckungs- und Heiligungsbewegung hervorgegangene Freikirchliche Bund der Gemeinde Gottes mit ca. 30 Gemeinden – auch er ohne offizielle Mitgliedschaftszählung und im Verweis auf 2500 Gottesdienstbesucher; die erst in den späten 1980er Jahren begründete charismatische Anskar-Kirche, mit nur 5 Gemeinden und einigen Hundert Anhängern; und zuletzt ist auch die schon ausführlicher beschriebene Deutsche Gemeinschaft der Siebenten-Tags-Adventisten mit ihren ca. 570 Gemeinden unter den Gästen aufgeführt.

Außerhalb der Vereinigung Evangelischer Freikirchen, denen insgesamt in den Gemeinden der ihr angeschlossenen Freikirchen ca. 250.000 Menschen angehören, gibt es auch noch im Wortsinne »freie« Kirchen bzw. Gemeinden oder Gemeinschaften, die sich nie einer freikirchlichen Dachorganisation angeschlossen haben. Die Zahl der sich in diesen Zusammenhängen bewegenden Christen, die seit den 1970er Jahren stetig wächst, dürfte mittlerweile der der freikirchlich organisierten entsprechen. Unter ihnen sind zahllose kleine Hauskreise, Bibel- und Bet-Gemeinschaften, aber auch die oben genannten großen baptistischen und mennonitischen Aussiedlerkirchen sowie die nicht minder großen pfingstlerischen und charismatischen Gemeinschaften, wie beispielsweise die Gemeinde der Christen Ecclesias, die immerhin auch ca. 4000 Anhänger hat. Vor allem die jüngeren, zuweilen auch schon »neocharismatisch« genannten Bewegungen kokettieren oft mit dem internationalen Flair eines großen weltweiten Missionswerkes, teilweise mit überkonfessioneller Ausrichtung, und viele zielen direkt auf junge Menschen ab, wie beispielsweise Jugend mit einer Mission (Youth with a Mission) oder die International Christian Fellowship. Obwohl es also unter den »freien« Gemeinschaften auch vereinzelt liberalere Gemeinschaften gibt, sind die meisten der Sache nach in den evangelikalen Kontext einzuordnen – auch wenn sich ihre Mitglieder einer formellen Eingliederung verweigern.

Ein gutes Beispiel des gemeinten Typs freier evangelikal-charismatischer Gemeinschaften mit dem »jugendlichen« Touch ist die Association of Vineyard Churches, zumeist angesichts ihres weiten Betätigungsfeldes Vineyard-Bewegung genannt. Die Ursprünge dieser »Weinberg-Bewegung« liegen in den freikirchlich-evangelikalen Calvary Chapels, die um die Mitte der 1960er Jahre zunächst in Südkalifornien gegründet wurden. Ein besonderes Augenmerk richteten die Evangelikalen der Chapels auf gesellschaftliche Randgruppen und die Hippiebewegung. Und dort waren sie durchaus erfolgreich, weil sie mit einigen pfingstlerischen Elementen aufwarten konnten und auch ein paar bekanntere Musiker in ihren Reihen hatten. Die Calvary Chapels – gegenwärtig mit weltweit ca. 1000 Gemeinden, davon 17 in Deutschland, präsent – sind aber trotz ihrer emotionalen Tendenzen in erster Linie schrift- und wortorientierte Evangelikale geblieben, die in Deutschland zur Evangelischen Allianz gehören. Innerhalb dieser Kirchen entwickelte sich Ende der 1970er Jahre eine starke charismatische Strömung, die sich den pfingstlichen Gnadengaben – Zungenrede, Prophetie, Wunder, Geistheilung – zuwendete. Daraus entstand Mitte/Ende der 1970er Jahre die Vineyard-Bewegung, die sowohl selbstständig als auch innerhalb bestehender Kirchengemeinden aktiv ist.

Abgesehen von den typischen charismatischen Eigenschaften, steht der Name Vineyard einerseits für Glaubens- bzw. Geistheilungen sowie andererseits für Missionstätigkeiten in gesellschaftlichen Außenseitermilieus. So möchte beispielsweise die deutsche Imanuel Weinberg Gemeinschaft ein »Randgruppenzentrum für alle Bereiche« sein, namentlich »Drogen, Alkohol, Rocker, Punker, Gangs, Strichmilieu [sic!], Penner, Asoziale, Satanisten«. Abseits dieser klischeehaften Intentionen ist die Vineyard-Bewegung, die sich selbst gerne als *Third Wave,* als dritte und ganz neue charismatische Welle nach Pfingstlern und Charismatikern sieht, ein Prototyp der jungen, zeitgenössischen und sehr amerikanisch geprägten Evangelisierungsbewegung. So steht Vineyard unübersehbar für eine professionelle Vermarktung ihres Konzeptes, das vom eigenen Musiklabel und einer Verlagslinie für Bücher, über PowerPoint-gestützte Predigtmaterialien und Trainingsseminare für das *Vineyard-Empowerment* über Heilungsräume bis hin zu Wellnessangeboten reicht. Nach eigenen Angaben ist die Vineyard-Bewegung in über 1500 Gemeinden, weltweit mit insgesamt über 100.000 Anhängern präsent. In Deutschland gibt es etwa 40 Weinberg-Gemeinden, wovon etwa ein Viertel Gemeinschaften innerhalb von bestehenden Konfessionen sind.

Aus dieser grobmaschigen Bestandsaufnahme kann man zunächst ableiten, dass die Evangelikalen insgesamt auch in Deutschland eine durchaus relevante Strömung innerhalb des ansonsten recht liberalen deutschen Protestantismus/Lutheranismus ist. Auch wenn die Fundamentalisten darunter in der Minderheit sein mögen, so sollte man nicht vergessen, dass auch die gemäßigten Evangelikalen eindeutig zu den radikalen Christen gehören und sie insofern vielen liberalen Werten ablehnend gegenüberstehen. Auch sollte man den gesellschaftlichen Einfluss der Evangelikalen nicht unterschätzen, da sie den durchschnittlichen Lutheranern in punkto gesellschaftliches Engagement um ein Vielfaches überlegen sind. Sie sind es, die regelmäßig die Kirchen und die Gottesdienste besuchen, die sich den sozial Benachteiligten konkret und unbürokratisch zuwenden; sie sind es, die sich als soziale Wertegemeinschaft verstehen, untereinander vernetzen und die zahllose Hilfs- und Missionswerke gründen. Und sie sind es auch, die den Jugendlichen und Kindern mit spektakulären Events und Missionsreisen, mit Rockkonzerten und internationalen Sommercamps weit mehr bieten als die traditionellen Bastelkurse, die in den örtlichen Kirchengemeinden lutherischer Prägung feilgeboten werden. Zudem fordert besonders die Evangelische Allianz ihre Mitglieder ausdrücklich zur aktiven Gesellschaftsgestaltung, also zum Engagement in Politik und Parteien, in Wirtschaft, Behörden, Vereinen und Verbänden auf – also zu einem Engagement, das man mit Blick auf die Sektenklischees eine Anweisung zur »Unterwanderung der Gesellschaft« nennen könnte.

Jenseits des Mainstreams: Urchristlich-kommunistische Zellenbildung

Alles bisher Erwähnte gehört zum Mainstream des radikalen Christentums und die exemplarisch geschilderten Religionsfamilien und Gruppen sind eher groß. Insofern gleicht das Bisherige dem Blick eines typischen Safari-Touristen, der bei seiner Tour die Zebraherden, die Elefanten und die Löwen gezeigt bekommt, aber wohl nur selten auf die unzähligen kleinen Käfer am Wegesrand hingewiesen wird. Dieses Problem ist auch hier anhängig, weil der entsprechende Platz für die vielen kleinen und Kleinstgrüppchen nicht vorhanden ist. Es bleibt also nichts anderes übrig, als zumindest noch einige wenige exemplarisch zu erwähnen, um die Tatsache ihrer Existenz nicht unerwähnt zu lassen.

Auf einem großen ländlichen Gutshof im bayerisch-schwäbischen Grenzgebiet lebt eine kleine Kommune von etwa 50 bis 100 Personen. Ihre Bewohner sind ein wenig altmodisch gekleidet – sie selbst nennen es einfach und praktisch – und überhaupt sieht von außen alles so aus, wie man sich eine alternative Öko-Kommune vorstellt. Die Gemeinschaft betreibt Landwirtschaft, Gartenbau und etwas Milchwirtschaft; sie ist sogar ein nach den Richtlinien der Europäischen Gemeinschaft eingetragener Bio-Hof. Das Besondere an dieser Gemeinschaft ist, dass sie zur Messianischen Gemeinschaft der Zwölf Stämme (Israels) gehört, die weltweit nach eigenen Angaben gut 2000 Mitglieder in knapp 100 solcher Kommunen hat. Ihre Geschichte führt zurück in die USA der frühen 1970er Jahre, wo sie irgendwo zwischen Hippiebewegung und den Jesus People entstehen. Sie sind bibeltreue Anhänger »Jahschuhas« (lautsprachliche Schreibweise des hebräischen Namens für Jesus), die versuchen, ein vermeintlich urchristlich-kommunistisches Leben zu realisieren, indem sie die äußere Welt weitgehend »meiden«. Letzteres bezieht sich vor allem auf die Kinder, deren »Reinheit« sie bewahren wollen.

In den USA sind sie vor allem wegen einiger Sorgerechtsfälle in die Schlagzeilen geraten, wobei, wie oft in solchen Fällen, sehr medienwirksam die übliche schmutzige Wäsche gewaschen wurde, die von Vorwürfen über regelmäßige körperliche religiöse

Züchtigungsmaßnahmen und Kinderarbeit bis zum sexuellen Missbrauch reichte. Während eine »liebevolle« Disziplinierung der Kinder mit dünnen Holzruten von den Anhängern der Zwölf Stämme nie bestritten wurde, haben sich die anderen Vorwürfe letztlich als haltlos herausgestellt. In Deutschland erhielten sie kurzfristig mediale Aufmerksamkeit wegen ihrer konsequenten Weigerung, ihre Kinder in öffentliche Schulen zu schicken. 2004 wurden einige Väter aus der Gemeinschaft deswegen medienwirksam in Beugehaft genommen und die Kinder mehr oder weniger gewaltsam in öffentliche Schulen verfrachtet. Seit 2006 allerdings toleriert der bayerische Staat die gemeinschaftseigene Schule unter Auflagen – vielleicht weil Evolutionslehre und Sexualkunde auch im katholischen Bayern im Grunde als entbehrlich angesehen werden.

Auch die täuferisch-hutterische Bruderhof-Gemeinschaft, die 1920 im hessischen Sannerz (Main-Kinzig-Kreis) im weiteren Umfeld der Deutschen Jugendbewegung begründet wird, ist eine urchristliche »kommunistische Zelle«, die entsprechend gemeinschaftlich ohne Privateigentum lebt. Unter verschiedenen Namen und nach einer längeren Vertreibungsgeschichte, die die vor den Nationalsozialisten fliehende pazifistische Gemeinschaft über Liechtenstein nach England und dann über Paraguay in die USA führte, ist die Bewegung seit 2002 wieder mit zwei Kommunen mit insgesamt etwa 50 Mitgliedern nach Deutschland zurückgekehrt. Ihre deutsche Identität hat sie freilich mittlerweile verloren. Seit Neustem unter dem Namen Church Community International aktiv, liegt das Herz der weltweit etwa 2500 Anhänger umfassenden Bewegung seit Mitte der 1950er Jahre in den USA, wo die zentral geleitete Gemeinschaft sich einen Namen mit der Herstellung von Kinderspielzeug und Schulmöbeln gemacht hat. Ebenso wie bei den Zwölf Stämmen schwankt auch bei der Bruderhof-Gemeinschaft die öffentliche Wahrnehmung zwischen romantischer Idealisierung des Gemeinschaftsgedankens und donnernder Verurteilung als doktrinär-verschlossener »Sekte«. Im Abschnitt über die Sektenklischees in Kapitel 12 werden wir diese Problematik eingehender behandeln.

Noch recht jung ist die Bewegung Organische Christus Generation, gegründet von einem Schweizer namens Ivo Sasek (geb. 1956), der sich selbst als konfessionslos betrachtet, faktisch aber auch als evangelikaler Charismatiker durchgehen kann. Die Bewegung, der sich grob geschätzt vielleicht 1500 Menschen zugehörig fühlen, ist recht vielschichtig. Schon 1984 hatte Sasek in der Schweiz eine Rehabilitationseinrichtung für Drogensüchtige gegründet, die sich im Laufe der Zeit zu einer allgemeinen Lebensschule und dann zu einem kleinen Organisations- und Vertriebszentrum für die Sache der Organischen Christus Generation entwickelte.

Sasek, der zusammen mit seiner Frau und mittlerweile 11 Kindern stets Eigenwerbung als christliche Vorzeigefamilie im Sinne der von ihm geführten Bewegung betreibt, ist im Selbstverständnis eines Apostels und Dieners Gottes unterwegs. Seinen Auftrag sieht er in der Wiederherstellung des ursprünglichen, von Gotteserkenntnis, -hingabe und -unterwerfung gekennzeichneten »organischen« Christentums bzw. einer geistlichen »Gesamtordnung«. Da das Gottesreich als Ausgang und Ziel des Menschen ein geistiges Reich ist, ist die »Überwindung des Fleisches« von zentraler Bedeutung.

Hilfestellung auf diesem Weg bietet dabei Sasek höchstpersönlich, der die geläuterten Menschen, besonders Familien, wieder in die Gesamtordnung »einpflanzt« und ihre Fortschritte »bemisst«. Dies ist der Gottes-Dienst, den Sasek auch durch Predigten, Schriften, selbst produzierte Musik und seit Anfang der 2000er Jahre auch durch Bühnen- und Filmproduktionen (zumeist mit seiner Familie und anderen Anhängern als Hauptdarstellern) zu realisieren gedenkt. Bemerkenswert ist dabei, dass Sasek seine Dienste und zahlreichen Produkte weitgehend gratis anbietet. Für unliebsame Publicity sorgte allerdings das Erziehungsprogramm Saseks, das körperliche Disziplinierungen von Kindern gutheißt, woraufhin Sasek unter dem Verdacht der Kindesmisshandlung kurzerhand verhaftet wurde und seine Kinder (erfolglos) auf körperliche Misshandlungen untersucht wurden. Seither sieht sich Sasek in der Rolle des von Kirchen und Behörden permanent Verfolgten, was ihn erst recht in seiner Mission bestärkt. Anfang 2009 initiierte Sasak eine Anti-Zensur-Koalition und wurde verantwortlicher Redakteur einer *Anti-Zensur-Zeitung* im Internet, die sich mittlerweile zu einem Verbreitungsorgan internationaler Verschwörungstheorien entwickelt hat.

Was die Kirche nicht verbieten kann, das segnet sie

(Kurt Tucholsky)

4 Im Diesseits der Kirche: Katholische Sondergemeinschaften

Während der Protestantismus in Ermangelung einer gemeinsamen Struktur bzw. einer verbindlichen Herrschaftsinstanz sichtbar zur Zersplitterung in viele protestantische Strömungen, Kirchen und allerlei verschiedene Gemeinschaften neigt, stellt sich dies im Katholizismus und der »alleinseligmachenden« Kirche ganz anders dar. Aufgrund des unverbrüchlichen Einheitsverständnisses der – dennoch aus 23 Teilkirchen mit unterschiedlichen Riten bestehenden – römisch-katholischen Kirche, dessen zentraler Ausdruck das gemeinsame Papsttum ist, gehört eine religiöse Gemeinschaft entweder dazu oder eben nicht.

Diese grundsätzliche Entscheidung ist für viele erlösungswillige katholische Menschen durchaus problematisch, da schon seit der ersten Hälfte des 3. Jh. für die einfachen Gläubigen gilt: »Außerhalb der Kirche wird niemand gerettet« (Origenes, ca. 185–253) bzw. »außerhalb der Kirche gibt es kein Heil« (Cyprian von Karthago, ca. 200–258). Innerhalb der Kirchenführung bzw. unter Theologen war man sich indes stets bewusst, dass die Wege des Herrn vielleicht nicht gänzlich unergründlich, aber doch nicht so einfach zu verstehen waren, weshalb die katholische Kirche immer eine integrative Religion war. Meint: Trotz aller geschichtlichen Kämpfe gegen Häresien und Sekten bietet die katholische Kirche breiten Raum für außergewöhnliche Glaubens- und Gemeinschaftsformen. Vieles nämlich, woran in der Gegenwart bei allen in der Öffentlichkeit unter Sektenverdacht stehenden Gemeinschaften heftig Anstoß genommen wird, ist innerhalb der katholischen Kirche durchaus normal: Himmlische Zeichen, Mysterien und Wunder, Spontan- und Geistheilungen, Teufelsbesessenheit und Höllenvisionen, Engel- und Marienerscheinungen, Prophezeiungen und Wahrsagerei – all das und noch einiges mehr gehört zum legitimen Glaubensinventar der katholischen Kirche und wird entsprechend repräsentiert. Solche Aspekte werden vor dem Hintergrund einer enorm großen und komplizierten Kirchenbürokratie, die nicht nur aus den klassischen Bistümern bzw. Diözesen (weltweit gut 2100) besteht, sondern auch aus speziellen Einrichtungen wie Prälaturen, Exarchaten, Ordinaten, Präfekturen, Vikariaten, Administraturen usw., freilich kaum wahrgenommen.

Daneben gab und gibt es seit jeher katholische Gemeinschaftsformen, die zwar auch auf die ein oder andere Weise in die kirchlichen Rechtsstrukturen eingebettet sind, aber keine formal-kirchlichen Verwaltungseinheiten im engeren Sinne, sondern eher spirituelle geistliche Gemeinschaften sind. Zu diesen Sondergemeinschaften gehören zunächst einige Hundert Ordensgemeinschaften (vorwiegend klösterlich lebende Mönche, Nonnen und Regularkanoniker) und Kongregationen (historisch jüngere Ordensgemeinschaften, Priestervereinigungen u. ä., deren Mitglieder nur teilweise klösterlich leben) sowie über 200 Säkularinstitute (ordensähnliche Gemeinschaften, deren Mitglieder zwar keusch, arm und gehorsam, aber nicht klösterlich leben) – sie alle gelten im kirchlichen Sprachgebrauch als »Institute geweihten Lebens«. Vor allem die größeren Ordensgemeinschaften haben ganze Ordensfamilien ausgebildet, die wiederum aus »ersten Orden« (Männerorden), »zweiten Orden« (Frauenorden) und »dritten Orden« (vor allem Laienorden bzw. klosterähnliche Gemeinschaften mit abweichenden Regeln sowie gänzlich außerhalb von Klöstern lebende geistliche Gemeinschaften) bestehen. Letztere sind von den Säkularinstituten kaum zu unterscheiden. Dazu kommen gut 120 mehr oder weniger »neue« geistliche, mehrheitlich von Laien getragene katholische Bewegungen mit ganz unterschiedlich spirituellem, oft sehr charismatischem Charakter. Ihre Anhängerzahlen gehen weit in die Millionen, wobei eine Differenzierung zwischen Mitgliedern, Anhängern, Sympathisanten und Freunden nur selten möglich ist – eine Tatsache, die viele Bewegungen nutzen. So behauptet beispielsweise das nicht sonderlich prominente Fatima-Weltapostolat, weltweit 22 Millionen »Beter« zu haben – was man sich darunter vorstellen soll, bleibt freilich offen – das Gästebuch der deutschen Homepage des Weltapostolats hat jedenfalls ganze 15 Einträge in den Jahren 2010/2011 aufzuweisen.

Spirituelle Profis: Die Stände der christlichen Vollkommenheit

Wenn wir die zentralen heutigen Klischees über das, was »Sekten« und deren Anhänger angeblich auszeichnet, aufzählen, dann sind das: ein weltabgewandter religiöser Eifer, eine weltfremde Ideologie, ständige Indoktrinierung der Glaubenssätze, ein isoliertes Leben im engeren Personenkreis der Sekte, einschließlich des Kontaktabbruchs zur eigenen Familie, eine totale Kontrolle der Mitglieder und strengste Disziplin. Aus religionssoziologischer Sicht ist man damit aber weniger bei Osho oder bei Scientology, sondern zunächst bei den in früheren Zeiten so genannten »Ständen der christlichen Vollkommenheit«, also den Orden und ordensähnlichen Gemeinschaften der katholischen Kirche, angekommen. Über diese schrieb schon der Reformator Philip Melanchton (1497–1560):

> »So sind auch viele Personen aus Unwissenheit zu solchem Klosterleben gekommen, welche, wiewohl sie sonst nicht zu jung gewesen, haben doch ihr Vermögen nicht genugsam ermessen und verstanden. Dieselben alle, also verstrickt und verwickelt, sind gezwungen und gedrungen, in solchen Banden zu bleiben, ungeachtet dessen, dass auch [das] päpstliche Recht ihrer viele freigibt.«

In grober Unterteilung – und nur um die Begriffe noch einmal systematisch einzuführen – unterscheidet man die Stände der Vollkommenheit nach zwei Verpflichtungstypen: Jene Stände, in denen ein Gelübde abgelegt wird, und jene, in denen lediglich ein Versprechen abgegeben wird. Obwohl sich das in der Praxis kaum unterscheidet, begründet Ersteres kirchenrechtlich eine »Form des gottgeweihten Lebens«, Letzteres eine »Gesellschaft des apostolischen Lebens«. Im Grunde sind Gesellschaften des apostolischen Lebens also ordensähnliche Gemeinschaften. Soweit das gottgeweihte Leben unabhängig von einer Gemeinschaft betrieben wird, handelt es sich dabei um *Eremiten* (Männer) oder *Jungfrauen*, beides im Sinne eines kirchenrechtlich anerkannten Status. Als soziale Unternehmungen auf der gleichen Stufe stehen die »echten« Ordensgemeinschaften, in denen man ein öffentliches Gelübde ablegt, und die *Säkularinstitute*, in denen man ein privates Gelübde ablegt. Bei den Ordensgemeinschaften unterscheidet man wiederum zwischen Orden, bei denen man ein feierliches Gelübde ablegt und *Kongregationen*, bei denen man ein einfaches Gelübde ablegt. Faktisch entspricht die Trennung zwischen Orden und Kongregationen jener zwischen (sehr) alten und neueren Ordensgemeinschaften. Und zuletzt kann man auch die Orden noch unterteilen in Mönchsorden und Bettelorden sowie in Regularkanoniker und Regularkleriker. Alles klar? Okay, man muss sich das nicht unbedingt merken, denn das alles sind, wie gesagt, kirchenrechtliche Unterscheidungen innerhalb der Stände christlicher Vollkommenheit, wobei der Terminus in der Gegenwart kaum noch verwendet wird.

Heilige Regeln: Das Klosterwesen

Bei ernsthafter Betrachtung stellen viele Religionen an ihre Gläubigen sehr hohe ethische und lebenspraktische Anforderungen; Anforderungen, die der »normale« Mensch, der religiöse Amateur, im Alltagsleben gar nicht erfüllen kann. Nur in einem Kloster als »verschlossenem Ort« (lateinisch: *claustrum*) kann der religiöse Virtuose ein entsprechend heiliges, von den unheiligen Dingen des Alltags abgetrenntes, Leben führen. Als Ursprung des christlichen Klosterlebens gilt folglich das Eremitendasein der sogenannten *Wüstenväter*, die schon am Ende des 3. Jh. in den ägyptischen Wüsten das mönchische Ideal des welt- und gesellschaftsfernen Lebens praktizierten – wenn auch nicht immer ganz freiwillig. Das spätere Kloster, in dem das entsagungsreiche Leben dann immerhin gemeinsam praktiziert wird, ist sozusagen die Lightvariante des Eremitentums.

Kern jeglichen Klosterlebens ist die »regulierte«, also die von einer strengen Regel geleitete Hingabe an den Glauben. Die Regel eines Klosters bezieht sich mithin weniger auf das soziale Miteinander der Mönche oder der Nonnen, sondern eher auf die Art und Weise des richtigen, geweihten und heiligen Lebens, also adäquater Formen des Gotteslobes, der Gottesverehrung und des Gottesdienstes. In unterschiedlichen Gewichtungen der Regelelemente und in variierenden Anpassungsgraden an die Außenwelt und die jeweiligen historischen Umstände hat sich der Kern des mönchischen Selbstverständnisses nicht verändert. Er wird wesentlich ausgedrückt durch die Befolgung der sogenannten *Evangelischen Räte*, also der Ratschläge, die Jesus den besonders Berufenen unter seinen Anhängern gab: Keuschheit, Armut und Gehorsam. Die Evangelischen Räte sind gemeinhin auch jene Gelübde und Versprechen, die alle Angehörigen der oben genannten Stände ablegen.

Die ersten christlichen Klöster entstehen etwa im 4. Jh. und in ihnen findet sich jene asketisch orientierte religiöse Elite zusammen, die ihr Leben ganz dem Glauben widmen will – bis ins 9./10. Jh. sind dies fast ausschließlich Laien, erst danach setzt sich mit zunehmenden Priesterweihen eine professionellere Struktur durch. Neben den Idealen des Eremitendaseins sind es zunächst die Lebensvorbilder von Augustinus von Hippo (wem sonst) und Basileios dem Großen (329–378), an denen sich die frühen Klostergemeinschaften orientieren; Augustinus' Regel prägt das frühe westliche Klosterwesen, Basileios' Regel wird grundlegend für die orthodoxen Klöster.

Eine der bis heute bekanntesten Gemeinschaften sind die *Benediktiner,* die seit der Klostergründung des Heiligen Benedikts (Benedikt von Nursia, 480–547) im Jahre 529 bestehen. Ihre Regel, die *Regula Benedicti,* weicht nicht sonderlich von anderen, früheren oder späteren Klosterregeln ab, gilt aber als berühmteste Regel und wurde ab dem 6. Jh. zum Vorbild für die meisten Klosterregeln, bis im 12./13. Jh. die Renaissance einer nun kanonisierten Augustinischen Regel einsetzte. 910 wird das sagenumwobene Benediktinerkloster von Cluny beurkundet, das als erstes Kloster unabhängig von lokaler bischöflicher und weltlicher Einflussnahme wird und nur noch dem Papst unterstellt ist. Man kann darin die Gründung des Benediktiner-Ordens sehen, obwohl die Benediktiner bis heute keine Ordenszentrale haben und sich eher als lose über ihre Regel verbundene Einzelgemeinschaften verstehen. Cluny jedenfalls wird im Mittelalter zu einem Zentrum der benediktinischen und damit der klösterlichen Welt überhaupt. Schon um Mitte des 11. Jh. gehören über 1000 Klöster und geschätzte 20.000 Mönche und Nonnen zur benediktinischen Klosterfamilie von Cluny. Seine größte Ausbreitung hat der Orden im 14. Jh., als er geschätzte 37.000 Mitglieder hat.

Nun verfielen die Benediktiner im Laufe der Jahrhunderte immer mal wieder den weltlichen Verlockungen, besonders dem materiellen Reichtum. So entstehen bereits Ende des 11. Jh. fundamentalistische Reformbewegungen, die entweder den Purismus der *Regula Benedicti* wiederbeleben oder sich nun mehr an der Augustinischen Regel orientieren wollen. Ab 1098 formieren sich aus einigen ehemaligen Benediktinern die *Zisterzienser,* die im 12. Jh. die erste zentral geleitete mönchische Ordensgemeinschaft bilden. Die Zisterzienser strebten eine bewusst zweckfreie Existenz an, betonten aber (wieder) die eigene Arbeit, was in der Praxis dazu führte, dass der Orden aus zwei unterschiedlichen Mönch-Sorten gebildet wurde: Sogenannte Chormönche, echte religiöse Profis, die sich überwiegend den im engeren Sinne geistlichen Aufgaben widmeten, und Laienbrüder, die sich eher den körperlichen Arbeiten im klösterlichen Betrieb verpflichteten. In seiner Hochzeit zu Beginn des 14. Jh. gab es gut 700 Zisterzienser-Klöster in ganz Europa, heute leben in Deutschland noch knapp 2500 Zisterzienser (Mönche und Nonnen) in 17 Klöstern. Im 17. Jh. spaltete sich mit den *Trappisten* (auch: Zisterzienser der Strengeren Observanz) eine streng asketische Richtung von den Zisterziensern ab. Zusammen mit den heute fast ausgestorbenen *Kartäusern* sind die Benediktiner, Zisterzienser und Trappisten Beispiele für die »echten« klostergebundenen Mönchsorden.

Ab dem späten 11. Jh. werden die meisten Klöster von bestimmten religiösen Ordensgemeinschaften gegründet, wobei der Begriff »Orden« lediglich den Sachverhalt beschreibt, dass seine Mitglieder einer bestimmten Ordnung (lateinisch: *ordo*) folgen, was im klösterlichen Zusammenhang die Regel meint. Eine religiöse Ordensgemeinschaft ist also eine Gemeinschaft, die bestimmte Formen des religiösen Lebens, der religiösen Praxis und der Gottesverehrung für sich als verbindlich anerkennt und konsequent danach lebt. Das ist, wie gesagt, kein leichtes Unterfangen und kann eben am besten an einem abgeschiedenen Ort und im Kreise von Gleichgesinnten praktiziert werden, obwohl Ordensanhänger nicht zwingend klösterlich lebende Mönche oder Nonnen sein müssen. Zuweilen werden als Beispiel hier die Bettelorden, die Regularkleriker und die Regularkanoniker genannt, aber die besten Beispiele nicht mönchisch lebender Ordensgemeinschaften sind die christlichen Ritterorden, die sich im Zusammenhang mit den Kreuzzügen bilden. Der erste und berühmteste unter ihnen, der um 1118 gegründete Templerorden – dem wir im Kapitel über die Ordensesoterik (Kapitel 6) einen ganzen Abschnitt widmen – ist das Vorbild für viele andere historische Ordensgemeinschaften, in denen sich weltliche (militärische) und geistliche (christliche) Militanz verbinden.

Manche Orden, wie der heutige Malteserorden und der Deutsche Orden starten als humanitäre oder geistliche Orden, werden dann aber zu Ritterorden umfunktioniert. Das hat mit eremitischer Weltabgewandtheit natürlich wenig zu tun, weist aber nochmals deutlich auf den im ersten Kapitel beschriebenen militärischen Machtkurs der römisch-katholischen Kirche im Hochmittelalter hin. Da die geistlichen Ritterorden jener Zeit also im engeren Sinne zu den Machtinstrumenten der kirchlichen Weltpolitik gehören und darüber hinaus in der Gegenwart entweder ausgestorben oder aber, bis auf den Malteserorden, in rein geistliche Orden zurückverwandelt wurden, können wir die meisten historischen Ritterorden hier vernachlässigen. Die zahlreichen gegenwärtig existierenden Ritterorden knüpfen entweder an ein literarisch idealisiertes höfisches Ritterideal an – haben also nichts mit Religion zu tun – oder sie sind Neugründungen späterer Jahrhunderte, die sich in romantisch-mystischer Verklärung auf den Spuren der historischen Tempelritter sehen und im weiten Feld von Ordensesoterik und Rosenkreuzertum verschwimmen.

Armut verpflichtet: Die Bettelorden

Zu Beginn des 13. Jh. entstehen mit den sogenannten *Bettelorden* (Franziskaner, Dominikaner, Karmeliter, Augustiner-Eremiten) religiöse Orden eines neuen Typs. Wie die Bezeichnung bereits andeutet, wollten die Bettelmönche nicht nur auf privaten Besitz (wie die Benediktiner und Zisterzienser), sondern auch so weit wie möglich auf Gemeinschaftsbesitz verzichten, da sie in völliger Armut und im Betteln den wahren apostolischen Weg sahen. Eine weitere Besonderheit der Bettelorden ist ihre »Mobilität«, die im Gegensatz zum benediktinischen Grundsatz der Beständigkeit steht. Die ersten Bettelmönche lebten nur zeitweise in Klöstern oder Hausgemeinschaften; sie waren stark missionarisch ausgerichtet und deswegen oft als Wandermönche unterwegs, um den Glauben zu verbreiten – was von entscheidender Bedeutung für ihre Missionierungserfolge war.

Zwischen etwa 1210 und 1220 gründet sich um die Anhängerschaft des Giovanni Battista Bernardone (ca. 1181–1226), besser bekannt als Francesco d'Assisi oder Heiliger Franziskus, die Gemeinschaft der *Franziskaner.* Der aus einer gutbetuchten Kaufmannsfamilie stammende Franziskus, der späterhin die Ansicht vertrat, ein Leben in völliger Armut sei das Einzige, was es für ein gottgefälliges Leben brauche, wird zum Vorbild des Bettelmönchs schlechthin. Würde man die heutigen Sektenklischees bemühen, so wäre Franziskus, der selbst in wohlmeinenden Quellen als »Sonderling« beschrieben wird, wohl der Prototyp des von »Wahnideen« beherrschten Sektenführers. Das Leben und Wirken des in theologischer Hinsicht völlig ungebildeten Franziskus ist jedenfalls umrankt von Legenden: Er erleidet verschiedene Schicksalsschläge (Gefangenschaft, Krankheit), lebt zeitweilig immer wieder als Eremit, hat wiederholt Visionen, konnte angeblich mit den Tieren sprechen, bewirkte etliche Wunder, und er war der erste historisch überlieferte Fall eines Menschen, dessen Körper Stigmata, also die Wundmale Jesu an Händen und Füßen aufwies. Gleichsam wurden ihm wegen seines missionarischen Glaubenseifers, der ihn u. a. persönlich an einem Kreuzzug teilnehmen ließ, und der Radikalität seiner Armutsmaßstäbe, die er auch an sich selbst anlegte, viele Sympathien im Volk zuteil.

Die Franziskaner wurden zunächst als Buß- und Wanderprediger um 1210 von Papst Innozenz III. anerkannt, die erste Klostergründung findet um 1215 statt, und 1223 wird die endgültige Franziskaner-Regel von Papst Honorius III. anerkannt. Um 1212 hatte Franziskus auch schon die ersten weiblichen Adepten gewonnen: Die *Klarissen,* später so benannt nach Klara von Assisi, der ersten Anhängerin Franziskus', sind zur Mitte des 13. Jh. bereits in über 100 Klostergemeinschaften organisiert. Mit geschätzten 400 Klöstern im späten 14. Jh. sind sie nach den Benediktinern der größte Frauenorden des Mittelalters. Von nicht weniger großer Bedeutung waren in der Frühzeit des Ordens auch schon franziskanische Laienbruderschaften, die auf eine relativ große Volksnähe der Franziskaner hinweisen. Die bekannteste Reformbewegung innerhalb der Franziskaner sind die Anfang des 16. Jh. gegründeten *Kapuziner,* die, wie sollte es anders sein, zurück wollten zur ursprünglichen Regel des Heiligen Franziskus.

Um die gleiche Zeit wie Franziskus ist auch Domingo de Guzman (ca. 1170–1221), später bekannt als der Heilige Dominikus, in Glaubensdingen unterwegs. Im Gegensatz zu Franziskus ist Dominikus ein studierter Theologe, der dem in seinem Namen begründeten Orden ein relatives gelehrtes Gepräge geben wird. Dominikus ist schon früh in kirchlichem Auftrag mit der Bekämpfung von Häresien befasst, was zu seiner Zeit hauptsächlich die Katharer meint. Gleichwohl scheint er von deren asketischer Glaubensstrenge, ihrer Bildung und ihrer organisatorischen Durchschlagskraft so beeindruckt, dass er deren Methoden teilweise für den eigenen Orden übernimmt. Ab etwa 1218 entstehen die ersten offiziellen Dominikaner-Konvente in Italien, vorher waren allerdings schon andere Klöster, darunter 1205 ein erstes Frauenkloster, gegründet worden. Aufgrund ihrer Bildung, die stets zur Programmatik des Ordens gehörte, stellen die *Dominikaner* in der Folgezeit einen beträchtlichen Teil der Kirchenelite, was sich in negativer Hinsicht in ihrer herausragenden Bedeutung für die Inquisition zeigt. Die Dominikaner übernehmen mit ziemlicher Entschiedenheit die wortspielerische Rolle der *domini canes* (Hunde des Herrn) – und sie werden zusammen mit den Franziskanern später auch die bedeutsamsten religiösen Kräfte der sogenannten Heidenmissionierung in Mittel- und Südamerika sein.

Die Dominikaner sind in einem weiteren Verständnis Augustiner, da sie, wie auch der Deutsche und der Malteserorden, der Trinitarier-Orden (ORDEN DER HEILIGSTEN DREIFALTIGKEIT UND VOM LOSKAUF DER GEFANGENEN), der PRÄMONSTRATENSER-ORDEN und viele andere mehr, zunächst nach jenem Kanon frühmittelalterlicher Klosterregeln leben, die Augustinus zugeschrieben werden. Als Augustinermönche im engeren Sinne werden zumeist die *Augustiner-Chorherren* und die *Augustiner-Eremiten* bezeichnet, die aber wenig miteinander zu tun haben. Die Augustiner-Chorherren sind keine Vollzeitmönche, sondern sogenannte Regularkanoniker, zumeist also Kirchenpriester bzw. Priestergemeinschaften, die sich unter einer Ordensregel zusammengeschlossen haben und auch nicht auf den privaten Besitz verzichten. Zu den Bettelorden gehören nur die Augustiner-Eremiten, die sich geschichtlich schwer datieren lassen: Einerseits lassen sich ihre Spuren bis in 5. Jh. zurückverfolgen, andererseits sind sie faktisch erst Anfang des 13. Jh. zu einem entsprechenden Orden mit einer eigenen Regel (1256) vereinigt worden. Ihr prominentester Zögling ist natürlich der große Reformator Martin Luther. 1963 wurde dem Orden päpstlicherseits der sinnlos gewordene Zusatz »Eremiten« entzogen; seither sind sie einfach: Augustiner-Mönche. Nebenbei bemerkt sind ohnehin nur noch sehr wenige Ordensgemeinschaften in der Gegenwart einem rein kontemplativen, weltabgewandten Eremitentum verpflichtet; die bekanntesten unter ihnen sind wohl die Kartäuser, von denen es aber weltweit kaum noch 400 gibt.

Vervollständigt wird das Quartett der historischen Bettelorden von den in der Gegenwart kaum noch bekannten *Karmelitern*. Diese entstehen um die Mitte des 12. Jh. in Palästina bzw. in der nordisraelischen Gebirgsregion des Karmel, wo sie zunächst ohne Ordensregel, zwar in loser Gemeinschaft, aber dennoch in Befolgung eines kontemplativen Eremitentums im Grunde getrennt voneinander leben. Ihre erste Ordensregel wird vom Jerusalemer Patriarchen Alberto Avogadro niedergeschrieben, der selbst aus einem augustinischen Kontext kommt. Mit ihrer Vertreibung aus dem Heiligen Land und einer von Papst Innozenz IV. bzw. dominikanisch revidierten Ordensregel (1247) werden sie 1265 als regulärer Bettelorden anerkannt und schließlich 1326 den Franziskanern und Dominikanern gleichgestellt. Anfang des 14. Jh. gibt es um die 150 Karmeliten-Klöster.

In gewisser Weise befanden sich die mittelalterlichen Klöster an der Schnittstelle zwischen der weltlich-bürokratischen Kirche, dem Adel (ein beträchtlicher Teil der Mönche und fast alle Nonnen stammten seinerzeit aus Adelskreisen) und der christlichen Gemeinde. Klöster bildeten oft nicht nur die religiösen und spirituellen, sondern auch die wirtschaftlichen und kulturellen Zentren in bestimmten Regionen. Im Umfeld der

Klöster entwickelte sich eine ländliche bzw. sogar frühstädtische Infrastruktur und es gab Arbeit für Handwerker und Landarbeiter. Mönche und Nonnen waren angesehene Vorbilder, und das nicht nur, weil sie religiöse Virtuosen waren und damit ihren Platz im Himmel so gut wie sicher hatten. Den Klöstern unterstand zu dieser Zeit fast der gesamte Bereich der medizinischen Versorgung – die klösterliche Heilpflanzenkunde, die sogenannte Klostermedizin, ist bis heute ein eigenständiger Begriff. Klöster betrieben Alten- und Pflegeheime und kümmerten sich um Arme und Bedürftige. Etliche, freilich nicht alle, widmeten sich auch seelsorgerischen Aufgaben.

Die meisten Mönche konnten lesen und schreiben, und sie gründeten mit Blick auf den religiösen Nachwuchs, den sie ja selbst nicht zeugen durften, Erziehungseinrichtungen und Schulen. Vor allem die benediktinischen und zisterziensischen Klöster wuchsen auf diese Weise zu komplexen selbstständigen Versorgungsgemeinschaften an, die allerlei Gewerke, Landwirtschaft und vor allem Gartenbau betrieben. Insofern waren Klöster immer relativ eigenständige religiöse Gebilde innerhalb der Kirche. Auf der anderen Seite waren die Klöster aber auch die Eliteschmieden sowohl für die Kirchenbürokratie als auch, dank der Lese- und Schreibfähigkeiten der Mönche, für die weltliche Bürokratie des höheren Adels. Folglich waren die Orden bzw. viele ihrer Mönche doch erheblich in weltliche Angelegenheiten verstrickt. Überdies gehörten die (abendländischen) Klöster schon seit dem Konzil von Chalkedon (451) offiziell zu den Rechtsangelegenheiten der Römischen Kirche; sie waren also ein Teil der offiziellen Kirchenhierarchie und diese formal enge Bindung an Papst und Kirche wird schließlich mit ursächlich für ihren weitreichenden Niedergang in der Reformationszeit sein.

»Was ein Schlaffer in vielen Jahren nicht erreicht, …«: Die Jesuiten

Im Zuge des allgemeinen Niederganges des abendländischen Klosterwesens während der Reformation, muss man freilich die Ordensgemeinschaft der *Jesuiten* gesondert erwähnen, deren Rolle im Zuge der katholischen Gegenreformation von einigem Gewicht war. Die Societas Jesu (Gesellschaft Jesu), wie sich die Jesuiten offiziell nennen, wird 1534 unter Studenten der Pariser Sorbonne von dem baskischen Adeligen Ignatius von Loyola (ca. 1491–1556) begründet und, nach kurzem Häresieverdacht, 1540 vom Papst anerkannt. Von Loyola stammt das Zitat der Überschrift, das mit den Worten »… pflegt ein Eifriger in kurzer Zeit zu erreichen« fortgeführt wird und die glasharte Linie der Jesuiten andeutet.

Der Jesuitenorden gehört formal, wie auch der weit kleinere Theatiner- und der Kamillianerorden, zu den Regularklerikern – und er ist tatsächlich außergewöhnlich. Obwohl seine Mitglieder sich strengen spirituellen religiösen Übungen, den »ignatischen Exerzitien«, aussetzen und selbstredend auch den Evangelischen Räten folgen, sind sie keine Mönche im engeren Sinne. Jesuiten tragen auch keine Ordenskleidung (obwohl man sie oft in ein schlichtes schwarzes Gewand gehüllt sieht), sie pflegen keinen gemeinsamen Chorgesang und sie sind vergleichsweise wenig an ein Klosterleben gebunden. Obwohl kaum eine Ordensgemeinschaft hierarchischer, disziplinierter und missionarischer ausgerichtet war, so haben die Jesuiten dennoch wenig mit den blutrünstigen, die islamischen »Heiden« massakrierenden historischen Ritterorden gemein – und im Vergleich zu Franziskanern und Dominikanern waren sie auch weit weniger in die kirchliche Inquisition und die zweifelhaften Heidenbekehrungen in Südamerika verstrickt. Obwohl keine andere Ordensgemeinschaft sich je so kompromisslos zu blinder Papsttreue und zum wörtlichen »Kadavergehorsam« gegenüber der Kirche verpflichtete (der Begriff geht tatsächlich auf die jesuitische Kirchentreue zurück; und von Loyola ist der Satz überliefert, dass er bereit sei, »Weißes als Schwarzes« zu sehen, »wenn die hierarchische Kirche es so bestimmt«), so waren sie doch die bei Weitem fortschrittlichste und aufgeklärteste aller katholischen Ordensgemeinschaften. Für keinen anderen katholischen Orden hat die weltliche und humanistische Bildung je eine so überragende Rolle gespielt. Und die Liste bedeutender jesuitischer Natur- und Geisteswissenschaftler ist ebenso lang wie die jener Aufklärer und Philosophen, die aus Jesuitenschulen und jesuitischen Universitäten hervorgingen – selbst Voltaire (1694–1778), der oberste aller Religionsfrevler unter den französischen Aufklärern, war ein Jesuitenschüler.

Die scheinbare Widersprüchlichkeit von radikalem Glaubensgehorsam und intellektueller Eigenständigkeit, von gegenreformatorischer Intention und reformatorischer Wirkung, von kirchlicher Strenge und humanistischem Bildungsideal, von religiösem Glauben und weltlicher Philosophie hat den »klerikalen Eigenbrötlern« schnell die Kritik der moralischen Doppelzüngigkeit, der Verschlagenheit und der Falschheit eingebracht – vor allem innerhalb des etablierten Klerus. Mit dem *Jansenismus,* einer konkurrierenden innerkatholischen Reformbewegung des 17./18. Jh., erwuchs ihnen sogar ein organisierter Feind in den eigenen Reihen. In der Blütezeit der Jesuiten im 18. Jh. schließlich, in der sie in vielen Regionen Europas zur festen Größe im öffentlichen und universitären Bildungssystem und zu beliebten Fürstenerziehern geworden waren, wurden sie nicht zuletzt genau deswegen zur Zielscheibe hochherrschaftlicher Verschwörungstheorien: In Frankreich unterstellte man ihnen zahlreiche Morde sowie geplante Attentate auf den König. In Portugal warf man ihnen vor, die südamerikanischen Indianer zu Aufständen gegen die Kolonialherren aufzustacheln. Das gleiche Verbrechen und darüber hinaus noch die Anstiftung zu innenpolitischen Unruhen warfen ihnen die Spanier vor – zur Erinnerung: Frankreich, Portugal und Spanien waren (und sind bis heute) allesamt strikt katholische Länder. Die Protestanten schließlich sahen in den Jesuiten natürlich stets den Ausgangspunkt gegenreformatorischer katholischer Geheimintrigen. 1773 schließlich, nachdem viele Länder bereits gegen die vermeintliche jesuitische Unterwanderung Maßnahmen ergriffen hatten, sieht sich Papst Clemens IV. (1705–1774) genötigt, das zwar nicht sonderlich geliebte, aber doch beste und erfolgreichste Pferd im katholischen Stall aus der Bahn zu nehmen. Papst Pius VII. (1742–1823) lässt den Orden zwar schon 1814 wieder zu, und dieser wächst auch recht schnell wieder an, aber die grundlegende Skepsis gegenüber den Jesuiten flackerte immer wieder auf. In Deutschland fanden die Jesuiten im liberalen Preußen des 18. Jh. noch Zuflucht, wurden aber während des Kulturkampfes 1872 auf Betreiben der beiden großen Konfessionen verboten. 1917 wurde sie wieder erlaubt, ab den 1930er

Jahren dann aber massiv von den Nationalsozialisten verfolgt. Dennoch: Der Jesuitenorden ist heute mit weltweit knapp 20.000 Mitgliedern die größte katholische Ordensgemeinschaft, vor den mit je ca. 17.000 Angehörigen etwa gleichgroßen Franziskanern und *Salesianern* (eine stark pädagogisch orientierte Ordensgemeinschaft, die erst im 19. Jh. gegründet wurde und folglich eine Kongregation ist).

Obwohl das Ordenswesen sich in Deutschland, ebenso wie in ganz Westeuropa und den USA, im rasanten Niedergang befindet – nur in Asien und Afrika wächst es – gehören im Jahr 2008 noch ca. 945.000 Frauen und Männer weltweit christlichen Ordensgemeinschaften an, wobei der bei Weitem größte Teil auf die Frauen (ca. 750.000) entfällt. Bei den Männern unterteilt sich der Rest in ca. 137.000 Ordenspriester und 55.000 Laienbrüder. Dazu kommen knapp 700 Männer und über 27.000 Frauen in den Säkularinstituten. In Deutschland gibt es zu Beginn des 21. Jh. noch etwa 2200 Klostergemeinschaften. Sie werden betrieben von ca. 60 verschiedenen Ordensgemeinschaften (bzw. ca. 300, wenn man die weiblichen Gemeinschaften ohne männliches Pendant dazu zählt). Ihnen gehören ca. 5000 Ordensmänner (55 % sind über 65 Jahre) und gut 23.000 Ordensfrauen (80 % sind über 65 Jahre) an. Frauen bzw. Nonnen waren übrigens seit dem Spätmittelalter stets in der klösterlichen Mehrheit. Dass man von ihnen historisch kaum etwas wahrnimmt, liegt daran, dass sie im Gegensatz zu den Männerorden wenig mit der religiösen Weltpolitik zu tun hatten – zumal ihnen als Frauen in der katholischen Männerwelt ohnehin nur eine sehr randständige Rolle zufallen kann. Den größten Anteil der gegenwärtigen Ordensanhänger in Deutschland stellen bei beiden Geschlechtern die Benediktiner und die Franziskaner. Bei den Männern stehen an dritter Stelle die Jesuiten, bei den Frauen die *Vinzentinerinnen* (ein Anfang des 17. Jh. gegründeter Armen- und Krankenpflegeorden, der wie viele Frauengemeinschaften eigentlich nur eine ordensähnliche, apostolische Gesellschaft ist).

Niemand würde je auf die Idee kommen, die klösterlichen Mönchs- oder gar die Nonnengemeinschaften als »Sekten« zu bezeichnen, aber wenn es jemals so etwas wie eine reale geschichtliche Entsprechung der Sektenklischees der Gegenwart gab, dann sind es die mittelalterlichen christlichen Klöster – und auch heute gibt es noch Ordensgemeinschaften, die den Klischees weit besser entsprechen als jede neureligiöse Gemeinschaft. Daraus kann man zunächst folgern, dass sich aus dem bloßen Vorhandensein von religiösem Eifer, weltfremder Ideologie, Indoktrination, isoliertem Leben, Mitgliederkontrolle und strenger Disziplin nicht zwingend ergibt, dass man wegen dieser Eigenschaften in der Öffentlichkeit als »Sekte« bezeichnet wird. Mithin nährt sich der Verdacht, dass der in der Öffentlichkeit kursierende Sektenbegriff vielleicht nur sehr wenig mit konkret bestimmbaren Merkmalen wie den genannten zu tun hat. Auch und gerade im Rückblick auf das erste Kapitel – auf Bogumilen, Paulikianer usw. – scheint es, als erfülle der Sektenbegriff vor allem eine Funktion als »Kampfbegriff« gegenüber unliebsamen sozialen und religiösen Erscheinungen. Insofern ist die wissenschaftlich interessantere Frage, wer zu welchen Zeitpunkten und aus welchen Gründen wen oder was als »unliebsam« betrachtet. Für die gerade genannten Gemeinschaften gilt, dass sie aus katholisch-kirchlicher Sicht keine Häresien sind, weil sie niemals die Autorität von

Papst und katholischer Kirche infrage gestellt haben. Ob oder inwieweit dieser historisch gewachsene und ideengeschichtlich durchaus plausible katholische Standpunkt eine Orientierung für den modernen Gegenwartsmenschen sein kann, mag zunächst jeder für sich selbst beurteilen.

Nimmt man diesen ideellen katholischen Standpunkt ein, dann kann man immerhin verstehen, warum der Protestantismus aus katholischer Sicht eine Häresie ist und die protestantischen Kirchen letztlich »Sekten« sind. Auch wenn sich diese Sichtweise im Gefolge des Zweiten Vatikanischen Konzils (1962–1965) leicht relativiert hat, so hat Papst Benedikt XVI. noch 2007 den katholischen Standpunkt bekräftigt, dass die protestantischen Kirchen keine Kirchen im engeren Sinne seien, sondern allenfalls »kirchliche Gemeinschaften«. Das ist im theologisch-katholischen Sprachgebrauch ein erheblicher Unterschied, der übersetzt bedeutet, dass sie eben keine »echten« Kirchen sind. Allerdings hat aber schon diese Mitte der 1960er Jahre einsetzende Politik der vorsichtigen Annäherung an die »Realität« und die anderen Religionen im Inneren der katholischen Kirche für einige Unruhe gesorgt.

Die »V2-Sekte« und der katholische Antimodernismus

Seit Mitte des 19. Jh. und besonders um die Wende zum 20. Jh. wurden innerhalb der katholischen Kirche immer wieder Stimmen laut, die u. a. für eine historisch-kritische Lesart der Bibel, die Anerkennung moderner wissenschaftlicher Erkenntnisse und eine gemäßigte Anpassung an die moderne Gesellschaft plädierten. Zu dieser Zeit der Blüte des gesellschaftlichen Modernismus offenbarte sich die zutiefst mittelalterliche Prägung der katholischen Kirche, die schon den Sprung in die nachreformatorische Neuzeit nicht wirklich geschafft hatte. Von Papst Pius IX. (1792–1878) bis zu Papst Pius XII. (1876–1958), also in der Zeit zwischen 1846 und 1958, haben sich alle Päpste mehr oder weniger deutlich gegen jede Anpassung oder Relativierung der kirchlichen Wahrheiten oder eine Reform der Liturgie ausgesprochen. Das *Erste Vatikanische Konzil* (1869–1870) stand ganz im Zeichen der Abwehr gegen den Rationalismus und die »modernen Irrtümer«. Vor diesem Hintergrund beschließt das Konzil die absolute Autorität des Papstes in allen kirchlichen Rechtsfragen und Glaubensangelegenheiten *(Jurisdiktionsprimat)* sowie dessen Unfehlbarkeit. Letzteres war überaus folgenreich, weil nicht alle Bischöfe diese Ansicht teilten. Aus diesem, vornehmlich von deutschen, österreichischen und schweizerischen Bischöfen getragenen Protest formierte sich ab 1873 die ALTKATHOLISCHE KIRCHE, deren Mitglieder natürlich umgehend exkommuniziert wurden. Dennoch gehören ihr gegenwärtig in mehreren, vorwiegend europäischen National- und Ortskirchen immerhin ca. 150.000 Gläubige an, etwa ein Drittel davon im deutschsprachigen Raum und gut 15.000 in Deutschland. Insgesamt jedoch ging der kirchliche Antimodernismus aus diesem Konzil gestärkt hervor. Der schärfste Antimodernist war Papst Pius X. (1835–1910), der den kirchlichen Klerus 1910 zur Ablegung des sogenannten *Antimodernisten-Eides* verpflichtete, mit dem man schwor, jegliche rationalistischen, historischen, wissenschaftlichen und emotionalen Sichtweisen abzulehnen, die den übernatürlichen Ursprung der Kirche, ihre offenbarten Wahrheiten sowie die anerkannten Wunder und Prophezeiungen infrage stellten.

Erst im Gefolge des Zweiten Weltkrieges und der nicht immer glücklichen Rolle, welche die Kirche während des Holocaust gespielt hatte – die katholische Kirche ist seit jeher, teils offen, teils unterschwellig, von einem religiös begründeten Antijudaismus geprägt; dieser hat zwar mit dem »biologischen« Antisemitismus der Nationalsozialisten nichts zu tun, zielt aber in der Konsequenz auf den gleichen Personenkreis –, weicht der Antimodernismus langsam auf. Mit dem *Zweiten Vatikanischen Konzil* (1962–1965) beschließt die Kirche eine, freilich sehr zurückhaltende, Öffnung zur Welt, einhergehend mit kleineren liturgischen Reformen und einer vorsichtigen Bereitschaft zu einem interreligiösen und ökumenischen Dialog. Für nicht wenige traditionsbewusste Katholiken waren dieses Konzil und seine Folgeerscheinungen gleichbedeutend mit der Übernahme der katholischen Kirche durch die Protestanten, die Kommunisten, die Freimaurer oder die Juden – was im traditionalen Katholizismus im Grunde austauschbare Begriffe für die Mächte der Finsternis bzw. den Satan höchstpersönlich sind.

Nach dem Zweiten Vatikanischen Konzil also bildete sich eine ganze Reihe meist kleinerer katholischer Widerstandsgruppen, die sich nicht zur nachkonziliären Kirche bekennen wollten. Dabei hat sich das Kürzel »V2« für das oben genannte Konzil mittlerweile im Kreise der *Sedisvakantisten,* also jener Katholiken, die den Papststuhl (lateinisch: *sedis*) spätestens nach dem Tod von Pius XII. als unbesetzt (vakant) ansehen und allen nachfolgenden Päpsten die Anerkennung verweigern, eingebürgert. In Deutschland kommen die schärfsten Töne von einer seit 1997 im Internet recht aktiven Stimme namens Kirche zum Mitreden, die die katholische Kirche kurz und bündig die »V2-Sekte« nennt. Diese Gruppe dürfte allerdings recht klein sein; vielleicht besteht sie sogar nur aus ihrem aktivsten virtuellen Schreiber und Begründer »Pater« Rolf Hermann Lingen – auch er im Übrigen ein glühender Antijudaist und Holocaustleugner. Dennoch ist eine publizistische Wirkung erkennbar, denn der katholische Antimodernismus hat durchaus seine Anhänger. Das Oratorium von der göttlichen Wahrheit, gegründet 1987 um einen katholischen Sozialwissenschaftler, der ein halbes Dutzend theologisch-philosophischer Bücher zum Thema verfasst hat, ist eine weitere antimodernistische Gruppe von Klerikern und Laien. Auch diese Gruppe dürfte nicht sonderlich groß sein, aber das gelehrte Schrifttum ihres Gründers findet einige Verbreitung in klerikalen Kreisen. Wie gut sich indes das von ihm hergestellte homöopathische Heilwasser (Oratoriums-Wasser und Oratoriums-Pflanzen-Wasser) verkauft, ist nicht bekannt, ebenso wenig, wie groß der Erfolg des St. Josefs-Hilfs-Fonds ist, in den man einbezahlt, um sich dauerhaft vor dämonischer Strahlung zu schützen.

Ähnlich ausgerichtet sind der Arbeitskreis Katholischer Gläubiger, die Sammlung glaubenstreuer Katholiken sowie der Freundeskreis Una Voce; die Letzteren wiederum eine Gruppe, die recht unverhohlen mit dem Antisemitismus sympathisiert. Wesentlich größer sind die sedisvakantistischen Gruppen im angelsächsischen Raum, besonders in den USA. Zu nennen wären vor allem die 1967 ins Leben gerufene Congregatio Mariae Reginae Immaculatae (Gemeinschaft der unbefleckten Königin Maria), die immerhin 29 eigene Kirchen unterhält, sowie der 2002 begründete Novus Ordo Watch, der Benedikt XVI. als »Rabbi-Ratzinger« tituliert, ansonsten aber eher virtuell auf sich aufmerksam macht.

Die spektakulärste abendländische Dissidentengruppe ist wohl die Palmarianisch-Katholische Kirche, bestehend aus dem Heiligen Apostolischen Stuhl Sevilla, dem Patriarchat von Palmar de Troya sowie dem Karmelitenorden vom Heiligen Antlitz. Die Kirche wurde 1970 von einem Spanier namens Clemente Domínguez y Gómez (1946–2005) gegründet. Diese Kirche gehört allerdings nicht zum Sedisvakantismus, weil sich ihr Gründer 1978, nach dem Tod von Papst Paul VI., von den Bischöfen seiner eigenen Kirche kurzerhand selbst zum Papst ernennen ließ und sich von da an Papst Gregor XVII. nannte. Gregor XVII. sah sich vor allem durch persönliche Botschaften von Jesus zu diesem Schritt ermutigt. Jesus, vor allem aber auch die Jungfrau Maria, die im Kern des Glaubens der Palmarianisch-Katholischen Kirche steht, sowie allerlei verstorbene Heilige hatten ihn von Beginn an zu den praktischen Schritten der Kirchengründung angeleitet und ihn nebenher ständig über die Lage in der Kirche bzw. im Vatikan auf dem Laufenden gehalten: So erleide der seinerzeit amtierende Papst Paul VI. im eigenen Haus ein Martyrium, da er von Kommunisten und Freimaurern in Bischofsgestalt am Regieren gehindert werde (die Juden spielen bei Gregor XVII. keine bzw. sogar eine positive Rolle); die Unterwanderung der Kirche durch den Satan habe längst begonnen; nach dem Tod von Paul VI. werde die Kirche ein großes Schisma erleiden und ein vom Satan gesteuerter Gegenpapst werde die Macht im Vatikan übernehmen. Folglich sei es dem einzig legitimen und vielfach mystisch prophezeiten Papst Gregor XVII. allein vorbehalten, die weltliche und religiöse Ordnung wieder herzustellen.

Ob der Kirche, die bis Mitte 2011 von Papst Petrus II. (d. i. Manuel Alonso Corral (1936–2011) – ohne Frage ein mutiger Name – geführt wurde, wirklich 10.000 Mitglieder angehören, darf bezweifelt werden, zumal sie bereits eine Abspaltung erlebt hat. Gleichwohl hat sie eine beträchtliche Anhängerschaft gefunden. Dass sie von der katholischen Kirche als gefährliche »Sekte« und Häresie der schlimmsten Sorte angesehen wird und sämtliche jener Kleriker exkommuniziert hat, bedarf wohl keiner ausdrücklichen Erwähnung. So eindeutig anti- oder gegenkirchlich freilich wie im Falle des Sedisvakantismus oder der Palmarianisch-Katholische Kirche äußert sich der katholische Antimodernismus nicht immer. Und hier sind besonders drei Gruppen zu erwähnen, die sich gewissermaßen am Rande der innerkatholischen Legalität bewegen.

Am Rande der Legalität? Opus Dei, Engelwerk und Piusbrüder

Das Opus Dei – korrekter: Die Prälatur vom heiligen Kreuz und Werk Gottes – ist eine ganz spezielle innerkatholische Gemeinschaft. Sie ist sogar so besonders, dass über die praktischen Konsequenzen ihres zurzeit einzigartigen Rechtsstatus auch innerhalb der Kirche zuweilen Uneinigkeit besteht. Gestartet als kirchliches Säkularinstitut, und stets im Selbstverständnis als Laienorganisation tätig, untersteht das Opus Dei seit 1982 als derzeit einzige Personalprälatur lediglich einem vom Papst persönlich ernannten ranghohen Kirchenaufseher *(Prälat)*. Ungewöhnlich ist dieser Rechtsstatus, weil das Opus Dei einerseits zu den »special forces« der Kirche gehört, also zu den Gruppen, die mit einem speziellen Auftrag ausgestattet sind, andererseits aber im Selbstverständnis eine charismatische Laienorganisation mit »normalen« Mitgliedern sein will. D. h.: Im Gegensatz zu den sonstigen Spezialkräften der Kirche, die eine professionelle klerikale Struktur haben und sich diversen äußeren Aufgaben (Volksmission, Bildung und Erziehung, karitative Aufgaben usw.) widmen, wirbt das Opus Dei eigene Mitglieder an, die es im Sinne der eigenen Lehren »bilden« möchte. Mithin entsteht daraus eine Art Kirche innerhalb der Kirche, die über einen Rechtsstatus verfügt, der außerhalb der üblichen Hierarchie steht.

Das Opus Dei wird 1928 von einem spanischen Priester namens José María Escriba (1902–1975) gegründet, und mit gegenwärtig ca. 85.000 Mitgliedern ist es eine Gemeinschaft von beachtenswerter Größe. Etwas blasphemisch ausgedrückt, könnte man sagen, dass die Anhänger des Opus Dei die Calvinisten des Katholizismus sind – wenn auch im Gegensatz zu diesen mit voller Heilsgewissheit. Opus Dei-Mitglieder streben eine umfassende Glaubensdurchdringung des Alltags an; eine Heiligung des Lebens, der weltlichen Tätigkeiten und hier besonders der Arbeit. Jede Arbeit ist eine Form des Gottesdienstes, die Hingabe, Anstrengung und Vollkommenheit verlangt – und der weltliche Erfolg wird als Mehrung von Gottes irdischem Ruhm gesehen.

Die Lehre des Opus Dei widerspiegelt teilweise einen regelrechten Glaubensmasochismus: Die völlige Unterwerfung unter Gott und die von ihm errichtete Kirchenhierarchie ist zugleich der stärkste Liebesdienst. Seinen qualifizierten Mitgliedern, den sogenannten *Numerianern*, anempfiehlt das Opus Dei das zeitweilige Tragen eines Bußgürtels und die Selbstgeißelung, um sich der Leiden Jesu, mithin der Schmerzhaftigkeit des heiligen Auftrages bewusst zu werden. Der täglich und mit voller Hingabe und in strengster Disziplinierung des Fleisches gelebte Glaube, der die Einhaltung von Tagesplänen mit zahlreichen Gebeten und kleineren Gottesdienstformen beinhaltet, ist also, wie Escriva schreibt, nichts für »Laue«, denn die Heiligkeit ist eine unaufhörliche Prüfung, die man täglich aufs Neue bestehen muss. Viele Kritiker des Opus Dei bezeichnen dies als »ultrakonservative« Ausrichtung, was nicht unbedingt falsch ist, aber eigentlich nur die Weite des innerkatholischen Möglichkeitsspektrums zeigt. Die Anziehungskraft dieser Botschaft ist jedenfalls auch unter »normalen« katholischen Priestern offensichtlich: Die Priestergesellschaft vom Heiligen Kreuz, 1943 gegründet, versammelt ca. 2000 »normale« Priester, die sich freiwillig der Programmatik des Opus Dei unterwerfen und von diesem in der Lebensheiligung ausbilden lassen, was natürlich das klerikale Gewicht des Opus Dei maßgeblich erhöht.

Aufgrund ihrer absoluten Papst-, Kirchen- und Lehramtstreue, einhergehend mit einer strengen Gehorsamsverpflichtung gegenüber der Kirchenhierarchie – die hier, wie gesagt, zu einem Großteil die Opus Dei-Hierarchie ist –, aber eben auch wegen ihres innerweltlichen Engagements in allen Teilen der Gesellschaft, genießen sie trotz ihres Laienstatus innerhalb der katholischen Kirche ein vergleichsweise großes, aus der Sicht ihrer Kritiker: zu großes Ansehen. Dass das Opus Dei leidlich bekannt ist, verdankt sich einerseits einer für katholische Verhältnisse außergewöhnlich aktiven Aussteigerszene, die die entsprechende Kritik am Opus Dei verbreitet, andererseits aber auch seiner generellen Eignung für verschwörungstheoretische Ansätze.

Ein wesentlicher Ansatz für alle Verschwörungstheorien ist die »Unsichtbarkeit« der Macht und des Wirkens von Organisationen, was seinen einfachst möglichen – und meistens ziemlich paradoxen – »Beweis« in der äußerlichen Unauffälligkeit seiner Anhänger findet. In den verschwörungstheoretischen Verdacht geraten vorzugsweise jene religiösen Gemeinschaften, deren Anhänger sich als Teil der »normalen« Gesellschaft betrachten bzw. in dieser leben und die keine Vorschriften in Bezug auf Kleidung, Haartracht oder die Zurschaustellung religiöser Symbole kennen. Das gilt von den Freimaurern und den Jesuiten über die assimilierten europäischen Juden des 19. und 20. Jh. bis hin zum Opus Dei und Scientology: Stets sind es die innerhalb der Religionslandschaften eher durch ihre tatsächliche weltliche Anpassung auffallenden Gemeinschaften, die die Zielscheibe von Verschwörungstheorien sind. So auch das Opus Dei, dessen mehrheitlich in Spanien lebende Anhänger ja eine umfassende Glaubensdurchdringung des Alltags anstreben. 98 % der Opus Dei-Mitglieder arbeiten in der »normalen« Welt, nur 2 % sind geweihte Priester. Intern werden allerdings noch jene Berufenen unterschieden, die sich freiwillig einer zölibatären Lebensweise unterwerfen (Numerianer) und auch auf privaten Besitz verzichten (30 %) und jenen verheirateten oder heiratswilligen, die Familien gründen und ihr gewohntes Leben fortführen (70 %).

Ein typisches verschwörungstheoretisches Argument ist, dass das Opus Dei eine explizit faschistisch-reaktionäre politische Ausrichtung habe, wie man an ihrer Verstrickung in das spanische Franco-Regime (1939–1975) habe sehen können. Abgesehen davon, dass das Opus Dei wie die gesamte katholische Kirche eine tiefe Abneigung gegen den »gottlosen Kommunismus« hegt, ist die Logik eher umgekehrt: Es ist die konsequent apolitische Ausrichtung, die das Opus Dei mit dem Faschismus kompatibel macht. Darin unterscheidet es sich eben gerade nicht vom seinerzeitigen katholischen und lutherischen Mainstream. Dass Opus Dei-Mitglieder in der Franco-Regierung überrepräsentiert waren, ist durchaus zutreffend, aber im streng katholischen Spanien so überraschend nun auch wieder nicht. Denn das Opus Dei schätzt ja im Gegensatz zu den »normalen« katholischen Organisationen weltliche Karrieren und den beruflichen Erfolg ihrer Mitglieder ausgesprochen hoch. Es ist gerade die Aufhebung der ansonsten in der katholischen Kirche relativ strikten Trennung zwischen Klerikern und Laien, zwischen geistlichem Amt und weltlicher Tätigkeit, die ganz andere Möglichkeiten des innerweltlichen Wirkens der Kirche und alternative kirchliche Missionswege bereitstellt. Die Ausschöpfung eben dieser besonderen Möglichkeiten ist letztlich der offizielle Auftrag des Opus Dei sowie auch der Grund dafür, dass es innerhalb der kirchlichen Führungsspitze nicht wirklich umstritten ist.

Eine innerkatholisch weit mehr umstrittenere Gemeinschaft als das Opus Dei ist das sogenannte *Engelwerk* bzw. das Werk der heiligen Engel (Opus Sanctorum Angelorum). Offiziell 1961 von der Wienerin Gabriele Bitterlich (1896–1978) und einigen katholischen Priestern als Schutzengelgemeinschaft begründet, knüpft es an die mystischen Engelvisionen ihrer Gründerin an, die diese seit ihrer Kindheit hatte und ab 1949 in kirchlichem Auftrag niederschrieb. Angeblich hat sie diese Visionen in 80.000 Manuskriptseiten hinterlassen, die allerdings nie publiziert wurden. Im öffentlich zugänglichen Werk Bitterlichs, das dennoch ein gutes Dutzend Bücher umfasst, dreht sich alles um Engel, die Mitgeschöpfe Gottes, und ihre Widersacher, die Dämonen (böse Engel) bzw. die Geschöpfe des Teufels. Bitterlich beschreibt über 300 Engel, ihre Eigenschaften, Charaktere und Aufgaben sowie die Menschen, Gemeinschaften, Tage, Orte und sonstigen Begebenheiten, in denen sie wirken. Das religiöse Ziel des Engelwerks ist die Verbrüderung jedes Menschen mit »seinem« Schutzengel, die Weihe seines Lebens an den Engel, um in diesem Verbund den endzeitlichen Kampf gegen das Böse und die Dämonen auszufechten.

Das Engelwerk, das gegenwärtig vom Orden der Regularkanoniker vom Heiligen Kreuz – ein schon im 12. Jh. in Portugal gegründeter, später aber untergegangener und 1976 aus dem Engelwerk heraus wiederbelebter Orden – geführt wird, ist eine ausgesprochen erfolgreiche Vereinigung mit gut einem Dutzend organisierter Ableger und einer weltweiten Anhängerschaft von geschätzt einer Million. Da eine offene Informationspolitik nicht gerade zu den Stärken des Engelwerks zählt, kann über solche Mitgliederzahlen und andere Interna freilich nur gemutmaßt werden. Seit den 1980er Jahren stand das Engelwerk auch unter verschärfter innerkirchlicher Beobachtung, mit der Konsequenz, dass im Jahr 1992 verschiedene »Privatoffenbarungen« Bitterlichs sowie die Engelweihe – das rituelle Herzstück des Engelwerkes – als mit der katholischen Lehre für unvereinbar erklärt wurden.

Gabriele Bitterlich und ihr Engelwerk stehen dennoch in einer ungebrochenen katholischen Tradition, die in der Öffentlichkeit wenig bekannt ist, zumal sie auch selten an die große Glocke gehängt wird. In einer Kirche nämlich, deren Gott nicht in protestantischer Ferne weilt, sondern volksnah und zu jeder Zeit in »Zeichen und Wundern« präsent ist, werden auch »neue« bzw. persönliche Offenbarungen nicht per se ausgeschlossen. Tatsächlich verfügt die katholische Kirche über entsprechende Einrichtungen auf höchster Ebene, die alle behaupteten »Zeichen und Wunder« auf Echtheit, sprich: göttliche Mitwirkung überprüft. Und seit Mitte des 18. Jh. setzt die Heiligsprechung, wie sie im Nachhinein zumindest für jeden Papst fast immer erfolgreich überprüft wird, die Echtheit von mindestens zwei auf Fürbitte bewirkten Wundern (zumeist Heilungswundern) voraus. Deshalb werden die innerhalb der katholischen Kirche keineswegs seltenen Fälle von neuen Offenbarungen gewissenhaft überprüft. Soweit solche Offenbarungen nicht den beiden Quellen der katholischen Wahrheit – der Heiligen Schrift und der kirchlichen Lehrtradition – zuwiderlaufen, sind die Chancen einer Anerkennung zumindest als unverbindliche »Privatoffenbarung« recht gut. Freilich werden nicht alle Empfänger so prominent wie beispielsweise der schon erwähnte Ordensgründer

Franziskus. Oder: die streitbare, selbstbewusste und nach heutigen Maßstäben ziemlich esoterische »Volksheilige« – und deswegen wohl nie offiziell heiliggesprochene, sondern erst 2012 per Dekret, also gewissermaßen durch die päpstliche Hintertür in den Heiligenkalender aufgenommene – Hildegard von Bingen (ca. 1098–1179); oder die berühmteste Heilige des Nordens, Birgitta von Schweden (1303–1373), »Braut und Sprachrohr Christi«, Gründerin des Erlöser- bzw. Birgittenordens; oder die nicht zuletzt durch ihre Höllenvisionen bekannt gewordene Teresa von Ávila (1515–1582), Begründerin des Ordens der Unbeschuhten Karmelitinnen (ein reformierter Karmeliten-Orden).

Da also die Möglichkeit von neuen Offenbarungen von der katholischen Kirche niemals in Frage gestellt wurde, entscheidet hier einzig die Übereinstimmung der Offenbarung mit der katholischen Wahrheit. An dieser Hürde gescheitert sind aber beispielsweise der von Jesus zum persönlichen »Schwert-Bischof« berufene Norbert Schneider (geb. 1937) und seine ca. 200 Neuchristen, die früher unter den Namen Kampf gegen Satan und Kinder-Gebets-Sturm bekannt waren. Oder die Bewegung True Life in God (Wahres Leben in Gott), die Gemeinschaft um die regelmäßig Botschaften von Gott, Jesus und Maria empfangende Vassula Rydén (geb. 1942).

Anfang 2009, als Papst Benedikt XVI. vier exkommunizierte Bischöfe der Priesterbruderschaft St. Pius X. (Fraternitas Sacerdotalis Sancti PII X.), in den Medien kurz *Piusbrüder* genannt, rehabilitierte, rückte eine katholische Gemeinschaft ins Licht der Öffentlichkeit, die zwar nicht dem Sedisvakantismus zuzuordnen ist, aber beispielhaft für jene katholische Gruppen ist, die den Sprung der katholischen Kirche in die Moderne nicht mitmachen wollten. Im namentlichen Bezug zu Papst Pius X. (1835–1914) lässt sich die Programmatik der ca. 500 Brüder, ebenso viele Schwestern und etwa 1000 Laien umfassenden ordensähnlichen Gemeinschaft mit geschätzten 150.000 Anhängern recht kurz umschreiben. Pius X. nämlich war, wie bereits angedeutet, ein ausgewiesener Gegner des Modernismus: Er opponierte gegen den katholischen Liberalismus, gegen die Wissenschaften und insbesondere die wissenschaftliche Bibelkritik, gegen den Laizismus (die Trennung von Kirche und Staat), gegen Demokratie und natürlich gegen die Protestanten, die er als »Feinde Christi« sah. 1907 verfasste er eine Enzyklika, in der er den Modernismus umfassend und in all seinen Erscheinungsformen verurteilte. Dies ist der ideelle Rahmen der Piusbrüder.

Ins Leben gerufen wird die Piusbruderschaft 1970 von dem französischen Erzbischof Marcel Lefebvre (1905–1991), der damit seinen offenen Protest gegen die Beschlüsse des Zweiten Vatikanischen Konzils zum Ausdruck brachte. Konkret entzündete sich der Streit in Bezug auf die 1969 beschlossene Reform der *Tridentinischen Messe*. Die offensive Weigerung der Piusbruderschaft, die Messfeier nach dem reformierten und laienfreundlicheren Ritus zu begehen, führt 1975 zum Ausschluss der Piusbruderschaft aus der Kirche. Lefebvre weiht 1976 dennoch die ersten Priester, woraufhin ihm seine bischöflichen Rechte entzogen werden. Lefebvre lässt sich davon nicht beeindrucken und setzt sein Werk unbeirrt und mit Verweis auf die kirchliche »Notsituation des Glaubensabfalls« fort.

1988, nach einem gescheiterten Versöhnungsversuch mit Rom, weiht Lefebvre schließlich sogar vier Bischöfe, die ebenso wie er selbst unmittelbar darauf vom Papst exkommuniziert werden. Die Exkommunikation ebendieser vier Bischöfe, unter ihnen der umstrittene Richard Williamson, wurde von Benedikt XVI. Anfang 2009 aufgehoben; und damit just von jenem seinerzeitigen päpstlichen Verhandlungsführer bei der gescheiterten Versöhnung: Josef Kardinal Ratzinger. Dass Williamson ein sogenannter »Holocaustleugner« ist, relativiert sich freilich im Kontext der Piusbrüder; auch Lefebrve sah die Kirche nicht nur von Liberalismus, Protestantismus und den »atheistischen Menschenrechten«, sondern auch vom Weltjudentum und den Freimaurern bedroht. Es ist ohnehin nicht der Antijudaismus, der das spannungsreiche und noch immer ungeklärte Verhältnis zwischen Piusbruderschaft und Papst begründet, sondern die obstinate Weigerung der Piusbrüder die päpstliche Autorität anzuerkennen.

Aus der Piusbruderschaft traten 1988, unmittelbar nach der unerlaubten Bischofsweihe, einige Priester aus und gründeten die Priesterbruderschaft St. Petrus (Fraternitas Sacerdotalis Sancti Petri – auch sie eine Gesellschaft des apostolischen Lebens), der gegenwärtig gut 200 Priester und Diakone angehören. Auch sie pflegen den seit 2007 wieder anerkannten *Tridentinischen Messritus* (in lateinischer Sprache und mit priesterlichem Rücken zum Kirchenpublikum), bekennen sich ansonsten aber vorbehaltlos zum Zweiten Vatikanischen Konzil. Die *Petrusbruderschaft* hat die Aufhebung der Exkommunikation der Weihbischöfe der Piusbruderschaft ausdrücklich begrüßt, sich selbst aber zugleich von jeglicher Holocaustleugnung distanziert.

Alter Wein in neuen Schläuchen? Neue Geistliche Gemeinschaften

In kaum einer anderen Religionsgemeinschaft der Welt ist die Trennung zwischen Klerus und Laien so strikt und so umfassend wie in der katholischen Kirche. Die Autorität eines mit absoluter Machtfülle ausgestatteten Papstes steht diametral zur völligen Machtlosigkeit des katholischen Laien. Eine aktive Laienbeteiligung an der heiligen Unternehmung des geistlichen Lebens und der Glaubensvertiefung in der katholischen Kirche war bis zur Mitte des 20. Jh. im Grunde nur im Anschluss an einen Orden oder eine ordensähnliche Gemeinschaft möglich, wobei auch hier stets eine strikte Trennung zwischen geweihten Klerikern und Laien stattfand. Während besonders der reformierte Protestantismus durch seine synodal-presbyteriale Kirchenstruktur seine Laien zur Mitarbeit am Werk des Herrn geradezu aufforderte, blieben die katholischen Laien, zumal die Frauen, von jeder echten geistlichen Teilhabe ausgeschlossen. Und als die charismatische Pfingstbewegung zu Beginn des 20. Jh. den Heiligen Geist förmlich in Kübeln über die protestantischen Laien aller Konfessionen auskippte, befand sich die katholische Kirche gerade auf ihrem antimodernistischen Höhepunkt.

Gleichwohl haben im 20. Jh. auch außerhalb von Ordensgemeinschaften einige katholische Laienbewegungen ihren Beginn genommen, freilich zunächst eher im Rahmen klerikaler Initiativen. Viele von ihnen gehören zu den gut 120 mittlerweile von der katholischen Kirche anerkannten *Geistlichen Gemeinschaften*. Im Zentrum dieser Gemeinschaften steht entweder ein eher weltlich-bürokratisch anmutender Verbands- oder Vereinszweck – so gibt es beispielsweise katholische »Weltvereinigungen« für Lehrer, Pfadfinder/-innen, Arbeiter, Unternehmer, Apotheker, Bauern, ja sogar eine Internationale Arbeitsgemeinschaft der Berufsverbände Christlicher Arbeitnehmerinnen in der Hauswirtschaft und noch viele andere mehr – oder aber ein heiliger Glaubensgegenstand und seine mehr oder weniger offensiv-kultische Verehrung. Die Letzteren konstituieren sich oft um einen ordensähnlich oder manchmal auch klerikal organisierten Kern, der aber bewusst in der Mitte einer weltverbundenen Laienbewegung platziert ist. So gesehen ähneln diese Neuen Geistlichen Gemeinschaften durchaus den Säkularinstituten oder vielleicht sogar dem Opus Dei, was nicht heißt, dass sie deren Programmatik oder Glaubensstrenge unbedingt teilen müssen. Tatsächlich sind aber auch die Mitarbeiter des Opus Dei seit 1950 selbst in einer solchen anerkannten Geistlichen Gemeinschaft organisiert, worin ein weiteres Merkmal zumindest der größeren Geistlichen Bewegungen zum Ausdruck kommt, nämlich das Selbstverständnis eines Dachverbandes, in dem nicht nur zahlreiche Laieninitiativen und Einzelgruppen Platz haben, sondern manchmal auch Menschen anderer Konfessionen; zur Gruppe der Mitarbeiter des Opus Dei gehören sogar Angehörige nicht-christlicher Religionen. Nimmt man alles zusammen, so bietet das Spektrum der Neuen Geistlichen Gemeinschaften Platz für die unterschiedlichsten Ausformungen der katholischen Welt- und Glaubensdurchdringung.

Ein typisches Beispiel ist die schon 1914 begründete *Schönstatt-Bewegung* (Apostolische Bewegung von Schönstatt), benannt nach dem kleinen Örtchen bei Koblenz, wo die Bewegung ihren Anfang nahm und wo sich ihr Weltzentrum und ihr Urheiligtum (eine Kapelle) befinden. Gegründet wurde sie von Josef Kentenich (1885–1968), einem Pater aus der ordensähnlichen Pallotiner-Gemeinschaft; formal eine Gesellschaft des apostolischen Lebens. Zu einem Großteil fußend auf jesuitischen Grundideen, entwickelte Kentenich eine stark psychologisch und pädagogisch geprägte Bewegung. Ziel der auch weit über katholische Kreise hinaus bekannten Kentenich-Pädagogik ist eine christliche Persönlichkeitsbildung, eine Art existenzialistische Persönlichkeitsentfaltung in geistig-seelischer Rückbindung an Gott bzw. das Liebeswerk Mariens. Die Schönstatt-Bewegung, die mittlerweile aus 20 unabhängigen Gemeinschaften besteht und weltweit etwa 100.000 Anhänger zählt, ist besonders durch Eheberatung, Ehetraining und ähnlich familiäre und pädagogische Erziehungsangebote bekannt. Ihr Kernbereich wird von sogenannten Instituten gebildet, die nach dem Vorbild der Säkularinstitute gebildet sind, also zumeist die freiwillige private Befolgung der Evangelischen Räte einschließen.

Mit über 3 Millionen geschätzten Mitgliedern ist die Militia Immaculata (Soldaten der Unbefleckten [Maria]) die weltweit größte der neuen katholischen Laienbewegungen. 1917 gegründet von dem russischen Franziskaner-Mönch Maximilian Kolbe (1894–1941) – der Name verrät seine deutsche Abstammung – widmen sich die Anhänger einem verschärften Liebes- und Missionsdienst im Namen der Jungfrau

Maria. Der später heiliggesprochene Kolbe starb in einem deutschen Konzentrationslager, nachdem er sich, obwohl selbst mit antisemitischen Positionen sympathisierend, als Widerständler gegen die deutsche Besatzung in Polen bei den Nationalsozialisten unbeliebt gemacht hatte. Der größte Teil der Anhänger ist unorganisiert und eher über die gemeinsame Programmatik der Berufung zur Heiligkeit, der Liebe zur Kirche, dem Zeugnisablegen, der Evangelisierung und dem franziskanischen Ideal der Nächstenliebe verbunden. Ein weiterer Teil ist in weltweit über 500 Organisationen engagiert, die den Marienkult bzw. die Programmatik der Gemeinschaft verbreiten, wobei ein beträchtlicher Teil der Arbeit moderne Medienarbeit und publizistische Tätigkeiten sind. Der kleinste Teil der Bewegung lebt im Selbstverständnis einer ritterlichen Miliz und widmet sein zumeist asketisch geführtes Leben vollständig der Gottesmutter Maria und ihrem Auftrag.

Vergleichbar groß und einflussreich ist die weltweit aktive, 1943 von der italienischen Grundschullehrerin Chiara Lubich (1920–2008) initiierte *Fokolar-Bewegung*. Die von der katholischen Kirche 1962 als Werk Mariens offiziell anerkannte Bewegung ist eine ökumenisch orientierte katholische »Freundesgemeinschaft«. Über die ca. 140.000 Mitarbeiter (5000 in Deutschland) hinaus verweist sie auf etwa 2 bis 3 Millionen »Freunde«. Ziel der Bewegung ist die Einheit, was sich sowohl auf die christlich-katholischen Glaubensvorstellungen, das Leben der eigenen Gemeinschaft, aber auch auf den interreligiösen Dialog bezieht. Auch die Fokolar-Bewegung kennt eine interne Elite männlicher und weiblicher Fokolare, die sich zu einem mehr oder weniger mönchischen Leben in Armut, Keuschheit und Demut verpflichten. Auch wenn es unter den Fokolaren neben den freiwillig Ehelosen auch Ehepaare gibt, so sind die einzelnen Initiativen und Gruppen der Gemeinschaft prinzipiell nach Geschlechtern getrennt. Wer ein echter Fokolar oder eine Fokolarin werden will, muss dafür eine zweijährige Schule durchlaufen, die unter anderem ein zeitlich befristetes Leben in einer der fokolaren Modellsiedlungen beinhaltet. In den Modellsiedlungen werden fokolare Gemeinschaftsvorstellungen nach dem »Grundgesetz der Liebe« (zu Jesus) gelebt, und die größeren Siedlungen haben fast schon kleinstädtischen Charakter. Unter einer ganzen Reihe von fokolaren Zusammenschlüssen ist auch eine Wirtschaftsgemeinschaft, in der fokolarisch orientierte Unternehmen einen Teil ihrer Gewinne für die Projekte der Gemeinschaft spenden.

Seit 1963 existiert die Gemeinschaft Christlichen Lebens, mit geschätzten 120.000 Anhängern weltweit, die sich als lediglich umbenannte Nachfolgeorganisation der schon seit 1563 existierenden jesuitischen Laienorganisation der Marianischen Kongregationen sieht. Anfänglich wesentlich der Marienverehrung verpflichtet, betreibt die Gemeinschaft seit dem Zweiten Vatikanischen Konzil ausdrücklich »ignatische Exerzitien«. Auch hier scheint es der jesuitische Impetus zu sein, der sie als vergleichsweise moderne Geistliche Bewegung erscheinen lässt. Hier pflegt man eher den Stil von professionell angeleiteten Kursangeboten zur spirituellen Ergänzung des Alltags und des Lebens, teilweise spezifisch auf unterschiedliche Altersgruppen, Berufe und Interessen ausgerichtet.

Eine relativ umstrittene Bewegung unter den neuen geistlichen Strömungen ist der 1964 ins Leben gerufene, 1990 als Geistliche Bewegung anerkannte Neokatechumenale Weg, der seit 2008 endgültig im Status eines kirchlichen Instrumentes angekommen ist und sich entsprechend von der Kirche einsetzen lässt. Ziel des Neokatechumenalen Wegs ist die Glaubensvertiefung bzw. -stärkung durch ein erneuertes Taufversprechen, das am Ende der Wiederentdeckung der persönlichen Erwählung steht. Der prüfungsreiche Weg der Taufvorbereitung *(Katechumat)* kann freilich 15 Jahre und mehr dauern und das Ziel kann nur erreichen, wer an sich selbst einen radikalen Lebenswandel im Sinne der teilweise etwas widersprüchlichen Vorstellungen des spanischen Künstlers und Gründers der Bewegung, des katholischen Laien Kiko Argüello (geb. 1939), vollzieht. Im Grunde meint dieser Lebenswandel, Kiko spricht von einer »anthropologischen Revolution«, die Ablehnung der real existierenden Welt außerhalb des Taufweges, was im Zweifelsfall auch ausdrücklich den Abbruch bestehender sozialer Beziehungen einschließt.

Der Neokatechumenale Weg findet seine Anhänger vorwiegend in bestehenden Kirchengemeinden, in die er auf Anfrage kleine spirituelle »Zellen«, bestehend aus einem Geistlichen, ein oder zwei Ehepaaren und einem Jugendlichen, »einpflanzt« und so kleine Glaubensfamilien innerhalb der Gemeinden zusammenschmiedet, die er auf den »Weg« bringt. Dieser Weg soll für den Einzelnen ein Weg der praktischen Glaubenserfahrung in kleinen urchristlichen bzw. nach dem Vorbild der Heiligen Familie lebenden Idealgemeinschaften sein. Da das Beschreiten des aufs Genaueste von seinem Schöpfer abgesteckten Weges stark mit einer Berufung zur Heiligkeit und dem Ablegen von Zeugnissen verbunden ist, endet der Weg oft in einer klerikalen oder ordensähnlichen Karriere. Dies erklärt vermutlich die Beliebtheit dieser Bewegung im Vatikan, der dem Weg nicht nur eine eigene Liturgie erlaubt hat, sondern mittlerweile sogar die Erlaubnis zur Einrichtung von Priesterseminaren, die regen Zulauf finden. Nach eigenen Angaben sind es mittlerweile mehr als eine Millionen Katholiken, darunter über 3000 Priester, in weltweit ca. 20.000 Zellen bzw. neokatechumenalen Familien, die dem reichlich dualistischen und fundamentalistischen Weg der weniger formal als eher charismatisch organisierten Bewegung folgen.

Mit diesen wenigen Beispielen einiger der größeren Neuen Geistlichen Gemeinschaften soll das Kapitel der katholischen Sondergemeinschaften nun geschlossen werden. Gleichwohl lohnt sich der Blick auf die gut 70 in Deutschland auf der Webseite *www.geistliche-gemeinschaften.de* gelisteten Gemeinschaften, die alle eine bestimmte Nische im katholischen Ökosystem gefunden haben. Mit dem Ende dieses Kapitels verlassen wir nun auch den christlichen Mainstream, der nur die Phänomene erfasst hat, die sich recht eindeutig in das Umfeld des »rauschebärtigen« Christengottes, seines revolutionären Sprösslings und ihrer beiden Zeugnisse (Testamente) einordnen lassen. Ausgeschlossen war damit alles abseits des biblischen Interpretationsrahmens – und damit eine Welt, die immer nur im »Geheimen« gedeihen konnte.

So wahr das ist, dass Gott Mensch geworden ist,
so wahr ist der Mensch Gott geworden
(Meister Eckhart)

5 Die Offenbarung des Geheimen: Moderne Esoterik

Dieses Kapitel muss mit der klaren Ansage eröffnet werden, dass jeder Versuch, eine kurze und allgemeinverständliche Erläuterung dessen zu liefern, was alles Esoterik ist, war oder sein kann, zum Scheitern verurteilt ist. Freilich weniger deswegen, weil es zu geheim wäre, sondern weil es kein Selbstverständnis »der« Esoterik gibt, welches sich hier skizzieren ließe.

Selbst wenn man nicht geneigt ist, jenen esoterischen Innenansichten zu folgen, die ihren Ursprung in Atlantis oder in fernen Galaxien sehen, so führen auch reale geschichtliche Spuren bis weit in die Antike zurück. Aber auch dort verschwinden alle esoterischen Traditionsstränge im Nebel einer letztlich nicht mehr erfassbaren Vorzeit. Tatsächlich gibt es eine Vielzahl ganz unterschiedlicher, zum Teil sehr komplexer und heute nur noch schwer verständlicher Ideen und Praktiken, die sich in den letzten 2500 Jahren zu verschiedenen Zeiten, in verschiedenen kulturellen Zusammenhängen und in verschiedenen »Köpfen« immer mal wieder begegnet sind. Manches wuchs in Teilen in der einen oder anderen Begegnung zusammen oder sinnfälliger gesprochen: Manches befruchtete sich, mit der Konsequenz, dass daraus wieder etwas Neues entstand.

Nun wäre es im augenzwinkernden Wissenschaftsjargon ein Leichtes, kurz anzudeuten, dass man verstehende Zugänge zur Esoterik »ganz einfach« über die Kenntnis der antiken Mysterienkulte, der Hermetik, der pythagoreischen Kosmologie, der platonischen Seelen- und Ideenlehre, der »heidnischen« Philosophie des Neuplatonismus, der verschiedenen antiken, jüdischen, christlichen und islamischen Gnostizismen, des Manichäismus, der Kabbala, der christlichen Mystik des Mittelalters sowie sämtlicher magischer Traditionen aller Völker und Kulturen zu allen Zeiten erlangen könnte.

Im Ernst: Jedes einzelne der genannten Phänomene hat zu unterschiedlichen Zeiten in ganz unterschiedlichen kulturellen und geschichtlichen Zusammenhängen soziale oder auch nur literarische Gestalt angenommen und darüber hinaus Unmengen religionswissenschaftlicher, theologischer und philosophischer Abhandlungen hervorgebracht. All diese Ideen und Formen bilden einen riesigen Steinbruch, aus dem unzählige Varianten esoterischer Theorien und Praktiken hervorgehen. Gleichwohl ist der fragmentarische Charakter, die scheinbare Beliebigkeit der Zusammensetzung verschiedener mehr oder weniger religiöser Ideen und Praktiken, ein markantes Merkmal vieler esoterischer Gegenwartsphänomene, worin sie sich klar von »kirchlich« organisierten Bekenntnisformen unterscheiden.

Die im heutigen Sinne bedeutsamste Verwendung des Adjektivs »esoterisch« – wörtlich etwa mit »innerlich« oder »nach innen gerichtet« zu übersetzen – wird auf Aristoteles (384–322 v. Chr.) zurückgeführt. Gemeint sind damit Form und Inhalt jener komplexen philosophischen Schriften und Ansichten, deren Verständnis zwangsläufig einem kleineren, »inneren« Kreis von gebildeten Philosophen – typischerweise meinte er wohl seine eigenen Schüler – vorbehalten bleiben musste, weil den Laien hierfür schlicht die notwendigen Bildungsvoraussetzungen fehlten. Für diese gab es folglich exoterische, d. h. »nach außen gerichtete«, also für die Allgemeinheit bestimmte Schriften.

Fraglich ist indes, ob oder wieweit diese Bestimmung des esoterischen als geheimem und nur einem kleinen Kreis der Eingeweihten vorbehaltenen Wissen heute noch trägt. Denn das esoterische Wissen wird ja mittlerweile in Abertausenden von Büchern, Seminaren, Kursen, Workshops usw. preisgegeben und jeder kann sich beliebig Zugang dazu verschaffen. Feststellbar ist mittlerweile eher die Penetranz, mit der sich das vermeintliche Geheimwissen in den Buchläden, im Internet, in den täglichen Horoskopen der Zeitungen, den alternativen Gesundheits- und Wellnessangeboten, in den Lifestylemagazinen sowie den nächtlichen Astro-/Wahrsage-/Telepathie-/Kartenlege- und Lebensberatungsshows im Fernsehen auch noch dem Letzten förmlich aufdrängt.

Platon und das Schattenspiel der Wirklichkeit

Eine konkrete Tradition des geheimen Wissens führt zu den antiken Mysterienkulten und in spekulativer Hinsicht zum Platonismus zurück. Beide verbindet das allen esoterischen Strömungen gemeinsame Bestreben, den »blinden« Glauben zu überwinden und einen direkten Zugang zur Quelle allen Seins zu suchen – sei es, dass man zu einem Urgrund der Existenz hinab- oder zu einer höchsten Weisheit hinaufsteigen musste. In den verschiedenen Mysterienkulten der Antike wurde wortwörtlich das Geheimnis (griechisch: *mysteria*) verehrt (lateinisch: *cultus*). Dabei handelte es sich zumeist um allegorische Ausdeutungen diverser Götter- und Heldengeschichten, in denen man eine geheime, tiefere religiöse Wahrheit verborgen sah, in die man unter bestimmten Voraussetzungen eingeweiht werden konnte. Der Vorgang der kultischen Einweihung *(Initiation)* widerspiegelt den praktisch-rituellen Zugang zum geheimen Wissen.

Die verborgene Wahrheit hinter dem Scheinbaren beschäftigte im Speziellen auch den griechischen Philosophen Platon (ca. 428–347 v. Chr.), der annahm, dass in den Dingen der sicht- und wandelbaren materiellen Welt keine Wahrheit zu finden sei. Diese liege einzig in den ewigen und unveränderlichen letzten, den »reinen« Ideen, denen in dieser Weise ein quasi göttlicher bzw. existenzieller Charakter zugesprochen wird. Um nun diese unveränderlichen Ideen und damit die Wahrheit zu erkennen, dürfe man nicht dem anhängen, was den Menschen gemeinhin als sichtbare Realität gilt. In seinem berühmten Höhlengleichnis beschreibt Platon, dass das, was als Realität betrachtet werde, lediglich ein Schattenspiel an einer Höhlenwand sei, auf das eine gefesselte Menschheit gebannt blicke. Um die Wahrheit zu erkennen, müsse man sich aus seinen Fesseln lösen und zu jener Lichtquelle umwenden, die die Schatten überhaupt erst ermöglicht. Auf halbem Wege zwischen Dunkelheit und Lichtquelle würde man dann zunächst jene Schattenspieler erkennen, die bestimmen, welche »Realität« den gewöhnlichen Menschen überhaupt präsentiert werden soll – eine ziemlich deutliche Kritik an den politischen und religiösen Autoritäten seiner Zeit. Aber auch die Schattenspieler sind letztlich in der Höhle gefangen und unfähig, sich zur Lichtquelle umzudrehen und die Wahrheit zu erkennen. Der Weg zum Licht der Erkenntnis ist der steinige Weg des Philosophen, der entsprechende geistige Anstrengungen erfordert. Überdies führt dieser Weg zur Vereinsamung, weil die Höhlenbewohner die Wahrheit weder glauben können noch überhaupt etwas davon wissen wollen. Im Zweifelsfall, so Platon, würden sie lieber den Philosophen ermorden, als ihre sichere Höhle zu verlassen. Gleichwohl: Das, was den wahrheitssuchenden Philosophen antreibt, ist der in allem, auch in der menschlichen Seele enthaltene Abglanz der reinen Ideen. Im Gegensatz zum praktisch-rituellen Weg der Mysterienkulte ist Platons esoterischer Weg also ein geistiger.

Wer nun in Platons Weg der geistigen Zuwendung zur geheimen Wahrheit etwas Irrationales oder gar ein sektentypisches Denken erblicken möchte, verkennt die darin liegende intellektuelle Zugkraft, die selbst den Kirchenvater Augustinus tief beeindruckte. Auch für den Neuplatonismus, der im 3. Jh. entsteht und eher einseitig die metaphysischen Aspekte des Platonismus betont, sollte man keine vorschnellen Schlüsse ziehen. Selbst wenn man diese im Kern »kirchenfeindliche« Denkrichtung als Ausgangspunkt für diverse »magische« Weltbilder interpretieren kann, so entspringen daraus keineswegs nur esoterische »Spinnereien«. Im Gegenteil: Bedeutende Väter des modernen wissenschaftlichen Weltbildes, allen voran die Astronomen Nikolaus Kopernikus (1473–1543) und Johannes Kepler (1571–1630), waren dem platonischen Weltbild verhaftet – nicht zuletzt, weil in diesem die Sonne im Zentrum steht. Dieser wie wir heute wissen richtige Denkansatz ließ sich seinerzeit nicht mit dem christlichen Weltbild vereinbaren. Zu dieser Zeit stand nämlich das akademisch mehrheitlich geteilte »empirische« Wissen, dass die Erde der Mittelpunkt eines begrenzten und von Gott geschaffenen Kosmos sei, den spekulativen »Meinungen« einer Minderheit gegenüber, die glaubte, dass die Sonne im Zentrum eines unendlichen Universums steht. Wer den genannten »Glauben« teilte, ihn gar missionarisch zu verbreiten suchte, wie der Dominikanermönch Giordano Bruno (1548–1600) – auch er gehörte zur neuplatonischen Fraktion –, lief Gefahr, der Ketzerei angeklagt zu werden. So wie besagter Bruno, der von der Inquisition verfolgt und verhaftet, schließlich exkommuniziert und damit den weltlichen Gerichten überstellt und öffentlich auf dem Scheiterhaufen verbrannt wurde.

Das innere Christentum: Gnostische Wege zu Gott

An die Idee der möglichen Gotteserkenntnis – symbolisch oft mit dem Licht (der Erkenntnis) gleichgesetzt – knüpft auch all das an, was mit dem Begriff »gnostisch« verbandelt ist. An dieser Stelle sei kurz daran erinnert, dass die gnostische Kategorie eigentlich eine rückschauend entwickelte und abwertend gemeinte Bezeichnung für aus kirchlicher Sicht »falsche« Erkenntnisse ist, weshalb die Elemente gnostischen Denkens stets den »Sektenverdacht« begründen. Tatsächlich aber ist das im Fluss befindliche frühe Christentum im 2. und 3. Jh. von unzähligen Auseinandersetzungen um die »richtige« Lehre geprägt. Erst die Sieger werden ihre Weltanschauung zur wahren Religion und den Rest zu gnostischen Irrlehren erklären. Angesichts der Tatsache also, dass »gnostisch« mehr oder weniger alles zusammenfasst, was sich im Zuge der Entwicklung der kirchlichen Lehre in der Frühzeit des Christentum als unbrauchbar erwiesen hat, enthält das gnostische Denken, neben den selbst entwickelten »falschen« christlichen Lehren, viele Versatzstücke der antiken Religionen.

Eine zentrale Weltanschauung der meisten gnostischen Strömungen ist die einer existenziell zweigeteilten Wirklichkeit, in der zwischen einer sinnlich wahrnehmbaren materiellen und einer vollständig übersinnlichen und immateriellen bzw. einer rein geistigen Welt unterschieden wird. In Letzterer mag man wahlweise das Lichtreich oder »das« Gute oder »den« Gott – oft ganz ausdrücklich: den »Vater« und nicht »den Sohn« – sehen, aber das alles hat mit der materiellen, dunklen und schlechten Welt nichts zu tun. Die materielle Welt ist nicht die Schöpfung eines göttlichen Geistesarbeiters, sondern das dunkle Werk der bösen *Demiurgen* (Handwerker) – was im Übrigen ein Grund dafür ist, dass in dieser Sichtweise zuweilen dem »jüdischen« Schöpfergott des *Alten Testaments* die Rolle des weltgeschichtlichen Bösewichts zufällt.

Aber es gibt Hoffnung: Irgendwo ganz tief im bösen Leib des Menschen gefangen, verbirgt sich ein immaterieller Kern, die Seele, der Lichtfunke, der Abglanz des Göttlichen, die reinen Ideen. Die Erkenntnis des eigenen innerlichen Anteils an der Ewigkeit, am Absoluten, am Lichtreich, an Gott ist die esoterische Erkenntnis überhaupt und damit natürlich in gewisser Weise zugleich: Gotteserkenntnis. Typisch für die frühen und noch mehr für die wiedererweckten esoterischen Strömungen der Gegenwart ist freilich eine gewisse Inkonsequenz, denn: Zwischen den eigentlich substanziell getrennten Sphären war und ist immer reichlich Platz für allerlei Mischwesen, Geschöpfe und Kräfte, die zwischen diesen Sphären vermitteln bzw. überhaupt auf die Existenz und Beschaffenheit der »anderen«, der geistigen Wirklichkeit hinweisen. In den christlich-esoterischen Strömungen ist es typischerweise Jesus, der als Botschafter aus dem Lichtreich angesehen wurde. Diese heute ziemlich unchristlich klingende Vorstellung war im frühen Christentum des 2. und 3. Jh. ausgesprochen populär. Erst im Gefolge der Kanonisierung des christlichen Glaubens im 4. Jh. wurde sie als »gnostisch« und damit als unchristlich gebrandmarkt.

Die Baupläne des Schicksals: Astrologie und Numerologie

Im Gegensatz zu den eher körperlich-rituellen Geheimniszugängen der Mysterienkulte, den philosophisch-intellektuellen Zugängen des Platonismus und den, sagen wir: »frühpsychologischen« Zugängen gnostischer Art, gab es stets auch ganz handfeste, fast schon wissenschaftlich anmutende Zugänge. Der bei Weitem prominenteste Zugang ist der astrologische, wobei sich allerdings bspw. die asiatischen Astrologievarianten deutlich von den orientalischen und ägyptischen Varianten unterscheiden – und die gegenwärtig sehr beliebte Astrologie der altamerikanischen Kulturen (Azteken, Maya, Inka) ist noch einmal etwas anders. Gemein ist allen Astrologien indes die Verknüpfung des menschlichen oder auch gesellschaftlichen Schicksals mit dem Stand der Himmelskörper bzw. dem Lauf der Gestirne. Das bedeutsamste Instrument der Astrologie sind die *Horoskope* (griechisch: Stundenbeobachter), also diverse Abbildungen und Pläne, in denen die Position der sichtbaren Himmelskörper zu bestimmten Zeiten verzeichnet ist. Aus der zusätzlichen Verknüpfung der astrologischen Elemente (Himmelskörper) bzw. ihrer jeweiligen Positionierung zueinander mit bestimmten willkürlich gesetzten Eigenschaften und Charaktermerkmalen, mit Kräften, Energien und Einflussfaktoren, ergeben sich teilweise hochkomplizierte Berechnungssysteme zur Vorhersage des menschlich-irdischen Schicksals.

Auf eine ähnliche Verknüpfungslogik verweisen allerlei numerologische Zugänge zur Wahrheit. In der einfachsten Variante des Volksglaubens geht es, kurz gesagt, um (Schicksals-) Zahlen, also um Zahlen, deren Erscheinen mit Glück oder Unglück verbunden ist. Am anderen Ende aber stehen komplizierte Sinnsysteme, in denen in bestimmten Buchstaben-Wort-Zahlen-Kombinationen die Baupläne der ganzen Welt entschlüsselt werden können. Neben einer auf den antiken Philosophen Pythagoras (ca. 570–510 v. Chr) zurückgehenden Schule der Pythagoreer, die die gesamte Wirklichkeit als Zahlenverhältnis interpretiert (»Alles ist Zahl«), ist die bekannteste Form die »geheime« Tradition der jüdischen Mystik, die *Kabbala* (hebräisch: Überlieferung). Auch hier geht es um den erkennenden Zugang zu Gottes Offenbarung in seiner Schöpfung. Für die moderne Esoterik ist besonders die Vorstellung der zehn göttlichen Wahrheiten (hebräisch: *Sefirot*) bedeutsam, die esoterisch aus der Schöpfung »erschaut« werden können und symbolisch den Lebensbaum der Kabbala darstellen. Dieser Lebensbaum und seine zehn Eigenschaften stehen für den ursprünglichen und gottgleichen Menschen (hebräisch: *Adam Kadmon*); der irdische Mensch ist zwar Abbild des Adam, aber ihm fehlen Unsterblichkeit, Weisheit und Herrlichkeit. Die zehn Wahrheiten des Lebensbaumes sind durch 22 Pfade verbunden, die jeweils (in Ermangelung eines eigenständigen Zahlensystems) mit einem Buchstaben des hebräischen Alphabets versehen sind. Anhand von Lebensbaum und den Pfaden erschließt sich so dem kundigen Kabbalisten die ganze Welt in einem System von Buchstaben und Zahlen.

Wahr ist, was funktioniert: Esoterische Technologie

Die größte Quelle des geheimen Wissens liegt freilich in den vielen mündlich überlieferten Traditionen des Wissens und der Praktiken, die von Kirchen gerne als »Aberglaube« gebrandmarkt werden. Der sogenannte Aberglaube und die »okkulten« (lateinisch: *occultus* = verborgen, verdeckt) Praktiken umfassen alles, was abseits der »legitimen« Religion beim gemeinen Volk zu unterschiedlichen Zeiten als geeignete »technische« oder »magische« Mittel zur Beeinflussung des Schicksals in Gebrauch war. Entweder um ganz praktische Dinge – Geld, Gesundheit, Glück usw. – zu erreichen oder um etwaigen Schaden abzuwenden bzw. ihm vorzubeugen. Abseits komplizierter religiöser Glaubenssysteme und philosophischer Weltdurchdringung haben die »einfachen« Menschen schon immer auf zahllose Weisen versucht, Einfluss auf ihr Schicksal und den Lauf der Dinge zu nehmen. Vieles ist unmerklich in die Volksreligionen eingegangen, anderes ist lediglich in Volksbräuchen bewahrt und manches hat die Zeiten in Redensarten (»Scherben bringen Glück«) und mehr oder weniger unbewusst praktizierten Formen des alltäglichen Handelns (»Klopfen auf Holz«) überdauert.

Die wahren Träger des geheimen Wissens um Schicksalsgestaltung und Lebensbewältigung waren aber immer die in jeder Kultur vorhandenen religiösen Profis: die Zauberer, Magier, Druiden, Schamanen usw. Und diese hatten unzählige Methoden, in das Schicksal der Menschen und in den Lauf der Dinge einzugreifen: Zaubersprüche, Beschwörungsformeln, Tänze, Kräuter, Symbole usw. Im Vergleich zu den philosophischen esoterischen Traditionen mag dies wenig elitär erscheinen, aber tatsächlich dürfte diese Richtung die einflussreichste Sparte in der modernen Esoterik sein. Nicht nur, weil es auf dem Esoterikmarkt überall von glücksbringenden Reliquien der Volkskulturen – »arabische« Talismane (Zauberbilder), »römische« Amulette (Kraftspender), »germanische« Runen und was der Dinge mehr sind – wimmelt, sondern weil unzählige Formen der »heidnischen« Volksreligiosität mittlerweile zum religiösen Trend der Gegenwart gehören.

Das bürgerliche Zeitalter und die Ambivalenz einer Epoche

Im 19. Jh. ist für viele Menschen vor allem in Europa der interpretative Spielraum der Heiligen Schrift endgültig ausgeschöpft. Die modernen Naturwissenschaften erheben immer deutlicher einen konkurrierenden Anspruch auf allgemein- und letztgültige Welterklärung; die moderne Technik entfesselt übermenschliche Kräfte – offensichtlich ohne göttliches Zutun; Darwins Evolutionstheorie erzählt eine ganz und gar unchristliche Schöpfungsgeschichte, die den Glauben an die göttliche Abkunft des Menschen tief erschüttert; Geschichtswissenschaften, Archäologie und Geologie stellen die buchstäbliche Wahrheit der Heiligen Schrift infrage; politisch-nationale Revolutionen branden unaufhörlich gegen die althergebrachte Ordnung; der neue Glaube an Menschenrechte, Demokratie und Freiheit zersetzt den Glauben an eine gottgewollte Herrschaft von Adel und Klerus; die industrielle Revolution fördert ein rasantes Wirtschaftswachstum und bewirkt tiefgreifende und dauerhafte Änderungen im traditionellen Wirtschafts- und Sozialgefüge; Sozialismus und Kommunismus stellen den »neuen« Menschen des Industriezeitalters, den Arbeiter, in das Zentrum einer ganz anderen Heilsgeschichte und bedrohen das gerade erst zur Machentfaltung ansetzende Bürgertum. Zunehmende Mobilität, Kommunikation und Bildung eröffnen breiteren Schichten der Gesellschaft den Zugang zu neuen kulturellen Horizonten.

Kurz gesagt, das 19. Jh. ist eine Zeit enormer sozialer und kultureller Umbrüche und, wie schon zur Zeit der Reformation, ist auch diesmal das religiöse Spektrum erheblich in Bewegung. Während sich einerseits vor allem in Europa viele Menschen von der Religion oder zumindest von den etablierten Kirchen abwenden, regt sich andererseits ein starker kirchlicher Fundamentalismus als Abwehrreaktion gegen die Modernisierung.

Zwischen diesen Polen erwächst ein ziemlich großes Feld neuer religiöser Möglichkeiten: Dieses reicht in christlicher Hinsicht von der Rückkehr des nun angelsächsisch erweckten bzw. spirituellen Protestantismus nach Europa über die Endzeitbewegungen (Adventisten und Zeugen Jehovas) bis hin zu den Neuoffenbarern der Latter Day Saints (Mormonen). Vor allem aber ist das 19. Jh. und hier besonders ab etwa den 1870er Jahren die Zeit der Wiederentdeckung der »alten« esoterischen Religionsformen. Denn diese vertraten seit jeher weniger einen glaubenden als vielmehr einen »wissenden« Zugang zu den existenziellen Gründen des Seins.

Die Grande Dame der modernen Esoterik: Helena P. Blavatsky

Wenn man aus der Gegenwart mit dem Wissen über das, was die moderne Esoterik als spezifisch »moderne« Esoterik kennzeichnet, zurück in die Geschichte blickt, dann endet die Suche nach den Wurzeln zumeist im 19. Jh. In historischer Rückschau lässt sich eine markante Bruchlinie ausmachen, die man im Umfeld der modernen *Theosophie* (griechisch: Gottesweisheit) ansetzen kann. Die bedeutsamste Gestalt der Theosophie sowie der von ihr mitbegründeten THEOSOPHISCHEN GESELLSCHAFT (1875) ist Helena Petrovna Blavatsky (1831–1891). Wie fast bei jeder religiösen Gründergestalt, so ranken sich auch um Blavatskys Leben und Wirken zahlreiche Legenden. Sicher ist, dass sie eine rastlos Reisende in spirituellen Angelegenheiten war und dass sie gleichermaßen bekannt wie auch umstritten in Indien, Europa und den USA war.

Dass die weitgereiste Tochter eines deutschen Offiziers der russischen Armee und einer russischen Adeligen als Schlüsselgestalt der modernen Esoterik vorgestellt werden kann, hat mehrere Gründe. Zum einen nimmt Blavatsky nicht nur zu fast allen »alten« esoterischen Traditionen Bezug, sondern auch zu allen großen religiösen Philosophien (neben christlichen, buddhistischen und zoroastrischen waren und sind bis heute stets die hinduistischen von herausragender Bedeutung) und integriert alles in ihre »Geheimlehre«. Diese erhebt keinen geringeren Anspruch, als die Essenz aller religiösen Systeme zu enthalten. Zum zweiten stehen Lehre und Person Blavatskys auch für die Integration von esoterischer Philosophie und okkulter Praxis. Viele der eingangs genannten esoterischen Lehren sind so abstrakt und spekulativ, dass sie – unabhängig von einigen wenigen elitären Ausformungen – schon immer eher philosophisch-literarische als praktische Bedeutung hatten. Das Gegenteil galt für die im 19. und frühen 20. Jh. sehr populären magischen Praktiken und die blühenden spiritistischen Zirkel. Geisterbeschwörungen und der mediale Kontakt mit Verstorbenen, Tische- und Gläserrücken, Pendeln und Wahrsagerei, Telepathie und Telekinese waren teilweise schon seit Mitte des 19. Jh. Bestandteil der romantischen europäischen Erlebniskultur. All das hatte freilich wenig mit den esoterischen Philosophien zu tun, weshalb Blavatsky sich sehr deutlich gegen einen »niederen Spiritismus« wandte. Andererseits betrachtete sie die praktische Erfahrung mit der spirituellen Dimension der Wirklichkeit, die »echte« okkulte Praxis, als unverzichtbaren Teil der Esoterik und sie brachte sich auch selbst in medialen Kontakt mit den »Meistern der Weisheit« bzw. den *Mahatmas* (sanskrit: Großer Geist) des tibetischen Buddhismus. Zum dritten, und das ist der sichtbarste Bruch mit der Vergangenheit, formt Blavatsky große Teile der Esoterik zu einer Exoterik um, indem sie das esoterische Wissen, soweit möglich, ganz bewusst in Publikationen einem breiten Publikum »entschleiert« (das erste Buch Blavatskys von 1877 trägt den sinnfälligen Titel *Isis entschleiert*).

Obwohl auch Blavatskys Esoterik viel zu umfangreich ist, als dass sie hier in allen Aspekten dargestellt werden könnte, so kann man doch schon im Blick auf die drei in ihrem Spätwerk (*Die Geheimlehre,* 1888) genannten fundamentalen Kriterien wesentliche weltanschauliche Grundüberzeugungen jeglicher und damit auch der modernen Esoterik finden – wobei man die »indische Färbung« zwar deutlich erkennt, aber betont sein muss, dass Blavatsky durchaus auch an viele andere esoterische Denkweisen anknüpft.

Zum Ersten: Es gibt nur eine Realität bzw. ein einheitliches, undenkbares und unaussprechliches Prinzip, das von allem geistigen und materiellen Sein absolut verschieden ist. Blavatsky spricht von der »wurzellosen Wurzel« all dessen was war, ist oder je sein wird. In der (Selbst-)Erkenntnis des eigenen geistigen Bewusstseins und seiner vollständigen Andersartigkeit gegenüber der materiellen Wirklichkeit, enthüllt sich die Dualität (= Zweiheit) alles Bedingten (der erfahrbaren Wirklichkeit) sowie die Einheit der Dualität im unbenennbaren Unbedingten (dem Urgrund). Das klingt zugegebenermaßen etwas kompliziert, fasst aber tatsächlich wesentliche esoterische Grundgedanken zusammen: Zunächst die Realität eines absoluten, höchsten, einheitlichen bzw. alle Gegensätze in sich vereinenden Prinzips sowie die Dualität als existenzieller Aspekt all dessen, was wir denken und erfahren können (Letzteres ist eine typisch gnostische Denkfigur).

Zum Zweiten: Wandel und Wiederkehr sind universale und ewige kosmische Gesetzmäßigkeiten. Dabei hat die Menschenseele nur hier, im Fluss des ewigen Wandels und der Wiederkehr, Teil an der Realität der Ewigkeit. Übersetzt in die Sprache der modernen Esoterik bedeutet das: Alles fließt, überall sind Wandel und Wiederkehr, ewiges Entstehen und Vergehen.

Zum Dritten: Alle Seelen (alle Menschen) sind identisch in ihrer gemeinsamen Teilhabe an der universellen »Oberseele«, die ihrerseits in ihrer Eigenschaft als »ewig« einen Aspekt der wurzellosen Wurzel symbolisiert. Die Einzelseele ist gewissermaßen ein Funken der Oberseele in einem wohlgeordneten Kosmos, mit der evolutionären Verpflichtung (oder auch Notwendigkeit), alle Stufen der Existenz, von der niedrigsten materiellen zur höchsten geistigen, im Laufe ihrer wiederkehrenden Inkarnationen zu durchlaufen. Neben der (Licht-)Funkenmetaphorik von besonderer Bedeutung für die Gegenwartsesoterik ist die Vorstellung eines wohlgeordneten und in jedem seiner Bestandteile aufeinander bezogenen hierarchischen Kosmos, in dem der Einzelne einen Aufstieg bzw. eine evolutionäre Aufgabe zu erfüllen hat, was letztlich den Grundgedanken einer evolutionären Selbsterfüllung bzw. einer geistigen und praktischen Selbstverwirklichung meint.

Diese Grundgedanken der Geheimlehre, die Blavatsky in beträchtlichem Maß von den hinduistischen Vorstellungen des Arya Samaj beeinflusst zeigt, unterliegen in der einen oder anderen Form und in unterschiedlicher Gewichtung der gesamten Gegenwartsesoterik. Natürlich sind diese Gedanken sämtlich nicht neu, denn Blavatsky versteht ihre Geheimlehre ja nur als Quintessenz allen religiösen Wissens. Nun ist die Syntheseleistung, mit ihrer versöhnlichen Behauptung der *einen* Realität, aus der letztlich auch alle Religionen als, freilich unvollständige und deswegen hoffnungslose, Versuche, diese eine unfassbare Realität zu erfassen, abgleitet sind, durchaus neu, aber nicht der wesentliche Aspekt, um hier den Beginn einer spezifisch modernen Esoterik auszumachen. Die Modernität der Blavatsky-Esoterik liegt vielmehr darin, dass sie sich ganz bewusst und offen im Kontext der damaligen Gegenwart platziert. Ihre Esoterik sieht sich weder in Konkurrenz zu einer anderen Religion noch sieht sie die Religion in Konkurrenz zu den Naturwissenschaften. Im Gegenteil: Die modernen Naturwissenschaften gelten Blavatsky zwar als materialistisch beschränkt, aber eben doch als Teil des Ganzen und unverzichtbares Erkenntnisinstrument. Und die im 19. Jh. hochkonjunkturelle Evolutionstheorie bildet ihr – obwohl ausgewiesene Gegnerin Darwins – das intellektuelle Gerüst zur Illustrierung der Gesetze des Wandels und der Unvermeidbarkeit der Entwicklung. Zuletzt, und wenig beachtet, ist es aber auch die Frau Helena Blavatsky, die mit einer eigenständigen theosophischen Philosophie das Gesicht der bis dahin überwiegend männerbündisch und logenartig organisierten Esoterik verändert. Und auch im Weiteren sind es »starke« Frauen wie Annie Besant (1847–1933) und Alice Ann Bailey (1880–1947), die Form und Inhalt der modernen Theosophie prägen.

Mit einigem Recht kann man die moderne Esoterik also im 19. Jh. beginnen lassen, wobei das spezifisch Moderne an ihr ist, dass sie den Zugang zu sich selbst als wissenschaftliche Unternehmung betrachtet und ihre Disziplinen ausgesprochen experimentelle, nachgerade »alchimistische« Züge der Persönlichkeitsbildung aufweisen.

Ahnen und Erben der Theosophie: Lichtgestalten der christlichen Esoterik

Die in Form der Theosophischen Gesellschaft erstmals sichtbare Gestalt einer scheinbar einheitlichen esoterischen Religion hatte freilich nicht lange Bestand. Schon unmittelbar nach dem Ableben Blavatskys wurde heftig um das Erbe gestritten, mit der Folge, dass die Theosophische Gesellschaft in viele theosophische Gesellschaften zerfiel. Aus der bedeutsamsten Gruppierung, der Theosophischen Gesellschaft Adyar, entstammte Rudolf Steiner (1861–1925), der die eigentlich schon 1912 gegründete Anthroposophische Gesellschaft ab 1923 »übernahm« und als Allgemeine Anthroposophische Gesellschaft neu begründete. Steiner gilt bis heute als Gründer der *Anthroposophie* – die allerdings nie etwas anderes zum Inhalt hatte, als Steiners höchstpersönliches Verständnis der Theosophie – bzw. der Christengemeinschaft, einer »geisteswissenschaftlich« orientierten Esoterikvariante, die sich ihre eigenen Traditionsstränge überwiegend in der christlichen Mystik besorgt.

Überhaupt: Der von diversen »Sektenexperten« gerne hervorgehobene »okkulte« Charakter der Esoterik führt in eben dieser Betonung ziemlich in die Irre. Denn der größte Teil der »okkulten« Esoterik war und ist in seinen Grundzügen christlich geprägt. Insofern ist es vor allem der christliche Charakter selbst, der »verborgen« ist, weil er – wie schon an den gnostischen Strömungen erläutert – oft im Gegensatz zu den kirchlichen Lehren des Christentums stand und zwangsläufig nur im Verborgenen überleben konnte. Aber der esoterische Leitgedanke aller Zeiten, die Vorstellung von der Möglichkeit einer *Unio mystica,* einer inneren Erleuchtung bzw. der Selbsterfahrung des Einssein mit Gott, der Wahrheit, dem Universum, dem Kosmos usw., findet sich in mehr oder weniger allen großen Religionen. So auch seit jeher im Christentum und hier keineswegs immer außerhalb der Kirche.

Die christliche Mystik hatte ihre Blütezeit im Mittelalter und ihre prominesten Vertreter waren Mönche und Nonnen. Deshalb findet man überall in der aktuellen esoterischen Literatur Verweise in die christliche Mystik bzw. zu bedeutenden christlichen Mystikern. Vor allem die Benediktinernonne Hildegard von Bingen (1098–1179) und der Dominikanermönch Eckhart von Hochheim (1260–1327/28) – besser bekannt als »Meister Eckhart« – sind allseits bekannte und hochgeschätzte Namen auf dem Esoterikmarkt. Abseits dieser klösterlichen Wurzeln der Gegenwartsesoterik wird die christliche Esoterik besonders von drei Ahnherren geprägt. Sie tragen die Kurznamen: Agrippa, Paracelsus und Swedenborg. Und alle könnten ebenso in die Geschichte des schwärmerischen Protestantismus eingeordnet werden und zumindest Letzterer könnte auch im Kapitel über die Neuoffenbarer abgehandelt werden.

Der akademische »Freelancer« Heinrich Cornelius Agrippa von Nettesheim (1486–1535) setzte sich, so wissenschaftlich und theologisch wie zu seiner Zeit irgend möglich, mit Humanismus und antiker Philosophie, mit Gnosis, Kabbala, Mystik, Magie, Astrologie, Wahrsagerei, Hexerei, Zauberei usw. auseinander. Dabei entdeckte er wohl auch so manchen »häretischen« Aspekt, dem er selbst vorsichtige Sympathien entgegenbrachte. Sein Hauptwerk, *De occulta philosophia* (Von der verborgenen Weisheit), ist zu einem regelrechten Manifest, mindestens aber zum größten intellektuellen Steinbruch der späteren Esoterik geworden. Bei Agrippa wird vor allem die esoterische Grundannahme deutlich, dass Gott bzw. ein höheres geistiges Prinzip oder eine »Weltseele« alles, also auch die Materie durchwaltet und insofern irgendwie alles mit allem verbunden ist. Der auch zu Lebzeiten schon ausgesprochen bekannte Universalgelehrte ist von größter Bedeutung für alle »magischen« religiösen Traditionen der Gegenwart. Aber er hatte eben auch einen durchaus nennenswerten Einfluss auf die mystisch orientierten Schwärmer des Protestantismus.

Ein noch größerer Einfluss auf die besagten Schwärmer dürfte dem Arzt und Naturforscher Theophrast von Hohenheim (1493–1541), bekannter unter dem Namen Paracelsus, zugesprochen werden. Seine medizinisch-heilerischen und frühpsychologischen Vorstellungen gingen von einem ganzheitlichen Menschenbild aus; einem Menschen also, dessen sichtbare, mikroskopische, materielle Existenz untrennbar mit einer unsichtbaren, makroskopischen, spirituellen Dimension verbunden sei. Menschenkenntnis bzw. innere Selbsterkenntnis sei demnach zugleich notwendig mit Gotteserkenntnis verbunden. Paracelsus' Bedeutung für die Gegenwartsesoterik rührt vorwiegend aus seinen alchimistischen Vorstellungen, die hier recht deutlich über die chemischen Prozesse ausgeweitet und allegorisch als innerliche Transformation, als Seelenbildung und Persönlichkeitswandel betrachtet werden. Im Christentum kann er als untergründig wirkender Vertreter der geistheilerischen Strömungen betrachtet werden.

Den größten Einfluss auf die moderne christliche Esoterik hat freilich der schwedische Naturwissenschaftler Emanuel Swedenborg (1688–1772) ausgeübt. Ab den 1740er Jahren wendet sich der zu dieser Zeit schon hochdekorierte Wissenschaftler aus lutherischem Haus langsam einer organischen Weltsicht zu, in der er die gesamte Schöpfung, Mikro- und Makrokosmos, Lebewesen und »tote« Materie, Gott und Mensch als untrennbar miteinander verbunden und den gleichen universalen Gesetzen unterworfen sieht. Dieses esoterische Grundthema ist nicht neu, aber Swedenborg durchdringt diese Sichtweise in einer Breite und Tiefe, die im Bereich der christlichen Esoterik wenige Parallelen hat. Ab 1743 empfängt Swedenborg spirituelle Eingebungen; 1745 hat er eine Gottes- bzw. Christusvision, die ihn veranlasst, seine wissenschaftliche Laufbahn zu beenden und fortan nur noch das zu schreiben, »was mir der Herr zu schreiben befahl«. In den ersten Jahren versucht er noch seine Visionen akademisch, also in biblisch-theologischer Lesart aufzubereiten; mit seinem 1748 begonnenen religiösen Werk *Arcana Coelestia (Himmlische Geheimnisse im Worte Gottes)* entwickelt er aber nach und nach eine völlig eigenständige und ausgesprochen umfangreiche christliche Theologie, die außergewöhnlich komplex und nicht immer leicht verständlich ist, aber doch von einer gewissen inneren Logik zusammengehalten wird, die man sonst eher selten bei esoterischen Autoren findet.

Kern der Swedenborg'schen Theologie sind die Entsprechungen, das vitale Band, das Gott, Geisteswesen (Engel) und Menschen in einem ganz konkreten Sinne miteinander verbindet. Weisheit und Liebe, der in Gott vereinte Urgrund allen Seins, durchströmt gleichermaßen die himmlischen, die geistigen und die natürlichen Dimensionen, sodass Gott von jedem Menschen in seinem Inneren intuitiv erfasst werden kann. Swedenborg, der sich von Gott dazu berufen sah, eine neue Kirche zu begründen oder zumindest ihre Lehre zu gestalten, fand recht schnell Anhänger und in Form der lutherischen Kirchen auch mächtige Feinde. Angesichts seiner Bekanntheit in akademischen und großbürgerlichen Kreisen hat Swedenborg zahlreiche Intellektuelle in der einen oder anderen Weise beeinflusst. Swedenborg ist in der Gegenwart im Vergleich zu Agrippa und Paracelsus deutlich entschiedener christlich vereinnahmt. Die ca. 35.000 mehrheitlich im angelsächsischen Sprachraum ansässigen Swedenborgianer sind weltweit lose in zahlreichen Swedenborg-Gesellschaften bzw. in der Kirche des neuen Jerusalem (auch: Neue Kirche) vereint. Wie bei vielen esoterischen Gemeinschaften existieren hier aber keine festen Ränder. In Deutschland unterhalten die gut 100 Swedenborgianer zumeist guten Kontakt zur *Lorber-Bewegung*, weil man hier eine gewisse Geistesverwandtschaft der beiden »Propheten« sieht (mehr zu Lorber in Kapitel 7, das sich ausführlich den Propheten und neuen Offenbarungen widmet).

Abseits der christlichen Traditionen war aber auch Blavatskys Erbe reichhaltig genug, um etliche andere Bewegungen und Grüppchen der »alten« bzw. der okkulten Ordenstraditionen zu nähren. Nimmt man den modernen Esoterikmarkt hinzu, so lassen sich für die Gegenwart drei typische Erscheinungsformen der Esoterik unterscheiden. Zum Ersten und bei Weitem am bedeutsamsten eine individualistische und eher spielerische Esoterik, die überhaupt nur über den »Markt« eine konkrete Gestalt erhält. Zweitens lässt sich so etwas wie eine sozial engagierte Esoterik ausmachen, deren Anfang in Theo- und Anthroposophie liegt, die aber in den 1960er Jahren im Kontext des *New Age* eine neue Form annimmt und mittlerweile auch eine gewisse Marktförmigkeit gewonnen hat. Zum dritten gibt es, wenn auch zahlenmäßig eher unbedeutend, die »alte« Ordensesoterik, aus deren Kontexten auch Blavatsky stammte und die bis heute, mehr oder weniger theosophisch geprägt, noch immer eine leidlich »geheime« Existenz fristet. Da die Ordensesoterik per se unter Sektenverdacht steht und man für sie einen etwas größeren Anlauf nehmen muss und dort noch ein paar Dinge von Bedeutung sind, die nicht in diesen Abschnitt gehören, werden wir diese Spielart der Gegenwartsesoterik gesondert im Kapitel über die esoterische Ordensszene und das moderne Logentum (Kapitel 6) behandeln.

Esoterik: Gefährliche Lebenshilfe?

Ja! Es ist wahr: Auf dem Esoterikmarkt wimmelt es nur so von Engeln und Dämonen, von Naturgeistern, Elfen und Feen, von feinstofflichen und geistigen Wesenheiten, von verborgenen Kräften und zahllosen Energien in Kristallen, Steinen, Metallen, Wasser, Licht, dem Kosmos (»Sonne, Mond und Sterne«). Allüberall ist Strahlung, Aura, Farbe, Klang, Schwingung oder Liebe, Herz, Harmonie, Empfindung usw.

Wie übersichtlich waren doch die Zeiten, in denen die okkulten und spirituellen Praktiken in einem zwar schwer verständlichen, aber doch irgendwie intellektuell fassbaren Rahmen stattfanden. Heute gibt es: Craniosacrale und Hawaianische und Schamanische Körperarbeit; Quantenheilung, Thetahealing, Engel-Ki und Engelmeditation; Kristallbalancen, Umgebungsheilung, Viszerale Mobilisation, Organ Unwinding, Chakrenreinigung, Klangschalenmassage, Mediale Lebensberatung, Heilige Geometrie, Chirosophie (inkl. Nageldiagnostik!), Magnified und Pranic Healing, Schamanisches Reisen, Hopi-Herzheilung, Rainbow-Healing, Tibetan Pulsing, Quantentherapie mit Rikta, Curandero-Healing usw. Neben profaner Heilung kann man mittlerweile auch seinen »Genesis Code« der »12 Strang DNS« per Sternenlicht aktivieren, kristallines Körperbewusstsein erlangen sowie Wasser- und Lichtbewusstsein nutzen. Man kann sich durch Lichtkosmetik verschönern lassen, ja sogar von Licht ernähren; man kann seine Aura messen und versiegeln lassen, die Organsprache erlernen; man kann für vielfältige Zwecke Vitalfeld-, Tachyon- und Orgonenergie einsetzen oder ganz allgemein spirituelle Lebenshilfe von Naturgeistern, Engeln oder Aufgestiegenen Meistern in Anspruch nehmen. Entsprechend klingen die neuen Berufe auf dem Esoterikmarkt:

Energhetiker[sic]/Lightmaster, Cosmic Channel Medium, Andromeda Light System Practitioner, Andromeda Kristall Transformator, Erdheiler, Raftan-Trainer, Lichtkosmetiker, Heiler der Syron-Frequenz, Reinkarnationstherapeut und Rückführungsbegleiter, Sternbringer, Fünf Tibeter-Trainer und Energietrainer bzw. Energiemedium für alle spirituellen Lebensenergieformen, vom antiken Pneuma über das chinesische Chi bzw. Qi, das indische Prana, das japanische Ki, das afrikanische Ashé bis zum kabbalistischen Or.

Das Ganze hat also scheinbar kaum noch oder nur noch sehr entfernt mit Blavatskys Esoterik zu tun – was natürlich auch damit zusammenhängt, dass sich der religiöse Ideenmarkt seither und vor allem im Zuge der Globalisierung beträchtlich erweitert hat. So spielen mittlerweile alle »heidnischen« Urkulturen und Urreligionen, seien sie real oder imaginiert, eine große Rolle. Neben die Priester der christlichen, die Gurus der fernöstlichen sowie die Magier und Meister der okkulten und esoterischen Traditionen treten nun die Druiden, die Schamanen, die Hexen und mittlerweile auch einige Außerirdische aus fernen Galaxien. Gleichwohl: Bei aller Unterschiedlichkeit der Erscheinungsformen der Gegenwartsesoterik sind diese doch abhängig von den genannten grundlegenden religiös-esoterischen Vorstellungen.

Angesichts der Vielfalt der Phänomene kommt man diesen prägenden Mustern nicht mehr dadurch auf die Spur, dass man sie aus einem konkreten ideellen Weltentwurf, wie zum Beispiel der Theosophie, ableitet, sondern indem man den Blick gewissermaßen umkehrt und fragt: Wie muss man sich die Weltanschauung oder die »Denkweise« eines esoterisch orientierten Menschen bzw. eines potenziellen Kunden auf dem Esoterikmarkt, zum Beispiel eines Interessenten für Lichtnahrung, vorstellen?

Zum Ersten: Ein Denken in Entsprechungen. Meint: Alles hängt mit allem zusammen. Vieles was anderswo als unvereinbar erscheint, z. B. Geist und Materie, Belebtes und Unbelebtes, Makro- und Mikrokosmos, widerspiegelt in esoterischer Sichtweise eine Ganzheit, in der auch das scheinbar Gegensätzliche durch (symbolische) Entsprechungen miteinander verbunden ist. (Anschaulich: Die Astrologie, in der Sternenkonstellationen Menschenschicksalen entsprechen.)

Zum Zweiten: Die Vorstellung einer allumfassenden Belebtheit oder auch »Beseeltheit« des Kosmos. Meint: Die gesamte Wirklichkeit ist von mehr oder weniger lebenden oder lebendigen Energien durchströmt bzw. in analoger Weise beseelt. (Anschaulich: Die kosmischen Heilkräfte und Energien.)

Zum Dritten: Die Vorstellung eines möglichen Zugangs. Meint: In fundamentalem Gegensatz zu den radikal-protestantischen Vorstellungen der völligen Unmöglichkeit, als Mensch Einsicht in oder Einfluss auf das eigene Schicksal (Gottes Pläne) nehmen zu können, bietet die Esoterik Zugangswege zum Absoluten und Einflussnahme auf das Schicksal (Anschaulich: typische esoterische Techniken und Übungen wie Trance, Meditation, Yoga sowie esoterische Vermittlungsinstanzen wie Engel, Geistheiler, Astrologen und Hilfsmittel wie Karten, Pendel usw.)

Zum Vierten: Die persönliche Bereitschaft der Erfahrung einer »anderen« Qualität der Wirklichkeit. Meint: Jedwede esoterische Methode zielt zuvorderst auf die Veränderung der Perspektive; es geht gewissermaßen immer darum, die Dinge in einem

»neuen Licht« zu sehen. Auf diese Weise erhalten viele Aspekte der Realität eine neue oder andere Qualität, eine andere Bedeutung. Und das alles funktioniert eben nicht, ohne die individuelle Bereitschaft neue oder andere Erfahrungen zu machen.

Ob letztlich also beispielsweise ein Amulett lediglich als modisches Accessoire getragen wird oder aber als magisches Symbol, hängt ab von der Bedeutung, die sein Träger ihm verleiht. Freilich gibt es auch hier fließende Übergänge, denn nicht jeder, der einen »Glücksbringer« trägt, ist sich der darin liegenden »magischen« Logik bewusst. Aber viele sind sich dessen eben doch bewusst, weil sie eine bestimmte Auffassung von der Wirklichkeit haben, die dem Tragen eines Amulettes mehr als nur einen dekorativen Sinn verleiht. Man sieht also: Als esoterische Programmatik passt die Theosophie noch immer in das gerade beschriebene Denkmuster einer esoterischen Klientel, die sich freilich mit dem gleichen Rüstzeug auch als nächtliche Kundschaft einer telemedialen Astrologieberaterin zeigen könnte.

Erlaubt ist, was gefällt: Der Esoterikmarkt

Wenn hier von einem Markt die Rede ist, dann nicht deshalb, weil es hier primär um den Kauf und Verkauf von Waren und Dienstleistungen geht, sondern weil der Markt die wesentliche Organisationsform der Gegenwartsesoterik ist. »Sektenbildungen« im Sinne der Entstehung von dauerhaften sozialen Gemeinschaften aufgrund eines bestimmten dogmatischen Glaubens sind hier eher die Ausnahmen. Folglich ist es sachlich unsinnig, hier die üblichen »sozialen« Sektenklischees anzubringen: Es gibt keine »Gehirnwäsche«, keine religiösen Pflichten, keine sozialen Verbindlichkeiten, keine soziale Kontrolle, kein *Love bombing* und keine Probleme beim »Ausstieg«.

Um im Bild zu bleiben: Auf dem Esoterikmarkt gibt es die unterschiedlichsten Stände mit den unterschiedlichsten Waren und Dienstleistungen, die mittlerweile sämtlich offen angeboten werden. Das ist natürlich mit Blick auf das eigentlich »geheime« esoterische Wissen etwas paradox und wird auch von manchem »echten« Esoteriker mit Argwohn betrachtet. Gleichwohl: Über diesen Markt schlendern die esoterisch Interessierten, man bleibt vielleicht da und dort stehen, lässt sich beraten oder informiert sich, und manchmal kauft man auch etwas. Trotz aller Unübersichtlichkeit ist dieser Markt wissenschaftlich recht gut erforscht, weshalb man über die Waren, Verkäufer und Käufer auch einige verallgemeinernde Aussagen machen kann.

Was den Markt in seiner faktischen Gestalt betrifft, so sind Zahlen natürlich sehr abhängig davon, wo man Grenzen zieht bzw. was man dazu zählt und was nicht. Nicht jeder, der sich ein Räucherstäbchen oder einen Glücksstein kauft, ist zwingend schon ein »Esoteriker« – wie manche kirchliche Weltanschauungsbeauftragte befürchten – wie überhaupt viel esoterisches Zubehör ebenso in gänzlich unesoterischen Kunst- und Geschenkeläden zu finden ist. Dass dieser Markt dennoch »groß« ist, ist unbestritten. Journalistische Quellen sprechen von etwa 10 Milliarden Euro Umsatz auf dem Esoterikmarkt, realistischere Schätzungen setzen etwa die Hälfte an; aber auch das wäre noch mehr als der Jahresumsatz des gesamten deutschen Buchmarktes. Tatsache ist, dass beispielsweise esoterische Literatur zu den erfolgreicheren Genres auf dem Büchermarkt gehört; ca. 10 bis 20 % aller Neuerscheinungen (auch diese Spanne ergibt sich aus unklaren Grenzziehungen) fallen in dieses Spektrum. Die bedeutenderen Zeitschriften auf dem Esoterikmarkt *(Visionen; Welt der Esoterik; Bewusster Leben; NewsAge)* erscheinen, in zweimonatlichen oder vierteljährlichen Ausgaben, in Auflagenzahlen von 40.000 bis 75.000; die Zeitung *Grenzenlos* erscheint mit 4 bis 6 Ausgaben in einer jährlichen Gesamtauflage von 800.000 Stück. Ergänzt wird der Markt durch das schon einleitend kurz skizzierte, riesige Dienstleistungsangebot sowie ein noch unüberschaubareres Angebot esoterischen Zubehörs (Kristalle und Edelsteine, Glücksbringer, Amulette und Symbole, Duftstoffe, Pendel und Tarotkarten, Klang- und Räucherschalen, Aura-Kameras, Meditationskissen und vieles mehr). Gehandelt wird das alles zunehmend im Internet, aber auch auf »mobilen« Marktplätzen, wie zum Beispiel den großen Esoterikmessen, wovon in Deutschland zurzeit ca. 20 bis 25 pro Jahr stattfinden.

Ein weiteres Merkmal dieses Marktes ist seine »Weiblichkeit«, denn sowohl Verkäufer als auch Käufer sind ganz überwiegend Frauen – die prominenteste Verkäuferin dürfte die US-amerikanische Schauspielerin Shirley MacLaine (geb. 1934) sein, die einen ziemlich umfangreichen Esoterik-Shop im Internet betreibt. Wissenschaftliche Untersuchungen weisen ca. zwei Drittel bis 80 % Frauenanteil aus. Nimmt man die eher »männliche« Ordensesoterik und die eher ausgewogene »sozial engagierte« Esoterik (siehe dazu unten) heraus, so dürfte Letzteres die realistischere Zahl sein. Diese Frauen befinden sich überwiegend im »mittleren« Lebensalter, zumeist also jenseits der 30 bis ca. Mitte 50, wie überhaupt etwa zwei Drittel der esoterischen Klientel in diesem Altersspektrum anzusiedeln sind. Die meisten Szenegängerinnen sind gesellschaftlich etabliert mit typischen und angepassten bürgerlichen Lebensläufen. Abgesehen von einem gewissen Anteil jener, die noch im weitesten Sinne aus dem New Age-Kontext stammen, scheinen viele der weiblichen Interessenten auf der Suche nach einem *second life,* also einem zweiten »Lebens-Sinn« abseits der gesellschaftlichen Rollenzuweisungen zu sein; sei es als Mutter, Ehe- und Hausfrau, oder, in klischeehafter Wendung, als alleinstehende und kinderlose Karrierefrau, die sich nun der fehlenden Emotionalität ihres Daseins bewusst wird. Kurz gesagt: Esoterik in all diesen Varianten ist spirituelle Lebensergänzung.

Beispiele der Gegenwartsesoterik: Geistheilung, Lichtarbeit und Engelwesen

Eine der bedeutsamsten Ausprägungen der Gegenwartsesoterik ist das geistige Heilen. Gemeint sind jegliche Heilverfahren, die nicht am Körper, sondern am Geist bzw. der Seele ansetzen. Geistheilung beruht, so kann man es vielleicht zusammenfassend sagen, auf »geheimen« Kenntnissen über den Geist bzw. die Seele und deren Funktionsweise sowie ihre Beziehung zum höheren spirituellen Selbst, zum kosmischen Ursprung, zu Gott, zu den Engeln, zu den spirituellen Energien usw. Geistheiler verstehen sich folglich oft als Medium oder Vermittler bzw. als »Kanal« (englisch: *channel*) zwischen den höheren Energien/Kräften/Wesen und dem Geist, der Seele des Patienten.

Auch weite Teile der heute im Trend liegenden *Traditionellen Chinesischen Medizin* (TCM) gehören in den Bereich des Geistheilens – auch dann, wenn sie in Form körperlicher Anwendungen praktiziert werden. Am bekanntesten sind Akupunktur und -pressur, Massagetechniken wie das Shiatsu und Bewegungsübungen wie Qigong und Taijiquan. Weniger bekannt sind auch eine ebenso zur TCM gehörige Diätetik (Ernährungslehre) und die Moxibustion – eine analog zur Akupunktur funktionierende Therapie, bei der nicht mit Nadeln, sondern mit Wärme bzw. Hitze gearbeitet wird. Der größte Bereich der TCM sind freilich die teilweise Jahrtausende alten chinesischen Arzneimitteltherapien, die in Form von Tees, Pillen, Tropfen, Salben, Bädern usw. Anwendung finden. Das alles liegt im Gegenwartstrend der (erneuten) Hinwendung zu ganzheitlicher Heilung und zu »sanften« Naturheilverfahren.

Hier ist nun nicht der Ort, die einzelnen Heilverfahren durchzusprechen, aber die Logik des geistigen Heilens kann beispielhaft im Zusammenhang mit der Akupunktur erläutert werden. Die Akupunktur basiert – wie auch Akupressur, Shiatsu und viele ähnliche Verfahren – auf der Vorstellung von sogenannten Meridianen. Dabei handelt es sich um Energiebahnen, in denen das Qi bzw. das Chi, also die (Lebens-)Energie, durch den Körper fließt. Sind diese Bahnen in irgendeiner Weise gestört, dann fließt die Energie nicht richtig bzw. im schlimmsten Fall sogar in falschen Bahnen. Solche energetischen Störungen äußern sich in zahlreichen Krankheiten, die ihrerseits dann aber mit Methoden zur Wiederherstellung des richtigen Energieflusses behandelt werden können. Das »philosophische« Problem ist nun, kurz gefasst, das folgende: Dass Akupunktur in vielen Fällen wirkt, ist ebenso unstreitig wie die Tatsache, dass diese Wirkung offenbar nichts mit den Meridianen zu tun hat, die es nach einhelliger Auffassung der westlichen Schulmedizin ohnehin nicht gibt. Placebo-Studien haben bewiesen, dass das Einstechen der Nadeln in »falsche« Akupunkturstellen die gleiche Wirkung hat wie das Einstechen in »richtige« Punkte. Aus einer »harten« medizinischen Sicht ist Akupunktur damit wirkungslos, obwohl es eine nachweisbare Wirkung gibt. Wenn Spötter nun nicht ganz zu Unrecht sagen, dass Akupunktur nur dann wirkt, wenn man daran glaubt, dann bedeutet das natürlich auch, dass im subjektiven Glauben an Heilung tatsächlich Heilkräfte verborgen sind. Was wiederum in der Konsequenz bedeutet, dass eine in diesem Sinne religiöse Heilung, also eine Heilung auf Basis des Glaubens, eben nicht per se Unsinn ist. Im medizintechnisch modernsten Land der Welt, den USA, vertritt immerhin jeder zweite Arzt die Theorie, dass Beten eine heilende Wirkung hat, und an den meisten amerikanischen Medizinfakultäten gibt es mittlerweile auch spirituelle bzw. religiöse Lehrthemen.

Soweit der Abstecher zu den asiatischen Formen der Geistheilung. Bevor nun im Folgenden in die kontinentaleuropäische, und das heißt in eine eher »unchristlich« inspirierte Richtung der Geistheilung abgebogen wird, sollte erwähnt sein, dass es das alles auch parallel im christlichen Gewand gab und gibt. Die dezidiert christlichen Formen der modernen Geistheilung entstanden überwiegend in den USA, wo sie unter dem Strömungsnamen des *New Thought* bekannt wurden. Tatsächlich ist der Einfluss der New Thought-Bewegung und ihrer »christlichen Wissenschaft« in den USA so immens, dass wir das Thema exemplarisch in einem eigenen Abschnitt im Kapitel über die »Psychogruppen und den Sonderfall Scientology« behandeln werden.

Über den Ursprung und die Verbreitung der verschiedenen Methoden der Geistheilung könnte man viele unterschiedliche und sehr lange Geschichten erzählen. Hier soll der Hinweis genügen, dass in jeder Kultur, zu allen Zeiten und auch in allen Religionen Formen der Geistheilung betrieben wurden. Erst mit der modernen wissenschaftlichen Medizin, d. h.: einer allein auf materielle Kausalität von Krankheiten konzentrierten Medizin mit den Methoden des körperlichen Eingriffs, sei dieser chirurgischer oder medikamentöser Art, wird das Geistheilen in das religiöse Gleisbett abgeschoben – und das ist eine Sichtweise erst des 20. Jh. Paradoxerweise etabliert sich das Geistheilen in der modernen Gesellschaft aber parallel als naturwissenschaftlich argumentierende »Seelenwissenschaft«, also als Psychologie bzw. korrekter: als Psychotherapie. Wie jeder Religion so unterliegen auch der Psychotherapie unwiderlegbare (und damit nichtwissenschaftliche) Grundannahmen über die »Seele« und ihre Eigenschaften. Und die psychotherapeutische Seelenheilung gleicht der anderer Geistheilungsmethoden – nur sind die Ersteren ungleich langwieriger und bei Weitem kostspieliger.

Psychotherapeutische Verfahren unterscheiden sich dennoch in zwei wesentlichen Aspekten von ihren esoterischen Seelen- oder Geistesverwandten. Zunächst ist die psychotherapeutische Seelenkonzeption insoweit endlich, als dass die Seele keine wirklich transzendente Bedeutung gewinnt; sie ist weder Träger kosmischer Energien noch Teil einer universalen Oberseele, sondern nur eine Art Speicherplatz für teilweise verdrängte Erfahrungen und Erlebnisse. Außerdem war der »Vater« der Psychotherapie, Sigmund Freud (1856–1939), auch als klassischer Arzt ausgebildet, weshalb er nie auf die Idee kam, Beinbrüche oder schwere körperliche Krankheiten psychotherapeutisch zu behandeln. Heilungen der letztgenannten Art stellen allerdings die Geistheiler zuweilen in Aussicht; wenn auch angesichts der geltenden Gesetzeslage stets nur unterschwellig. Im esoterischen Weltbild der Entsprechungen von »oben« und »unten«, von Körper und Geist, erscheinen Heilungen auch schwerer physischer Erkrankungen wie beispielsweise Krebs vermittels der Heilung des Geistes als möglich und plausibel. Umso mehr, weil es das esoterische Zugangswissen gibt, mit dem die kosmischen Lebensenergien und die Kräfte der höheren spirituellen Ebenen angezapft werden können.

Der Ursprung der modernen abendländischen Formen der Geistheilung ist schon in der zweiten Hälfte des 18. Jh. auszumachen. Es ist einerseits die Zeit, in der die wundersamen, aber insgesamt doch recht unzuverlässigen Kräfte der »alten« Geister nun immer mehr als physikalische Kräfte »enttarnt« werden. Andererseits werden Elektrizität, Magnetismus, Wellen, Frequenzen, Schwingungen usw. gleich wieder religiös vereinnahmt und gewissermaßen zu neuen Geistern: Technisch beherrschbar und weit zuverlässiger als ihre Vorgänger, übernehmen sie nun die Funktionen der alten Geister. Den Anfang bildet der sogenannte *Mesmerismus;* eine Geistheilungsbewegung, die auf Basis der Newton'schen Gravitationsgesetze das wissenschaftlich-experimentelle Zeitalter in der Geister- und Geisteswelt einläutet. Der Einfluss der vom Arzt Franz Anton Mesmer (1734–1815) begründeten Theorie des »animalischen Magnetismus«, nicht nur auf den Spiritismus und unzählige Spielarten der modernen Esoterik, sondern auch auf die wortwörtliche Geisteswissenschaft und allerlei psychologische Richtungen, ist kaum zu überschätzen. Dabei ist Mesmer, der seinen medizinischen Doktorgrad mit einer Arbeit über den Einfluss der Gestirne auf den Menschen erlangte, im Selbstverständnis ein echter Naturwissenschaftler. Er begriff die natürlichen Kräfte und kosmischen Energien als berechenbare physikalische Größen und den »Magnetiseur« als jemanden, der diese Kräfte sammeln, lenken und gezielt zur Heilung von Menschen anwenden konnte. Die zeitgenössische Popularität Mesmers und seiner Theorien lässt sich nicht allein am riesigen Erfolg seiner Pariser Praxis ermessen, sondern auch daran, dass sich sogar ein Johann Wolfgang von Goethe damit auseinandersetzte.

In Frankreich, wo Mesmer den Höhepunkt seiner Karriere erlebt, wandelt später Allan Kardec (eig. Hippolyte Léon Denizard Rivail, 1804–1869) auf seinen Spuren. Auch er ist ein modern ausgebildeter Wissenschaftler, der um die Mitte des 19. Jh. grundlegende Schriften zum *Spiritismus* veröffentlicht. Dort entschlüsselt er die »Mechanik« der Geisterwelt und schildert die technischen Methoden der Kommunikation mit dem Übersinnlichen. Und ab der Mitte des 19. Jh. wird vor allem in adeligen und großbürgerlichen Kreisen mit Geistern kommuniziert, was das Zeug hält.

In diesem Umfeld bewegt sich um die 1880er Jahre auch der junge Sigmund Freud (1856–1939), der in regem, oft freundschaftlichem Kontakt zu allerlei gut- und großbürgerlichen Okkultisten und Spiritisten stand. Unzweifelhaft teilte man das Interesse an allem, was untergründig im Menschen verborgen liegt und dennoch über dessen materielle Gestalt hinausweist. Hypnose, Telepathie, Telekinese oder Geistererscheinungen, also das heutige Feld der sogenannten Parapsychologie, sind in der Zeit zwischen etwa 1870 und 1930 das gemeinsame Forschungs- und Erfahrungsfeld von Theosophen, Spiritisten, Mystikern und Psychologen. Und die Freud'sche Psychoanalyse, nebst ihren zahlreichen Verwandten und tiefenpsychologischen Nachkommen, reißt die im Zuge von Renaissance und Aufklärung mühsam errichtete Mauer zwischen Religion und Wissenschaft wieder ein, indem sie die religiöse »Seele« im reanimierten Wortkleid der »Psyche« zum Gegenstand einer echten Naturwissenschaft, namentlich der Medizin, macht. Die wörtliche »Zerlegung der Seele« (= Psychoanalyse) knüpft ja ebenso wie die Religionen an jenes unsichtbare und immaterielle »Organ« an, das den Menschen mit einer anderen als der materiellen Wirklichkeit verbindet. Und an diesem Punkt wird auch das religiöse Monopol in Bezug auf die »Geistheilung« gebrochen, die seither auch im »wissenschaftlichen« Gewand von Psychotherapien betrieben wird.

Aus all dem ist ein beachtlicher Variantenreichtum geistiger Heilmethoden hervorgegangen, der sich in einem riesigen und schlechterdings undurchschaubaren Angebot niederschlägt. Manches klingt eher christlich (Glaubensheilung, Seelsorge, Gebetsheilung, Christozentrisches Heilen) und manches ist sichtlich fernöstlichen oder »heidnischen« Traditionen entsprungen (Prana, Reiki, Huna, Schamanismus). Die im Umfeld der energetischen Geistheilung bis heute praktizierte Dr.-Calligaris-Methode (nach Guiseppe Calligaris, 1876–1944) und auch die Orgon-Therapie nach Wilhelm Reich (1897–1957) sind frühe, sehr elaborierte und ungemein technisch inspirierte Methoden. Und einiges klingt auch irgendwie nach SCIENTOLOGY (Clearing, Therapeutic Touch, Theta-Healing), wobei aber das techno-therapeutische Heilungsmetier, wie gesagt, schon im 19. Jh. eine Fülle von Erscheinungsformen hervorgebracht hatte und auch die scientologischen »Psychotechniken« der 1950er Jahre nicht vom Himmel gefallen sind. Wir werden das komplexe Scientology-Thema an späterer Stelle (in Kapitel 10) gesondert behandeln und in diesem Zusammenhang auch auf die spezifischen US-amerikanischen Varianten des christlichen Geistheilens im Rahmen der New Thought-Bewegung eingehen.

Selbst wenn man die aktuell knapp 35.000 universitär aus- und psychotherapeutisch weitergebildeten »Geistheiler« in Deutschland (Psychologische Psychotherapeuten und Kinder- und Jugendlichenpsychotherapeuten, die der *BundesPsychotherapeutenKammer* angeschlossen sind) mal aus der religiös motivierten Szene rausrechnet, bleiben die Zahlen beeindruckend. Im Jahr 2012 hat allein der DACHVERBAND GEISTIGES HEILEN E.V. knapp 4500 angeschlossene Mitglieder. Hier handelt es sich ganz überwiegend um Einzelpersonen, die Geistheilung nach den Kriterien ihres Dachverbandes betreiben – was im Wesentlichen heißt: Beachtung des gesetzlichen Rahmens. Noch konkreter meint dies ein konsequentes Vermeiden von potenziellen Konflikten mit dem behördlich organisierten Gesundheitswesen, also mit dem gesamten Berufsstand und Tätigkeitsfeld von Ärzten und Heilpraktikern. Es wird also offiziell nicht diagnostiziert und untersucht, es werden keine körperlichen Eingriffe unternommen, es werden keine manipulativen Therapien angewendet oder Medikamente verabreicht; Heilung oder Linderung von Krankheiten und Leiden dürfen nicht versprochen werden. Angesichts dieser weit reichenden Restriktionen, praktiziert eine recht große Anzahl von Geistheilern in einer Grauzone unabhängig von diesem Dachverband.

Eine der erfolgreichsten Varianten des Geistheilens in der abendländischen Gegenwart ist *Reiki* (japanisch: *rei*=Kosmos und *ki*=Energie). Dabei handelt es sich um eine alternative Therapieform aus dem Japanischen, die zu Beginn des 20. Jh. entwickelt wurde – und in Japan kaum bekannt ist. Auch Reiki – das in Form von »Einweihungen« in drei Stufen abläuft und insofern ein wenig an die Gradsysteme der Ordensesoterik erinnert – ist Energiearbeit und soll dem Ziel einer ganzheitlichen körperlich-seelischen Heilung bzw. auch der spirituellen Selbstbildung oder auch nur der besseren Befindlichkeit dienlich sein. Der Reiki praktizierende Heiler bzw. »Meister« versteht sich als Kanal, durch den die universelle kosmische Energie zum Patienten gelangt. In der Grundlegung und der Intention unterscheidet sich Reiki also nicht von anderen Geistheilungsverfahren. Ebenso wie die Traditionelle Chinesische Medizin (Akupunktur, Taijiquan, Qigong usw.), findet auch Reiki zunehmend Verbreitung unter etablierten Therapeuten und Heilpraktikern. Dies verdeutlicht, wie unscharf der Bereich zwischen vermeintlich »böser« esoterischer und »guter« psychotherapeutischer Geistheilung ist.

Noch unschärfer ist der Bereich, wenn man den Markt in Richtung der esoterischen Lebenshilfe beschreitet. Ein typisches Beispiel ist die so genannte Lichtarbeit, eine ebenfalls zurzeit sehr verbreitete Variante der Esoterik. Hier geht es weniger um das Heilen als vielmehr um die spirituelle Entwicklung. Die Lichtmetaphorik meint entweder jene energetische oder kosmische Substanz, an der die Einzelseele als »Funken« teilhat, oder auch ganz allgemein die Urquelle allen Seins. Lichtarbeit bringt diesen Funken gewissermaßen wieder zum Glühen bzw. sie schafft überhaupt erst die Grundlagen, dass man sich dieses Funkens und seiner Herkunft wieder bewusst wird. Nicht selten wird die kosmische Quelle als »Gott« gefasst, manchmal als kosmisches Sternenlicht, manchmal als reine Energie, als reiner Geist usw. Die Grenzen zum Metier der Geistheilung sind fließend, wiewohl die Lichtarbeit eher am gesunden Menschen ansetzt und eine etwas stärkere Affinität zu okkulten bzw. spiritistischen Praktiken (Astrologie, Tarot usw.) aufweist. Alles dient jedenfalls dem kosmisch-evolutionären Ziel der Entwicklung des Selbst bzw. des Selbst-Bewusstseins, was gemeinhin als Schlüssel zu einem glücklichen und erfolgreichen Leben beworben wird.

Eine weitere im Trend liegende Esoterikvariante des Lebenshilfemarktes wird von den Geist- und Lichtwesen besetzt. Die prominenteste Sparte ist die Engelarbeit; ein esoterisches Spezialgebiet, in dem der Frauenanteil wohl nahe 100 % liegt. Engelmeditation, Engelgespräche oder Engelessenzen sind die Themen bzw. die Angebote von Engelmedien. Sehr salopp ausgedrückt ist dies der Low-Budget-Bereich des Esoterikmarktes, denn Engelarbeit findet oft in einem eher privaten Rahmen statt. Engelarbeit ist deswegen auch vergleichsweise preiswert – selbst dann, wenn die Anbieter so prominent sind wie die norwegische Königstochter Prinzessin Märtha Louise (geb. 1971). Jedenfalls lassen sich die Kosten für die fast immer sehr dicht am Kitsch angesiedelten Engelbilder, -karten, -püppchen, -kalender, -münzen, -gedichte usw. kaum mit jenen für energetisch aufgeladene Kristalle oder ähnliche esoterische High-End-Produkten vergleichen. Allzu große Anforderungen an das Abstraktionsvermögen werden hier nur selten gestellt, denn die gemeinten Engel sind im Regelfall die »normalen« Engel, also solche, die sich irgendwie jeder bildhaft vorstellen kann – von den Erzengeln über die Weihnachtsengel bis zu den Schutzengeln. Angesichts der thematischen Nähe zu den katholischen Formen der Engelverehrung, ist der esoterische Engelmarkt überwiegend mit christlicher und romantischer Symbolik und vielfachen Bezügen zum sprichwörtlichen »lieben Gott« durchwirkt.

All die gerade genannten esoterischen Formen, die im Einzelnen vorzustellen und zu beschreiben jeden Rahmen sprengen würde, haben wenig bis gar nichts mit irgendwelchen Sektenklischees zu tun, da es hier, wie schon eingangs vermerkt, kaum zu organisierten sozialen Gemeinschaften kommt. Einige wenige Ausnahmen, wie beispielsweise die I AM-Bewegung, die Church Universal and Triumphant oder Eckankar, bestätigen hier die Regel; sie seien im Folgenden kurz skizziert.

Theosophie light: Aufgestiegene Meister und die Große Weiße Bruderschaft

Auch wenn die Theosophie in der Prägung von Helena Blavatsky als Startpunkt der spezifisch modernen Esoterik angesehen werden kann: Die schwer verständliche und überkomplexe Lehre Blavatskys blieb im Kern stets einem kleinen intellektuellen und vorwiegend großbürgerlichen oder adeligen Publikum mit genügend Zeit und Geld vorbehalten. Das gilt im Grunde bis in die Gegenwart für alle ernsthaft an Blavatskys Weltanschauung sich abarbeitenden Strömungen von der Anthroposophie bis zu den »okkulten« Orden. Andererseits lässt sich aber eine historische Bruchstelle entdecken, von der aus die esoterischen Lehren in sowohl theoretisch wie praktisch weit weniger anstrengenden Formen weitervermittelt werden. Diese mit Blick auf das Publikum wesentlich erfolgreicheren Theosophieformen setzen mit der Gründung der I AM Activity Anfang der 1930er Jahre ein, die, ungesicherten Quellen zufolge, 1938 bereits eine Million Anhänger gehabt haben soll.

Ausgangspunkt ist eine Begegnung im Jahre 1930 am Fuße des in Nordkalifornien gelegenen »Indianerberges« Mount Shastha – eine Gegend, die heute eine Art esoterisches Mekka ist. Dort trifft der US-amerikanische Bergbauingenieur Guy Warren Ballard (1878–1939) auf den »Aufgestiegenen Meister« (englisch: *Ascended Master*) St. Germain. Der Graf von St. Germain, eine äußerst sagenumwobene, aber historisch belegte Gestalt des 18. Jh., wird u. a. auch schon von Helena Blavatsky erwähnt, die ihn für einen geheimen tibetischen Weisen hielt. Seine kaum zu übertreffende Berühmtheit in der Gegenwartsesoterik, die ihn gemeinhin als Aufgestiegenen Meister des 7., violetten Strahls (auch die Strahlenlehre ist ein von Blavatsky wiederentdecktes Thema) und als spirituellen »Führer« des Wassermannzeitalters, der u. a. schon als Joseph von Nazareth (der Ziehvater von Jesus), als Zauberer Merlin, als Christoph Columbus und als Paracelsus auf der Erde inkarniert war, verdankt er allerdings Ballard. Ballard, seine Frau Edna (u. a. früher inkarniert als Johanna von Orleans, als Königin Elisabeth I. und Benjamin Franklin) und später auch ihr Sohn Donald werden in der Folgezeit zu den ersten Botschaftern St. Germains und Überbringern der »Lehren der Aufgestiegenen Meister«. Bei diesen Meistern handelt es sich um Menschen – darunter, vermutlich mangels realgeschichtlicher Kenntnisse, immer wieder auch fiktive Gestalten der Literaturgeschichte –, die im Laufe ihrer Wiedergeburten ihr göttliches Potenzial realisiert haben, deswegen unsterblich geworden sind und nun von den höheren spirituellen Dimensionen aus das weltliche Geschehen lenken. Ballard identifiziert die Ansammlung der Aufgestiegenen Meister als die *Große Weiße Bruderschaft* – ebenfalls ein Blavatksy-Thema – wobei »weiß« nichts mit der Hautfarbe zu tun hat, sondern symbolisch für spirituelle Reinheit, für Lichtwesenheit oder reine Aura steht.

Die regelmäßigen Botschaften aus dem Kreis der Aufgestiegenen Meister und ihre geheimen Lehren sind Gegenstand der Vortragsreisen und Seminare Ballards und auch Inhalt zweier bis heute immer wieder neu aufgelegter Bücher, mit denen er zahlreiche Anhänger gewinnt. Zentral für die teilweise recht unterschiedlichen Formen der I AM-Religiosität sind drei Wahrheiten. Erstens: Der Glaube an die »Mächtige I AM-Präsenz«, die den göttlichen Kern jedes Individuums meint und damit auch die potenziell unbegrenzten Fähigkeiten und Möglichkeiten jedes Menschen. Zweitens: Die Möglichkeit der »Anrufung der (verzehrenden göttlichen) violetten Flamme«, jenes 7., feinstofflichen Licht- oder Energiestrahls Gottes, dessen Hüter und Lenker St. Germain ist. Dabei steht jeder der sieben – insgesamt recht vieldeutig interpretierbaren – Lichtstrahlen bzw. jede Strahlfarbe für eine Eigenschaft Gottes. Der 7. Strahl steht für das Bewusstsein bzw. für die Transformation des Bewusstseins, die Überwindung des Ego usw. Drittens: Die Verwendung des göttlichen Namens I AM als Erkennungszeichen der Aufgestiegenen Meister. Das I AM verweist auf das biblische »Ich bin, der ich bin«, also jener etwas kryptischen und bis heute ziemlich umstrittenen Formel aus dem *Alten Testament* (*2. Buch Mose 3,14* in der Lutherübersetzung), mit der sich Gott gegenüber Moses – in der Erscheinung eines brennenden Dornbuschs – ausweist und ihm die Errettung seines Volkes aus der ägyptischen Gefangenschaft mitteilt.

Bei aller offensichtlichen Esoterik ist es freilich so, dass sich die meisten Anhänger der I AM-Bewegung als waschechte Christen sehen, nicht zuletzt weil Sananda, alias Jesus Christus, in der Hierarchie der Aufgestiegenen Meister einen der vorderen Ränge einnimmt. In diesem Sinne, aber auch weil viele der über Ballard vermittelten Botschaften der Aufgestiegenen Meister ausdrücklich an das US-amerikanische Volk gerichtet waren, sind viele der in der I AM-Bewegung begegnenden Menschen nebenbei auch amerikanische Patrioten, die typisch republikanische, d. h. aus europäischer Sicht eher konservativ-individualistische Werte vertreten.

Zur bekanntesten Konkurrenzveranstaltung der I AM-Bewegung wurde in den 1950er Jahren SUMMIT LIGHTHOUSE, die in ihren besten Zeiten vielleicht 30.000 Anhänger gehabt hat. Summit Lighthouse wurde 1958 vom US-Amerikaner Mark Prophet (1918–1973) gegründet, der nach eigenen Angaben bereits im Alter von 17 Jahren vom Aufgestiegenen Meister El Morya kontaktiert wurde. El Morya ist der Hüter des 1., orangefarbigen Strahls, der für Gott- bzw. Selbstvertrauen, für Zielstrebigkeit, Kraft und vieles mehr steht; inkarniert war er u. a. als der israelische Stammvater Abraham und als König Artus. Mark Prophet – nach seinem Tode von seinen Anhängern als Aufgestiegener Meister Lanello identifiziert, der u. a. (je nach esoterischer Vereinnahmung) als Philosoph Perikles, als Theologe Origenes, als biblischer Schiffbauer Noah, als Legendenritter Sir Lancelot und Sonnenkönig Ludwig XIV. steile irdische Karrieren hingelegt hatte – hat vor allem mit den verlorenen Lehren Jesu Aufsehen erregt, die er aus dem Kreise der Großen Weißen Bruderschaft erhielt. Richtig bekannt wurde SUMMIT LIGHTHOUSE indes erst unter der Führung seiner Frau, Elizabeth Clare Prophet (1939–2009), die den religiösen Teil der Organisation 1975 in CHURCH UNIVERSAL AND TRIUMPHANT umbenannte und ihn mit beträchtlichen endzeitlichen Vorstellungen ausstattete.

Im Zusammenhang mit den ab Mitte der 1980er Jahren beginnenden Prophezeiungen eines Nuklearangriffes der Sowjetunion auf die USA begannen die zu dieser Zeit auf einer Ranch in Montana zusammenlebenden Kernanhänger mit dem Bau von Luftschutzbunkern sowie dem Horten von Waffen und Treibstoff. Mit dem Ausbleiben des Nuklearangriffes, den zahlreichen staatlichen Untersuchungen und Anklagen im Zusammenhang mit den unterirdischen Bunkern, den Waffen- und Treibstofflagern, dem dadurch ausgelösten Medieninteresse und dem Entstehen einer gut organisierten Gegnerschaft sowie schließlich der Alzheimer-Erkrankung von Clare Prophet und inneren Führungsstreitigkeiten ist die Church Universal and Triumphant langsam in der Versenkung verschwunden. Ihr Platz wird heute von diversen kleineren Ausgründungen wie etwa dem TEMPLE OF PRESENCE oder THE HEARTS CENTERS COMMUNITY eingenommen. Aber auch Summit Lighthouse hat als Vertriebsorganisation der *Ascended Master Teachings* überlebt, die allerdings auch von einer Reihe konkurrierender Organisationen vertrieben werden.

Insofern sind es letztlich doch der auf dem Höhepunkt seiner religiösen Karriere verstorbene Ballard und die bis 1971 von seiner Frau geleitete I AM-Bewegung, die im Bereich der leidlich organisierten Esoterik die größten ideellen Fußspuren hinterlassen haben. Während die I AM-Bewegung selbst bzw. die St. Germain Foundation heute weltweit vielleicht noch einige Tausend Anhänger hat, so tragen unzählige andere kleine Gruppen das Erbe weiter – nicht selten in sichtbarer Rivalität um die Nachfolge als auserwählte Nachrichtenkanäle der Aufgestiegenen Meister, deren Zahl stetig wächst und mittlerweile in die Hunderte geht. Die Zahl der Aufgestiegenen Meister wird freilich noch weit übertroffen von der Zahl der irdischen Kanäle, die diese geheimen Botschaften empfangen und bereitwillig im Internet veröffentlichen. Auch die überragende Bedeutung des Lichtes bzw. der Licht- und Energiesymbolik ist fast allen esoterischen Gegenwartsphänomenen gemein. Natürlich sind mittlerweile auch alle anderen Lichtstrahlen bzw. Gottespräsenzen hochkarätig besetzt, teilweise sogar um fünf Strahlen erweitert und es sind unzählige Mittel und Wege bestimmt, diese Energien nutzbar zu machen – wobei es eben diese praktische und mühelose Anwendbarkeit der Gotteskraft ist, die wiederum einen recht großen Markt von Interessenten (Käufern) und Anbietern (Verkäufern) zusammenführt.

Was sich beginnend mit der I AM-Bewegung, den stetigen Ausgründungen und Querverbindungen andeutet, ist durchaus typisch für die Theosophie und die moderne Esoterikszene rund um die Aufgestiegenen Meister, die Große Weiße Bruderschaft, die Lichtnetze, die Energiearbeiter usw. Hier ist letztlich immer alles in Bewegung und in kosmischer Verbindung – wenn auch Letztere mit Blick auf die führenden Personen nicht immer freundschaftlich ausfällt. Wer sich auf die Spurensuche begibt, der findet die immer gleichen personellen und ideellen Bezugspunkte, allerdings in stets wechselnder Zusammensetzung. Dabei sind die Grenzen zwischen reiner Marktesoterik und sozial organisierten Erscheinungsformen fast nie erkennbar. Beispielhaft könnte man auf die in der Gegenwart recht bekannte Gruppe Eckankar verweisen. Die »Religion von Licht und Ton Gottes« gehört mit den marktgängigen Wiedergeburts- und Seelenreise-Themen fraglos zur esoterischen Marktszene. Andererseits ist die 1965 vom Amerikaner Paul Twitchell (1910–1971) gegründete Religion, die unterschiedlichste religiöse Komponenten in sich vereint und am ehesten als US-amerikanische Variante einer Guru-Religion beschrieben werden kann, auch als Verein organisiert, dem man per Internet für 130 US-Dollar offiziell beitreten kann. Seine relative Bekanntheit verdankt Eckankar allerdings weniger seiner Lehre als vielmehr der medialen Aufmerksamkeit, die Twitchell zuteilwurde, weil er nicht nur indische Gurus und die katholische Kirche prima fand, sondern auch L. Ron Hubbard und dessen Scientology-Organisation, der er Anfang der 1960er für einige Jahre angehörte.

Allen hier kurz genannten Esoterikformen ist gemein, dass sie zumindest randständig manifeste Organisationsformen angenommen haben und eine leidlich organisierte Anhängerschaft haben – was sie von den Formen der reinen Marktesoterik unterscheidet. Gleichwohl stehen im Zentrum der genannten Bewegungen stets überdeutlich der Einzelne und seine individuelle spirituelle Entwicklung, die oft bis an die Grenze zur

Selbstvergottung reicht. Insofern unterscheiden sich diese Gruppen und Bewegungen deutlich von einer weiteren Form, die man als sozial engagierte Esoterik bezeichnen könnte. Diese lässt sich weder im gerade geschilderten noch im Sinne einer Marktlogik beschreiben.

Sozial engagierte Esoterik und das New Age der Esoterik

Neben den mobilen und virtuellen Marktplätzen gibt es auch feste esoterische Marktplätze mit den Konturen einer sozialen Szene, auf denen sich eine esoterische Klientel bewegt, die sich hier durchaus regelmäßig und keineswegs zufällig begegnet. Die ideellen Anfänge liegen auch hier in Theo- und Anthroposophie, aber die gemeinten Phänomene zeichnen sich besonders durch spezifische soziale Intentionen aus, bzw. sie sind mit konkreten Vorstellungen des sozialen Wandels verknüpft. Deutlicher noch als in der Theosophie kommt das in Steiners Anthroposophie zum Ausdruck, die seit jeher und bis heute auf eine »Reform« oder zumindest eine Ergänzung der gesellschaftlichen Rationalitätsparameter hinarbeitet. Steiners Welt- und Menschenbild ist zwar durch und durch esoterisch und in den Grundzügen überwiegend theosophisch-okkult geprägt, allerdings in einer deutlich christlich-sozialen Färbung. Auch die Anthroposophie versteht sich zunächst als »Wissenschaft« (des Geistes), allerdings mit ganzheitlich-sozialem Anspruch. Deswegen gibt es anthroposophische Medizin, Landwirtschaft, Sozial- und Heilpädagogik und sogar anthroposophische Banken. In Deutschland liegt die Zahl der Anthroposophen zwar nur im unteren fünfstelligen Bereich, aber die Anthroposophie hat eine recht große »Reformumgebung«, wie sie am prominentesten in den Unterstützern der Waldorfpädagogik (Steiners Reformpädagogik) sichtbar wird. In bundesweit über 500 Waldorfkindergärten und 200 Waldorfschulen wird »ganzheitlich« erzogen, was konkret meint, dass die seelisch-geistigen, die sinnlichen und die übersinnlichen Fähigkeiten der Kinder gefördert werden sollen und dass diese Anlagen, ebenso wie der »harte« Lernstoff, Ausdruck in entsprechenden Lehrveranstaltungen wie Tanz, Kunst, Musik usw. finden müssen.

Freilich trägt die Anthroposophie zuweilen schwer an ihrem Steiner'schen Erbe, zum Beispiel an dessen latent abschätziger Haltung gegenüber der jüdischen Religion (hierin als Erbe Blavatskys erkenntlich) sowie einigen Affinitäten zum deutschtümelnden Rassedenken. 2006 wollte das Bundesfamilienministerium deswegen sogar zwei Bücher aus Steiners Gesamtausgabe auf den Index jugendgefährdender Schriften setzen; bei einer zeitgleich durchgeführten wissenschaftlichen Studie über Ausländerfeindlichkeit zeigte sich indes, dass diese bei Waldorfschülern geringer ausgeprägt war als bei Schülern anderer Schulformen. So sehr sich die Anthroposophie der Gegenwart also glaubhaft davon distanzieren kann, so wenig reformfähig ist sie in Bezug auf ihre Lichtgestalt und seine Lehre. Die Anthroposophie ist letztlich Ausdruck einer strengen, eminent konservativen und christlichen Ausprägung der sozial engagierten Esoterik, die alles in allem noch recht deutlich vom elitären Gestus ihres Gründers geprägt ist. Eine wirklich neue Richtung der sozial engagierten Esoterik sollte erst im Zuge der Aufbrüche der späten 1960er Jahre Gestalt annehmen.

Nach dem globalen Schock des Zweiten Weltkrieges und der Erstarrung der Welt im Kalten Krieg beginnt in den 1960er Jahren, irgendwo zwischen Hippiebewegung, Flower-Power, Studentenrevolten und neuer Religiosität, ein »Neues Zeitalter« (New Age) – so jedenfalls werden es seine Protagonisten im Nachhinein und nicht ganz zu Unrecht ausdeuten. Als der Background-Chor des Hippie-Polit-Musicals *Hair* 1967 am Broadway erstmals die berühmten Zeilen: »This is the dawning of the age of Aquarius« (Das ist die Dämmerung des Zeitalters des Wassermanns) schmettert, wissen vermutlich die wenigsten etwas mit dieser astrologischen Botschaft anzufangen, obwohl der Text schon vor dem Refrain erläutert:

> When the moon is in the Seventh House
> And Jupiter aligns with Mars
> Then peace will guide the planets
> And love will steer the stars
>
> (Wenn der Mond im Siebten Haus steht
> Und Jupiter mit Mars geht
> Dann wird Frieden die Planeten leiten
> Und Liebe die Sterne lenken)

Die Vorstellung des Anbruchs eines neuen kosmischen Weltzeitalters aufgrund eines sich vollziehenden Wechsels des (astronomischen) Sternbildes – symbolisch ausgedrückt in der willkürlichen (astrologischen) Tierkreiszeichensymbolik als Übergang des Zeitalters der Fische in das des Wassermanns – ist eines der bekanntesten esoterischen Themen. Und natürlich spielte die Astrologie schon in der Theosophie eine bedeutsame Rolle, wie zum Beispiel die Gründung der Astrological Lodge of the Theosophical Society (Astrologische Loge der Theosophischen Gesellschaft) von 1915 zeigt. Auch Rudolf Steiner befasste sich mit der Astrologie, datiert aber den Beginn des Wassermannzeitalters erst auf das Jahr 3573. Als Stichwortgeber für das hier gemeinte New Age dürfte insofern am ehesten Alice Ann Bailey (1880–1949) infrage kommen, die explizit und im astrologischen Sinne vom Neuen Zeitalter und dem bevorstehenden Wandel bzw. der großen Transformation spricht; auch Bailey war (natürlich) eine Theosophin mit einer eigenen und bis heute bestehenden Schulausgründung (Lucis Trust).

In der *Hippiebewegung* freilich spielt die Theosophie keine erkennbare Rolle, wohl aber die Vorstellung von spiritueller Bewusstseinserweiterung und kosmischem Wandel. Wirksam wird dies einerseits in vielen neureligiösen Bewegungen, die in dieser Zeit Zulauf finden und die die Metabotschaft der Hippiebewegung – Frieden, Liebe, Leben, Freiheit, Harmonie – teilweise zu doktrinären Unternehmungen umformen. Auf der anderen Seite formierten sich zahlreiche neue soziale Bewegungen, denen weniger die spirituelle Botschaft am Herzen lag als vielmehr Vorstellungen eines konkreten politischsozialen Wandels. Mit anderen Worten: Die Antikriegsbewegung, die Studentenbewegung, die Ökologiebewegung, die Frauenbewegung und etliche andere der sogenannten *Neuen Sozialen Bewegungen* der 1960er bis 1980er Jahre schwammen zumindest anfänglich teilweise im Fahrwasser des New Age. Letztlich sind es aber die zahlreichen Aufbrüche, Revolten und Protestbewegungen selbst, in denen das New Age sich im Nachhinein als eben solches ausweist. Erst 1980, im Bestseller *The Aquarian Conspiracy (Die sanfte Verschwörung)* der Journalistin Marilyn Ferguson (1938–2008), kommt dieser Zusammenhang des im Grunde wenig Zusammenhängenden so zum Ausdruck.

Nun haben die doktrinären Ausformungen der Hippiebotschaften in einigen wenigen der später abfällig so genannten »Jugendreligionen« sowie auch die vielen ohnehin nie sonderlich religiösen neuen sozialen Bewegungen kaum etwas mit Esoterik zu tun. Gleichwohl entstanden in diesem weiten Feld auch einige »gallische Dörfer«, also echte spirituell fundierte und sozial engagierte Esoterikformen. Als Beispiel sei hier die FINDHORN FOUNDATION (Findhorn-Stiftung) genannt. Diese seit 1972 offiziell unter diesem Namen eingetragene Gemeinschaft konstituiert sich in den frühen 1960er Jahren in Nordwestschottland. Die »Kernfamilie« der bis heute auf ca. 400 Mitglieder angewachsenen Findhorn Foundation wurde von drei gleichsam praktisch wie spirituell begabten Menschen gegründet, deren Vision einer spirituellen und ganzheitlichen Lebensweise das Findhorn-Konzept bis heute trägt. Die Botschaften der Achtung des inneren Selbst und seiner Weisheit, von Harmonie und Frieden, von natürlicher Wertschöpfung und Ganzheitlichkeit, von Nachhaltigkeit und sanftem Wandel beschreiben zugleich Lebensform *und* ökonomische Lebensgrundlage der Findhorn Wertegemeinschaft. Insofern ist die FINDHORN FOUNDATION auf der einen Seite selbst: »Ökodorf« mit allen Aspekten der Nachhaltigkeit (ökologisches Bauen, Biolandwirtschaft, Abwasserbehandlung, Energieeffizienz usw.) und weit reichender kommunaler Selbstverwaltung (Selbstorganisation von Entscheidungsprozessen, lokale »geldfreie« Tauschwirtschaft). Auf der anderen Seite lebt die FINDHORN FOUNDATION vom Verkauf ihrer Visionen in Form von Workshops, Seminaren, als renommierter Veranstaltungs- und Tagungsort sowie von einem beträchtlichen Findhorn-Tourismus. Aus den bescheidenen Anfängen einer »Hippiekommune« entstand so über die Jahre ein gesellschaftliches Vorzeigeprojekt, welches sich mittlerweile als eines von zwölf Zentren des »Internationalen Ausbildungs- und Forschungsinstitutes der Vereinten Nationen (UNITAR)« etabliert hat (die entsprechenden Institute bilden allerdings keine UN-Mitarbeiter aus, sie sollen zukunftsorientierte Aus- und Weiterbildung für lokale Multiplikatoren bieten).

Was immer man auch von den spirituellen Grundlagen der Findhorn Foundation halten mag: Sicher ist, dass es sich dabei nicht um »Scharlatanerie« im Sinne einer bloßen Geschäftemacherei handelt. Hier treffen sich »echte« Anbieter und »echte« Kunden auf einem »echten« esoterischen Marktplatz. Und das wird man auch für vergleichbare prominente esoterische Marktplätze behaupten können, wie etwa die spirituelle Gemeinschaft in und um Glastonbury in Südwestengland, das ESALEN INSTITUTE in Kalifornien, das OSHO INTERNATIONAL MEDITATION RESORT in Pune (Indien), die DAMANHUR-Föderation in Norditalien oder das anthroposophische GOETHEANUM in der Schweiz, um nur einige Beispiele zu nennen. Dass die Findhorn Foundation, wie auch andere Institutionen, trotzdem oder gerade deswegen, eine leidlich organisierte Gegnerschaft mit »Aussteigern« und Kritikern hervorgebracht hat – wobei Letztere besonders Anstoß an einigen nach ihrer Ansicht »gesundheitsschädlichen« esoterischen Therapieformen nehmen – trägt zum tieferen Verständnis des Phänomens nichts bei, sei aber der Vollständigkeit halber erwähnt.

Die sozial engagierte Esoterik ist im religiösen Kernbereich sicherlich ein recht kleines gesellschaftliches Phänomen, aber sie verfügt, wie die Beispiele Findhorn und Anthroposophie verdeutlichen, über ein recht großes sympathisierendes Umfeld, das seinerseits nicht zwingend einer esoterisch-spirituellen Denkweise verhaftet sein muss. Auch hier also sind die Grenzen zur »Normalgesellschaft« mindestens unscharf, weshalb gerade die kirchenchristliche Kritik, die den esoterischen Irrationalismus in Bezug auf die »Wirklichkeit« betont, von ebendieser eindeutig überholt wird.

Die Esoterik und »der rechte Rand«

Es gibt eine Reihe von Büchern, in der die moderne Esoterik ziemlich eindeutig in der rechten politischen Ecke verortet wird. Dies gilt auch und gerade für die theosophisch beeinflussten Strömungen, die teilweise direkt als okkulte Wurzeln des Nationalsozialismus beschrieben werden. Sicher ist diesbezüglich, dass es einige weltanschauliche Parallelen und vor allem personelle Überschneidungen im Vorfeld der nationalsozialistischen Herrschaft, also in den ersten Jahrzehnten des 20. Jh., gab. Alles andere ist so einfach nicht.

Wie schon angedeutet, ist die Theosophie Blavatskys ein unermesslich großer Ideen-Steinbruch für jegliches esoterische und mystische Interesse. Besonders ihre Theorie von den sieben »Wurzelrassen« stieß in den rassistischen und antisemitischen Kreisen der zahlreichen Verfechter des Arier- und Germanentums in den ersten Jahrzehnten des 20. Jh. auf einiges Interesse. Auch die beiden größten intellektuellen Wirrköpfe der Arier-Mythologie – Guido von List und Jörg Lanz von Liebenfels (wir werden an späterer Stelle auf die beiden zurückkommen) – haben sich hier reichlich bedient. Blavatsky selbst, wie auch Rudolf Steiner, der für die Popularisierung der Theorie der Wurzelrassen in Deutschland verantwortlich ist, bezeichneten damit allerdings evolutionsgeschichtliche Entwicklungsstadien der Menschheit. Steiner ging sogar von einer vollständigen Auflösung jeglicher real existierender Rassen aus.

Gleichwohl: In praktischer Hinsicht standen Theosophie und Anthroposophie in ausgewiesener Gegnerschaft zum geist- und seelenlosen Materialismus – und nicht wenige führende Okkultisten, inklusive Blavatsky selbst, sahen im zeitgenössischen Materialismus, ebenso wie im Kommunismus, den Ausdruck der heimlichen Herrschaft des Weltjudentums. Insofern tummelten sich auf dem zu dieser Zeit ohnehin großen antisemitischen Feld auch etliche Blavatsky- und Steiner-Anhänger, die ihrerseits die rassistisch-völkischen Kreise noch mit allerlei anderen esoterisch-okkulten Wissensbeständen befruchteten. Auch andere zeitgenössische Themen, wie die »Erneuerung des Menschen«, die »Seelenbildung« oder die »organische« Weltanschauung, findet man gleichermaßen in beiden Zusammenhängen. Dies erklärt einige personelle Überschneidungen in einem ansonsten schwer greifbaren »kultisch-okkulten« Milieu der 1910er und 20er Jahre. Im späteren Hitler-Regime spielt dieses Milieu aber praktisch keine Rolle. Die Blavatsky-Theosophie war in Deutschland zu dieser Zeit längst in Bedeutungslosigkeit versunken bzw. die meisten Anhänger waren zur Anthroposophischen Gesellschaft Steiners gewechselt. Diese wurde 1935 wegen ihrer Internationalität sowie den »Beziehungen zu ausländischen Freimaurern, Juden und Pazifisten« verboten. Damit teilte sie das Schicksal fast aller religiösen Gemeinschaften im Nationalsozialismus, der nur die beiden großen Konfessionen mehr oder weniger unangetastet ließ. Dass einzelne bedeutende Personen des NS-Regimes, wie Heinrich Himmler und Rudolf Heß (der erhebliche Sympathien für die anthroposophische Bewegung hegte), okkulte Neigungen hatten und dass auch der oberste Rassenmystiker des Dritten Reiches, Alfred Rosenberg (1893–1946), ein echter Esoteriker war, ist unstreitig – aber man wird dies schwerlich Helena Blavatsky in die Schuhe schieben können.

Während es einerseits also Unfug ist zu behaupten, Blavatskys Theosophie sei eine Grundlage der nationalsozialistischen Rassentheorie oder die Esoterik als solche besitze eine Affinität zum rechtsextremen Denken, so darf man dennoch nicht übersehen, dass die eben aufgezeigte Anschlussfähigkeit auch der Gegenwartsesoterik als Möglichkeit innewohnt. Aber eben nur als Möglichkeit, denn im Kern der meisten esoterischen Lehren steht der einzelne Mensch und seine höchstpersönliche spirituelle Entwicklung. Folglich findet man in esoterischen Kreisen nur in Ausnahmefällen feste und dauerhafte soziale Zusammenschlüsse. Esoterische Seelenbildung ist zuallererst ein Individualsport: Westliche Esoteriker gründen keine »Parteien«, Esoteriker sind keine »Vereinsmeier«, Esoteriker gründen keine Wohlfahrtsorganisationen. Mit Recht kann man vielen Esoterikern Egozentrik und ein damit verbundenes mangelndes politisch-soziales Bewusstsein vorwerfen, dessen ganze Naivität immer dann zum Ausdruck kommt, wenn sich doch einmal jemand dazu hinreißen lässt, weltpolitische Ereignisse zu kommentieren. Da kann es schon mal vorkommen, dass, in esoterischer Verkennung realgeschichtlicher politisch-sozialer Zusammenhänge, jegliches Menschenschicksal in die Kategorie: »Selber schuld« eingeordnet wird – was natürlich im Zusammenhang mit Armut, Aids oder gar den Holocaustopfern die Grenzen zulässiger Naivität überschreitet.

Das große Einfallstor für die »Selber-Schuld-Theorie« ist ein »altes« religiöses Thema und Common Sense in zahllosen Philosophien des Hinduismus, die ihrerseits eine relevante Rolle in der Esoterik spielen. Während das Christentum keine weltliche Wiedergeburt der Seele vorsieht und deren endgültige Erlösung durch Vergebung der Schuld (durch Gott) in Aussicht stellt, bleiben die irdischen Taten (Karma) in den hinduistischen Vorstellungen an der Seele haften. Da diese bis zum endgültigen Abtrag aller Schulden immer wieder, und entsprechend dem jeweiligen Schuldenstand, in die Welt inkarniert wird, ist ein ungünstiges Schicksal letztlich die Konsequenz eines schlechten Karmas (die Folge schlechter Taten), welches in früheren Leben angesammelt wurde.

Diese Vorstellung mündet im besten Fall dann eben in ein konsequentes Achselzucken in Bezug auf die Wendungen des Schicksals – sei es das eigene oder ein fremdes. Nimmt man aber die Aktivseite dieses Schicksalsglaubens dazu, dann steht dort das aktive religiöse Bemühen, dem Dharma (universale ethische, religiöse und soziale Gesetze, die zwar nicht einheitlich fixiert sind, aber ausschließlich »Gutes« beinhalten) gerecht zu werden, um der nächsten Inkarnation ein besseres Schicksal zukommen zu lassen.

Tatsächlich gibt es eine Grauzone zum rechten Rand eher in einigen wenigen »heidnischen« Gemeinschaften der Gegenwart, in der sich die esoterische Suche nach den Ursprüngen und Wurzeln des Selbst in den Gefilden der von ganz unesoterischen Motiven geleiteten Rassentheorie verirrt. Solche Irrungen sind nie auszuschließen, und es hilft wenig, darauf hinzuweisen, dass die großen und im Wortsinne reichlich vergeistigten Themen der esoterischen Weltanschauung (die man tatsächlich und sehr flapsig mit »Friede, Freude, Eierkuchen« umschreiben kann) nur schwer mit den aktivistisch-aggressiven Themen einer »rechten« Weltanschauung vereinbar sind.

Mach dir deine eigenen Götter, und unterlasse es,
dich mit einer schnöden Religion zu beflecken

(Epikur)

6 Die esoterische Ordensszene und das moderne Logentum

Die breite und vorwiegend kommerziell organisierte Esoterik der Gegenwart ist fraglos ein Massenphänomen, das allerdings mit Blick auf Sektenklischees kaum etwas Spektakuläres zu bieten hat. Gleiches gilt im Grunde auch für die sozial engagierte Esoterik. Dennoch gibt es seit jeher elitäre Gemeinschaften und Strömungen, deren Interesse mehr dem »Geheimnis« selbst als seinem Inhalt gilt. Von außen betrachtet handelt es sich hier um eine überwiegend männerbündisch geprägte Szene, die sich oft elitär und geheimnisvoll gibt und die gerne in Andeutungen über die Wahrheiten spricht, die sie antreibt. Rudolf Steiner beispielsweise schließt sein Vorwort zu seiner hochesoterischen *Akasha-Chronik* mit der feierlichen Andeutung, dass er über »die Quellen der hier zu machenden Mitteilungen« noch zu schweigen »verpflichtet« sei, die Eingeweihten aber verstehen würden, »warum das so sein muss«. Kurz gesagt, wir betreten nun das Feld der tatsächlich geheimnisvolleren religiösen Gemeinschaften.

Bewaffnete Mönche und gläubige Ritter: Der historische Templerorden

Wer in der Gegenwart die vielen zumeist sehr kleinen und regional verstreuten Neutempler-Orden betrachtet, dem wird zunächst auffallen, dass es sich offensichtlich um Gemeinschaften handelt, die sich überwiegend mit einem neuzeitlich christlich-humanistischen Ideal bzw. einem romantisch verklärten Ritterlichkeitsideal (Ehre, Tapferkeit, Treue usw.) identifizieren. Aus einer realgeschichtlichen Perspektive erscheint das etwas merkwürdig, da sich die Neutempler-Gruppierungen als Erben oder in der Tradition der zwischen Anfang des 12. und Anfang des 14. Jh. bestehenden Gemeinschaft des Templerordens sehen. Der historische TEMPLERORDEN, der zu seinen Hochzeiten vielleicht aus 15.000 Mitgliedern bestand – nur ein Bruchteil davon freilich echte, also adelige Ritter; die Mehrzahl Knappen, Gesinde und Handwerker –, kann aus heutiger Sicht wohl kaum mit humanistischen Unternehmungen in Verbindung gebracht werden. Im Gegenteil: Die historisch erste und schon früh mit dem päpstlichen Segen ausgestattete Verbindung von soldatischem Rittertum und mönchischer Geistlichkeit im Templerorden markiert den Anfang eines eigenen militärischen Arms der Kirche und somit ein verstärktes Bemühen um die Umsetzung jener kirchlichen Weltherrschaftspläne, die Papst Gregor VII. (ca. 1020–1085), die »Zuchtrute Gottes«, in den Kreuzzugstrategien entworfen hatte.

Die Geschichte der echten Templer mag harmlos beginnen, weil seine ersten beiden Ritter sich zum Zwecke der Vergebung ihrer eigenen Sünden in den Dienst Gottes stellten und mit einer Handvoll Helfer die Pilgerwege in Richtung Jerusalem bewachten und Karawanen vor Überfällen schützten. Spätestens aber mit der offiziellen Anerkennung des Ordens durch Papst Honorius II. (ca. 1060–1130) und seinem rasanten Wachstum ab dem zweiten Drittel des 12. Jh. darf man sich in manchem nicht vom damaligen Sprachgebrauch täuschen lassen: Der kirchliche Lobpreis der Armen Ritterschaft Christi und des salomonischen Tempels zu Jerusalem (Pauperes commilitones Christi templique Salomonici Hierosalemitanis) – so der offizielle Name – beruhte zu einem nicht geringen Teil auf der Wertschätzung der militärischen Kraft des Ordens.

Dementsprechend sind die Ordensregeln der Templer in erster Linie militärischer Natur: Dienstpflichten, Gehorsam und Korpsgeist dominieren die Regeln, und sie werden ergänzt von mönchischen Tugenden wie Armut, Demut und religiösem Eifer. In den fast 200 Jahren ihrer Existenz wird die christlich-militärische Ordensgemeinschaft, die schon ab 1139 fast unbegrenzte Freiheiten und Machtbefugnisse hat und nur noch dem Papst unterstellt ist, zu einer der reichsten und politisch bedeutendsten Organisationen des damaligen Abendlands.

Machtfülle und Reichtum sind dann vermutlich auch die realpolitischen Gründe der Zerschlagung des Ordens. Unter dem französischen König Philipp IV. (»der Schöne«, 1268–1314) wird der Orden kurzum der Ketzerei, der Blasphemie, der Teufelsanbetung sowie der Praktizierung von Sodomie (seinerzeit: Homosexualität) angeklagt. Die entsprechenden Geständnisse werden aus den Tempelrittern herausgefoltert und der machtpolitisch schwache Papst Clemens V., der, wie man heute weiß, um die Haltlosigkeit der Vorwürfe wusste, löst den Orden formell 1312 auf. Die Tempelritter, ohnehin durch den Fortfall ihrer Kreuzzugsaufgaben im nun endgültig muslimisch gewordenen Heiligen Land geschwächt, zerstreuten sich in alle Winde – und die Legende beginnt.

Alte Herren in weißer Kutte: Die Neutempler-Orden

Wirklich interessant werden die Templer im Grunde durch ihre »geheime« Geschichte, die allerdings so geheim ist, dass sie nicht nachgewiesen werden kann. Das jähe Ende des Ordens, beginnend mit der konzertierten Verhaftung von ca. 600 Templern am 13. Oktober 1307 und endend mit der Verbrennung ihres letzten Großmeisters auf dem Scheiterhaufen am 18. März 1314, ist zugleich der Ausgangspunkt von Spekulationen über sein Fortwirken im Untergrund der Geschichte – Spekulationen freilich, die wohl erst im 18. Jh. entstanden. Dass die historischen Templer bzw. besonders die Ordensoberen im Kontakt mit der arabischen Kultur möglicherweise die eine oder andere »unchristliche« Idee übernahmen, ist möglich, aber dass der Orden jemals wirklich islamischen Ideen oder Bruderschaften nahe stand, dürfte eine Legende sein. Ebenso die Spekulationen, der Orden habe den Heiligen Gral gefunden, Amerika entdeckt und die Französische Revolution angezettelt. Auch wenn sich viele ehemalige Tempelritter später anderen Orden anschlossen bzw. sich als »Ritter« auch in anderen Kriegsdiensten verwendeten, so ist kaum anzunehmen, dass sie dies in einem speziellen Templerbewusstsein taten, denn aus heutiger Sicht waren die einfachen Tempelritter an erster Stelle Söldner. Dessen ungeachtet, verortet sich der Großteil der esoterischen Orden, die vor allem im 19. und 20. Jh. entstehen, in einer mystischen Templertradition, die überwiegend auf Legendenbildung beruht.

Erst knapp 400 Jahre nach dem Ende des historischen Ordens, im Jahr 1705, wird in Frankreich ein neuer Templerorden gegründet, der 1804 als Ordre du Temple auch wieder offizielle päpstliche Anerkennung findet. Aus diesem ging nach fortwährenden Abspaltungen 1932 der Ordo Supremus Militaris Templi Hierosolymitani (Ritterorden des Tempels zu Jerusalem) hervor, der seinerseits 1995 seine (bisher) letzte Spaltung erlebte. Der kleinere »historische« Teil trägt gegenwärtig den Namenszusatz »Porto« und beruft sich auf eine ungebrochene Großmeistertradition, die von den originalen Templern über den portugiesischen Christusorden aus dem 14. Jh. bis heute bestehe. Dieser Sichtweise entsprechend, nennt sich das deutsche Großpriorat Historischer Ritterorden der Tempelherren von Jerusalem. Der größere Teil des Ordens sieht sich weniger mystisch, weil lediglich in der Tradition und nicht in der direkten Nachfolge der Templer. Mit ca. 5000 Mitgliedern weltweit dürfte er die größte Tempelritter-Organisation der Gegenwart sein. Der internationale in der Schweiz registrierte Orden ist in nationale und regionale Befehlsstellen (Großpriorate, Vogteien, Komtureien, Ordenshäuser) untergliedert, wovon es derzeit auch ein gutes Dutzend in Deutschland gibt. Das Selbstverständnis des nach wie vor stark dem Jerusalemer Christentum verpflichteten Ordens ist, nach einer strikt katholischen Anfangsphase, mittlerweile christlich-ökumenisch und an den (vermeintlich alttemplerischen) Werten von »alter Weltoffenheit und Toleranz« ausgerichtet. Tatsächlich betätigt sich der Orden vorwiegend humanitär, im zwiespältigen Feld zwischen christlicher Nächstenliebe und missionarischem Auftrag. Seit 2002 verfügt der Orden als Nichtregierungsorganisation über einen Beobachterstatus bei den Vereinten Nationen.

Assoziiert mit dem Schweizer Orden, und in ähnlichem ökumenischen Geiste wie dieser, stehen der Deutsche Tempelherren-Orden Hannover, 1957 gegründet, und der Tempelherren-Orden, Deutsches Priorat (beide sind unter dem lateinischen Titel Ordo Militae Crucis Templis verzeichnet), gegründet 1966 in Wiesbaden. Diese überwiegend konservativ gesinnten Altherrenclubs – der letztgenannte latent islamfeindlich – dürften kaum eine dreistellige aktive Mitgliederzahl aufweisen. Noch weniger Mitglieder hat der deutsche Ableger der 1979 gegründeten italienischen Militia Templis (Miliz des Tempels – Orden der Armen Ritter Christi), der strikt auf Papstlinie liegt. Die Neue Ritterschaft vom heiligen Tempel in Jerusalem (Ordo Militae Templi Hierosolymitani), eine kleine Gemeinschaft »unter dem Schutz der Gottesmutter«, ist ökumenisch-katholisch orientiert. Der Souveräne Internationale Templer-Orden, ein deutscher Ableger eines spanischen Neutemplerordens, ist deutschtümelnd-militärisch und mehr oder weniger offen antisemitisch.

Der Freie Ritterorden der Templer betreibt vorwiegend Mittelalterromantik ohne religiöse Ausrichtung und der Ordo Templariorum Saecularis, erst 2008 gegründet, versteht sich zwar christlich-spirituell, aber in einer vergleichsweise individualistischen Ausrichtung. Gänzlich kollektiv dagegen ist der Archikonvent der Templer; eine kleine klösterlich lebende, orthodox-katholische Gemeinschaft mit ökumenischen Tendenzen, deren aktuelle Programmatik u. a. im Umfeld von konservativ gesinntem Umwelt- und Lebensschutz angesiedelt ist. Bei all diesen Orden, die sich dezidiert auf den historischen Templerorden, die für diesen vom Heiligen Bernhard (Bernhard von Clairvaux, ca. 1090–1157) entworfene erste Ordensregel und die dokumentierte Geschichte des Ordens beziehen, vermag man eher romantische und christliche, aber kaum im engeren Sinne esoterische Orientierungen erkennen.

Soweit der Überblick über die aktuellen Neutempler-Orden. Traurige Berühmtheit unter den Templerorden erlangte der 1971 gegründete Ordre du Temple Solaire, der sogenannte Orden der Sonnentempler, der in den 1990er Jahren durch eine Welle von Morden/Selbstmorden in den eigenen Reihen großes Aufsehen erregte, weshalb diesem Phänomen im Kapitel über die Sekten-Tragödien ein eigener Abschnitt gewidmet ist. Allerdings gilt für diesen wie für viele andere esoterische Orden der Neuzeit, dass er sich einer klaren Zuordnung zu einer bestimmten geistesgeschichtlichen Strömung verwehrt. Einer seiner Gründer jedenfalls war viele Jahre Mitglied des Alten und Mythischen Orden vom Rosenkreuz (A.M.O.R.C.), der bedeutsamsten Neugründung der Rosenkreuzer im 20. Jh. Tatsächlich verschmelzen die meisten vermeintlichen Tempelritterspuren im literarischen Untergrund mit den ebenso mystischen Gründungslegenden der Rosenkreuzer und besonders der Freimaurer.

Religion als Literaturgeschichte: Die Rosenkreuzer

Die *Rosenkreuzer* sind vor allem ein literaturgeschichtlich interessantes Phänomen, das die Frage nach dem schon in der Antike bekannten Henne-Ei-Problem aufwirft. In esoterischen Kreisen scheint es evident, dass man einerseits aus der Tatsache des Vorhandenseins all jener esoterischen Ideen, die später die Rosenkreuzer auszeichnen werden, sowie einer besonders im 13. Jh. literarisch verwendeten Rosensymbolik andererseits, schließen kann, dass die Rosenkreuzer schon zu dieser Zeit bestanden haben müssen. Das in eine Rose gebettete Kreuz ist überdies seit Martin Luther ein Symbol der lutherischen Kirchen, und das Vorbild der sogenannten Lutherrose entstammt vermutlich einem Fenstermotiv des 13. oder 14. Jh. aus der Augustinerkirche in Erfurt. Die nicht weniger plausible Gegentheorie ist indes, dass die Rosenkreuzer, deren Existenz in Form von konkreten sozialen Gemeinschaften man, wenn überhaupt, erst für das 17. Jh. belegen kann, sich erst unter Bezugnahme auf die oben genannten Grundlagen gebildet haben. Die Mehrzahl der Argumente spricht für Letzteres, zumal sich das konkrete Rosenkreuzertum wesentlich auf drei »Urschriften«, die darin vorkommenden Akteure und Themen sowie die darin erzählte Gründungslegende der Bruderschaft bezieht. Diese Urschriften werden von einem kleinen Kreis Tübinger Theologiestudenten/-absolventen zwischen 1614 und 1616 veröffentlicht.

Die heute unter dem Kürzel *Fama Fraternitas* (etwa: Ruhmreiche Bruderschaft) bekannte Gründungslegende, der kurze Zeit später eine *Confessio* (Bekenntnis) beigefügt wurde, erzählt von einem Deutschen namens Christian Rosencreutz, der zwischen 1378 und 1484 gelebt haben soll. Auf seinen langen Reisen durch das Heilige Land und den Orient habe er tiefste Einsichten in die antiken und geheimen Wissenschaften sowie die orientalischen Weisheiten erhalten. Seine gesammelten Erkenntnisse, die er nach seiner Rückkehr der europäischen Gelehrtenwelt vermitteln wollte, stießen allerdings auf Ablehnung. Deshalb gründete er eine geheime Bruderschaft zur Bewahrung dieses Wissens. Diese sollte sich erst dann offenbaren, wenn die Zeit dafür reif sei. Die *Fama Fraternitas* enthält mithin schon eine zeitliche Bestimmung des eigenen Bekanntwerdens, die mit dem Erscheinen des Buches erfüllt wird, und den Auftrag zur Suche nach der verborgenen Bruderschaft der Rosenkreuzer.

Inhaltlich sind die drei Gründungsschriften, zu denen noch der Initiationsroman *Chymische Hochzeit des Christiani Rosencreutz* gehört, vom lutherischen Reformationsgedanken getragen, dessen universaler in der Bibel enthaltener Wahrheitskern letztlich von allen antiken, esoterischen und zeitgenössischen Wissenschaften, der christlichen Mystik und der orientalischen Weisheit bestätigt werde. Die kritische Stoßrichtung zielte zuvorderst gegen das klerikal-kirchliche Ämterwesen, das Papsttum und die jesuitische Gegenreformation, aber letztlich auch gegen eine in spiritueller wie in gesellschaftspolitischer Hinsicht unvollendete lutherische Reformation, die der Autor als gesellschaftliche »General Reformation« verstehen will. All diese Anliegen sprechen natürlich auch für das nachreformatorische Entstehungsdatum der Rosenkreuzer.

Die Tübinger Schriften treffen offensichtlich den Nerv der Zeitgenossen, wie an der Vielzahl pro- und antirosenkreuzerischer Schriften der unmittelbar folgenden Zeit zu erkennen ist. In die fieberhafte Suche nach der Bruderschaft der Rosenkreuzer im 17. Jh. reihte sich u. a. auch der Begründer des neuzeitlichen Rationalismus, René Descartes (1596–1650), ein, der allerdings wie die meisten seiner Mitstreiter nicht fündig wurde – was ein weiteres Indiz für die zunächst wohl ausschließlich literarisch-fiktionale Gestalt der Rosenkreuzer ist. Um die Mitte des 17., vor allem aber im 18. Jh. bilden sich dann Rosenkreuzergemeinschaften bzw. verschiedene Grüppchen behaupteten von sich, die geheime Rosenkreuzerbruderschaft zu sein. Obwohl im 17. und 18. Jh. ein naturphilosophischer und christlich-mystischer Grundgedanke, der gleichsam Wissenschaft und Religion als spirituelle Einheit sah, sowie ein umfassender humanistisch-sozialer Reformgedanke rosenkreuzerischer Konsens war, so herrschte doch zu keiner Zeit Einigkeit darüber, welche Vereinigung, welche Personen oder welches Wissen authentisch rosenkreuzerisch sein sollte. So entstehen dann allerhand Mutmaßungen über prominente Zeitgenossen, die im weitesten Sinne obigem Gedankengut verpflichtet waren, sie seien Rosenkreuzer gewesen, wie zum Beispiel Francis Bacon, Johannes Kepler und Baruch Spinoza. Erschwert wird das Ganze durch intellektuelle und personelle Schnittmengen mit den Freimaurern, die im 18. Jh. ebenso ein Strömungsphänomen im fließenden Bereich zwischen bürgerlicher Aufklärung, antiklerikal-reformerischer Christlichkeit und neuzeitlicher Wissenschaft waren.

Die vielleicht authentischste Adaption erhält die Rosenkreuzerlehre durch Rudolf Steiner bzw. in der Anthroposophie, was ihrem letztlich christlichen Gestus gerecht wird. Wenn man also den literarischen Vorlauf abzieht und auch die späteren Mischformen nicht mehr den Rosenkreuzern zurechnet, dann ist eine eigenständige Rosenkreuzergeschichte weder sonderlich lang noch besonders erfolgreich. Schon Lexika aus der Mitte des 19. Jh. vermerken, dass man seit Ende des 18. Jh. nichts mehr von Rosenkreuzern gehört habe. Das ist natürlich nicht ganz richtig, weil es noch allerlei Orden und Personen gab, die sich unter anderem auch auf das vermeintlich rosenkreuzerische Gedankengut bezogen – nur eben sollte man diese in ihrer praktischen und magischen Ausrichtung als esoterische Orden eigener Art betrachten. Eine Mischform bzw. eine Übergangsform kann man vielleicht in der 1866 begründeten, englischen Societas Rosicruciana in Anglia sehen. Diese bis heute bestehende, und damit älteste »neue« Rosenkreuzergemeinschaft basiert auf dem Gedankengut der recht eigenwilligen Freimaurer-Lehre des Ordens der Gold- und Rosenkreuzer, aus deren personellem Umfeld später der sagenumwobene Hermetic Order of the Golden Dawn gegründet wird. Für Frankreich wird man vielleicht eine ähnliche Übergangsform im kurzlebigen Ordre de la Rose-Croix Catholique et esthétique du Temple et du Graal erkennen können. Der Großteil der »neuen« Rosenkreuzervereinigungen entsteht aber erst wieder zu Beginn des 20. Jh.

Die größte Rosenkreuzer-Vereinigung in Deutschland nennt sich Alter und Mystischer Orden vom Rosenkreuz (Antiquus Mysticusque Ordo Rosæ Crucis oder kurz: A.M.O.R.C.); er wurde allerdings 1915 in den USA gegründet und ist mittlerweile in gut 40 deutschen Städten vertreten. In seiner ideellen Grundlegung steht der A.M.O.R.C. in der christlichen Tradition der Rosenkreuzer und er ist ein Paradebeispiel für den schon im vorigen Kapitel ausführlich beschriebenen esoterischen Konsens: Gott, an dem alle Seelen als Lichtfunke teilhaben, steht allegorisch sowohl für den allumfassenden und einheitlichen Ursprung, worunter sich die Dualität von Geist und Materie befindet. Zugang zum Seinsgrund/Gott findet der Mensch durch Innenschau und Seelenbildung, die zugleich Menschenbildung ist. Die Beschreitung des Weges zum kosmischen Bewusstsein wird durch stufenweise Einweihungen in Jahrtausende alte Mysterien markiert, was sowohl die Aneignung des nötigen theoretischen Wissens durch Studium wie auch dessen praktische (innere) Erfahrung und experimentelle Anwendung in Ritualen meint. In den höchsten Stufen der Einweihung finden sich dann die höchsten esoterischen Wissensstufen: Qabalistisches (kabbalistisches) Rosenkreuz, höhere Astrologie, esoterisches Tarot, Ritualistik usw. Der A.M.O.R.C. ist tolerant und weltoffen, unpolitisch und überkonfessionell; seine Esoterik ist der Welt zugewandt, die Erlangung von Selbstwissen und die Seelenbildung sind existenzielle praktische Dinge und als solches von höchstem Nutzen zur Bewältigung des diesseitigen Lebens.

Dem äußeren Gebaren nach intensiver religiös, in christlicher wie in esoterischer Hinsicht, ist die 1909 begründete amerikanische Rosicrucian Fellowship, die zumindest in ideeller Hinsicht aus Steiners Schriften und Ansichten über die Rosenkreuzer hervorgeht. Das Ergebnis ist eine für esoterische Verhältnisse recht dogmatische Lehre mit klaren (ablehnenden) Standpunkten in Bezug auf Tabak, Alkohol, Drogen, Abtreibung, Sexualität, Organtransplantation usw. Interessanterweise steht das alles aber nicht in der Begründungslinie konservativer Christlichkeit, sondern im Rahmen einer esoterisch-mystischen Spiritualität, in der es um evolutionäre Selbstverwirklichung, Astrologie und das New Age (hier erst im Jahre 2600 beginnend), Reinkarnation, Lichtfunkenidentität, vor allem aber um Geistheilung geht. Die Fellowship ist nur schwach sozial organisiert und betreibt die Rosenkreuzerausbildung überwiegend mittels Fernkursen. In Deutschland existiert die Fellowship als ein kleiner ROSENKREUZER FREUNDESKREIS, der in ca. 10 kleineren »Freien Studiengruppen« wöchentliche oder monatliche Treffen veranstaltet. Die intellektuellen Schwerpunkte sind esoterische Bibelauslegung, esoterische Astrologie und esoterische Philosophie. Eine echte Mitgliederstruktur hat der Freundeskreis aber ebenso wenig wie die amerikanische Mutterorganisation.

Stärker sozial organisiert und auch weltabgewandter als alle oben genannten Gruppen ist das LECTORIUM ROSICRUCIANUM (INTERNATIONALE SCHULE DES GOLDENEN ROSENKREUZES), eine Abspaltung der niederländischen Abteilung der Rosicrucian Fellowship, die sich seit 1935 als eigenständige Rosenkreuzergruppe begreift. Obwohl das Lectorium Rosicrucianum viel von seiner Mutterorganisation hat, so tritt die Betonung esoterischer Anteile deutlich in den Vordergrund. Hier spielen neben den Tübinger Schriften (die hier als historische Dokumente gelesen werden) letztlich alle Geheimlehren (neben den antiken und den urchristlichen auch indische, chinesische und ägyptische) eine Rolle, die zusammen in eine Art praktischer Lichtarbeit münden. Ziel ist die menschliche Rückkehr in Gottes Lichtreich, die unter anderem durch eine regelhafte, in weiten Teilen asketische Praxis angestrebt wird. Innerhalb des weiten Feldes esoterischer Lichtarbeit ist hier eine eher untypische kollektivistische Ausrichtung hervorzuheben. Zielt die FELLOWSHIP letztlich doch auf Individualisierung und Selbsterlösung, so steht die Überwindung des Ich-Bewusstseins beim LECTORIUM als zentrales religiöses Ziel. Dies geht einher mit deutlicheren Hierarchien von Lehrern und Schülern sowie einer größeren Anzahl von Einweihungsstufen. In Deutschland hat das LECTORIUM nach eigenen Angaben über 4000 Mitglieder in den unterschiedlichen Einweihungsstufen – wobei Zweifel an den Eigenangaben der Mitgliederzahl durchaus berechtigt sind.

Verschwörer im Namen der Aufklärung: Die Freimaurer

Wenn man einmal von »den Juden« als der bei Weitem bedeutsamsten historisch-kulturellen Projektionsfläche für Verschwörungstheoretiker absieht, so kommen direkt danach die *Freimaurer.* Aus heutiger Sicht scheint das merkwürdig, da gerade die Freimaurer seit jeher im Kern aufklärerischen Werten verpflichtet waren. Allerdings war genau diese Grundhaltung in der konkreten Gründungsphase im frühen 18 Jh. das Problem. Die Verschwiegenheit im inneren Kreis der Freimaurer diente weniger dem Zweck, hier geheime Weltherrschaftspläne zu schmieden, sondern sie markierte einen Schutzraum für Freiheit und Toleranz. Im inneren Kreis der Freimaurer sollte jeder frei seine Meinung sagen können, ohne befürchten zu müssen, dass diese an die Öffentlichkeit bzw. in die falschen Ohren kam. So war es im 18. Jh. nämlich durchaus gefährlich, ein »Demokrat«, ein »Aufklärer« oder gar ein »Kirchenfeind« zu sein. Gerade die französische Freimaurerei, in Form der Großloge des GRAND ORIENT DE FRANCE 1773 ins Licht der Öffentlichkeit getreten, war mindestens antiklerikal und wurde so zu einem Sammelbecken aufklärerischer Kräfte am Vorabend der Französischen Revolution (1789), einer Revolution freilich, die sich, wie die meisten großen Revolutionen, recht schnell gegen ihre vermeintlichen Väter wandte. Ganz anders dagegen war und ist die Situation in England, deren erste Großloge (GRAND LODGE OF ENGLAND), 1717 in London gegründet, zwar undogmatisch, aber stets deutlich christlich-religiös gesinnt war – und bis heute die Anerkennung von »atheistischen« Logen verweigert.

Die Gründungsmythen der Freimaurerei sind ebenso zahllos wie phantastisch, sodass es wenig Sinn macht, näher darauf einzugehen – zumal ein Großteil dieser Mythen historisch jüngeren Datums ist und oft aus Kreisen stammt, deren Interesse an der Freimaurerei sich auf die Anwendung und die Ausschmückung von den allergeheimsten geheimen Riten bezieht. Die nachweisbare Geschichte der Freimaurer liegt in den mittelalterlichen Steinmetzbruderschaften und dem (Bau-)Hüttenwesen – darunter auch einige rein klösterliche Hütten mit zu Steinmetzen ausgebildeten Mönchen. Von diesem handwerklichen Ursprung, dessen Blütezeit zwischen dem 11. und 14. Jh. liegt, zeugen sowohl die allgemein verwendeten Symbole (Richtscheit, Winkelmaß, Zirkel, Senkblei, Hammer) wie auch die Bezeichnung der drei überall anerkannten Einweihungsgrade, der sogenannten blauen Johannisgrade, namentlich: Lehrling, Geselle und Meister. Aus diesem Zusammenhang erklären sich auch schon einige grundlegende Aspekte der späteren Freimaurerei, wobei man sich vielleicht wirklich die mittelalterlichen Kathedralen und Dombauten anschauen muss, um ganz plastisch das Ausmaß der menschlichen Anstrengungen, des Wissens und der Erfahrung zu begreifen, das erforderlich war, um solche Bauten künstlerisch, technisch und handwerklich realisieren zu können. Abgesehen von den Hebelgesetzen des Archimedes waren seinerzeit nicht einmal die elementarsten Gesetze der heutigen Baustatik dokumentiert; und natürlich gab es auch noch keine Maschinen. Die Realisierung von aufwendigen Kirchen- und Dombauten dauerte oft viele Jahrzehnte, sie erforderte die Koordination und Organisation zahlreicher Gewerke sowie den kontinuierlichen Einsatz von zahllosen, oft vor Ort gar nicht verfügbaren Fachleuten und Arbeitern.

Solche Großprojekte wurden von den seinerzeit so genannten Hütten (englisch: *lodges,* rückübersetzt: Loge), später Bauhütten genannt, realisiert. Sie können als Vorläufer der heutigen Baukonsortien, also als Wirtschaftsunternehmen betrachtet werden, wobei die realen Hütten, die sich in der Nähe der Großbaustellen ansiedelten, auch einen Großteil der Facharbeiter, vorwiegend die hoch qualifizierten Steinmetze, dauerhaft beherbergten. Auf den Hütten bestand eine soziale Ordnung eigener Art: Der soziale Zusammenhalt entstand durch die Hüttengemeinschaft selbst und war unabhängig von sozialer oder regionaler Herkunft; das enge Zusammenleben und die Aufeinanderangewiesenheit bei der Arbeit erforderten Toleranz und gegenseitigen Respekt; die Hütten waren nur dem Bauprojekt verpflichtet und standen zumeist außerhalb der sozialen Ordnung des Gemeinwesens, weshalb Streitigkeiten intern geregelt werden mussten und ein eigenes Rechtswesen entstand; die Hierarchien waren Ausdruck von fachlicher Qualifikation und Erfahrung. Innerhalb des Hüttenwesens kam natürlich den »Eliten«, namentlich den Steinmetzen, eine herausragende Bedeutung zu, die ihrerseits in Bruderschaften mit eigenen Regeln organisiert waren. Aus eben diesen besonderen fachlichen und sozialen Bedingungen ergeben sich die grundlegenden Geheimnisse der Freimaurerei: Die »geheimen« Kenntnisse des Bauwesens, die das Ergebnis oft jahrzehntelanger Erfahrung waren und deren Hort die »Meister« waren; die »geheimen« Überlieferungskanäle, die in einer Zeit, in der kaum jemand lesen und schreiben konnte, zwangsläufig eher mündlichen Charakter hatten und persönlich weitergegeben wurden; die »geheime« Bedeutung von Zahlen, deren bautechnischer Sinn sich zwar unmittelbar ergibt, aber in einer Zeit, in der es noch keine »geeichten« Maße gab, durchaus nicht jedem zugänglich war; die »geheimen« Erkennungszeichen, mit denen sich Gesellen und Meister untereinander, auf neuen Baustellen und gegenüber neuen Arbeitgebern identifizieren konnten; die »geheimen« Regeln der Bruderschaft, die das Funktionieren des schwierigen Hüttenlebens gewährleisteten; die »geheimen« Riten, mit denen ausgebildete Lehrlinge in die Steinmetzbruderschaften aufgenommen wurden usw. Soweit zu den Fakten.

Ausgehend von diesen Grundlagen entspinnen sich nun einerseits Traditionslegenden, die bis zu den Geheimnissen des ägyptischen und antiken Bauwesens zurückreichen und Raum für allerlei Spekulationen über das mystische Wissen der Baumeister jener Zeit und deren »geheime« Übermittlungskanäle in der Freimaurerei bieten. Neben der kabbalistischen Zahlenmystik spielt hierbei auch der Jerusalemer Tempel *(Tempel des Salomo)* eine gewisse Rolle, und somit kommen dann auch wieder die Tempelritter als Geheimnisträger ins Spiel. Andererseits wurden die Initiationen, die »geheimen« Symbole und Erkennungszeichen selbst zu einem beliebten Gegenstand der vor allem im 19. Jh. blühenenden okkulten Interessen. Freilich war man dort nur selten am konkreten sozialen oder historischen Sinn der Symbolik interessiert. Vielmehr konzentrierte man sich auf die mystischen Techniken und die Initiationsriten, mit deren Anwendung man in ganz andere, hoch esoterische Wissensdimensionen vorzudringen gedachte. Doch bleiben wir zunächst bei den echten Freimaurern.

Das 18. Jh. – eine Zeit also, in der das historische Bauhüttenwesen und die Steinmetzbruderschaften, nicht zuletzt wegen des Machtzuwachses der Zünfte sowie etlicher Verbote, längst verschwunden waren – markiert einen Bruch im Freimaurerwesen. In dieser Zeit scheiden sich »tätige« Werkmaurerei und »spekulative« Geistesmaurerei endgültig. Die Steinmetzbruderschaften, deren Niedergang spätestens im 16. Jh. begann, gingen nach und nach in allgemeinen Maurerzünften auf, die ihrerseits aus naheliegenden Gründen einen Großteil des Brauchtums weiter pflegten. Dies galt besonders für die spezialisierten Maurer mit speziellen handwerklichen und künstlerischen Fähigkeiten; vor allem jene, die den »weichen« (Sand-)Stein (englisch: *freestone*) bearbeiteten. Diese »freestone-masons« oder »freemasons« bewegten sich weiterhin relativ frei von starren Zunftordnungen und örtlichem Gemeinwesen auf dem immer kleiner werdenden Markt der außergewöhnlichen Bauvorhaben, also oft im Kreise wohlhabender und mächtiger Leute. Da Letztere sich im weitesten Sinne als Sponsoren dieser Maurer betätigten, wurde viele von ihnen ehrenhalber, also ohne handwerkliche Ausbildung, in die Gemeinschaft aufgenommen; daher stammt der Terminus der »Angenommenen Maurer«, und schon die Londoner Großloge von 1717 besteht wohl ausschließlich aus solchen angenommenen bzw. »spekulativen« Maurern.

Kennzeichen der spekulativen Maurerei, die 1717 mit der ersten Großloge in London Gestalt annimmt und sich in den folgenden Jahrzehnten in der ganzen westlichen Welt ausbreitet, ist die Überführung der praktischen Maurertraditionen und der Regeln des Bauhüttenwesens auf eine rein symbolische Ebene. Die leitenden Metaphern sind bis heute eine universale Kosmologie, die von der Existenz eines universalen »großen Baumeisters« ausgeht, sowie das Menschenbild des »rauen Steins«, dessen handwerkliche Bearbeitung und Verfeinerung sinnbildlich für eine Persönlichkeits- und Charakterbildung steht. Dabei bilden die idealisierten Hütten-Tugenden von Toleranz und Respekt, von Brüderlichkeit und Freiheit, von Ehrbarkeit, ethischer Verpflichtung und sozialer Verantwortung den ideellen Rahmen der Freimaurerei. Im weltanschaulichen Zentrum der spekulativen Freimaurerei steht zweifellos von Beginn an der Einzelne in seiner Eigenschaft als universaler und gleicher Mensch, der sich ungeachtet aller kulturellen, sozialen und religiösen Unterschiede als Bruder unter Brüdern empfinden und entsprechend brüderlich mit allen Menschen leben und umgehen sollte. Die zentralen Aspekte von Gleichheit und Brüderlichkeit waren ebenso zentrale Wertvorstellungen der Aufklärung, was zu einer ungeheuren Popularität der Freimaurerei in aufgeklärten und intellektuellen Kreisen führte. Die Liste berühmter »Angenommener Maurer« vor allem im 17. und 18. Jh. ist dementsprechend lang. Sie reicht von Goethe und Herder über Lessing und Mozart bis zu Friedrich dem Großen (Friedrich II. von Preußen), Benjamin Franklin und George Washington, um nur einige zu nennen.

Trotz einiger zeitlich begrenzter und regionaler Verbote, die entweder dem herrschaftlichen Misstrauen gegenüber der »Geheimniskrämerei« geschuldet waren oder aber auf die (bis heute bestehende) feindliche Haltung der katholischen Kirche gegenüber der »Freigeisterei« zurückzuführen waren, sind die Freimaurer insgesamt eine recht erfolgreiche soziale Bewegung mit einem durchaus guten Ruf und mit derzeit geschätzten 5 bis 6 Millionen Mitgliedern weltweit. In Deutschland erlebte die Freimaurerei ihren Einbruch durch die Nazi-Propaganda, die in ihr die geheime Speerspitze der jüdischen Weltverschwörung sah, was 1934 – trotz gewisser Anbiederungstendenzen einiger Logen – zu deren generellem Verbot führte. Gegenwärtig gibt es in Deutschland wieder knapp 500 »reguläre« Freimaurerlogen, d. h. Logen, die nach den 1929 aufgestellten Prinzipien der Grossloge von England arbeiten, wozu unter anderem das Bekenntnis zu einem höchsten Wesen/höchsten Prinzip, das Verbot, in den Logen über Politik und Religion zu sprechen, sowie die Verpflichtung, nur Männer aufzunehmen, gehören. Aus dieser traditionellen britischen Perspektive – und nur aus dieser! – sind einige Dutzend große politische, atheistische, gemischt-geschlechtliche und reine Frauenlogen »irregulär«.

Dies betrifft in Europa übrigens besonders die französischen Logen, denn nach dem 1913 endgültig ausgeschlossenen »atheistischen«, links-liberalen und Frauen aufnehmenden Grand Orient de France wurde 2011 auch die Grande Loge Nationale Françaises in die »Irregularität« verbannt. Dabei hatte sich Letztere 1913 als Reaktion auf den genannten Ausschluss gebildet und zum »regulären« Ritus und den *Alten Pflichten* bekannt. Angesichts des dort niedergelegten Politikverbotes wurde ihr (unter anderem) das öffentliche Bekenntnis ihres Großmeisters zu Nicolas Sarkozy zum Verhängnis. Damit betreiben gegenwärtig insgesamt ca. 90.000 französische Freimaurer, die einer der über 2000 den beiden Großlogen angeschlossenen kleinen Logen angehören, »irreguläre« Freimaurerei.

Die ca. 400 in Deutschland aktiven Freimaurerlogen gehören fast alle zu fünf deutschen Großlogen (Zusammenschlüsse von einzelnen Logen und kleineren Logenvereinigungen), die sich ihrerseits 1958 unter dem Namen Vereinigte Grosslogen von Deutschland in einem Dachverband zusammengeschlossen haben, der die Freimaurerei nach außen vertritt. Die Zahl der in den Logen organisierten Mitglieder beläuft sich auf etwa 15.000, woraus sich ergibt, dass die einzelnen Logen, die offiziell als Vereine arbeiten, eher klein sind. Alle Logen sind weitgehend autonom, abgesehen von der Beachtung des Rituals sowie allgemeiner Prinzipien der Freimaurerei, wie sie grundlegend in den schon genannten *Alten Pflichten,* dem allgemeinen Verhaltens- und Sittencodex aus dem Jahr 1723, formuliert wurden. Alle Ämter in den Logen und Großlogen werden durch Wahlen vergeben und einen »obersten« Freimaurer gibt es nicht.

Die gegenwärtig bedeutsamste Großloge in Deutschland ist die erst nach dem Zweiten Weltkrieg begründete Grossloge der Alten Freien und Angenommenen Maurer von Deutschland, der letztlich über die einzelnen Logen ca. zwei Drittel aller Freimaurer in Deutschland angehören. Die erst seit 1970 diesen Namen führende Großloge war allerdings 1949 unter dem Namen Vereinigte Grosslogen von Deutschland die Keimzelle des oben genannten Dachverbandes, dem sie 1958 ihren Namen überließ und sich ihm selbst unter neuem Namen anschloss. Die Grosse National-Mutterloge »Zu den drei Weltkugeln« wurde schon 1740 unter königlich-preußischem Wohlwollen Friedrichs des Großen ins Leben gerufen. Ihr können gegenwärtig etwa 1500 Freimaurer in ca. 40 Logen zugerechnet werden. Die 1770 gegründete Grosse Landesloge der Freimaurer von Deutschland ist die einzige entschieden christlich ausgerichtete der deutschen Großlogen. Sie hat ca. 3500 Mitglieder; überdies bearbeitet man dort den sogenannten *Schwedischen Ritus*, der noch sieben Grade über den Johannisgraden, also insgesamt 10 Grade hat. Die beiden anderen in Deutschland registrierten Großlogen, die Grand lodge of British Freemasons in Germany und die American Canadian Grand Lodge, können hier vernachlässigt werden, da sie sich vorwiegend an in Deutschland ansässige Briten, Kanadier und Amerikaner wenden.

Der Kult des Geheimen: Okkultismus und Esoterische Orden der Moderne

Bevor nun das Folgende dem Interesse am »Spekulativen« und »Dunklen« zum Opfer fällt, muss im Rückbezug zu den Geistesströmungen der Templer, Rosenkreuzer und Freimaurer und den vielen Querverbindungen zu Theosophie, Anthroposophie und auch dem »berühmt-berüchtigten«, noch näher zu beschreibenden O.T.O. eines klar gestellt werden: Die blühende esoterisch-okkulte Szene in der Zeit zwischen etwa 1880 und 1930, von der im Folgenden überwiegend die Rede sein wird, war eine im Kern sozialreformerische und fortschrittliche Bewegung, die reihenweise Künstler und Intellektuelle anzog. In der besagten Zeit war Europa in weiten Teilen in nationalpolitischem Konservatismus und ökonomisch-industriellem Materialismus erstarrt; eine Situation, die sich schließlich im Irrsinn und den Materialschlachten des Ersten Weltkriegs entlud. Das Weltbild der okkulten Utopisten war dagegen in Gänze auf eine Zukunft in »organischen« Gesellschaften und auf kosmisch-soziale Transformationen gerichtet. Dementsprechend sind die Schnittstellen der okkulten Szene zu Pazifismus, Anarchismus, Lebensreformbewegung, Naturismus, Freikörperkultur und Vegetarismus zahlreich. Kurz gesagt: Die zum geistigen Aufbruch und zu sozialen Reformen bereite Okkultszene hatte in jenen Jahren unter dem religiösen Label all das zu bieten, was die antimodernistische und in prüdem Dogmatismus erstarrte katholische Kirche zu dieser Zeit definitiv nicht hatte – vom biederen Protestantismus lutherischer Provenienz ganz zu schweigen.

Gleichwohl gibt es die Kehrseite, denn natürlich ist der Okkultismus eine zutiefst antiaufklärerische Bewegung. Nach Ansicht vieler Okkultisten um die Wende zum 20. Jh. hatte ja der aufklärerische Rationalismus das organische Gefüge von Mensch und Kosmos zerstört und durch einen geist- und seelenlosen industriellen Materialismus ersetzt, als dessen spezifisches Kennzeichen u. a. die Herrschaft des Geldes gesehen wurde. Insofern ließen sich beträchtliche Teile der ohnehin für Verschwörungstheorien aller Art sehr empfänglichen Szene leicht vom Virus des zu dieser Zeit (wieder einmal) verstärkt in Europa grassierenden Antisemitismus anstecken.

Der 1900 gegründete Ordo Novi Templi (ONT) war einer der bekanntesten rassistischen Neutempler-Orden, gleichwohl hatte er allenfalls ein paar Hundert Mitglieder. Sein Gründer und Ideengeber Jörg Lanz (1874–1954), ein aus Österreich stammender Publizist mit einigen Jahren Erfahrung als Zisterzensiermönch, der später als selbstgeadelter Baron Jörg Lanz von Liebenfels auftritt, verschmolz seine katholisch-apokalyptischen und theosophisch-esoterischen Visionen mit Rassismus, Archäologie, Paläontologie und Zoologie, Radiologie und Astrologie – und mixte das Ganze mit einem erheblichen Schuss *Sex and Crime* auf. Allerdings ist Lanz' arisch-christliche Mythologie derartig wirr, dass man sich selbst in gleichgesinnten rassistischen Kreisen von ihm distanzierte, um die völkische Bewegung »vor dem Fluch der Lächerlichkeit« zu bewahren. Eine gewisse Sympathie für die Lanz'sche Esoterik entfaltete sich allenfalls in der Guido-von-List-Gesellschaft. Die zugunsten der Veröffentlichung der »ariosophischen« Schriften des Guido Karl Anton List (1848–1919; auch er adelte sich später selbst) gegründete Gesellschaft, der auch Lanz angehörte, ist zwar sichtbar theosophisch beeinflusst, formt daraus aber einen arisch-germanischen Rassenmystizismus, dessen sonstige Anleihen weniger im okkulten Wissen als vielmehr in der deutsch-romantischen Literatur und den »erb-erinnerten« heidnisch-germanischen Spekulationen ihres Namengebers zu finden sind. Am Ende bleibt die Gesellschaft eher ein literarisch-esoterischer Debattierklub. Dem tatsächlich »okkulten«, also »geheimen« inneren Zirkel der Armanenschaft bzw. des Hohen Armanen Orden gehörte allenfalls ein gutes Dutzend Mitglieder an.

Man kann aus diesen beiden Orden heraus, deren Anhänger überwiegend aus großbürgerlichen und adligen Kreisen stammten, ein paar rassistische und personelle Spuren zu Reichshammerbund und Germanenorden sowie zu der aus Letzterem hervorgehenden Thule-Gesellschaft verfolgen und landet dann irgendwann auch beim Nationalsozialismus. Der alles verbindende Strang verjüngt sich freilich nach und nach zum dünnen Faden eines bloßen Rassismus, der in den 1930er Jahren wahrlich keine »okkulten Wurzeln« aus solch kleinen Gemeinschaften brauchte. Er stand zu dieser Zeit längst auf den weit stabileren Grundfesten eines allgemeinen »Volksglaubens«, der von weiten Teilen der gesellschaftlichen Eliten, einschließlich der Mehrheit der Kirchenchristen, geteilt wurde.

Eben dieser religiös verbrämte Rassismus tritt dann auch in den gegenwärtigen Wiederbelebungen der oben genannten Gemeinschaften offen zutage. Der Nachfolger der Guido-von-List-Gesellschaft wurde 1976 als Armanen-Orden wieder begründet und operiert nun am rechten Rand der »heidnischen« Religionen. Der Ordo Novi Templi, selbsternannte »Speerspitze der menschlichen Zivilisation im Kampf gegen den dämonischen Weltkommunismus«, wurde im Jahr 2000 in Ostdeutschland wiederbelebt und organisiert sich zusammen mit anderen kleinen und offen rechtsextremen Gruppierungen in der Deutschen Kirche. Ob allerdings, abgesehen von der Thule-Gesellschaft, solche Gemeinschaften wie Arianische Kirche von Deutschland, Ariosophische Kulturzentrale, Freier Lutherischer Glaubensbund, Freikirchliche Glaubensgemeinschaft Bayern u. a. überhaupt als eigenständige Gruppen existieren, muss mangels Informationen dahingestellt bleiben. Der ONT und die Deutsche Kirche sind ihrem Glauben an den »arischen Judenbekämpfer Jesus« und die Überlegenheit der abendländischen Rasse durchaus vergleichbar mit den freilich wesentlich größeren Gruppen des angelsächsischen *Christian Identity Movement.*

Geheimer als geheim: Strikte Oberservanz und Illuminatenorden

In der undurchsichtigen Gemengelage zwischen Neutemplern, Rosenkreuzern, Freimaurern und der Theosophischen Gesellschaft konstituierten sich bereits ab Mitte des 18., vor allem aber im späten 19. und im frühen 20. Jh. unzählige Clubs, Zirkel und Vereine, die sich zwar in der einen oder anderen Weise in dem genannten Ideenspektrum verorteten, denen aber eher eine fast schon manisch zu nennende Fixierung auf »Geheimnisse« und »Einweihungen« einerseits sowie auf magische »Rituale« andererseits gemein war. Solche Strömungen und Grüppchen, die sich gewissermaßen im Untergrund des okkulten Untergrundes bewegten, haben zu jeder Zeit auch ihre Anhänger gefunden – und eben das wirft seit jeher und immer wieder Schatten auf die esoterische Ordensszene.

Eine besondere, um nicht zu sagen: unselige Rolle innerhalb der Freimaurerei fiel beispielsweise der kurzlebigen 1751 begründeten STRIKTEN OBSERVANZ zu, der es über einige Jahrzehnte gelang, größeren Einfluss innerhalb der Freimaurerei zu gewinnen. Kennzeichnend für die Strikte Observanz waren die Betonung eines elitären Hochgradsystems sowie eine umfangreiche Legendenbildung in Bezug auf die Tempelritter und »unbekannte Obere«. Ihre größte Verbreitung fand sie in niederen und mittleren Adelskreisen, dem Großbürgertum sowie dem diesen Kreisen nahestehenden Beamtentum. Obwohl man die Strikte Observanz dem Gestus nach eher den Neutemplern zuordnen muss, so bildet sie doch vor allem einen dunklen Fleck in der nur scheinbar durchweg humanistischen Freimaurergeschichte, denn es waren überwiegend Freimaurerlogen, die sich ihr anschlossen. Die Strikte Observanz war von Beginn an in machtpolitische und ökonomische Ränkespiele involviert, wo sie keineswegs den aufklärerischen, sondern den restaurativen und elitären Part ständepolitischer Interessen übernahm. Im Inneren wurde ein arkaner und hochesoterischer Mystizismus gepflegt und es galten strenge Hierarchien und Gehorsamspflichten gegenüber den »Oberen«, sodass man durchaus von einem quasi-militärisch organisierten Geheimbund sprechen kann. Von Beginn an mit dem Hang zu Auflösungstendenzen konfrontiert, zerfiel die Strikte Observanz bereits 1782 endgültig und der größte Teil der Logen distanzierte sich vom »templerischen Irrweg«.

In etwa zeitgleich zum Verfall der reaktionären Strikten Observanz konstituiert sich 1776 der sagenumwobene ILLUMINATENORDEN, dem es gelingen sollte, große Teile der Freimaurer wieder in die aufklärerische Spur zu bringen. Auch hier ist es bemerkenswert, dass der sich entschieden gegen jeden »unfreimaurerischen« Mystizismus wendende bayerische Illuminatenorden zu einer so riesigen Projektionsfläche für jene Verschwörungstheorien werden konnte, die nach nicht einmal 10 Jahren seiner Existenz schon sein Ende einläuteten – was, ähnlich wie bei den Templern, den Spekulationen über sein verborgenes Weiterwirken erst recht Auftrieb gab. Solche verschwörungstheoretischen Spekulationen waren übrigens seinerzeit ungeheuer populär. Im letzten Drittel des 18. Jh. ist der sogenannte *Bündnisroman*, in dem es um das untergründige und revolutionäre Wirken der Geheimbünde (besonders der Freimaurer, Illuminaten, Rosenkreuzer und Jesuiten) geht, eines der erfolgreichsten literarischen Genres.

An den Illuminaten lässt sich sinnbildlich demonstrieren, wie man sich »Aufklärung« unter den realhistorischen Bedingungen des 18. Jh. vorstellen muss. Natürlich: Auch der Illuminatenorden befasste sich, wie viele Freimaurerlogen, mit verschiedenen antiken Mysterien, man pflegte rituelle Einweihungen in ein Gradsystem und die Mitglieder gaben sich »geheime« Namen. Getragen wurde dieser Mystizismus von der elitären Überzeugung, dass das einfache Volk im Grunde nicht geeignet ist, jene höheren Wahrheiten und tieferen Erkenntnisse zu erfahren, die im Inneren der Mysterien, im sprichwörtlichen Tempel der Wahrheit, bewahrt wurden. Soweit es die Illuminaten betrifft, war das große Mysterium aber nichts anderes als die Vernunft im Sinne einer universalen Religion, die den sektiererischen Religionen (also auch dem Christentum) sowie allen Veranstaltern niederer religiöser Praktiken verborgen bleiben musste. Diese Weltanschauung war auch im 18. Jh. alles andere als Common Sense und die Illuminaten wurden schließlich als »landesverräterisch« und »religionsfeindlich« gebrandmarkt und verboten. Deshalb war es für die Illuminaten durchaus opportun, ihre Vernunftreligion als elitäre Veranstaltung zu begreifen und sich nur unter Pseudonym und im vertrauten Kreis als Illuminat zu erkennen zu geben.

Der Vernunftglaube des Illuminatenordens richtete sich vor allem gegen den Irrationalismus der Strikten Observanz und des ORDENS DER GOLD- UND ROSENKREUZER. Pikante Geschichte am Rande: Der hartnäckigste Bekämpfer der Gold- und Rosenkreuzer und zugleich das bekannteste Mitglied des Illuminatenordens war Freiherr Adolph Franz Friedrich Ludwig (von) Knigge (1752–1796), der vorher selbst ein Mitglied der Strikten Oberservanz gewesen war. Die Gold- und Rosenkreuzer – auch für diesen Orden scheint eine literarische Vorlage vom Anfang des 18. Jh. maßgeblich zu sein – verstanden sich als freimaurerisch und rosenkreuzerisch, was auf die enge Verbindung dieser beiden Geistesströmungen zu dieser Zeit hinweist. Dabei ergibt sich die Nähe weniger ideell als vielmehr durch Überschneidungen eines vorwiegend bürgerlichen Personenkreises mit einer Affinität zu okkulten Themen und Praktiken, die man gleichermaßen bei Rosenkreuzern *und* Freimaurern zu finden glaubte. Wie bei vielen späteren Gemeinschaften ist es auch beim Orden der Gold- und Rosenkreuzer – dessen berühmtestes Mitglied immerhin König Friedrich Wilhelm II. von Preußen (1744–1797) war – fraglich, ob man einen Orden, der vorwiegend im Spiritismus verstrickt und deutlich antiaufklärerisch tätig ist, noch mit Recht in die aufklärerische Tradition einordnen kann.

Geheimer geht nicht: Golden Dawn und O.T.O.

Die im 19. Jh. erblühenden rosenkreuzerisch-freimaurerisch-templerisch-illuministischen Mischgemeinschaften, die sich überwiegend durch ihren Hang zu phantastischen Legenden, okkultem Mystizismus und magischen Praktiken auszeichneten und sich darüber hinaus wenig für die reale Kultur- und Religionsgeschichte oder die weitere Gesellschaft überhaupt interessierten, sind letztlich eigenständige soziale Formationen. In Frankreich ist der 1888 gegründete ORDRE KABBALISTIQUE DE LA ROSE-CROIX (Kabbalistischer Rosenkreuzerorden), dem u. a. der Komponist Claude Debussy (1862–1918) angehörte, ein Beispiel für diesen synkretistisch-magischen Mystizismus. Oder vielleicht sollte man noch genauer sagen: Es ist das personelle Umfeld um okkulte Lichtgestalten wie, in diesem Fall, Stanislas de Guaita (1861–1897) und Joséphin Péladan (1858–1918), der als Großmeister des oben genannten Ordens unter dem Namen Sâr Mérodak bekannt war, das zahlreiche magisch-mystische Orientierungen hervorbrachte.

Etwa zur gleichen Zeit entsteht in England einer der bedeutsamsten esoterischen Orden des 19. Jh., der zum Traditionsstifter etlicher späterer esoterisch-okkulter Gemeinschaften wird. Der 1888 gegründete, stark ritualmagisch ausgerichtete HERmetic Order of the Golden Dawn (Hermetischer Orden der goldenen Morgenröte) ging seinerseits aus dem personellen Umfeld der Societas Rosicruciana in Anglia hervor. Er sah sich mithin selbst in der Rosenkreuzertradition, war aber bis zur Unkenntlichkeit mit sämtlichen im Rosenkreuzer-, Neutempler- und Freimaurerumfeld existierenden Mythen und Praktiken, mit Kabbala-Mystik, Neuplatonismus, Tarot, Alchimie, Astrologie, chaldäischen Orakeln, henochischer Engelmagie sowie einer gehörigen Portion eigener Phantasie vermischt. Der 1903 aufgelöste Orden – dessen bekanntestes Mitglied der irische Literaturnobelpreisträger William Butler Yeats (1865–1939) war – hat eine Vielzahl von Nachfolgeorganisationen hinterlassen, die sich alle auf ihre Art mit Alchimie, Astrologie und Theurgie (magische Praxis der Interaktion mit den Göttern) befassen und sich alle in der »echten« Tradition des Hermetic Order of the Golden Dawn sehen – was für einige Orden dann konkret eine Geschichte von ca. 7000 Jahren meint.

Unter den gegenwärtig mehreren Dutzend Golden Dawn-Grüppchen hat sich ein neuer, amerikanischer Hermetic Order of the Golden Dawn das Namensrecht als exklusive Handelsmarke für Europa und Kanada gesichert. Aus den USA heraus, wo er mit dem Namenszusatz Outer Order of the Rosecruisian Order of A.O. registriert ist (A.O. steht für Alpha & Omega, eine 1906 gegründeten Nachfolgeorganisation des Golden Dawn), operiert der Orden vorwiegend über das Internet, wo er das »Geheimwissen« als Dienstleistung und Ware und somit fast schon als Parodie jeglicher Exklusivität anpreist. In großen Lettern und mit »Erfolgsberichten« bewirbt der Orden sein Produkt: »This is the Secret to everything – joy, health, money, relationship, love, happiness … everything you have ever wanted.« (Das allumfassende Geheimnis – Freude, Gesundheit, Geld, Freundschaft, Liebe, Glück … alles, was sie sich schon immer gewünscht haben.) Wie erfolgreich der Orden tatsächlich ist, lässt sich schwer einschätzen, in Deutschland existiert seit 2002 offenbar ein kleiner Tempel in Berlin, dessen Anhängerschaft sich aber im unteren zweistelligen Bereich bewegen dürfte.

Angesichts der rechtlich gesicherten Exklusivität befindet sich der Hermetic Order of the Golden Dawn im inneramerikanischen Dauerkonflikt mit dem kalifornischen Esoteric Order of The Golden Dawn, der seinerseits immerhin auch mit einem kleinen »Studienkreis« in Deutschland (Nürnberg) vertreten ist. Für den letztgenannten Orden gilt freilich, wie auch für die anderen Grüppchen, die sich gegenwärtig noch auf den historischen Golden Dawn beziehen, dass sie mittlerweile entweder im »niederen« Spiritismus oder im allgemeinen Feld der Gegenwartsesoterik, überwiegend in den aktuellen Trendreligionen von Neopaganismus und Wicca, aufgegangen sind.

Man kann den Hermetic Order of the Golden Dawn in gewisser Weise als einen Gegenentwurf zur zeitgleichen Theosophie in der Blavatsky-Tradition sehen. Bezieht sich Ersterer auf die »westlichen« esoterischen Traditionen, so stehen in der Letzteren die »östlichen« Traditionen im Vordergrund – wobei beide Phänomene allerdings eine hohe Affinität zur ägyptischen Mythologie haben. In der gemeinsamen Konzentration auf praktische esoterische »Arbeit« und die Entwicklung von immer abenteuerlicheren Einweihungsstufen und -riten war es den meisten Adepten der Szene aber offensichtlich ohnehin egal, ob sie »östliche« oder »westliche« Esoterik betrieben, weshalb viele Personen in beiden Strömungen agierten bzw. diese synthetisieren wollten.

Wesentlicher Traditionsbildner der »östlichen« Esoterikorden dürfte der skandalumwitterte, 1903 ins Leben gerufene Ordo Templi Orientis (O.T.O.) sein. Auch er ist ein gutes Beispiel dafür, wie rosenkreuzerische Versatzstücke mit »irregulären« freimaurerischen Hochgradsystemen, templerischen und gnostischen Geheimlehren sowie mit den okkulten Teilen der Blavatsky-Theosophie zu einem ritualmagischen Synkretismus eigener Art verschmolzen werden können. Abseits von eher graduell als fundamental unterschiedlichen ideellen Traditionen geht es auch bei diesem Orden hauptsächlich um Einweihungen in die zahllosen esoterischen Geheimnisse und natürlich um die magische Praxis, beides im zweckhaften Sinne einer inneren Alchimie, also einer Persönlichkeitswandlung bzw. einer Weiterentwicklung zu spiritueller Vollkommenheit, einem kosmischen Bewusstsein usw.

Der bis heute existierende O.T.O. – freilich in Form mehrerer konkurrierender Nachfolgeorganisationen – bezieht sich neben den basalen antiken Mysterien auf Freimaurerei, Rosenkreuzertum, die Tempelritter bzw. die mittelalterlichen Ritterorden überhaupt und die Illuminaten. Seine Bekanntheit in der Gegenwart verdankt der O.T.O. allerdings Aleister Crowley, einem ehemaligen Adepten des Golden Dawn, der dem zwischen 1903 und 1906 gegründeten Orden ab 1922 bis zu seinem Tode 1947 als »äußerer« Leiter vorstand. Crowleys Berühmtheit wiederum verdankt sich nicht nur seinem »Schmuddel-Image« (Crowleys magische Schriften sind teilweise enorm sexuell aufgeladen, was ihm eine große postume Popularität in den 1970er Jahren einbrachte), sondern letztlich den christlichen Kirchen, die ihn als Prototyp des Satanisten entdeckt haben – eine Tatsache, der im Kapitel 11 über den »Satanismus« ausführlich Rechnung getragen wird. Der O.T.O. jedenfalls, der in seiner Frühzeit stets (vergeblich) um Anerkennung als reguläre Freimaurerloge gekämpft hatte, orientiert sich gegenwärtig mehr oder weniger vollständig an Crowleys Schrifttum. Damit ist er freilich nicht allein, denn Crowley gilt als intellektueller Dreh- und Angelpunkt einer Vielzahl kleinerer und kleinster Gruppen der esoterischen Ordenszene im Gefolge des O.T.O. Als bedeutsamste Crowley-Gruppe muss wohl der amerikanische Caliphats-O.T.O. genannt werden, der sich einige Namensrechte, vor allem aber die Rechte am berühmten Crowley-Tarot gesichert hat, dessen weltweiter Vertrieb die Hauteinnahmequelle des Ordens ist.

Wenn die deutsche Abteilung des Caliphats-O.T.O. auf ihrer Homepage gegenwärtig weltweit ca. 4000 Mitglieder für sich reklamiert und diese Gegenwart im Jahr 2004 (!) ansiedelt, dann bekommt man eine wohl zutreffende Vorstellung über dessen realen Aktivitätsgrad. In Deutschland dürften im Umfeld des O.T.O., wozu man auch die Gnostisch-Katholische Kirche, die drei sogenannten Saturn-orden und zwei weitere kleine O.T.O.-Gruppen zählen kann, kaum mehr als 100 Personen aktiv sein, die sich, wie gesagt, über ein halbes Dutzend kleinster Grüppchen verteilen. Für eine Darstellung der vielen weiteren »Phänomene« im Umfeld des O.T.O. sei an dieser Stelle auf die im Internet einsehbaren, umfangreichen und gut dokumentierten Recherchen des Insiders Peter R. König verwiesen.

Um also einem weit verbreiten Missverständnis vorzubeugen: Während die oft ausgefeilten Ordensregeln und Einweihungsriten fest strukturierte Gemeinschaften mit klaren durch die unterschiedlichen Graduierungen bestimmten Hierarchien und Kompetenzen vermuten lassen, zeigt die Realität einen permanenten Verfall einzelner Gemeinschaften, andauernde Spaltungen und ständige Neugründungen. Bei genauerer und vielleicht auch schon überkritischer Betrachtung sieht man hier seit jeher eher eine Szene von Egomanen am Werk, die ihre Grüppchen offensichtlich lieber in persönlichen Scharmützeln opfern, als sich wirklich kontinuierlich einer »gemeinsamen Sache« hinzugeben. Kaum ein esoterisch-magischer Orden in den ca. 50 Jahren rund um die Wende zum 20. Jh. bestand länger als ein paar Jahre bzw. sofern er länger existierte, hatte er zumeist zahllose Abspaltungen und programmatische Neuausrichtungen erlebt. Letztlich sind es auch nur wenige Personen, die in der Szene mehr oder weniger omnipräsent waren und die einen magischen Orden nach dem anderen gründeten. Mit den Namen Franz Hartmann, Gérard Encausse (Papus), Stanislas de Guaita, Joséphin Péladan, Theodor Reuss, Heinrich Tränker, Eugen Grosche, William Westcott und Aleister Crowley kann man sich bequem durch gut 50 Jahre vor allem deutscher, französischer und angelsächsischer Ordensgeschichte(n) »googeln«. Nimmt man die theosophischen Mitstreiter aus dem Umfeld von Helena Blavatsky, Rudolf Steiner, Alice Bailey und Annie Besant dazu, hat man mehr oder weniger alle historisch bedeutsamen Wegbereiter einer ansonsten überaus unübersichtlichen Szene genannt. Daran hat sich bis heute wenig geändert; auch gegenwärtig kann man mit etwa einem Dutzend Namen die gesamte Ordensszene zumindest in personeller Hinsicht durchdringen. Insofern haben diese Gruppen wenig mit Sektenklischees wie Gehirnwäsche oder dauerhafter sozialer Kontrolle zu tun, da die einzige Konstante dieser Gruppen die permanente Fluktuation ist.

Wie kann ich merken, welches Wort der Herr nicht geredet hat?

(5. Buch Mose 18,21)

7 Gott reloaded: Propheten und neue Offenbarungen

Wenn man sich den Inhalt der *Hebräischen Bibel (Tanach),* besonders der 5 Bücher Mose *(Tora),* vor Augen hält, dann lassen sich zunächst drei Dinge feststellen. Erstens: Propheten, also jene wörtlichen Sendboten, Fürsprecher und direkten Empfänger von Gottes Wort, sind ein sehr bedeutsamer historischer Bestandteil des jüdischen Glaubens. Zweitens: Soweit die *Hebräische Bibel* als *Altes Testament* auch eine heilige Schrift des Christentums ist, gilt das gerade Gesagte hier ebenso. Drittens: Die Unterscheidung von »falschen« und »echten« Propheten war, wie das biblische Eingangszitat nahelegt, schon damals ziemlich schwierig – und daran hat sich bis in die Gegenwart nicht viel geändert.

Das Problem der Menschen, nicht wirklich zu wissen, ob dieser oder jener Prophet nun das echte Wort Gottes verkündet, ist nichts im Vergleich zu dem Dilemma, dem die Propheten selbst zu allen Zeiten ausgesetzt waren und bis heute sind. Denn: Sie haben Gottes Wort empfangen, und einen daraus möglicherweise ergehenden Verkündigungsauftrag kann man ja nicht einfach ignorieren oder mit Verweis auf eine schwer zu überzeugende, vielleicht sogar gewalttätig reagierende Menge Andersdenkender ablehnen. Abgesehen von den Propheten, die sich im Sinne einer bestehenden religiösen Ordnung dienstbar gemacht haben, erfreuten sich die wenigsten »freien« Propheten zu Lebzeiten einer mehrheitsgesellschaftlichen Zuneigung. Dies gilt vor allem für die sogenannten Neuoffenbarer, also für jene, die etwas wirklich Neues, schlimmstenfalls sogar im Widerspruch zu den (vor-)herrschenden Wahrheiten Stehendes, zu verkünden hatten. Insofern widerspiegelt das weltliche Leben des Neuoffenbarers Jesus – ganz unabhängig von Gottes Plan und der Rolle der römischen Herrscher – ein durchaus typisches Prophetenschicksal. Denn aus traditioneller jüdischer Sicht ist dieser Jesus eine ziemliche Anmaßung, zumal sich die Indizien dafür häufen, dass seine Anhänger ihn für mehr als nur einen einfachen Propheten halten.

Die Lebens- und Wirkungsgeschichte des charismatischen Juden Jesus und seiner Botschaft, die er, je nach späterer Interpretation als Prophet des Menschensohns, als Gottes Sohn oder als Gott selbst verkündet, kann man bekanntlich im *Neuen Testament* nachlesen. Zumindest für das Christentum bzw. die sich auf ihn gründende »Versammlung der Gemeinde Gottes« (= Kirche) steht fest, dass das *Neue Testament* die abschließend gültige Offenbarung Gottes ist. Damit ist aus kirchlicher Sicht zwar nicht ausgeschlossen, dass sich Gott auch weiterhin offenbart, aber es ist ausgeschlossen, dass er in solchen Fällen etwas verlautbaren lässt, was seinen bisherigen und biblisch fixierten Offenbarungen und den offiziellen Lehren seiner Kirche widerspricht. Im wenige hundert Jahre später entstehenden Islam sieht man die Sache bekanntlich anders: Dort gilt Isa ibn Maryam, der »Sohn Marias«, lediglich als der vorletzte (nach anderer Lesart sogar nur der fünftletzte) Prophet. Hier ist es Mohammed (ca. 570–632), der als letzter echter Prophet vom Erzengel Gabriel das ultimative Gotteswort empfängt und auf der Basis dieser neuen Offenbarung einen neuen religiösen Kanon *(Koran)* und damit eine neue Religion begründet, zu der sich mittlerweile mehr Menschen bekennen als zur katholischen Kirche.

Nun sind Jesus und Mohammed unter den Neuoffenbarern absolute Ausnahmeerscheinungen, weil ihre schriftlich kanonisierten Offenbarungen im Laufe der Zeit zu Gründungsurkunden von zwei großen Weltreligionen wurden. Der historische Erfolg dieser Großreligionen beruht, wie vor allem das Kapitel über die Kirchengeschichte gezeigt hat und wie es in gleicher Weise für den Mainstream der islamischen Religion gilt, zu einem Gutteil auf der Intoleranz mächtiger Institutionen, die sich um den kompromisslosen, nicht selten gewaltsamen Schutz ihrer exklusiven und letztgültigen Offenbarung verdient gemacht haben. Solche Erfolgsgeschichten verdecken die Tatsache, dass es zu jeder Zeit Menschen gab, die als Propheten neue Offenbarungen empfingen oder als göttliche Inkarnationen und Messiasse gleich selbst verkündeten. Soweit es die christlichen Religionen betrifft, ist die Problematik freilich hausgemacht. Denn die Wiederkehr bzw. die Zweite Ankunft Christi *(Parusie)* ist schließlich biblischer Stoff, der stets gewisse Erwartungen geweckt hat. Dass unter den zahllosen Propheten aller Zeiten immer wieder auch einmal ein »neuer« Jesus auftaucht und Anhänger findet, ist also keineswegs per se unchristlich.

In Ermangelung einer Überprüfungsmöglichkeit enthält sich die Religionswissenschaft gemeinhin eines Urteils darüber, ob die neuen Propheten »echt«, ihre Offenbarungen also authentisch sind oder nicht. In christlich-theologischen Kreisen dagegen wurde diese Debatte zumindest in Bezug auf die göttliche Authentizität des biblischhistorischen Jesus geführt. Der recht bekannte Theologe Ernst Käsemann (1906–1998) hat dazu interessanterweise das Argument geformt, dass es gerade die »Unerhörtheit« sei, mit der Jesus sich über die Autorität des Mose bzw. die mosaischen Gesetze stellt, die seine »Echtheit« bezeuge. So sagte Jesus in der Bergpredigt (Matthäus 5,1–7,29) mehrfach: »Ihr habt gehört, dass gesagt worden ist […]« – es folgt ein alttestamentarisches Gebot oder eine jüdische Tradition – und Jesus beginnt seine Kommentare dazu mit den Worten: »*Ich* aber sage euch […]« oder »Amen. Das sage *ich* euch.« Es mag dahingestellt bleiben, ob dieser Beweis wirklich logisch ist, aber wenn man das Argument »Umso-vermessener-die-Ansprüche-desto-echter-der-Prophet« ernst nimmt, dann werden im Folgenden nur echte Propheten geschildert.

Spaß beiseite: Aus religionswissenschaftlicher und soziologischer Sicht spielen solche und andere zweifelhafte Beweise keine Rolle. Ebenso irrelevant sind auch diverse zeitgenössische psychologische Perspektiven, die den einen oder anderen Religionsstifter per Ferndiagnose als »schizophren« oder »geisteskrank« beurteilen. Abgesehen davon, dass solche Diagnosen in gleicher Weise natürlich auch für Jesus und Mohammed zutreffen könnten, ändert das nichts am sozialen Sachverhalt einer auf einer neuen Offenbarung sich gründenden Religion. Der wissenschaftliche Blick richtet sich eher auf die konkreten Inhalte der neuen Offenbarungen, die Menschen, die sich diesen zuwenden, und die sozialen Sachverhalte, die sich daraus ergeben. Und in historisch-soziologischer Perspektive ist es ebenso sinnvoll, die gerade genannte Abfolge gewissermaßen auch von »hinten« zu lesen. Noch bevor man auf den Sonderfall des Entstehens einer tatsächlich neuen Religion aufgrund einer neuen Offenbarung eingehen muss, lässt sich fragen, warum es Bogumilen, Katharer und Waldenser gab oder worin der Erfolg der Reformation und der vielen protestantischen Religionsfamilien begründet liegt. Denn keinem dieser revolutionären Phänomene liegt eine wirklich neue Offenbarung zugrunde. Es ist aber, kurz gesagt, ziemlich offensichtlich, dass Welt und Gesellschaft einem stetigen geschichtlichen Wandel unterliegen. Insofern bestand immer auch die Notwendigkeit von Aktualisierungen und Anpassungen des Gotteswortes – und neue Offenbarungen können diesem Bedürfnis manchmal besser Rechnung tragen, als die nicht immer geglückt wirkenden Versuche, einem Kanon von 2000 Jahre alten Schriften gültige Interpretationen über Gottes Ansichten zur Reproduktionsmedizin oder zur Globalisierung abzuringen.

Gottes Wort aus unbekanntem Mund: Unternährer, Lorber, Miller …

Fast jeder kennt die »Mormonen«, eine der wirklich großen auf einer neuen Offenbarung beruhenden christlichen Gemeinschaften. Vielleicht hat man auch schon einmal etwas von der Vereinigungskirche, im Volksmund gerne »Mun-Sekte« genannt, gehört und einige wenige kennen möglicherweise das Universelle Leben und Fiat Lux. Aber wer kennt, beispielsweise, Harald Stößel (Lichtkreis Christi), immerhin die Reinkarnation des Apostel Petrus und Verfasser der *Neuen Bibel,* oder Helene Möller (1880–1969), Reinkarnation des Apostel Johannes? Diese beiden Namen, ihr Wirken und ihr Werk sind indes typisch für unzählige andere, denn die neuen Propheten Gottes und ihre Offenbarungen haben vor allem eines gemeinsam: sie bleiben außerhalb ihrer zumeist eher kleinen Anhängerschaften weitgehend unbekannt!

»Mein Sohn, lege dich auf das Bett, ich habe dir was zu sagen« – so spricht Jesus am 3. Mai 1792 zu Anton Unternährer, der fortan als wiederauferstandener Messias den nahen Weltuntergang sowie allerlei unbürgerliche Ideen und unchristliche Tugenden verkündet. Unternährer, 1759 im ländlichen Grenzgebiet zwischen den Schweizer Kantonen Luzern und Bern geboren und katholisch getauft, zunächst als Schreiner und als Knecht, dann als Maler und später als Wunderdoktor unterwegs, findet ab etwa 1800 in einem kleinen Dorf in der Nähe von Thun erste Anhänger. In den gut zwei Dutzend kleineren Schriften, die Unternährer verfasst, geht es vor allem um zwei Gebote: Erstens um Liebe und Vermehrung, der man sich als echter Christ in einer häuslichen Gütergemeinschaft zuwenden möge, und zweitens um den Baum der Erkenntnis, von dessen Früchten man sich tunlichst fernhalten solle. Ersteres führt zu einer seinerzeit ziemlich provokanten Einstellung zur Sexualität; Letzteres zu einer umfassenden Nichtanerkennung von jeglicher weltlichen und kirchlichen Autorität. Unternährers Lehren – vor allem aber er selbst, der sich berufen sieht, Gericht über die Welt zu halten – stoßen natürlich auf wenig Gegenliebe bei Kirchen und Behörden. In vier Etappen verbringt Unternährer insgesamt zwölf Jahre im Gefängnis, darunter auch die letzten vier Jahre vor seinem Tod 1823. Der Kreis der im Volksmund *Antonianer* genannten Gemeinschaft umfasste auch in seinen besten Zeiten nie mehr als einige hundert Anhänger – zumal die Antonianer wegen ihres vermeintlich unmoralischen Lebenswandels vergleichsweise heftig verfolgt wurden. Nicht zuletzt deswegen verschwinden die Antonianer, die in kleinen Gemeinschaften unter wechselnder, zeitweise auch neuer prophetischer Führung noch bis in die 1920er Jahre nachweisbar sind, schon ab 1830 langsam von der Bildfläche.

»... nimm' deinen Griffel und schreibe!« – am 15. März 1840 »um 6 Uhr morgens« wird ein gewisser Jakob Lorber (1800–1864) mit den obigen »aus der Herzensgegend« kommenden Worten aufgefordert, ein Schriftwerk aus dem »Munde des Herrn« (Jesus) zu empfangen. Diese Unternehmung wird ihn die folgenden 24 Jahre bis zu seinem Tode beschäftigen. Der in einem kleinen Dorf in der Untersteiermark geborene Lorber erhält seine Aufgabe als »Schreibknecht Gottes«, wie er sich selbst nennt, in Graz, wo er seinen bescheidenen Lebensunterhalt als Musiklehrer verdient. Neben einigen Schriften mit naturkundlichen, physikalischen und astronomischen Inhalten in spiritueller Interpretation ist Lorbers umfangreiches Werk vor allem als Vervollständigung und Erläuterung zur biblischen Geschichte zu verstehen. Das beginnt mit der Schilderung der Urgeschichte der Menschheit (*Haushaltung Gottes,* ein dreibändiges Werk mit 1500 Seiten), setzt sich fort über die Schilderung der *Kindheit und Jugend Jesu* (über die bekanntlich im Neuen Testament nichts berichtet wird) und einen 160-seitigen Text über *Die drei Tage im Tempel,* in denen Jesus nun die ganze Geschichte der Vorgänge um die biblische Vertreibung der Händler aus dem Tempel erzählt, bis hin zum monumentalen, zehnbändigen – dennoch unabgeschlossenen – Werk *Das große Evangelium Johannes,* das auf ca. 5000 Seiten die vollständigen Memoiren Jesu enthält. Lorber selbst hat nie eine Organisation gegründet oder auch nur im Freundeskreis eine formale Führungsrolle ausgeübt. Auch die sich heute direkt auf ihn beziehenden ca. 2000 »Freunde« der *Lorber-Bewegung* sind allenfalls locker miteinander verbunden. Da Lorbers Werk recht eigenwillig ist und ziemlich viele religiöse Anknüpfungspunkte enthält, kann man die Bewegung keiner bestimmten Tradition zuordnen: Lorber kann als später Vertreter der christlichen Schwärmer und Mystiker gelesen werden, was die Nähe der Lorber-Freunde zu den Swedenborgianern begründet. Genauso kann er aber mit Blick auf seine physikalisch-astronomischen Theorien als Anthroposoph durchgehen. Einige Lorber-Anhänger sehen in ihm angesichts einiger Anmerkungen zu den Anzeichen der Endzeit schlicht den »größten Propheten aller Zeiten«, im Sinne eines Wahrsagers im Nostradamus-Stil, dessen Voraussagen auch noch das 3. Jahrtausend umfassen.

Bemerkenswert ist in jedem Fall die große Zahl der im engeren Kreis der Lorber-Freunde auftretenden Neuoffenbarer: Gottfried Mayerhofer, 1807–1877; Johanne Ladner, 1824–1886; Leopold Engel, 1858–1931; Georg Riehle, 1872–1962; Bertha Dudde, 1891–1965; Anita Wolf, 1900–1989; Johanna Hentzschel, 1901–1981; Johannes Widmann, 1940–2000. Sie alle empfingen das »Innere Wort« von Gott und/oder Jesus, manchmal auch von der Gottesmutter Maria, und fast alle haben ein ziemlich umfangreiches schriftliches Offenbarungswerk hinterlassen. Und sie sind bei Weitem nicht die Einzigen: Regina Zopf, Renate Triebfürst (Liebe-Licht-Kreis Jesu Christi), Hilde Hanselmann, Annie Kirkwood, Lieselotte Niedermaier usw. – auch in der Gegenwart wird andauernd das »Innere Wort« empfangen und verkündet. Wer will, mag sich über all diese Namen »weitergoogeln« in das gerade im Bereich der christlichen Esoterik ziemlich große Feld der gegenwärtigen Top-Level-Offenbarungen.

Zu diesem Typus gehören eigentlich auch alle schon im dritten Kapitel genannten katholischen Neuoffenbarer, die sich von ihren »esoterischen« Kollegen allerdings darin unterscheiden, dass ihre Privatoffenbarungen den Lehrtraditionen ihrer Kirche nicht prinzipiell widersprechen. Anders ist das beim Schweizer St. Michaelswerk mit den »Gotteswerkzeugen« Maria Gallati (1920–1988), Paul Kuhn (1920–2002, reinkarnierter Apostel Paulus) und Ulrich Aeberhard (1942–2003, reinkarnierter Apostel Matthäus). Die ca. 2000 Mitglieder starke, bei *Wikipedia* amüsanterweise als »katholische Freikirche« – analog zu einem »runden Quadrat« natürlich eine *contradictio in adiecto* – bezeichnete Gemeinschaft, könnte dem Gepräge nach tatsächlich kaum katholischer sein. Dass Gallati, Kuhn und Aeberhard von diversen Erzengeln neue Offenbarungen erhalten haben, zwischenzeitlich den Weltuntergang prophezeiten und dass ihr Glauben ganz wesentlich auf die Gottesmutter Maria und Engelwesen bezogen ist, würde einer katholischen Anerkennung nicht im Wege stehen. Es ist lediglich der dort vertretene Reinkarnationsglaube, der mit der katholischen Lehrtradition nicht vereinbar ist.

Um noch einen Sonderfall zu nennen: Ohne jeglichen katholischen oder esoterischen Unterton spricht Gott seit Ende der 1980er Jahre auch zu dem Amerikaner Monte Kim Miller im vermutlich recht kleinen und seit Ende 1999 völlig von der Bildfläche verschwundenen Kreis der 1985 in Denver (USA) gegründeten Concerned Christians. Der Name der Gruppe vermittelt einen interessanten Ausgangspunkt, denn der aus evangelikalen Kreisen stammende Miller war zunächst als christlicher Warner vor der New Age-Bewegung an die Öffentlichkeit getreten. In dieser sah er den Satan höchstpersönlich wirken, weshalb ihm die Bewegung gleichzeitig als Indiz für den Anbruch der Endzeit und den bevorstehenden Weltuntergang galt. Später erweiterte Miller das Feindbild auf den Katholizismus, dann auf die Protestanten und schließlich auf die USA als »Große Hure Babylon«. Nachdem Miller und einige Anhänger 1999 in Israel kurzfristig wegen des Verdachtes der Planung von Gewaltakten verhaftet worden waren, verschwand die Gruppe kurze Zeit nach ihrer Freilassung spurlos. Tatsächlich ist nur einer der etwa 70 Anhänger Millers 2008 wieder aufgetaucht, der sich aber, zumindest den Medien gegenüber, in Schweigen hüllt. Nur im Internet existiert eine noch immer aktive Seite, die neben zahlreichen Prophezeiungen und angeblich persönlichen Ansichten Millers auch regelmäßig neue »Beweise« dafür veröffentlicht, dass die USA die Heimat des Satans sind – und es erstaunt nicht, dass man dort auch den Grund dafür finden kann, warum der zweite Vorname des US-Präsidenten Barack Obama »Hussein« ist.

Diese Beispiele und das etwas willkürliche »Namedropping« mögen genügen, um die typischen Karrieren von neuen Offenbarungen und ihrer Anhängerschaft zu illustrieren. Prophetisch begründete Gruppen sind zumeist recht instabil, weil sie sehr stark an der prophetischen Person orientiert sind. Folglich überdauern die meisten religiösen Grüppchen, egal ob prophetisch, visionär oder »nur« charismatisch geführt, das Ableben ihrer Lichtgestalt nicht für allzu lange Zeit bzw. sie verschwinden in der Bedeutungslosigkeit. Das gilt in noch erheblicherem Maße für das riesige, unterhalb dieser Offenbarungen von allerhöchster Stelle befindliche Feld des esoterischen *channelns.* Dort werden nämlich von unzähligen medial begabten Menschen permanent Botschaften von den weniger prominenten Engeln, den niederen Geist- und Lichtwesen und seit Mitte der 1950er Jahre auch von Außerirdischen entgegengenommen. Dies ist zugleich der Übergangsbereich zu den »niederen« Formen des Spiritismus, die bereits an anderer Stelle aufgesucht wurden. Im Allgemeinen gilt jedenfalls: Nur jene Gruppen, die es schaffen, während ihrer Blütezeit entweder die prophetische Nachfolge anständig zu regeln, also gewissermaßen ein dauerhaftes Prophetenamt zu errichten – wie beispielsweise die Neuapostolische Kirche – oder aber unpersönliche, also formale bürokratische und funktionale, also kirchenanaloge Strukturen aufzubauen, haben eine dauerhafte Überlebenschance.

Die urchristliche Geschichte Amerikas: Die Kirche der Heiligen der Letzten Tage

Die Church of Christ of the Latter Day Saints (folgend: LDS), deren Anhänger im Volksmund unter dem von den Mitgliedern der Kirche abgelehnten Spitznamen *Mormonen* bekannt sind, ist mit ca. 13 Millionen Anhängern weltweit die größte christliche Religion der Neuzeit, die auf einer schwerwiegenden Neuoffenbarung basiert. Diese neue Offenbarung ist wesentlich im *Buch Mormon* enthalten, das neben der *Bibel* bzw. vor allem dem *Neuen Testament* als heilige Schrift der LDS gilt. Stilistisch an das *Alte Testament* und seinen prophetischen Stil angelehnt, enthält das *Buch Mormon* wesentlich die Geschichtsschreibung von zwei göttlich geleiteten biblischen Urvölkern, von denen das ältere, die Jarediten, bereits um 1800 v. Chr. nach Amerika gelangt sein soll. Das jüngere dieser Völker kam unter der Führung des Vaters eines Propheten namens Nephi um 600 v. Chr. nach Amerika. Im Jahr 34 n. Chr. werden die nach diesem Propheten benannten Nephiten vom frisch wiederauferstandenen Jesus besucht: Er tauft sie, feiert das Abendmahl mit ihnen und vermittelt ihnen seine Botschaft der Errettung. In den folgenden Jahrhunderten spalten sich von den erstaunlich zivilisierten und gottgläubigen Nephiten die vom Glauben abgefallenen heidnischen Lamaniten ab, die die Vorfahren der »Indianer« sind. Um 400 n. Chr. unterliegen die Nephiten den Lamaniten in einer Schlacht endzeitlichen Ausmaßes. Vorher gelingt es allerdings noch einem gewissen Mormon, Prophet und Heerführer der Nephiten, die seit Nephi fortgeschriebene Stammeschronik zusammenzufassen und zu aktualisieren. Er übergibt sie seinem Sohn Moroni, der die Chronik noch einige Zeit weiterführt und schließlich bis zum Anbruch der »Letzten Tage« versteckt.

Gut 1400 Jahre später ist es Joseph Smith (1805–1844), Sohn einer im Grenzgebiet zwischen New York und Vermont pendelnden Farmerfamilie, vorbehalten, die auf goldenen Messingplatten niedergeschriebenen Chroniken wieder zu Gesicht zu bekommen. Gott offenbart sich dem jugendlichen Smith schon im zarten Alter von 14 Jahren erstmals persönlich. So zumindest wird es später in *Die Köstliche Perle,* einem ab 1880 ebenfalls als heilig anerkannten Buch der LDS, das unter anderem biographische Auszüge über das Leben von Smith enthält, berichtet. Bei den LDS gilt dies als »Erste Vision«, verbunden mit dem Auftrag zur Wiederherstellung der wahren Kirche Christi (Church of Christ ist der erste Name der LDS) und der apostolischen Ordnung, so wie sie im biblischen Urchristentum überliefert worden sei. In der Folgezeit und bis zu seinem Lebensende unterhält Smith regen Kontakt nicht nur zu Gott und Jesus, sondern auch zu den biblischen Propheten und den Aposteln. 1823 erscheint ihm erstmals oben genannter Moroni, nun als Engel und Botschafter Gottes, der ihm von den goldenen Platten, ihrem Inhalt und dem zufällig in der Nähe seines Hauses gelegenen Versteck berichtet. Smith findet das Versteck, aber erst vier Jahre später erteilt ihm Moroni die Erlaubnis, die Platten an sich zu nehmen und mittels einer göttlichen Übersetzungshilfe sowie seinen eigenen »Übersetzungssteinen« – nach den legendären Orakelsteinen israelischer Hohepriester *Urim* und *Tummin* genannt – zu transkribieren. 1829 ist die Übersetzung abgeschlossen, in ihrer Richtigkeit von Gott bestätigt, und Moroni nimmt die Platten wieder an sich – die Wahrheit dieses Vorganges bzw. die Existenz der goldenen Platten wird von »den Drei Zeugen« und später nochmals von »den Acht Zeugen« schriftlich bestätigt. Ihre Zeugnisse sind dem erstmals 1830 in 5000 Exemplaren erscheinenden *Buch Mormon* bis heute stets vorangestellt.

Der Glaube daran, dass das *Buch Mormon* ein historischer Tatsachenbericht über die israelischen Urvölker Amerikas und ihre Beziehung zu Gott sowie dass Joseph Smith der von Gott bestimmte Prophet ist, der die wahre Kirche Jesu Christi wiederherstellen soll, ist der formale Teil des Glaubens der LDS – wobei von einer wirklichen Einheit der LDS nicht die Rede sein kann. Schon die Frühgeschichte der LDS ist alles andere als ereignisarm: Intern stets von Finanzproblemen und persönlichen Reibereien geprägt, spalten sich schon in den 14 Jahren bis zum Tod von Smith zehn unterschiedliche Mormonen-Gruppen von der Church of Christ ab – ein Trend, der bis in die Gegenwart anhält. Einschließlich der bisher letzten Abspaltung aus dem Jahr 2007 sind insgesamt über 60 verschiedene zumeist eher kleine Mormonen-Kirchen in der einen oder anderen Weise aus den LDS hervorgegangen, wobei die davon heute noch existierenden ca. 30 Gruppen zusammen nur etwa auf eine halbe Million Anhänger kommen. Etwa die Hälfte davon entfallen wiederum auf eine »neue« Church of Christ (Gemeinschaft Christi) in der Tradition von Joseph Smith III., dem ältesten Sohn des LDS-Propheten Joseph Smith (dessen Vater ebenso Joseph Smith hieß, was den »III.« erklärt). Sie repräsentiert gewissermaßen einen links-liberalen Flügel der Mormonen und hat sich mittlerweile von fast allen zentralen – in allgemein christlicher Sicht: trennenden – Dogmen der »großen« LDS-Kirche getrennt.

Abgesehen von den internen Spaltungstendenzen sind der fortlaufend Visionen und neue Offenbarungen empfangende Smith und seine Anhängerschar von Beginn an auch vielfachen äußeren Anfeindungen ausgesetzt, wobei vor allem die Pläne der Gründung eines *Neuen Zion* (»Zion« steht neutestamentlich als Symbol des [neuen] Offenbarungsortes Gottes) überall auf Widerstand stoßen. So treibt es Smith und seine LDS innerhalb weniger Jahre von New York über Ohio nach Missouri. 1838 kommt es dort zu bewaffneten Auseinandersetzungen zwischen Mormonen und Siedlern; es gibt erste Tote, Smith und einige Anhänger werden verhaftet, und am Ende müssen die Mormonen auch Missouri verlassen. In Illinois gründet Smith die Siedlung Nauvoo, die auch dank erster Missionserfolge in England schnell wächst. Nauvoo erhält schließlich sogar so weitgehende Autonomierechte, dass Smith nun glaubt, Nauvoo zum Neuen Zion ausbauen zu können. In der Umgebung freilich wächst das Misstrauen gegenüber der schnell wachsenden und recht erfolgreichen Gemeinde; umso mehr als Gerüchte in den Umlauf kommen, dass die Kirche der LDS aufgrund einer neuen Offenbarung an Smith die Mehrehe eingeführt habe.

1840 erscheint mit John Cook Bennett (1804–1867) der Prototyp des Apostaten auf der Bildfläche. Der smarte Akademiker genießt schnell das Vertrauen von Smith, wird zu dessen Stellvertreter und schließlich sogar Bürgermeister in Nauvoo. Scheinbar nutzt er seine Machtfülle aber auch für finanzielle und vor allem sexuelle Eskapaden, was ihn in Ungnade fallen lässt. Bennett produziert sich in der Folgezeit als klassischer »Sekten-Aussteiger« und veröffentlicht 1842 eine von Finanzbetrug, Verschwörungen, Mord, Prostitution und Ehebruch erzählende *History of the Saints.* Aber auch intern regen sich Widerstände: Einerseits gegen den umtriebigen Smith, der sich 1843 um das Präsidentschaftsamt der Vereinigten Staaten bewirbt, aber auch gegen die offiziell noch immer geheime Offenbarung der Mehrehe. Einer dieser Kritiker ist William Law (1809–1892), ein hochrangiges Mitglied der LDS, der Smith für einen »gefallenen« Propheten hält und ihn überdies verdächtigt, er instrumentalisiere die Religion für politische Zwecke. Law wird exkommuniziert und gründet daraufhin die True Church of Christ of the Latter Day Saints, die in der ersten (und letzten) Ausgabe einer eigenen Zeitung, die »Wahrheit« über Smith und die Programmatik der Mehrehe enthüllt. Dieser wiederum lässt nicht nur die Zeitung einstampfen, sondern gleich die gesamte Druckerei. Der vermeintliche Angriff auf Pressefreiheit und Eigentum war ein weiteres Fanal für die Smith gegenüber ohnehin feindlich eingestellte regionale Presse, in der nun zum offenen Kampf gegen die Mormonen aufgerufen wird. Nach einer kurzen Flucht und angesichts eines drohenden Bürgerkrieges stellt sich Smith den Behörden, um sich wegen der Zerstörung der Druckerei zu verantworten. Am 27. Juni 1844, vier Tage nach seiner Inhaftierung, wird das Gefängnis von einem aufgebrachten Mob gestürmt und Smith wird zusammen mit drei weiteren inhaftierten Mormonen erschossen.

Die weitere Geschichte der Mormonen beginnt mit Nachfolgestreitigkeiten und zahlreichen weiteren Abspaltungen. Der Großteil der seinerzeit geschätzten 20.000 Anhänger der LDS folgt dem zweiten Präsidenten und neuen Propheten Brigham Young (1801–1877), der in den Jahren 1846/47 den großen Exodus der Mormonen in ein damals noch zu Mexiko gehörendes, 2000 Meilen westwärts liegendes und weitgehend menschenleeres Gebiet am Fuße der Rocky Mountains organisiert. Unter seiner Präsidentschaft werden die Grundsteine des heute als »Mormonenstaat« bekannten Utah gelegt, und die auf Young als rechtmäßigen Nachfolger von Smith sich gründenden »Utah-Mormonen« sind mit ca. 13 Millionen Gläubigen die bei Weitem größte LDS-Kirche. Gegenwärtig sind ca. 55 % der Einwohner Utahs Anhänger der LDS. Neben dem erst durch spätere Einwanderergruppen katholisch gewordenen Ministaat Rhode Island ist Utah damit einer von nur zwei Bundesstaaten der USA, in denen eine einzelne Konfession die absolute Mehrheit der Bevölkerung stellt.

Was den im engeren Sinne religiösen Inhalt der Offenbarungen von Smith betrifft, also jene Teile, in denen das *Buch Mormon* das Wort Gottes bzw. Jesu enthält, wird indes keineswegs unchristliches Gedankengut verbreitet. Mormonen glauben an Gott, an Jesus und an den Heiligen Geist, wenn auch nicht im dogmatischen Sinne der Dreifaltigkeit. Sie glauben an das Sühneopfer Jesu Christi und an dessen endzeitliche Wiederkehr, ebenso an den »Himmel«, also an ein, allerdings in verschiedene »Wohnungen« unterteiltes Reich Gottes und ein Leben nach dem Tod. Die LDS feiern das Abendmahl und halten die Taufe (Erwachsenentaufe) für heilsnotwendig.

An erster Stelle der theologischen »Sünden«, wegen derer sie abseits des christlichen Mainstreams angesiedelt werden, sind natürlich generell die neuen Offenbarungen zu nennen. Diese gelten auch nicht mit Smith als abgeschlossen, sondern werden von den neuen Propheten der LDS fortlaufend empfangen, da Gottes bisherige Offenbarungen nicht als vollständig oder letztgültig gelten. Obwohl die nach Smith folgenden Propheten keine allzu originellen Botschaften mehr empfangen haben, so haben sie doch verschiedene Aspekte ihrer Lehre und Praxis an sich verändernde Zeitumstände angepasst. So wurde 1890 offiziell die Mehrehe abgeschafft, die schon seit Anfang der 1840er Jahre für erhebliche Unruhe gesorgt hatte; das 1862 in den USA verabschiedete Bundesgesetz gegen Bigamie wurde letztlich nur aufgrund der erst unter Young offiziell gewordenen mormonischen Praxis der Mehrehe erlassen. Unnötig zu sagen, dass sowohl bei der Einführung als auch bei der Abschaffung der Mehrehe pro und contra-Meinungen jeweils zu neuen Abspaltungen führten. Die Gegenwart betreffend ist die wichtigste neue Offenbarung sicherlich, dass seit 1978 auch Menschen schwarzer Hautfarbe vollwertige Mitglieder der LDS werden können; ein Status, der ihnen angesichts einer von erheblichen rassistischen Untertönen geprägten Kirchenpolitik bis dahin verwehrt war. Der Rassismus gewann vor allem unter Brigham Young an Gewicht, da er der in den USA seinerzeit durchaus verbreiteten »christlichen« Idee anhing, dass alle »Schwarzen« vom biblischen Kain abstammten, der für seinen Brudermord von Gott mit einer dunklen Hautfarbe »bestraft« wurde und entsprechend für alle Zeiten gekennzeichnet sein sollte.

Der zweite wesentliche Aspekt der christlichen Skepsis gegenüber den LDS ist deren Gottesbild. Dies ist nicht nur nicht trinitarisch – Gott-Vater ist nicht identisch mit Jesus und dem Heiligen Geist, obwohl sich die drei natürlich in allem absolut einig sind –, sondern auch vergleichsweise wenig metaphysisch. Zwar ist Gott-Vater der Schöpfer der Welt, aber er ist nicht der religiöse Urknall, nicht der Anbeginn aller Zeiten und der Grund allen Seins, sondern eher jemand, der die ewige Materie nach seinen Vorstellungen zusammenfügt und anordnet. Soweit es seine Beziehung zu den Menschen betrifft, ist Gott, meist Elohim genannt, eine Art Übervater mit eindeutig menschlicher Physis, in dessen Reich und an dessen Seite alle Menschen schon einmal als Geistwesen gelebt haben. Obwohl Gott alle seine »Geisteskinder« sehr liebte, so stellte er doch fest, dass ihnen etwas fehlte, was sie ihm wirklich gleich machen würde. So gab er ihnen durch den Sündenfall die Möglichkeit, eine physische Form anzunehmen und durch die Erfahrungen des irdischen Lebens weiterzuentwickeln. Dass sie dabei Fehler machen, also weitere Sünden begehen würden, war Gott natürlich klar. Also schickte er Jesus, von den LDS zumeist Jehova (!) genannt, auf die Erde, der alle menschlichen Sünden stellvertretend und auch im Voraus auf sich nahm, weshalb man im Glauben an Jesus von den Sünden befreit wird. Das ist, in aller Kürze, der Inhalt von Gottes Erlösungsplan, der durchaus vorsieht, dass der irdisch vervollkommnete Mensch im Himmel einen gottgleichen Status erreichen kann. Letzteres ist, ebenso wie andere scheinbar nur schwer mit dem gegenwärtigen christlichen Mainstream vereinbare Aspekte, keineswegs immer einer Neuoffenbarung geschuldet, sondern manchmal auch einem Festhalten an verschiedenen frühchristlichen Lehren, die Opfer der kirchlichen Dogmengeschichte wurden. Überhaupt hat sich aus der eher laienhaften mormonischen Geschichtsschreibung mittlerweile eine umfangreiche mormonische Geschichtsforschung und Archäologie entwickelt, die sich ernsthaft mit den theologischen und historischen Aspekten des *Buches Mormon* auseinandersetzt. Auch wenn ihre neuen Erkenntnisse, wie etwa die Verlagerung der Einwanderergeschichte nach Mittelamerika, nichtmormonische Wissenschaftler selten überzeugen, so zeigen diese Bemühungen, dass die LDS eine relativ flexible Gemeinschaft ist, gerade weil sie an der prophetischen Führung und fortdauernden Offenbarungen festhält. Letztere werden in einer weiteren heiligen Schrift mit dem Titel *Lehre und Bündnisse* gesammelt, die für die LDS-Praxis bedeutsamer als das *Buch Mormon* ist.

Sagenumwoben, und deswegen natürlich auch Anlass zahlreicher Verschwörungstheorien, ist das sogenannte *Endowment,* eine 1842 von Smith begründete mehrgliedrige religiöse Einweihung, die im inneren, geweihten Tempelbereich der größeren LDS-Kirchen stattfindet. Angesichts der dort in einem sehr zeremoniellen Rahmen stattfindenden symbolischen Handlungen mit deutlich erhöhtem Heiligkeitswert, die sich auf den engeren Kreis der getauften Gläubigen beschränken, sowie einiger anderer ritueller Eigenheiten, kann man davon ausgehen, dass Smith hier vieles bei den Freimaurern, denen er selbst 1842 beitrat, abgeschaut hat. Die Inhalte des *Endowments* haben indes recht wenig mit der traditionellen Freimaurerei zu tun. In den Tempelzeremonien werden vor allem Bündnisse geschlossen, in denen man sich feierlich zu etwas verpflichtet.

Neben solchen Dingen wie Nächstenliebe und Ehrlichkeit gehören dazu auch die Taufe und beispielsweise das Eheversprechen, das von zentraler Bedeutung bei den LDS ist, weil es eine Bedingung ist, die höhere Herrlichkeit an Gottes Seite erreichen zu können.

Im inneramerikanischen Vergleich gehören die LDS sicherlich zu den modernen und liberalen Christen. Der Mormone Mitt Romney, konservativer Bewerber um das US-amerikanische Präsidentenamt 2012, steht für den liberalen Mainstream der LDS – weshalb sein härtester innerparteilicher Gegner die in den USA so begehrten Wähler der Christlichen Rechten problemlos auf sich vereinen kann. Überdies sind die Anhänger der LDS ausgesprochen optimistische Christen, denn sie verstehen den Sündenfall als Glücksfall, als Teil von Gottes »großartigem Plan des Glücklichseins«. Aus dem Sündenfall folgt eine der Erkenntnismöglichkeit aufgeschlossene Welt der relativen Gegensätze, in der sich der Mensch absolut frei für sein Glück, die Freude am Leben und seine Entwicklung zu einem »erhöhten« Wesen entscheiden kann. Insofern bewerten die LDS die physische Welt als von Gott zum Zwecke der menschlichen Entwicklung geschaffene Welt grundsätzlich positiv. Das gilt auch für die Haltung zur Sexualität, die zwar auf die ehelichen Bündnisse beschränkt sein soll, aber eben nicht von prinzipieller Lustfeindlichkeit oder zölibatären Tendenzen gekennzeichnet ist. Das alles summiert sich zu einer humorvollen »Lockerheit«, die in radikalen Christengruppen sonst eher selten begegnet. Als 2011 am Broadway das später mit Preisen überhäufte Musical *The Book of Mormon* uraufgeführt wurde – das aus der Feder der für Satire, surrealen und ziemlich schwarzen Humor bekannten South-Park-Macher stammt und dementsprechend ironisch-religionskritisch ist – schlossen sich auch zahlreiche aktive und bekennende Mormonen den begeisterten Stimmen über das »beste Musical des 21. Jh.« (New York Times) an.

Richtig ernst werden Mormonen nur beim Thema Familie, dem eine sehr große Bedeutung bei den LDS zufällt. Einerseits, weil das *Buch Mormon* letztlich eine Familienchronik ist und die Mormonen deshalb so etwas wie ein »Stammesbewusstsein« haben. Andererseits, weil die LDS an eine echte physische Wiederauferstehung, unter Beibehaltung der persönlichen, auf Erden entwickelten Identität, und an eine Wiedervereinigung der Familien im Himmel glauben. Auch Letzteres trägt zum optimistischen Charakter der LDS bei, zumal die heilsnotwendige Taufe, wie bei den Adventisten, stellvertretend für verstorbene Familienangehörige möglich ist. Das wiederum ist der Anlass einer umfangreichen und akribisch betriebenen Ahnenforschung der LDS, die zum weltweit größten Ahnenarchiv mit geschätzten 2 Milliarden Einträgen geführt hat. Wie weit sich dabei Stammes- und mormonische Menschenliebe verquickt haben, lässt sich daran ersehen, dass in den letzten Jahrzehnten immer mal wieder auch Angehörige anderer Religionsgemeinschafen (unter ihnen angeblich Mahatma Gandhi und diverse Holocaustopfer wie Anne Frank) nach ihrem Tod stellvertretend mormonisch getauft wurden – was aus Sicht der indirekt betroffenen Religionsgemeinschaften natürlich ein »Skandal« ist.

Seit 1852 sind die LDS auch in Deutschland aktiv, obwohl die Mehrzahl der deutschen Mormonen seinerzeit die Auswanderung nach Utah bevorzugte. In Deutschland fallen die (überwiegend männlichen) Missionare zunächst durch eine über alle Maßen korrekte und saubere Kleidung auf: dunkle Hose, dunkle Schuhe, weißes Hemd mit dunkler Krawatte sowie (wenig bekannt) unter allem eine weiße »heilige« Unterwäsche – Symbol der Reinheit, das den getauften Mormonen als Tempelmitglied ausweist; an der Brust tragen Missionare meist ein Schildchen mit Namen und religiöser Anrede. Auf der Straße oder an der Haustür versucht man, über Gott ins Gespräch zu kommen und auf die eigene Kirche aufmerksam zu machen. Aktuell gibt es geschätzte 35.000 LDS in Deutschland, wobei allerdings der Aktivitätsstatus dieser Mitglieder nicht immer ganz klar ist. Die Gemeinschaft Christi als bedeutsamste Abspaltung der LDS hat in Deutschland ca. 800 Mitglieder. Sie ist, wie schon angedeutet, eine Mormonenkirche, die viele zentrale LDS-Dogmen nicht teilt: Sie ist trinitarisch, war von Beginn an Gegner der Mehrehe und betrachtet das *Buch Mormon* nicht als historischen Tatsachenbericht. Überdies betreibt sie keine Tempelzeremonie und keine Totentaufe, weshalb sie im Allgemeinen als ökumenisch orientierte Gruppe gilt.

Die neue Weltreligion Gottes : Baha'u'llah und Bahai

Was in Juden- und Christentum die Endzeiterwartung bzw. das Warten auf die Wiederkunft Jesu auf Erden ist – und deswegen messianisch genannt wird –, ist auch in den islamischen Religionen bekannt. Unter den sogenannten *Zwölfer-Schiiten,* einer der populärsten Richtungen im islamischen *Schiismus,* wartet man seit dem 10. (christlichen) Jh. auf das Wiederauftauchen von Muhammad ibn Hasan al-Mahdi, den »verschwundenen zwölften Imam«. In den meisten der sogenannten Zwölfer-Schiismus-Richtungen gilt der verschwundene letzte Imam, der Mahdi, als der einzig legitime Nachfolger des Propheten Mohammed. So beispielsweise auch im nachrevolutionären Iran, in dem Muhammad ibn Hasan al-Mahdi seit der Zeit des »Ayatolla« (persisch: Zeichen Gottes) Ruhollah Chomeini (1902–1989) das in der Verfassung eingetragene Staatsoberhaupt ist. Freilich wird der Mahdi bis zu seinem Wiedererscheinen von der religiösen Elite des Iran vertreten.

Nun sind in der historischen Rückschau durchaus auch schon etliche zwölfte Imame wieder aufgetaucht. Einer davon war Sayyid Ali Muhammad (1819–1850), dem am 23. Mai 1844 seine Rolle als neuer Prophet offenbart wird. Der »Bab«, wie Muhammad sich seit jener Offenbarungsnacht nennt, schart zunächst 18 Jünger um sich, die die teilweise erstaunlich reformistischen Botschaften des *Babismus* verbreiten. Das führt natürlich dazu, dass der Bab – wie viele Propheten vor und nach ihm – bei den politischen und religiösen Autoritäten seiner Zeit nicht gerade wohlgelitten ist. Nach mehreren Verhaftungen und Verbannungen wird der glücklose Bab bereits 1850 hingerichtet, was ihm aber immerhin die im Islam wie im Katholizismus bedeutsame Märtyrerrolle einbringt.

Der Grund, warum diese im Kern islamische und deswegen nur bedingt »abendländische« religiöse Bewegung hier aufgeführt wird, liegt in Babs Ankündigung des »Unermesslich Großen, der nach mir kommt«. Diese unmissverständliche Ankündigung des von Gott gesandten Messias ist die wirklich bedeutsame Tat des Propheten Bab. Als dieser angekündigte »Unermesslich Große« wird sich nämlich 1863 Babs Mitstreiter Mirza Husayn Ali (1817–1896), fortan Baha'u'llah (Herrlichkeit Gottes) genannt, outen. Und abgesehen von Baha'u'llahs Halbbruder, der mit einigen wenigen anderen ein treuer Anhänger des »alten« Babismus blieb, teilten erstaunlich viele Anhänger Baha'u'llahs Selbsteinschätzung. Dies ist die eigentliche Geburtsstunde der BAHAI-Religion, zu der sich gegenwärtig weltweit etwa 6 bis 7 Millionen Menschen bekennen.

Baha'u'llah verstand sich als Mahdi im Sinne der von allen Propheten aller Weltreligionen angekündigte Heilsbringer. Dementsprechend stellte er sich als Religionsstifter in die Reihe aller prophetischen Gottesmanifestationen: von Abraham und Moses über Krishna, Buddha und Zarathustra bis zu Jesus, Mohammed und natürlich dem Bab. Die Grundidee ist, dass sich der allumfassende und einzige und vom Menschen in seiner Größe nicht erkennbare Gott der Welt immer dann mitteilt, wenn eine Kultur sich so weit gewandelt hat, dass sie eine neue und aktualisierte Religion benötigt. So hat jede Zeit und jede Kultur ihre jeweilige Religion, die durch die genannten Gottesmanifestationen begründet ist. Dementsprechend ist das christliche Jahr 1844 (das Jahr der Offenbarung an den Bab) bzw. das islamische Jahr 1260, das Jahr 1 des Bahai-Kalenders, weil mit jeder neue Gottesmanifestation ein neues Zeitalter beginnt. Aus dieser Logik der fortschreitenden Gottesoffenbarungen und der jeweils notwendigen neuen Religion folgt auch, dass man nicht gleichzeitig Buddhist, Christ, Moslem *und* Bahai sein kann.

Dennoch: Auf der Basis des Babismus begründet Baha'u'llah eine im Kleinen zwar unverkennbar wertkonservative, aber im Großen doch ausgesprochen moderne Religion. Aus heutiger Sicht mag man die Gedanken des demokratisch organisierten »Weltgemeinwesens«, des Friedens zwischen allen Rassen, Menschen und Religionen, die unbedingte Achtung der Menschenwürde und – besonders bemerkenswert – die Gleichberechtigung von Mann und Frau für »normal« halten. Aber in der zweiten Hälfte des 19. Jh., und überdies vor dem islamischen Hintergrund des Iran bzw. des osmanischen Reichs, sind diese Ansichten ziemlich mutig, was letztlich auch durch die politisch-religiöse Verfolgung des Bab sowie auch Baha'u'llahs und seiner Anhänger belegt wird.

Auch wenn es vor dem Hintergrund der anti-islamisch aufgeheizten Welt des 21. Jh. überraschend klingt: Der mit aller gegenwärtigen Modernität der Welt vereinbare Bahai-Glaube ist in seinem Kerngehalt tatsächlich islamisch. So sieht es auch die gesamte islamische Welt, vor allem in Iran, wo der Bahai-Glaube schon immer als islamische Häresie wahrgenommen und dementsprechend kompromisslos bekämpft wird. Der islamische Kern ist ersichtlich am strikt monotheistischen und personalen Gottesbild, an religiösen Pflichten wie dem täglichen Gebet, der Verpflichtung zu Almosen und dem jährlichen Einhalten einer längeren Fastenzeit. Auch das Verbot von Alkohol und Glücksspiel und die spezielle Bedeutung des Märtyrertums entstammen mehr oder weniger explizit dem Koran. Wobei ergänzt werden muss, dass der Bahai-Glaube den »abrahamitischen« Charakter des Islams sehr ernst nimmt. D.h. die Bahai messen sowohl dem Juden- als auch dem Christentum tatsächlich jene bedeutsame Rolle zu, die diesen beiden Religionen im Koran zufällt. Das alles führt zu einem religiösen Gebilde, das zwar unverkennbar abrahamitisch geprägt ist, aber in einer so universalen, toleranten und offenen Auslegung, dass Bahai paradoxerweise (oder gerade deshalb?) am wenigsten in den abrahamitischen Kernländern verbreitet ist. Und so findet der Bahai-Glaube seine ethnisch bunt gemischten Anhänger vorwiegend in den besser gebildeten Mittelschichten in Indien, Afrika und Lateinamerika. Auch in den USA, wo Bahai durchaus erfolgreich ist, findet der Glaube eher eine nicht originär jüdisch, christlich (protestantisch) oder islamisch vorgeprägte Anhängerschaft. Seit Anfang des 20. Jh. – in der Nazi-Zeit freilich wegen »pazifistischer und internationalistischer Umtriebe« unterbrochen – ist der Bahai-Glaube auch in Deutschland anzutreffen. Die Zahl seiner Anhänger wird hierzulande etwa auf 5000 geschätzt.

Erwähnenswert ist die starke Affinität der Bahai zu den Zahlen 9 und 19. Letztere verweist erneut zurück in die islamische Kultur, wo die 19 in vielen mystischen Richtungen als »magische« Zahl gilt. So umfasst beispielsweise das Bahai-Jahr 19 Monate mit je 19 Tagen, weshalb auch die einmonatige Fastenzeit 19 Tage dauert. Auch die Anzahl der ursprünglichen Verbreiter des Bahai-Glaubens, intern bekannt als die »Buchstaben des Lebendigen«, beträgt 19 – wenn man den Gründer zu seinen 18 Jüngern hinzuzählt. Zählt man dagegen nur die 18 Jünger und bildet die Quersumme, so ergibt das 9 und damit eine weitere für die Bahai symbolisch bedeutsame Zahl. Die 9 ist vor allem als Organisationszahl wichtig, denn die Bahai-Hierarchie kommt nach einem 9er-basierten Auswahlprinzip zusammen: Jedes Mitglied einer lokalen Bahai-Gemeinde schlägt in schriftlicher Form 9 Gemeindemitglieder für den die Gemeinde später leitenden lokalen Geistigen Rat vor, der dann am Ende von den 9 am häufigsten genannten Mitgliedern gebildet wird. Die Mitglieder der lokalen Räte bestimmen dann nach dem gleichen Prinzip die nationalen Geistigen Räte, und diese wiederum tun das Gleiche, um die 9 höchsten Geistigen Räte des Universalen Hauses der Gerechtigkeit auszuwählen. Letzteres – übrigens ein Tempel mit 9 Eingängen – wurde als Hauptquartier der Bahai im Jahr 1963 im israelischen Haifa eingeweiht.

Weltpolitisch gesehen gehören die Bahai zu den bedeutenderen religiösen Gemeinschaften, da sie fest im Gefüge verschiedener UN-Gremien und anderer internationaler Organisationen verankert sind. Und dort bringen sie immer mal wieder auch ihr politisches Organisationsmodell vor, das aufgrund seiner Originalität in absehbarer Zeit natürlich keine Chance auf Verwirklichung hat.

Die asiatische Offenbarung: San Myung Mun und die Himmlische Familie

Abgesehen vom »Sonderfall Scientology« in den 1990er Jahren hat kaum eine religiöse Gruppe nach dem Zweiten Weltkrieg für so dauerhafte Schlagzeilen als »Sekte« gesorgt, wie die offiziell 1954 in Korea gegründete Holy Spirit Association for the Unification of World Christianity, meist kurz Unification Church oder deutsch Vereinigungskirche genannt. Ihre Entstehung geht zurück auf San Myung Mun,

Sohn presbyterianischer Eltern, der 1920 im seinerzeit japanisch besetzten Nordkorea geboren wird. Am Ostersonntag im Jahr 1935 eröffnet Jesus dem erst 15-jährigen Mun die bedeutsame Rolle, die er bei der Wiederherstellung des Himmlischen Königreichs auf Erden spielen solle, nämlich die Vollendung seines, Jesu, unabgeschlossenen irdischen Werkes. Nach gleichsam praktischen wie spirituellen Lehrjahren, begleitet von weiteren Offenbarungen und Visionen, versammeln sich ab Mitte der 1940er Jahre erste Anhänger um Mun.

Das Glaubensgebäude der Vereinigungskirche enthält zwar traditionell daoistische und andere Elemente asiatischer Volksreligiosität (Himmelsreligion, Ahnenverehrung, Spiritismus), der theologische Rahmen ist aber eindeutig christlich. Ausgangspunkt der Lehre Muns ist, dass Satan, in der bekannten Form der paradiesischen Schlange, Eva verführt habe und diese daraufhin Sex mit Adam gehabt hat, bevor die richtige Zeit dafür, die Ehe, gekommen war. Seither hält Satan einen Teil der Menschen in Geiselhaft und Gott sucht nach einer Möglichkeit, die Sünde dieses ersten Paares zu korrigieren und die wahre spirituelle Familie wiederherzustellen. Der dafür auserwählte sündenfreie Jesus – heimlicher leiblicher Sohn von Maria und Zacharias (Vater von Johannes dem Täufer) – konnte seiner eigentlichen göttlichen Bestimmung, nämlich einer Eheschließung und der genetischen Fortsetzung einer sündenfreien göttlichen Menschheitslinie, nicht gerecht werden, da er vorzeitig gekreuzigt wurde. Das ist die Kerngeschichte, die im Original noch weitere Erzählungen über misslungene biblische Versuche enthält, die göttlich-perfekte »Wahre Familie« zur Erlösung der Menschheit wiedereinzusetzen. Erst Mun hat mit seiner (zweiten) Ehefrau die spirituelle Eva zur Erlösung der Menschheit gefunden. Das göttliche Ehepaar San Myung und Hak Ja Han Mun sind die Himmlischen Eltern, Wahrer Vater und Wahre Mutter, der nun aus der Satanshaft erlösungsfähigen Menschheit. Diese neue Offenbarung, das *Göttliche Prinzip,* wird zuerst 1957 veröffentlicht und findet sich in einer mittlerweile mehrfach überarbeiteten Fassung seit 1996 in einem Buch namens *Expositon of the Divine Principle* (deutsch: *Das Göttliche Prinzip*).

Das zentrale religiöse Element der Vereinigungskirche ist dementsprechend die Segnung (Blessing) durch Mun, d. h. die symbolische Aufnahme in die sündenfreie »Wahre Familie«. Die Aufnahmen erfolgen in der Regel paarweise, weshalb das öffentliche Bild der Vereinigungskirche gerne in Verbindung mit Massenhochzeiten gebracht wird, in denen Mun oft Hunderten von Paaren gleichzeitig seinen Segen verleiht. Dies ist zugleich der genetische Wechsel aus der Satansfamilie – die Menschheit nach dem biblischen Sündenfall – in die spirituelle Munfamilie, die erstmals die durch Jesus begründete, aber eben auch gleich wieder unterbrochene Linie der Sündenfreiheit tatsächlich fortzusetzen in der Lage ist. Bis Anfang der 1990er Jahren war es nicht selten, dass man dabei einen Ehepartner von Mun zugewiesen bekam; wobei angemerkt sein muss, dass die Zuweisung eines »fremden« Ehepartners im traditionellen asiatischen Kulturverständnis kein sonderlich spektakulärer Vorgang ist. In der Gegenwart spielt dieses sogenannte »matching« eine eher untergeordnete Rolle. Die Mehrzahl der von Mun noch immer in Massenzeremonien gesegneten Ehepaare hat sich selbst gesucht und gefunden, und die Zeremonie ist mittlerweile auch offen für bereits anderweitig getraute Ehepaare. Überhaupt hat sich die Praxis der Vereinigungskirche seit den wilden 1970er Jahren ziemlich geändert. Die einstmals vorwiegend in Wohngemeinschaften zusammenlebenden »Munies«, die Kerzen verkaufend und rund um die Uhr Mitglieder werbend durch die Straßen zogen, sind mittlerweile in die Jahre gekommen. Der typische Anhänger der Vereinigungskirche der Gegenwart lebt in ehelicher bzw. familiärer Gemeinschaft und engagiert sich in der einen oder anderen Weise für den Weltfrieden oder den interreligiösen Dialog. Letzterer hat im Jahre 2003 eine interessante Wendung genommen, da die Vereinigungskirche seither auf das christliche Kreuzsymbol verzichtet, weil es eine »falsche« Botschaft der Verehrung des Leidens sowie auch Ausdruck der Intoleranz besonders gegenüber Judentum und Islam sei.

Allen Änderungen standgehalten hat die überragende Bedeutung von Ehe und Familie, die in einem höheren Sinne die Vereinigung der Gegensätze von Mann und Frau zu einem harmonischen Ganzen symbolisiert. Man kann diese religiöse Denkfigur sowohl in der traditionellen daoistischen Lehre *(Yin und Yang)* finden, aber natürlich auch gnostisch-esoterisch interpretieren, was den typischen kirchenchristlichen Abwehrreflex auslöst. In einer weniger voreingenommenen Sichtweise kann man hier aber auch einen spezifisch asiatischen Zugang zum Christentum sehen: Ähnlich wie der Katholizismus in der Karibik mit dem volksreligiösen Voodoo oder der pfingstlerische Protestantismus in Zentralafrika mit dem afrikanischen Geisterglaube verschmilzt, verbindet Mun »sein« Christentum mit zentralen Elementen asiatischer Volksreligiosität, wozu nicht nur die Einheit der Gegensätze, sondern auch eine rege Kommunikation mit den Ahnen in einem sehr plastisch vorgestellten Himmel gehört. Entgegen gängigen Vorstellungen war und ist die Vereinigungskirche in (Süd-)Korea und Japan auch stets erfolgreicher als im Westen gewesen, und im Westen war sie überwiegend in den USA und dort zu einem nicht unbeträchtlichen Teil unter asiatisch-stämmigen Amerikanern erfolgreich. Erst im Zusammenhang mit den »Flower-Power-Religionen« der 1970er Jahre setzte überhaupt ein relevantes Wachstum der Unification Church im Westen ein.

Mun hat sich im Laufe der Zeit vom bloßen von Jesus instruierten Auftragnehmer zum Messias der Zweiten Ankunft bzw. zum Gottkönig weiterentwickelt, vor dem sich der himmlische Jesus höchstselbst nach eigener Aussage »in Demut verbeugt« und sogar freimütig bekennt, der Liebe Muns »nicht würdig« zu sein. Aussagen dieser und ähnlicher Art werden von mehreren medial begabten Anhängern aus dem näheren Umfeld Muns empfangen und entsprechend schriftlich verbreitet, wobei die Sender dieser himmlischen Botschaften zumeist Verstorbene aus dem gleichen Umfeld sind: Zunächst Muns Schwiegermutter, dann ein 1984 an den Folgen eines Autounfalls verstorbener Sohn Muns und seit 1997 ein ehemaliger Wissenschaftler der Vereinigungskirche. Vor allem Letzterem sind detaillierte Berichte über das Jenseitsschicksal zahlreicher historisch bedeutsamer Menschen zu verdanken, wobei sämtliche religiösen Autoritäten und politischen Führer aller Zeiten – von Konfuzius, Buddha, Jesus und Mohammed über Thomas von Aquin, Johannes Calvin und Papst Johannes XXIII. bis hin zu 36 amerikanischen Präsidenten – unisono bestätigen, dass Mun der von Gott gesandte Messias und Retter der Menschheit ist und seine Lehre die absolute und ewige Wahrheit enthüllt. Diese nicht gerade von Minderwertigkeitskomplexen geprägte Seite der VEREINIGUNGSKIRCHE, die von vielen »westlichen« Anhängern übrigens eher belächelt bzw. offen nicht geglaubt wird, wird von einer insgesamt bescheidenen und sich wenig dogmatisch gebenden Anhängerschaft relativiert. Diese fühlt sich mehrheitlich den schlichten religiösen Botschaften der wahren Liebe zu Gott, zur Menschheit, zum Partner und der eigenen Familie verbunden und teilt die global-utopischen Ziele von Weltfrieden und Harmonie in einer recht konservativen Sichtweise.

Was die Vereinigungskirche im bunten Strauß der historisch jüngeren Religionen besonders macht, ist, dass wesentlich an ihr seit Mitte der 1970er Jahre viele jener Sektenklischees entwickelt wurden, die sich bis heute als unausrottbare Bestandteile des »Sektenwissens« selbst ernannter »Sektenexperten« erhalten haben und nach ihrer Ansicht für alle »Sekten« gelten: Das Mitgliederwerben über »Tarnorganisationen«, die Vergemeinschaftung vermittels des *Love bombing,* die »betrügerische« Geschäftemacherei und vor allem die sogenannte Gehirnwäsche. Folglich stand die Kritik an der »Mun-Sekte« im Zentrum der Sektenkritik der 1970er und 80er Jahre in Deutschland, was über den Umweg zahlreicher polemischer »Aufklärungsmaßnahmen« von Kirchenvertretern, Pädagogen und später auch staatlichen Behörden zu einer umfassenden gesellschaftlichen Stigmatisierung der Vereinigungskirche und ihrer Anhänger geführt hat. Zwischen 1995 und 2006 bestand in Deutschland sogar ein Einreiseverbot für Mun.

Dem Inhalt bzw. auch dem Wahrheitsgehalt der Sektenklischees und besonders der Gehirnwäsche werden wir uns im zwölften Kapitel ausführlich widmen. An dieser Stelle soll der Hinweis genügen, dass die Vereinigungskirche in der Öffentlichkeit zum Prototyp der »Sekte« überhaupt geworden ist – und dass die an ihr entwickelten Klischees bis heute das gesellschaftliche Bild von den »Sekten« prägen. Die seinerzeit führende Rolle kirchlicher Sektenbeauftragter im öffentlichen Feldzug gegen die Vereinigungskirche hat im Gegenzug dazu geführt, dass besonders die deutsche Sektion der Vereinigungskirche bis heute eine ausgewiesene Feindschaft zu den »Amtskirchen« pflegt und – mit einigem Recht – immer wieder darauf hinweist, dass der deutsche Staat in der Übernahme spezifisch religiöser Kritik sein Neutralitätsgebot verletzt. Angesichts der vorgeblichen Gefährlichkeit der »Sekte« mag es überraschen, dass man die Vereinigungskirche in Korea, Japan und den USA zum religiösen Establishment zählt. Die familiäre und letztlich doch konservativ-christliche Ausrichtung, die kompromisslose Gegnerschaft zu »kommunistischen« Ideen und das soziale Engagement lassen dort eher die Sympathien für die Kirche überwiegen. Und dass die Vereinigungskirche auch ein recht erfolgreiches Wirtschaftsunternehmen mit zahlreichen Unternehmensbeteiligungen ist – u. a. gehören die renommierte *Washington Times,* die *Middle East Times* und die Presseagentur *United Press International* zu ihrem Unternehmensportfolio – wird nur in einer staatskirchlich geprägten Gesellschaft wie der deutschen als religiöser Makel empfunden. Weltweit sieht man die Sache also weit gelassener, und wenn es um eine der vielen Veranstaltungen für den Weltfrieden, den interreligiösen Dialog oder humanitäre Aktionen geht, schrecken weder die UNO noch die FIFA vor einer

Zusammenarbeit mit einer der zahlreichen politisch und sozial engagierten Institutionen und Stiftungen der Kirche zurück.

Tatsächlich ist die Vereinigungskirche der Gegenwart eher eine Ansammlung verschiedenster sozialer und kultureller Organisationen und Vereinigungen, die teils sehr professionell und ohne dogmatische Befangenheit an ihren jeweiligen, eher weltlichen Zielen arbeiten. Insofern scheint es derzeit angemessener, eher von einer sozial-religiösen Bewegung bzw. der Mun-Bewegung als von einer organisierten Kirche im engeren Sinn zu sprechen. Dementsprechend schwierig ist es, solide Zahlen über Größe und Verbreitung zu nennen; umso mehr, als eine Mitgliedschaft in der Vereinigungskirche keinen Austritt aus einer anderen Religion erfordert. Die Kirche selbst nannte im Jahr 2000 die Zahlen von weltweit 4,5 Millionen Mitgliedern, 10 bis 20 Millionen »Förderern« und 800 Millionen »Sympathisanten«. Realistischer dürfte allerdings die in unabhängigen Quellen zu findende Zahl von ungefähr 250.000 Anhängern sein. In Deutschland gibt es derzeit ca. 2500 Mitglieder – und auch diese Zahl ist sicherlich eher hoch angesetzt.

Gott spricht deutsch: Universelles Leben und Fiat Lux

Wenn wir noch einmal in die christlich-esoterische Szene der Neuoffenbarer zurückblicken, dann verdienen besonders zwei Frauen und ihre leidlich erfolgreichen religiösen Gemeinschaften eine etwas ausführlichere Würdigung. Zum einen ist dies die 1933 in Wertingen im bayerisch-schwäbischen Grenzgebiet geborene Gabriele Wittek, die 1977 das Heimholungswerk Jesu Christi begründet, eine Gemeinschaft, die seit 1984 unter dem Namen Universelles Leben auftritt. Zum anderen ist dies die 1929 in Zürich geborene Erika Bertschinger, besser bekannt unter ihrem religiösen Künstlernamen Uriella, die 1980 den Orden Fiat Lux (lateinisch: *fiat lux* = Es werde Licht) ins Leben ruft. Auf den ersten Blick fallen einige Parallelen dieser beiden Frauen auf: Beide sind ungefähr im gleichen Alter, kommen aus gut situierten katholischen Milieus und haben zunächst typische bürgerliche Lebensläufe mit qualifizierter Ausbildung, beruflicher Tätigkeit und soliden Ehen aufzuweisen. Anfang der 1970er Jahre erleiden beide diverse Krisen und Mitte der 1970er Jahre beginnen beide ihre Karrieren als Prophetinnen. Gabriele Wittek, »größte Wortträgerin des Gottesgeistes seit Jesus von Nazareth« erhält ihre Offenbarungen des »Christus-Gottes-Geistes« seit 1975 vorwiegend durch »Bruder Emanuel«, höchstrangiger Engel der Weisheit und oberster Beauftragter des Erlösungswerkes Jesu Christi. Uriella, u. a. wiedergeborene Maria Magdalena und »Sühnebraut Christi«, empfängt ihre Offenbarungen seit 1975 direkt von Jesus und der Gottesmutter Maria. Erstere bekommt ihre Offenbarungen im Wachzustand, Letztere in Tiefentrance bzw. seit ihrer schweren Erkrankung auch durch das Telefon.

Bei Uriellas Fiat Lux, zunächst im schweizerischen Egg und seit 1988 im südbadischen Ibach beheimatet, ist es schwierig, einen roten Faden zu finden, den man als religiöse Programmatik beschreiben könnte. Letztlich dreht sich alles um Uriella selbst, deren öffentliche Selbstinszenierung – meist stark geschminkt und reichlich mit Schmuck behangen, in ein langärmelig-weißes Kommunionskleidchen gehüllt, mit silbernem Krönchen oder bunt blinkenden Perlen in der aufgebauschten schwarzen Lockenperücke – sich für jeden unbeteiligten Beobachter zwischen Kitsch, Peinlichkeit und kaum erträglicher Naivität bewegt. Dieser Eindruck verstärkt sich, wenn man sich die gerne musikalische Eigenkompositionen in schräger Tonlage zum Besten gebende Uriella anhört oder man der vielfach gefilmten Volltrance-Uriella dabei zusieht, wie Jesus oder Maria aus ihrem Mund sprechen – oder indem man ganz allgemein das intellektuelle Niveau der Offenbarungen zu würdigen versucht.

Nichtsdestoweniger: Der 1980 auf Geheiß Jesu begründete Orden hatte in seinen besten Zeiten um die 800 Mitglieder und einige Tausend Rezipienten seiner »Geistesschule«. Der Orden ist mehr oder weniger ausschließlich an den Offenbarungen seines Mediums orientiert, obwohl diese nicht sonderlich systematisch sind. Eine der wenigen dauerhaften Aspekte waren die stets unzutreffenden Katastrophenprophezeiungen (Dritter Weltkrieg, Meteoriteneinschlag in der Nordsee, Zusammenbruch der Weltwirtschaft usw.), die ihrerseits Anzeichen für den bevorstehenden Weltuntergang bzw. die Umgestaltung der Erde zu einem paradiesischen Gottesreich, Amora genannt, seien. Die dieser Reinigung vorangehende Vernichtung der alten »bösen« Erde wird von einem Drittel der Menschheit, jene, die »Gott im Herzen« lieben, überlebt. Diese werden auf Raumschiffen vor der Katastrophe ins All ausgeflogen, von Geisteswesen feinstofflich optimiert und später nach Amora zurückgebracht werden. Gott, als Schöpfer des Kosmos und reines Geistwesen, ist in seiner maximalen Wesensverkörperung erkennbar als das Ur-Licht, sein erster Sohn Jesus als »Ur-Primärlicht«. Von diesem Punkt aus absteigend findet über den von Strahlungen, Schwingungen und Geistwesen durchwirkten und beseelten Kosmos weitere Verdunkelung und Verstofflichung statt bis hinab zur grobstofflichen Materie und der Dunkelheit des Bösen – letzteres nicht selten personifiziert durch Freimaurer, Illuminaten und Kommunisten (konkret: »Chinesen« und »Russen«). Schon hier sind christliche, »ufologische«, ältere und neuere esoterische Themen unentwirrbar miteinander verflochten. Verdichtet werden diese nur durch die Person Uriella, die neben ihrer Rolle als »Sprachrohr Gottes« vor allem als Geistheilerin wirkt und dafür in vielfältiger Weise die ihr zugänglichen kosmischen und göttlichen Kräfte verwendet; besonders zur massenhaften Herstellung des linksgerührten und mit dem wertvollsten der zwölf Gottesstrahlen aufgeladenen »Athrumwassers«, dessen häufige Verwendung den Anhängern nahegelegt wird. Dazu kommen Ordens-Empfehlungen für eine asketische Lebensgestaltung mit veganer Rohkosternährung (besonders im Gefolge der »bösen« Strahlen von Tschernobyl), sexueller Enthaltsamkeit und häufigem Beten sowie der Verzicht auf Alkohol, Tabak, Medikamente, Fernsehen, Radio und Zeitung.

Dass die mittlerweile hoch betagte und schwer kranke Uriella noch einmal selbst an die Öffentlichkeit tritt, ist angesichts der seit 2007 andauernden Abwesenheit nicht mehr zu erwarten. Die Bild-Zeitung spekulierte 2010, dass Uriella längst gestorben sei, ihr Tod aber »von der Sekte« geheim gehalten werde. Ob ihr (vierter) Ehemann

»Icordo« – wiedergeborener Reformator Zwingli –, der seit 2012 mehr oder weniger unumwunden zugibt, dass es nicht gut um Uriella steht, und der sich schon seit längerer Zeit mehr oder weniger deutlich als ihr Nachfolger präsentiert, die noch verbliebenen, allenfalls 100 Anhänger – vorwiegend älteren Semesters und weiblichen Geschlechts – dauerhaft zusammenhalten kann, darf bezweifelt werden.

Wesentlich besser sind die mittelfristigen Überlebenschancen des Universellen Leben der Gabriele Wittek, die als »Prophetin wider Willen«, und damit ganz im Gegensatz zu Uriella, ausgesprochen öffentlichkeitsscheu ist. Von ihr, deren Offenbarungen mittlerweile kleinere Bibliotheken füllen, gibt es weder aktuelles Bildmaterial noch ist sie in irgendeiner Weise außerhalb des Universellen Leben präsent. Das gilt allerdings nicht für die Gemeinschaft, die über einen eigenen Verlag *(Das Wort)*, zahlreiche Internetpräsenzen (in über 20 Sprachen) und einen eigenen Radiosender *(Radio Santec)* verfügt. Dazu kommen drei relativ professionell gemachte und über Satellit ausgestrahlte Fernsehvollprogramme – *Die Neue Zeit TV, Erde & Mensch TV* und *TV Sender Neu Jerusalem weltweit* –, die weitläufig um die recht breit gestreuten Themen und Anliegen des Universellen Lebens kreisen. Überhaupt ist das Universelle Leben, auch dies in markantem Gegensatz zu Fiat Lux, von einer gewissen intellektuellen und auch ökonomischen Professionalität geprägt, die über die Offenbarungen von »Schwester Gabriele« hinausreicht. So lässt sich mindestens ein gutes Dutzend streitbarer Akteure identifizieren, das durchaus eigenständig im Sinne des Universellen Lebens schreibt und handelt. Das weist darauf hin, dass das Universelle Leben von ihrer Prophetin unabhängige Strukturen entwickelt und insofern recht gute Überlebenschancen hat.

Im ländlichen Umfeld der im Unterfränkischen nahe Würzburg gelegenen Gemeinde Marktheidenfeld ist »Deutschlands gefährlichste Sekte« (Stern) jedenfalls fest verankert. Hier wohnen, leben und arbeiten mehrere Hundert Wittek-Anhänger, wobei die meisten in Betrieben beschäftigt sind, die im ideellen Sinne dem Universellen Leben zugerechnet werden können – darunter beispielsweise der große Landwirtschaftsbetrieb *Gut zum Leben* und die *Naturklinik Michelrieth.* »Sektenexperten« bezeichnen diese (und andere) Betriebe gerne als »Tarnorganisationen der Sekte«, aber faktisch werden sowohl der Biohof als auch die Klinik nicht religiös, sondern betriebswirtschaftlich-professionell betrieben. D. h.: *Gut zum Leben* produziert und vertreibt vegetarisch-vegane Lebensmittel und die *Naturklinik Michelrieth* bietet ganzheitliche Naturheilverfahren. Beides sind marktgängige Produkte mit einer entsprechenden Nachfrage, und es ist nicht ersichtlich, wieso diese marktwirtschaftlich agierenden Unternehmen unter einem »Sektenlabel« auftreten sollten. Natürlich: Sowohl der seit Ende der 1990er Jahre von Gabriele Wittek bzw. über die im Jahre 2000 gegründete Gabriele-Stiftung propagierte radikale Tierschutzgedanke, der eine vegane Lebensweise rechtfertigt, als auch der von Beginn an zentrale Aspekt des ganzheitlichen Menschenbildes und einer entsprechend integrierten Körper-Geist-Seele-Heilung liegen im ideellen Spektrum des Universellen Lebens. Insofern ist das unternehmerische Engagement des Universellen Lebens hier authentischer als beispielsweise die im Sommer 2009 bekannt gewordene Investition der katholischen Pax-Bank in zwei amerikanische Pharmakonzerne, die u. a.

auch Verhütungsmittel herstellen. Dass Letzteres passieren konnte, liegt an der Professionalität der mit diesen Geschäften beauftragten Investmentgesellschaft, die letztlich einer ökonomischen und nicht einer religiösen Zielsetzung verpflichtet ist – und genauso sollte man die oben genannten Betriebe des Universellen Lebens betrachten.

Dass das Universelle Leben die kleineren Randgemeinden der Stadt Marktheidenfeld zur Heimstätte seines »Friedensreichs« erkoren hat und dort sowohl durch zahlreiche genossenschaftsähnlich organisierte »Christusbetriebe« als auch durch die ortsansässigen Anhänger eine kaum übersehbare Landnahme betreibt, sorgt natürlich unter den überwiegend katholischen Ureinwohnern und den beiden alteingesessenen Kirchen für erhebliche Unruhe. Über 50 kleinere Betriebe, Firmen, Vereine, Initiativen, Stiftungen sowie auch eine (staatlich genehmigte) Privatschule, Kindergärten und Seniorenwohnheime in der Würzburger Gegend stehen in der einen oder anderen Weise mit dem Universellen Leben in Verbindung. Gleichwohl ist es schwierig, hier mit den Begriffen von »Verbindung« oder gar »Abhängigkeit« zu argumentieren, denn im Gegensatz zu den gängigen Vorurteilen, ist das Universelle Leben vergleichsweise wenig durch »totalitäre« oder »hierarchische« Strukturen gekennzeichnet. Der Trägerverein »Universelles Leben e.V.« mit seinen ca. 500 Mitgliedern bildet zwar eine Art Kerngemeinschaft mit hohem (Selbst-)Verpflichtungsgrad, darüber hinaus gibt es aber keine formelle Mitgliedschaft. Die im deutschsprachigen Raum auf ca. 3000 bis 5000 geschätzten Anhänger – weltweit mag die Zahl um die 10.000 liegen – stehen mithin in keinem besonderen Abhängigkeitsverhältnis. In diesem Bereich gibt es also auch keinen offiziellen Ausstieg, sondern nur ein individuelles Lösen aus den jeweiligen Zusammenhängen. Ein solches Lösen mag aber gerade deswegen mit individuellen Problemen einhergehen, weil das Universelle Leben einen ganzheitlichen Lebensentwurf bietet, der über eine nur religiöse Verbundenheit hinausgeht.

Die religiösen Vorstellungen des Universellen Lebens gehören, allen urchristlichen Selbstbeschreibungen und dem stetigen Bezug zur Bergpredigt und den 10 Geboten zum Trotz, in das Standardrepertoire der Gegenwartsesoterik: Ausgehend von einer höchsten und zentralen, mit Gott identischen, reinen Geisteswelt ist alles Weitere ein »Abfallprodukt« dieser immateriellen Wirklichkeit. In hierarchischer Abstufung und gleichsam zunehmender Entfernung von Gott verdichtet sich die immaterielle Lichtwelt über feinstoffliche »Teilverdichtungen« zur grobstofflichen und dunklen Materie. Der grobstoffliche Mensch, abgefallen aus dem geistigen Gottesreich, verfügt über einen von Jesus eingepflanzten Lichtfunken, durch den er nach wie vor Anteil an der göttlichen Welt hat. Das irdische Leben ist in dieser Weise der kosmisch-evolutionären Weiterentwicklung, der Seelenentwicklung und dem kosmischen Wiederaufstieg in das geistige Reich Gottes (das »Vaterhaus«, die »Ur-Heimat«) dienlich. Nach dem physischen Tod gehen die Seelen in ein feinstofflicheres Jenseits, in »teilverdichtete Sonnensysteme« über, wo sie entsprechend ihrer seelischen Entwicklungsstufe entweder zur Reinkarnation wieder in das grobstoffliche Leben ab- oder aber zur Weiterentwicklung in »lichtere« Welten aufsteigen.

Trotz der zentralen Bedeutung von Reinkarnation und Karma, von Ursache und Wirkung, die hier als erst im Zuge der kirchlichen Kanonisierung ausgemerztes urchristliches Wissen gelten, wird beim Universellen Leben nicht »meditiert«, sondern gebetet. Auch der Bezug zur esoterischen Lichtmetaphorik oder den sieben Bewusstseinszentren – die man in verschiedenen hinduistischen Traditionen unter der Bezeichnung Chakren kennt – ändert nichts am prinzipiell christlichen bzw. »urchristlichen« Selbstverständnis des Universellen Lebens, zumal es ja vorwiegend Jesus ist, von dem Gabriele Wittek ihre Offenbarungen erhält. Ihre Offenbarungen knüpfen folglich überwiegend an biblische Schriften und Themen an, die durch Jesus selbst nun für die »Jetztzeit« in großem Stil aktualisiert und »berichtigt« werden. Wie alle »urchristlichen« Gemeinschaften der Gegenwart spielt auch das Universelle Leben zeitweise auf der Klaviatur der Apokalypse, allerdings vergleichsweise leise, da sich göttliches Endgericht und Reinkarnationsglaube nur bedingt vertragen. Hier ist es eher die karmische Ansammlung von Verbrechen (auch an der Natur und den Tieren) auf dem menschlichen Schuldenkonto, welches die entsprechenden Naturkatastrophen auslöst und so eine gewisse Reinigung der Menschheit in Aussicht stellt. Der Karma-Gedanke sorgt dabei insoweit für esoterische Gerechtigkeit, als dass jedes individuelle Schicksal als selbst verursacht gilt – ggf. durch in früheren Inkarnationen angesammelte Schuld. Zusammen mit dem »organischen« Weltbild und dem Lebensschutzgedanken sowie der biologischen Arterhaltung bieten sich hier ideelle Anknüpfungspunkte für antisemitische und rassistische Stereotype, die tatsächlich immer wieder einmal aus einer bestimmten verschwörungstheoretischen Ecke des Universellen Lebens auftauchen; zum Kernbestand der religiösen Botschaft gehören diese Töne indes nicht.

Zu diesem Kernbestand gehört allerdings der kompromisslose Feldzug der »Inneren Religion« des Universellen Lebens gegen die äußere Religion der »Amtskirchen«. In der Person von Gabriele wettert Jesus höchstselbst gegen Papst und Kirche, gegen Pastoren und »Sektenbeauftragte«, gegen Sakramente und Heiligenverehrung, gegen die »neue Inquisition« und die kirchliche »Unterwanderung« der Gesellschaft. Unter den zahlreichen juristischen Klagen gegen Kirchen, Behörden und diverse Presseberichte stechen sicherlich die von Anhängern des Universellen Lebens initiierten Klagen heraus, der CSU die Verwendung des »C« (christlich) im Parteinamen gerichtlich verbieten zu lassen, den beiden großen Kirchen die Selbstbeschreibung als »christlich« zu untersagen und die Bibel auf die Liste der jugendgefährdenden Schriften zu setzen. Der hauseigene Verlag *Das Wort* hat sich mittlerweile zu einer beliebten Veröffentlichungsstätte für kirchenkritische Literatur im Allgemeinen, also auch außerhalb des Universellen Lebens etabliert. Diese kirchenkritische bis offen feindliche Ausrichtung ist wiederum maßgeblich ursächlich dafür, dass das Universelle Leben besonders den apologetischen Kreisen der Kirchen, also den Sekten- und Weltanschauungsbeauftragten, ein besonderer Dorn im Auge ist – was letztlich zu den von beiden Seiten betriebenen, dauerhaften Kampagnen mit hohem Polemisierungsgrad geführt hat.

Wen kümmert's, ob ich erleuchtet bin oder nicht

(Osho)

8 East meets West: Gurus im Westen

Vor dem Hintergrund der gesellschaftlichen Auseinandersetzungen mit den sogenannten Sekten im letzten Drittel des 20. Jh. hat auch der Begriff »Guru« Einzug in den öffentlichen Sprachgebrauch gehalten. Und zwar – ebenso wie der Sektenbegriff – von Beginn an in einer abwertend-negativen Bedeutung, gleichsam verstanden als »falscher Prophet«, »Scharlatan«, religiöser »Schwindler« und was dergleichen Bedeutungen mehr sind. Im Unterschied zum Sektenbegriff allerdings, der nirgendwo als Selbstbezeichnung Anwendung findet, ist »Guru« ein sehr wertschätzender religiöser Titel, der in vielen traditionellen Religionen Asiens verwendet wird. Neben den klassischen hinduistischen Religionen ist er auch in der Sikh-Religion und in einigen buddhistischen Strömungen verbreitet. So ist auch der im Westen überall hofierte Tendzin Gyatsho, besser bekannt als »der« (14.) Dalai Lama (etwa: »Ozeangleicher Lehrer«), ein waschechter Guru, denn »Lama« ist das tibetische Wort für »Guru«. Beide Worte sind sinngemäß also am besten mit (spiritueller) »Lehrer« übersetzt und beide stehen für allerhöchste religiöse Autorität. Was in der negativen öffentlichen Verwendung des Begriffes Guru zum Ausdruck kommt, ist also zunächst schlichte Unkenntnis über ein religiöses Lehr- und Lernprinzip, das der kirchenchristlichen Tradition fremd ist – obwohl das neutestamentliche Gespann von Jesus und seinen Jüngern in vielem an eine »guruistische« Lehrer-Schüler-Beziehung erinnert.

Vor dem traditionellen kulturellen Hintergrund sind Gurus Fortgeschrittene in spirituell-religiöser Hinsicht, jene also, die auf dem Weg zur Erlösung schon ein gutes Stück weiter sind und deswegen Lehrer sein können. Die meisten sind selbst als Schüler eines Gurus in die Lehre gegangen und stehen deswegen in einer mehr oder weniger langen Tradition von spirituellen Lehrern oder Meistern. Ihre Autorität ist nicht an ein »Amt« gebunden, sondern ergeht allein dadurch, dass es Schüler gibt, die die Autorität des Lehrers anerkennen und die sich in der persönlichen Beziehung zu ihrem Guru und seiner Lehre ein spirituelles Vorankommen erhoffen. Dieses Lehrer-Schüler-Prinzip, auch im weiteren Sinne verstanden als ein Lernen am Vorbild, ist ein grundlegendes sozial-religiöses Organisationsmuster in den genannten Traditionen. In deutlichem Gegensatz dazu steht das »westliche« bzw. kirchenchristliche Prinzip, in dem keine spirituellen Vorbilder benötigt werden: Gott hat sich hier – egal in welcher Form – vollständig und letztgültig offenbart, die Heils- und Erlösungswege sind hinlänglich bekannt und exakt abgesteckt oder sogar durch Gottes einsame Entscheidung vorherbestimmt. Priester und Pfarrer, aber auch Imame und Rabbis, sind nur selten spirituell erleuchtete Entwicklungshelfer, sondern weit öfter angestellte Archivare und Vollzugsbeamte letztgültig offenbarter und schriftlich fixierter Gesetze.

Hinduismus: Eine kurze Orientierung

Wie schon in den ersten Absätzen angedeutet, macht es wenig Sinn, von »dem« *Hinduismus* zu sprechen. Hinduismus ist ein von Orientalisten benutzter Sammelbegriff für Abertausende sozialer, kultureller und religiöser Traditionen, die von den Menschen und Völkern gepflegt werden, die aus persischer Sicht auf der anderen, der östlichen Seite des Flusses »Sindhu« (Indus) leben – wovon nicht nur der Name »Indien«, sondern auch der von den britischen Kolonialherren übernommene Name »Hindus« abgeleitet ist.

Das *Sanatana Dharma* (sanskrit: »ewige Ordnung/Wahrheit/Gesetz«), wie die meisten Inder ihre Religion im Allgemeinen bezeichnen, gilt als direkter Ausfluss des *Brahma*(n), einer Bezeichnung für das Unendliche, das Ursprüngliche, das Absolute, den Urgrund, die Weltseele oder auch als Name für den personalisierten Schöpfergott. Greif- und erfahrbar wird das Brahma in *Atma,* dem »Lebenshauch« (Atma ist sprachverwandt mit »Atem«), der alles belebt und beseelt, weshalb man Atma in vereinfachter Lesart auch als Seele betrachten kann. Aber: Angesichts des darin enthaltenen Ewigkeitsanteils ist es kein formbares individuelles, sondern ein unwandelbares und göttliches Selbst. So verschieden die Vorstellungen von Brahma und Atma schon im Einzelnen sein können, so verschieden wird auch deren Verhältnis interpretiert: Es reicht von der absoluten Gegensätzlichkeit bis zur völligen Identität. Gängig ist die Vorstellung, dass die anzustrebende Erlösung, *Moksha* genannt, aus dem ewigen Lebens- und Leidenszyklus der Wiedergeburten (sanskrit: *Samsara*) das Aufgehen/die Auflösung von Atma in Brahma ist. Von übergreifender Bedeutung für das Seelenheil und damit das Lebensschicksal des Einzelnen ist das Prinzip des *Karma* (Tat), das letztlich eine kausale Beziehung zwischen Taten (Ursache) und Schicksal (Wirkung) ausdrückt, wobei sich entsprechend der Vorstellung der ewigen Wiedergeburten die schlechten oder guten Taten eines Lebens in einem schlechten oder guten Schicksal im nächsten Leben manifestieren.

Im weiten Rahmen des hinduistischen Religionspluralismus ist die konkrete Gestalt hinduistischer Religionsformen zumeist sehr individuell, und sie kann unüberschaubar viele Formen annehmen. Eine allgemeine Orientierung bieten verschiedene heilige und überaus umfangreiche Schriften: Zum einen ist dies ein mehr oder weniger allgemein akzeptierter Kanon von zeitlosen und universalen Offenbarungen *(Shruti)* des Brahma. Dazu zählt man heute die vier grundlegenden Schriften des *Veda* (sanskrit: »Wissen«), Rigveda, Samaveda, Yajurveda und Atharvaveda genannt, die mutmaßlich zwischen 1200 und 900 v. Chr. entstanden sind und bis zu ihrer Niederschrift im 5. Jh. n. Chr. mündlich überliefert wurden. Dabei handelt es sich überwiegend um *Mantras,* also Reden bzw. Wortfolgen, die nach Sinn und Zweck individuellen Gebeten entsprechen, sowie Hymnen, Lieder, Ritualtexte und magische Opferformeln. Kurze Zeit später entstanden die *Brahmanas:* Auch hier handelt es sich vorwiegend um Ritualtexte, die von frühen Brahmanen – Angehörige der obersten indischen Kaste und traditionell zugleich die religiösen Autoritäten – vorwiegend für den eigenen Gebrauch verfasst wurden. Drittens gehören die ungefähr um die gleiche Zeit entstandenen »Waldtexte« *(Aranyakas)* dazu, die etwas weitläufigere religiöse Belehrungen sind und ihren Namen nach dem Ort ihrer Vermittlung in der Einsamkeit des Waldes erhalten haben. Und zuletzt sind die etwas jüngeren *Upanishaden,* die etwa zwischen 700 und 200 v. Chr. entstanden sind, zu nennen. Hier handelt es sich überwiegend um philosophisch-religiöse Reflexionen über die oben genannten kosmologischen Prinzipien, mithin auch um jene Texte, die neben den Veden später in der westlichen Philosophie und Literatur die größte Beachtung fanden.

Diese eher abstrakten Texte des frühen Hinduismus sind für den einfachen Gläubigen oft weniger relevant als die unverbindlichen, weil nicht direkt offenbarten, sondern nur »erinnerten« heiligen Schriften *(Smriti).* Dazu zählt an erster Stelle das Volksepos *Mahabharata,* das eine Vielzahl von Götter- und Heldengeschichten vereint und zu den umfangreichsten literarischen Werken der Weltgeschichte gehört. Das Mahabharata spannt erstmals die ganze Weite des indischen Götterhimmels und der kulturellen Traditionen auf. Sein wohl bekanntester Bestandteil ist der Gesang *Bhagavadgita,* in dem sich u. a. Krishna, als bedeutsamste der zehn Inkarnationen Vishnus, eines der höchsten Götter des indischen Pantheons, zu erkennen gibt. An zweiter Stelle steht das *Ramayana,* ein weiteres Volksepos, das die Geschichte des vorbildlichen, gerechten und tugendhaften Prinzen Rama schildert, der zumeist auch als eine Inkarnation Vishnus angesehen wird. Beide Epen, die in sehr unterschiedlichen Fassungen vorliegen, sollen in mehreren Hundert Jahren etwa ab 400 v. Chr. entstanden sein. Die wohl erst zwischen 500 und 1000 n. Chr. entstandenen Puranas sind die dritte große Textgruppe der religiösen Basisliteratur Indiens. In geschätzten 400.000 Versen enthalten auch sie einen erzählerischen Abriss der religiösen Kosmologie, wobei diese Texte im Wesentlichen den drei höchsten Göttern des hinduistischen Pantheon: Brahma, Vishnu und Shiva gewidmet sind. Diesem »männlichen« Dreigestirn *(Trimurti)* wird oft noch Shakti (auch: Devi), eine oberste weibliche Schöpfungskraft, beigeordnet. Mit diesen drei bzw. vier Gottheiten ist aber lediglich eine göttliche Oberschicht bezeichnet, die von Millionen anderen Göttern und Gottheiten ergänzt wird, da es in der indischen Kultur Götter für fast alle vorstellbaren Aspekte des Lebens gibt.

Wie in anderen Religionen gibt es auch im Hinduismus, neben den zahllosen allgemeinen und im Alltag höchst bedeutsamen rituellen Verehrungspraktiken für die Götter (*Pujas,* kleine Opfergaben), spezielle religiöse, zumeist asketische Praktiken, die auf ein individuelles spirituelles Vorankommen zielen. Die Wege sind freilich, man ahnt es, zahlreich und selbst scheinbar gleiche Wege werden individuell unterschiedlich beschritten. Von den sechs klassischen oder orthodoxen philosophischen Wegen ist im Westen vor allem das *Yoga* bekannt, das seinerseits nach traditioneller Lesart in vier (manchmal auch fünf oder mehr) Hauptrichtungen unterschieden wird, und jede Richtung hat Formen mit ganz unterschiedlichen Übungen und Gewichtungen hervorgebracht.

Nun wird das Yoga im Westen – ebenso wie einige Verfahren der Traditionellen Chinesischen Medizin wie Taijiquan oder Qigong – nicht selten als asiatische Form der Gymnastik (miss)verstanden bzw. als solche gebraucht. Yoga ist im traditionellen Verständnis aber zunächst eine Philosophie. Die grundlegende bildliche Vorstellung ist die des ganzheitlichen Menschen: Der Körper ist der materielle Wagen, in dem die Seele fährt. Dieser Wagen wird von fünf Pferden (den Sinnen bzw. den Begierden) gezogen und von einem Kutscher (dem Verstand) gelenkt. Das alles verbindende Element dieses Gespannes, das was alles zusammenhält und im Idealfall in eine gemeinsame und gewollte Richtung fahren lässt, ist das Geschirr bzw. das »Joch« – das sprachverwandte Synonym des altindisch/indogermanischen »Yoga«. Dieses Bild verdeutlicht recht gut die in der Yoga-Philosophie enthaltene Vorstellung der Ganzheitlichkeit. Damit widerspiegelt es ein Thema, das einerseits in fast allen Religionen auf die eine oder andere Weise eine Rolle spielt, weil Ganzheitlichkeit in religiöser Hinsicht immer auch die Einheit mit Gott, dem Absoluten, der Ewigkeit usw. meint. Andererseits ist es ein (post) modernes Thema, das aus der Kritik an der Reduzierung des Menschen auf dessen materielle Dimensionen erwachsen ist. In dieser zweiten Herangehensweise bietet Yoga sowohl in den eher meditativen als auch in den eher körperlichen Varianten eine recht praktische Möglichkeit, an der Vergrößerung oder Vervollständigung seines Selbst zu arbeiten, ohne direkte Verknüpfung mit einer dogmatischen Religionsvorstellung oder einem bestimmten Gottesglauben.

Aus diesen sehr kurzen Anmerkungen sollte sich ableiten lassen, dass die religiösen Philosophien, die Praktiken, die Heils- und Erlösungswege im Hinduismus gegen unendlich streben. Dabei ist hervorzuheben, dass es sich hier im Wesentlichen um ein friedliches Nebeneinander der Philosophien und Wege handelt – die Konflikte der hinduistischen Gesellschaft sind ganz wesentlich soziale Konflikte im Zusammenhang mit der Kastenordnung. Um sich in diesem Wirrwarr zurechtzufinden, fällt (auch) den Gurus eine zentrale Rolle zu. Im Gegensatz zu den oft durch das Kastensystem eingebundenen Brahmanen, die, soweit sie religiös tätig sind, eher die Rolle von religiösen Funktionären innehaben, sind die Gurus, obwohl selbst oft aus der Brahmanenkaste stammend, die Freelancer des Systems, die ihr Wissen mehr oder weniger unabhängig von Kastenschranken bereitwillig an entsprechend lernwillige Schüler vermitteln. Die persönliche Beziehung zwischen Guru und Schüler ist traditionell recht eng, ein Zusammenleben der Schüler mit ihrem Lehrer in dessen Haus *(Gurukala)* oder in einer gemeinsamen religiösen Ausbildungsstätte *(Ashram)* ist ebenso typisch wie der Umstand, dass die Schüler sich in jeder Hinsicht um das Wohlergehen ihres Lehrers kümmern. Ein solch persönliches System hat freilich stets seine Grenzen, weshalb bei den meisten Guru-Religionen, vor allem im Westen, zwischen einer im direkten Umfeld des Gurus oder der Organisation angesiedelten Schülerschaft und einer sich eher im weiteren Umfeld der religiösen Philosophie bewegenden Sympathisantenszene unterschieden werden muss. Soweit die traditionelle Seite.

Der Aufbruch in die Moderne: Britische Gurus

Wer den Erfolg der indischen Gurus im Westen verstehen will, muss sich zunächst entgegengesetzt orientieren, sich also mit dem westlichen Einfluss auf die traditionelle Kultur Indiens befassen. Seit Mitte des 18. Jh. war Indien britische Kronkolonie, und die ersten aus diesem dauerhaften Kulturkontakt bzw. -konflikt entstehenden neuen religiösen Bewegungen waren intellektuelle innerindische Reform- und zumeist auch Befreiungsbewegungen. Ganz ähnlich wie viele der radikalen protestantischen Strömungen im Europa des 16. Jh. begründen auch viele neureligiöse Bewegungen Indiens im 19. Jh. ihre teilweise radikalen gesellschaftlichen Reformvorstellungen mit der Notwendigkeit der Rückkehr zu den eigentlichen Fundamenten der Religion. So wie die Ersteren in kultureller, sozialer und religiöser Hinsicht zurück zu einem fiktiven Urchristentum wollten und ein striktes »bible-only« forderten, plädierten Letztere oftmals für die Rückkehr zu einer nicht weniger fiktiven einheitlichen indischen Urreligion und ein radikales »veda-only«. Natürlich war in diesem vermeintlichen Ursprung dann vieles zu finden, was die westliche Zivilisation auszeichnete, nun aber indisch »übermalt« wurde. Kinderheirat, Witwenverbrennung, das Kastensystem, die Opferriten, der Bilder- und Ahnenkult wurden in vielen indischen Reformbewegungen als Ausdruck einer Verfälschung der vedischen Urreligion gesehen, die im Übrigen aus sichtbar pragmatischen Gründen auch das Thema nationaler Einheit und Selbstbestimmung enthielt und deswegen oft in Richtung einer einheitlichen monotheistischen Religion interpretiert wurde.

Ram Mohan Roy (1772–1833), ein bengalischer Brahmane, begründete 1822 die Gruppe BRAHMO SAMAJ (Göttliche Gemeinschaft), die besonders gegen die indischen Traditionen der Kinderehe und der Witwenverbrennung *(Sati)* agitierte und im Kampf gegen den kultischen »Aberglaube« Indiens auch ein wenig Bilderstürmerei betrieb. Brahmo Samaj war eine in der indischen Oberschicht und damit auch gesellschaftlich durchaus einflussreiche neureligiöse Bewegung, die einem Monotheismus auf vedischer Basis anhing. Roy selbst war kein Guru und Brahmo Samaj zerfiel bald in mehrere Strömungen, aber die unverkennbar britisch und auch christlich beeinflusste Reformbewegung war ein zentraler intellektueller Ausgangspunkt für beispielsweise Swami Vivekananda (1863–1902). Vivekananda war der erste wirklich prominente und allseits geschätzte Guru im Abendland, der u. a. durch Gründung der RAMAKRISHNA-MISSION (1897) den religiösen Hinduismus und vor allem das Yoga im Westen bekannt machte. Vivekananda war freilich nicht nur von Brahmo Samaj inspiriert, sondern weit mehr von seinem eigenen Guru, namentlich von Ramakrishna Paramahamsa (1836–1886), einem der bedeutendsten indischen Gurus der Hindu-Mystik. Ähnlich wie Siddhartha Gautama, der historische Buddha, beschritt auch Ramakrishna viele verschiedene religiöse Wege, u. a. auch den christlichen und den islamischen. Er erkannte, dass sie alle zum gleichen Ziel, dem absoluten Bewusstsein bzw. dem Bewusstsein vom Absoluten, führen. In seiner zentralen Erkenntnis, dass allen Religionen die gleiche Erfahrung des Absoluten (Gott) zugrunde liegt, alle Religionen insofern gleichermaßen einen wahren Kern haben, überwindet er den religiösen Hindu-Ethnizismus. Die Ramakrishna-Mission ist insofern die erste relevante Guru-Religion im Westen, weil sie nicht auf Hindus bzw. Inder beschränkt war. Diese Eigenschaft ist noch immer eine Ausnahme und die Mehrzahl der neureligiösen Hindu-Gemeinschaften im Westen wendet sich an Exil-Inder. Von den in Deutschland gegenwärtig geschätzt ca. 100.000 Mitgliedern in hinduistischen Glaubensgemeinschaften sind sicherlich mehr als 90 % indischer bzw. pakistanischer Herkunft. Den wenigen, dafür natürlich umso prominenteren Ausnahmen, werden wir uns etwas weiter unten ausführlich widmen.

Eine kleine Anekdote am Rande: Der berühmteste Anhänger von Brahmo Samaj war der Schriftsteller Rabindranath Tagore (1861–1941), dessen Vater zu den Mitbegründern der Bewegung gehörte. Tagore, der als erster Inder 1913 einen Nobelpreis (für Literatur) erhielt, erntete seinerzeit viel europäischen Beifall, als er den Nationalismus als »organisierte Selbstsucht« verurteilte und diesem die einende Kraft der göttlichen Liebe entgegenhielt. Obwohl er selbst kein Guru war, vervollständigte er das positive Indienbild des Westens zu Beginn des 20. Jh. Dabei spielte die religiöse Seite Tagores, der lange Zeit selbst in einem Ashram des Gurus Sri Aurobindo gelebt hatte, und dessen spezielle Erziehungsform, in der Kinder intuitiv am Vorbild des Gurus (auf)wachsen sollten, immer guthieß, keine Rolle. Dass der belesene, sozialkritische und ebenfalls sehr stark durch die britische Kultur beeinflusste Tagore auch Mitglied einer Freimaurerloge war, kann allenfalls jene erstaunen, die das sechste Kapitel dieses Buches nicht gelesen haben.

Apropos Freimaurer, und auch um ein Beispiel interkulturellen Scheiterns zu nennen: In der zweiten Hälfte des 19. Jh. gab es noch eine andere interreligiöse Grenzüberschreitung, allerdings in die andere Richtung. Es war die Theosophische Gesellschaft um die nun schon vielfach erwähnte Helena Blavatsky, die sich 1878 komplett dem Arya Samaj (Gemeinschaft der Edlen) um den Guru Dayananda Saraswati (1824–1883), einen Brahmanen aus Gudscharat, angeschlossen hatte. Auch Dayananda war ein radikaler Reform-Guru und Vertreter des »veda-only«, wobei seine Interpretation des Veda so weit reichte, dass er in ihr das gesamte moderne wissenschaftliche Wissen, freilich in verschlüsselter Form, enthalten sah. Die von den gegenwärtigen Theosophen gerne unterschlagene Zeit als Theosophical Society of the Arya Samaj of Aryavarta widerspiegelt nicht gerade deren historische Glanzzeit, aber sie verweist auf die im Kontext eines reformierten, und das heißt vor allem weniger traditionellen, Hinduismus möglichen intellektuellen Berührungspunkte im weiten Feld der modernen, also der westlichen Esoterik. Dass es letztlich keine gemeinsame Geschichte von Theosophie und Arya Samaj geben konnte – bereits vier Jahre später war das Experiment Geschichte –, lag weniger an den Theosophen, die ja durchaus auf der Suche nach der großen universellen Weltweisheit waren, als vielmehr an Dayananda. So war Arya Samaj gegen heftigste innerindische Widerstände zwar in der Lage, die Kastenschranken für sich aufzuheben und sogar »Unberührbare« aufzunehmen, aber in religiös-philosophischer Hinsicht beharrte Dayananda stets auf der Alleingültigkeit einer echten vedischen, also letztlich doch spezifisch indischen Religion.

Auf die historisch sehr interessanten Aspekte der selektiven Aneignung der indoarischen Kultur durch deutschtümelnde Historiker und Germanenforscher um die Wende zum 20. Jh., die vermeintliche Entdeckung einer indoarischen Urkultur bis hin zum blanken Rassismus einer arischen Religion soll hier nicht weiter eingegangen werden. Sie mögen an anderer Stelle nachgelesen werden. Ab etwa den späten 1960er Jahren erscheinen jedenfalls erneut hinduistische Religionen in Form von sogenannten Guru-Religionen auf der westlichen Bühne. Ihr relativer Erfolg steht nun oft in engem Zusammenhang mit dem »New Age der Esoterik« (siehe Kapitel 5) und dieser Zeit entstammen weite Teile des bis heute medial gepflegten und durchweg schlechten Images des Gurus bzw. der Guru-Bewegungen.

Ein Schelm, wer Arges bei ihm denkt: Osho

Wenn es einen Namen gibt, der in der medialen Öffentlichkeit des Westens in der zweiten Hälfte des 20. Jh. zum Prototyp des Gurus überhaupt erklärt wurde, dann war dies Osho – besser bekannt unter seinem früheren Namen »Bhagwan«. Allerdings ist gerade in seinem Fall zweifelhaft, ob die traditionelle Kategorie des Gurus für einen, der sich sehr radikal und bewusst vom althergebrachten hinduistischen Wertesystem absetzte, angemessen ist. Bhagwan (wörtlich etwa: »der [sichtbar] Gesegnete«) hat jedenfalls diese durchaus ehrbare Bezeichnung nicht für sich in Anspruch genommen, und er entstammt auch keiner klassischen Guru-Tradition. Seine Familie hing dem Jainismus an, einer sehr alten Religion, die sich zwar wie die meisten Hindu-Religionen indisch und brahmanisch begründet sieht, aber tatsächlich in einer ganz eigenen Traditionslinie steht. In der Selbstbetrachtung als brahmanischer und damit eigentlich vorhinduistischer Religion ähnelt der Jainismus eher dem Buddhismus, der die gleiche atheistische Weltsicht pflegt – was die indische Verfassung der Gegenwart freilich nicht daran hindert, beide als hinduistische Religion einzuordnen. Gleichwohl weist vieles auch im späteren Leben Bhagwans darauf hin, dass er im Zweifelsfall dem »gottlosen« Buddhismus stets näher stand als dem von unzähligen Göttern bevölkerten traditionellen Hinduismus.

»Rajneesh« Chandra Mohan Jain, der sich Anfang der 1970er Jahre den Beinamen Bhagwan gibt und sich in seinem letzten Lebensjahr Osho nennen wird (beide Namen sind religiöse Ehrentitel, die vorwiegend im Buddhismus verbreitet sind), erblickt 1931 als Sohn einer wohlhabenden Familie in einem kleinen Dorf im heutigen Madhya Pradesh in Mittelindien das Licht der Welt. Zunächst bestreitet er einen durchgehend säkularen Lebensweg, der ihm einen Master in Philosophie einbringt, später sogar eine Professur mit universitärer Lehrtätigkeit. Zu den wenigen wirklich übereinstimmenden Ansichten über seine Persönlichkeit gehört der Ausweis einer kritischen und schneidenden Intelligenz sowie des damit fast notwendig einhergehenden Ärgers mit Autoritäten aller Art. Osho, der sich intensiv mit politischer Philosophie bzw. mit Politik, mit Psychologie und später auch mit Religion beschäftigte, genoss in Indien schon in den 1960er Jahren den Ruf des intellektuellen Enfant terrible, weil ihm weder Tradition und Religion noch Politik oder moralische Autoritäten wie beispielsweise der indische Nationalheld Mahatma Gandhi (1869–1948) heilig waren.

Anfang der 1970er Jahre beginnt Osho im Bombay (Mumbai), seinerzeit noch unter dem Namen Acharya Rajneesh, erste Schüler in seine Meditationstechnik, die sogenannte *Dynamische Meditation,* zu initiieren. Dies war der Grundstein der NEO-SANNYAS-BEWEGUNG, die später in den westlichen Medien als »Bhagwan-Sekte« Schlagzeilen machen sollte. Schon die Initiierung seiner Schüler als Sannyas(in), dem traditionellen Verständnis nach weltentsagende und asketisch lebende spirituelle Sucher, und ihre Ausstattung mit orangefarbenen oder roten Gewändern und der traditionellen Gebetskette mit den 108 Holzkugeln und dem Bild *(Mala)* ist im hinduistischen Kontext ein Affront, denn: Osho hielt überhaupt nichts von Weltentsagung und Asketentum.

Die berechtigte Frage allerdings, was der Kern der Lehre Oshos ist, wird, wenn überhaupt, nur auf eine etwas paradoxe Art zu beantworten sein. Es ist nämlich, so könnte man es verstehen, das Dogma der Freiheit von Dogmen aller Art. Oshos Philosophie, seine Lehren und Reden verweigern sich letztlich der eindeutigen Kategorisierung, und genau das ist, vielleicht, der Kern seiner Botschaft. »Alles fließt, nichts ist beständig« – so kann man nicht nur einen zentralen Aspekt der buddhistischen Philosophie beschreiben, sondern auch Oshos Lehren, die, ebenso wie manche seiner Handlungen, oft widersprüchlich scheinen. Genau darin aber verweisen sie zurück auf das Dogma der Dogmenfreiheit, denn nur der Widerspruch, das Paradoxe, der stete Wandel schützen das Leben und die Philosophie vor der Erstarrung. Wie gesagt, so *könnte* man den Kern von Oshos Philosophie verstehen, aber man sollte sich hier in Anbetracht des gerade Gesagten nicht allzu sicher sein. Würde man Osho diese sehr kurze Interpretation seiner Lehre zeigen und fragen, ob man das richtig verstanden habe, so hätte er mit Entschiedenheit: »Vielleicht« geantwortet; aber auch das ist eigentlich nicht sicher …

Während man also nie Gewissheit darüber erlangen wird, ob Osho ein brillanter Philosoph oder nur ein »Schelm« – oder auch, wofür vieles spricht, beides – war, so ist eines nicht zu bezweifeln: Seine religiöse Botschaft passte perfekt in die jugendbewegte Aufbruchstimmung der 1968er; sie war gleichsam anarchistisch, radikal, provokant und freizügig, sie war ebenso spirituell wie körperlich und emotional. Erlösung lag im Leben selbst: in Kunst, Tanz, Liebe, Sex, Meditation, Humor, Kreativität – und ganz entschieden wandte sich Osho gegen religiöse Dogmen. Kurz gesagt: Seine Lehre war ein Generalangriff gegen jedes konservativ-religiöse Establishment, egal ob dieses indisch oder westlich war. Und bei aller Offenheit, die Osho den modernen kapitalistischen und technischen Philosophien entgegenbrachte, so sehr war seine Lehre auch gegen die in der westlichen Zivilisation vorherrschenden moralischen und materiellen Werte und die »christliche Heuchelei« gerichtet.

Die Anziehungskraft von Osho, der 1974 einen riesigen und dennoch bald hoffnungslos überlaufenen Ashram in Poona (Pune) eröffnete, nahm in der zweiten Hälfte der 1970er Jahre kaum vorstellbare Ausmaße an. Dort versammelte sich eine immer westlicher werdende Schar vorwiegend jüngerer Erwachsener, die überwiegend besser gebildeten Schichten entstammte und sich dort gleichsam in freier Liebe und kommunitärer Selbstorganisation übte. Aus dieser Zeit stammen die Klischeebilder einer völlig enthemmten und anarchistischen Kommune hochgradig »verwirrter« junger Menschen, die zu Zehntausenden nach Poona pilgerten und andächtig den Lehren eines offensichtlich »geldgierigen und sexsüchtigen« Gurus lauschten. So jedenfalls sahen es die westlichen Medien und alsbald überschlugen sich die Berichte von Vergewaltigungen und Sexorgien, von Prostitution, Diebstählen und Drogenschmuggel, von Gehirnwäsche, körperlicher Folter und Nervenzusammenbrüchen, von unwürdigen hygienischen und sozialen Bedingungen. Sicher entbehrte nicht alles, was in den Medien berichtet wurde, gänzlich einer Grundlage, aber es gibt kaum ehemalige Anhänger, die rückschauend ihre Zeit in Poona oder als Sannyasin in diesem Lichte interpretieren würden. Im Gegenteil. Bei der Mehrheit der Ehemaligen – wozu so verschiedene Persönlichkeiten wie der Philosoph Peter Sloterdijk, die Sängerin Nena und der ehemalige Löwenzahn-Moderator Peter Lustig gehören – überwiegt das Gefühl einer zwar chaotischen, aber insgesamt guten Zeit, auf die man nicht selten mit etwas Wehmut zurückblickt.

Die Kritik am Poona-Ashram war übrigens in Indien nicht geringer als in den westlichen Medien, denn Osho war den dortigen religiösen und politischen Autoritäten ja seit jeher ein Dorn im Auge. 1981 kaufte die Rajneesh Foundation International ein großes Gelände im US-amerikanischen Bundesstaat Oregon, das zum neuen Zentrum der Bewegung ausgebaut werden sollte. In den folgenden Jahren, und unter teils erheblichen behördlichen und vor allem auch lokalen Widerständen – die u. a. zu beiderseitiger Bewaffnung führten –, entstand die Stadt Rajneeshpuram in der näheren Umgebung der winzigen Siedlung Antelope, die 1984 von der Neo-Sannyas-Bewegung »geschluckt« wurde. Bevor das Projekt Rajneeshpuram 1985 zusammenbrach und das heute erneut kaum 100 Einwohner zählende Dorf wieder seinen alten Namen annahm, hatte es die Stadt immerhin auf ca. 7000 Einwohner gebracht, die Mehrzahl von ihnen Sannyasin. Die amerikanische Phase zwischen 1981 und 1985 markiert dennoch zugleich den Niedergang der »alten« Neo-Sannyas-Bewegung. Osho, der sich während fast der gesamten Amerikazeit in einer selbst auferlegten Schweigephase befand und sich weder öffentlich noch intern zu irgendetwas äußerte, hatte die Verwaltung »seiner« Stadt sowie die Leitung der Rajneesh Foundation mittlerweile in die Hände seiner umtriebigen Schülerin Ma Anand Sheela gelegt, die aus heutiger Sicht wohl als die Hauptverantwortliche für das praktische Scheitern des amerikanischen Experimentes gesehen werden muss. Die verschiedenen ihr und ihrem direkten Umfeld zur Last gelegten Straftaten, von denen die Salmonellen-Vergiftung von Salatbars in verschiedenen Restaurants mit dem Zweck einer Wahlbeeinflussung und die Planung einiger anderer (nie durchgeführter) Anschläge die erheblichsten waren, haben letztlich zu Oshos Ausweisung aus den USA geführt – und ihr selbst eine Verurteilung zu zehn Jahren Haft eingebracht. Osho, der mit diesen Vorgängen wohl eher nichts zu tun hatte bzw. nie dafür beschuldigt wurde, kehrte 1987 nach einer fast zweijährigen Zeit globaler Irrfahrten nach Poona zurück. 1988 legte er den Namen Bhagwan ab und nach einer kurzen Zeit der Namenlosigkeit akzeptierte er schließlich den von seinen Schülern vorgeschlagenen Namen Osho. Am 19. Januar 1990 stirbt der ohnehin zeit seines Lebens eher kränkliche Osho im Alter von nur 58 Jahren.

Die in den späten 1980er Jahren begonnene Wiedererrichtung von Poona – seit dem Jahr 2000 unter dem Namen *Multiversity* – im Stile eines esoterisch angehauchten und mit allem Komfort ausgestatteten Therapiezentrums zieht heute jährlich geschätzte 200.000 Menschen an, wenn auch nun unter anderen Vorzeichen. Die gegenwärtigen Angebote zur meditativen Entspannung und *personal growth* sind gefragter denn je. Das mittlerweile als Handelsmarke eingetragene Osho International Meditation Resort, zu dessen Kunden namhafte Firmen aus dem ökonomischen Global Player-Bereich gehören, ist zu einem keine Wünsche offen lassenden Luxusresort geworden: mit modern ausgestatteten Therapie- und Wellnesseinrichtungen, mit Cafés, Bistros, Bars, Variete-, Musik- und Theaterangeboten, mit Tennisplätzen und Schwimmbädern – und alles liegt in einer sehr gepflegten und als »märchenhaft« beworbenen Garten- und Parklandschaft. Weltweit gibt es etwa zwei Dutzend, wesentlich kleinere, aber ähnlich konzipierte Therapiezentren. Was die Zahl der verbliebenen »echten« Sannyasin betrifft, so schätzt man diese in Deutschland noch auf einige Tausend, wobei dies aber reine Mutmaßungen sind, weil es einerseits keine Organisationszugehörigkeit im engeren Sinne gibt und andererseits der überwiegende Teil der Sannyasin längst im bürgerlichen Establishment angekommen ist.

Und Osho? Für die Medien und die Öffentlichkeit bleibt er der geldgierige, durch und durch verlogene Guru; nicht zuletzt, weil seine Gemeinschaft in der amerikanischen Zeit gut 90 Rolls Royce besaß, in denen er täglich herumkutschiert wurde – worüber ebenfalls täglich in den Medien berichtet wurde. Osho hat dazu mehrfach in der ihm eigenen Art Stellung bezogen. Neben der verschmitzten Bemerkung, dass die Sitze im Rolls Royce der Gesundheit seines Rückens einfach am zuträglichsten seien sowie dass er, Osho, sich nie gegen Wohlstand oder gar für Armut ausgesprochen habe und insofern glaubwürdiger als der Papst sei, der als »reichster Mensch der Welt« die Armut predige, ist die schönste Antwort von einiger Weisheit geprägt: Als er wieder einmal von einem vorwitzigen Journalisten darauf angesprochen wurde, sagte er, er habe die Rolls Royce nur wegen »euch Idioten« (den Journalisten), weil er festgestellt habe, dass sich »alle Idioten der Welt« für Rolls Royce interessieren würden. Indem er also in einem Rolls Royce umherfahre, sei sichergestellt, dass sich »alle Idioten« weiterhin für ihn interessieren würden und so zumindest die Möglichkeit bestünde, dass sich die »Idioten« irgendwann einmal nicht mehr für diese »idiotischen Autos«, sondern für die wichtigen Dinge des Lebens interessieren würden. Erst an dem Tag also, an dem er nicht mehr nach den Rolls Royce gefragt werde, sei seine Botschaft angekommen.

Für seine Anhänger hat das ohnehin nie eine Rolle gespielt. Für sie ist er der allseits verehrte und (mittlerweile auch in Indien) hoch geachtete Philosoph eines entspannten Daseins im Hier und Jetzt. Seine Lehren und Reden sind in ca. 400 Büchern gesammelt und in über 100 Sprachen veröffentlicht, dazu kursiert weltweit Video- und Tonmaterial in Hülle und Fülle. Das monatlich erscheinende Magazin *Osho-Times* gehört zu den beliebtesten Zeitschriften auf dem Esoterikmarkt und überhaupt herrscht überall große Gelassenheit vor. Tatsächlich kokettieren die gegenwärtigen Anhänger Oshos öffentlich mit der dezent humorvollen Seite ihres spirituellen Oberhauptes – was man nicht von vielen religiösen Gemeinschaften behaupten kann. Vielleicht kann man also sagen, dass Oshos heutige Anhänger den speziellen Humor ihres Gurus erst nach seinem Tod wirklich verstanden haben bzw. begreifen, dass er sich selbst und seine Lehren nie so ernst nahm wie viele seiner früheren Anhänger. Aber auch nur »vielleicht«.

Religion wider Willen: Die Transzendentale Meditation

Maharishi Mahesh Yogi (1911–2008) ist der Guru und Begründer der Transzendentalen Meditation (TM), einer Gruppe, die besonders durch ihre »Flugversuche«, das sogenannte Yogische Fliegen, und die Theorie des *Maharishi-Effekts* im Westen Aufmerksamkeit erregte. Eigentlich ist die erst seit 1976 unter diesem Namen firmierende TM eher ein anderer Name für eine von Maharishi wieder zum Leben erweckte und leicht modifizierte Form des traditionellen Yoga, also philosophisch-praktischer Übungen für Körper und Geist. In der Sprache der Gegenwart meint dies: Bewusstseinsschulung, Freilegung des inneren geistig-seelischen Potenzials, Glück und Erfolg in allen Lebenslagen. Unter den hier ausführlicher besprochenen Guru-Gruppen ist die TM eindeutig jene, die dem modernistischen Zeitgeist in Form von Wissenschaftsgläubigkeit und psychologischer Erfolgsmythologie am deutlichsten huldigt – in diesem Sinne ist die TM die westlichste Gruppe. In der Programmatik der geistigen Gefügigmachung von Naturgesetzen zum Zweck einer allumfassenden Glücks- und Erfolgsmehrung sind die TM und (beispielsweise) Scientology eindeutig Seelenverwandte. Allerdings hat die TM nie den Anspruch erhoben, eine Religion oder eine Philosophie sein zu wollen: Dennoch wird sie von den »Sektenexperten« obstinat in den großen Sekten- und damit zwangsläufig in den Religionstopf geworfen. Das ist insofern interessant, als dieselben Experten mit Scientology – die eben diesen Anspruch, nämlich Religion und Philosophie zu sein, erhebt – umgekehrt verfahren und hier stets um den Nachweis des Gegenteils bemüht sind.

Entsprechend paradox – aus deutscher Sicht – verlief 1977 ein Schlüsselprozess in den USA, in dem eine kleine Koalition von TM-Gegnern vor Gericht zu belegen versuchte, dass die TM eine Religion ist, während die Anwälte der TM vehement dagegen argumentierten. Der Hintergrund: An einer öffentlichen Schule in New Jersey gab es TM-Kurse, und die einzige Möglichkeit, diese zu unterbinden, war der Nachweis, dass die TM eine Religion ist, weil die amerikanische Verfassung die staatliche Unterstützung einer bestimmten Religion verbietet. Das lokale Gericht war dann auch vor eine entsprechend schwierige Entscheidung gestellt, da sich die höchsten Gerichte in den USA genau dieser Frage, Religion-oder-nicht, ebenfalls aus verfassungsrechtlichen Gründen, stets verweigern. Das Gericht jedenfalls befand letztlich, dass die TM »religious in nature« sei, und die TM-Kurse an der öffentlichen Schule deswegen gegen die Verfassung verstoßen. Diese Entscheidung wurde 1979 bestätigt und sie gilt bis heute.

Nun gibt es im Weltbild von Maharishi und damit der TM natürlich einige Verweise auf verschiedene indische Gottheiten, auf traditionelle Gurus und andere spezifisch hinduistisch-religiöse Aspekte wie das Vergeben von Mantras. Und Maharishis Wissenschaft gilt als der Quelle aller Wissenschaften, also den Veden, entnommen. Vorrangig ist indes Maharishis Vorstellung eines »Einheitlichen Feldes aller Naturgesetze«, das gleichzeitig als »Potenzial aller Naturgesetze« beschrieben ist. Zu diesem Feld gibt es einen »objektiven« bzw. wissenschaftlich-technologischen Zugang (den »westlichen« Weg) und einen »subjektiven« Zugang über die Meditationstechnologie der TM (den »östlichen« Weg). Während sich der objektive oder physisch-physikalische Blick nach außen richtet, wendet sich der subjektive Blick nach innen. Mit der Meditationstechnik der TM wird der Weg in die innere Welt der Gedanken bis zum Punkt der Überschreitung (Transzendenz) jeglicher Stofflichkeit hin zur Quelle des Bewusstseins, die zusammen mit den allgemein bekannten Naturgesetzen im oben genannten »Einheitlichen Feld« liegt, beschritten. Wer zur Quelle der Gedanken vorstößt, erreicht eine gewisse Omnipotenz an Fähigkeiten und hat folglich die Möglichkeit, sein Schicksal auf der Basis von Naturgesetzen selbst zu bestimmen.

Das alles erinnert, wie schon angedeutet, stark an die Omnipotenz des scientologischen Thetanen. Interessant ist, dass auch der Wirkungskatalog der Anwendung der Transzendentalen Meditation dem von Scientology ähnelt. Neben den universalen Individual-Effekten auf alle Bereiche der körperlichen Gesundheit, der Intelligenz, der Kreativität, des Selbstbewusstseins, der Konzentration usw. gehören dazu auch die schlecht messbaren Bereiche der Steigerung des Glücks, des ethischen und moralischen Vermögens sowie der universalen Kollektivwirkungen der gesellschaftlichen Produktivitätssteigerung, der Verringerung von Kriminalität und Terrorismus und der Förderung des Weltfriedens. Noch expliziter als Scientology geht die TM davon aus, dass es genügt, wenn ein gewisser Prozentsatz der Bevölkerung TM praktiziert, um die Welt im Ganzen zu verbessern. Letzteres ist der Kerngedanke des viel zitierten und oft beschworenen Maharishi-Effektes. Mit Blick auf die oben genannten Eigenschaften und Effekte ist die Parallelität umso bemerkenswerter, als es faktisch zwischen TM und Scientology keinen ideellen oder personellen Zusammenhang gibt. Als wissenschaftlich-ideeller Hintergrund der TM müssen die Veden (Rigveda, Baghavadgita) herhalten, bei Scientology ist es – obwohl heftig bestritten – eine westlich-psychotherapeutische Weltanschauung; bei TM wird meditiert, bei Scientology auditiert; die TM hat einen eher geringen, Scientology eine eher hohen internen Verpflichtungsgrad.

Gleichwohl enden die Parallelen nicht bei den Effekten der Anwendung der letztlich sehr unterschiedlichen Verfahren: Beide Gruppen betonen die Wissenschaftlichkeit, die nachweisliche Wirksamkeit und die unabhängig von religiöser Zugehörigkeit mögliche Anwendung ihrer Methoden; beide Gruppen bringen von Zeit zu Zeit neue Produkte auf den Markt, beide sind im Gestus der nicht selten an unverhohlene Glorifizierung heranreichenden Selbstdarstellung der eigenen Erfolge unverkennbar »amerikanisch« geprägt. Und auch in punkto Hollywoodtauglichkeit steht die TM der mit Tom Cruise, John Travolta und etlichen anderen Superstars werbenden Scientology-

Organisation in nichts nach. Zur gleichen Zeit als sich der in den 1960er Jahren noch ziemlich unbekannte Avantgarde-Schriftsteller Williams S. Burroughs Scientology zuwandte, sah man Maharishi bereits milde lächelnd von den Beatles umringt. Der prominente Hollywoodregisseur David Lynch, der seit Anfang der 1970er Jahre TM praktiziert, hat unlängst (2005) die David Lynch Foundation for Consciousness-Based Education and World Peace (Stiftung für bewusstseinsbasierte Erziehung und Weltfrieden) gegründet, deren Programm die Anwendung und Verbreitung der TM im Erziehungsbereich ist. Anlässlich einer großen Benefizveranstaltung im Jahre 2009, mit dem Ziel, einer Million (!) sozial benachteiligten Kindern das Erlernen von TM zu ermöglichen, erschienen mit u. a. Donovan, Laura Dern, Sheryl Crow sowie den noch lebenden Beatles Paul McCartney und Ringo Starr wahrlich keine »B-Promis« zur Unterstützung dieses Projekts.

Da die TM als Meditationspraxis nicht sonderlich organisationsbezogen ist, lassen sich Mitgliederzahlen schwer bestimmen. Zählen lassen sich allenfalls jene, die sich zu TM-Lehrern aus- und weitergebildet haben, womit aber nicht per se eine weitere Rolle in der Organisation einhergeht. So variieren die Zahlen der Mitglieder und Anhänger weltweit zwischen 50.000 und 5 Millionen, was natürlich auch etwas damit zu tun hat, dass man zwischen den TM-Lehrern, die in ideeller Hinsicht mehr oder weniger vollständig hinter der TM stehen, und jenen, die TM für sich privat praktizieren, unterscheiden muss. Seriöse Quellen gehen für Deutschland von ca. 1000 ausgebildeten TM-Lehrern und vielleicht 5000 bis 10.000 aktiv TM-Praktizierenden im Umfeld der Bewegung aus. Ohnehin hat sich die Organisation im Laufe der Zeit gewandelt und, ähnlich wie die spätere Mun-Bewegung, ist auch die TM eher in Form diverser Organisationen, Stiftungen und sogar politischer Parteien fassbar. Um das zu verdeutlichen: Für Deutschland lassen sich beispielsweise die folgenden Stiftungen und Vereine der TM zuordnen: Internationale Meditationsgesellschaft (IMS), Gesellschaft der Weltregierung des Zeitalters der Erleuchtung zur Förderung der TM und der Wissenschaft der Kreativen Intelligenz (GTM), Siddha Corporation, Samhita GmbH, Maharishi Veda GmbH, Vedisches Friedenskorps, Weltplan-Center, Center des Zeitalters der Erleuchtung, Maharishi-Kolleg für Naturgesetz, Akademie für Vedische Wissenschaft, Maharishi Kolleg, Maharishi Kolleg für Vedische Medizin, Maharishi Weltfriedens-Stiftung, Maharishi Center für Unbesiegbarkeit. Ob diese Aufzählung vollständig ist bzw. ob jede dieser Einrichtungen tatsächlich aktiv ist, mag dahingestellt bleiben. Was jedenfalls die in Deutschland 1992 gegründete Naturgesetzpartei betrifft, so war diese nicht sonderlich erfolgreich, weshalb sie 2004 aufgelöst wurde. Auch die vor einigen Jahren begonnene Planung zum Aufbau von sogenannten Unbesiegbarkeitsschulen (als Regelschulen in privater Trägerschaft) scheint seit 2009 keine Fortschritte mehr zu machen.

Schluss mit Lustig: ISKCON

Wenn man schon im Blick auf die TM und die Neo-Sannyas-Bewegung feststellen muss, dass beide so gut wie nichts gemeinsam haben, so wird man auch für die folgende Guru-Gruppe feststellen, dass sie ein Typ eigener Art ist, der keine substanziellen Ähnlichkeiten zu den vorgenannten Bewegungen aufweist.

Bhaktivedanta Prabhupada wird 1896 in Kalkutta (Kolkata) geboren. Obwohl in Grundzügen westlich (britisch) gebildet, entspricht er als Schüler des bekannten Gurus Srila Bhaktisiddhanta Sarasvati (1874–1937) selbst dem Typ eines klassischen Gurus. Nach Lehr- und Wanderjahren in Indien, und der Idee seines Mentors folgend, beschließt Prabhupada, seine Religion, die er nie als hinduistisch, sondern als *Sanatana Dharma,* also als Religion überhaupt verstand, in die Welt hinauszutragen. Bepackt mit ein paar Kopien des von ihm über lange Jahre persönlich ins Englische übersetzten *Bhagavatapurana* (etwa: Das alte Buch des Bhagavat, des »Gesegneten«; im Verständnis des Vishnuismus auch für Vishnu bzw. Gott), eine der wichtigsten Schriften aus den *Puranas,* erreicht er im stolzen Alter von fast 70 Jahren die amerikanische Ostküste und beginnt in New York seine Mission. Im folgenden Jahr formiert sich die sogenannte *Hare-Krishna-Bewegung,* die ab 1967 als International Society for Krishna Consciousness (ISKCON) ihr amerikanisches Zentrum in San Francisco finden wird. Und ähnlich wie die Kinder Gottes sucht und findet sie ihre Klientel in der ersten Zeit an den Rändern der Hippiebewegung. Es sind mithin zunächst jene, die dem Übermaß an Freiheit intellektuell oder psychisch nicht gewachsen sind und im oft wortwörtlichen Rauschzustand dringend der Orientierung bedürfen.

In den Sektenklischees tauchen diese – hier teilweise zutreffenden, aber ansonsten keinesfalls verallgemeinerbaren – Aspekte regelmäßig auf, weil sie scheinbar den prinzipiellen Opfer-Status von Anhängern neureligiöser Bewegungen belegen. Man kann das an diesem Beispiel aber auch einmal anders bewerten: Nimmt man nämlich die dieser Opfertheorie zugrunde liegende Klischeevorstellung einer moralisch verwahrlosten, sexuell enthemmten, drogen- und alkoholabhängigen 1968er-Generation für bare Münze (was natürlich auch Unsinn ist), so kann man sagen: Für alle, die sich der ISKCON anschlossen, war dieses Kapitel definitiv beendet! Denn für die ernsthaft erlösungswilligen Adepten, die in den Tempel als *Devotees,* als Diener Gottes, einziehen wollten, und die auch heute noch das elitäre Idealbild des Krishna-Jüngers sind, galten typisch mönchische Tugenden: permanentes Beten *(chanten),* vegane Ernährung, sexuelle Enthaltsamkeit (außerhalb der Ehe), Verzicht auf materielle Dinge, auf Drogen, Alkohol und Glücksspiel.

Die ISKCON gehört in die Tradition der indischen Religionen, die Vishnu oder eine seiner Inkarnationen als einzige oder zumindest oberste Gottheit verehren – was in diesem Fall, wie der Name zu erkennen gibt, Krishna ist. Bekannt wurden die Krishna-Anhänger der ISKCON vor allem durch ihr öffentliches Erscheinungsbild in den 1970er Jahren, das sie in größeren Gruppen, in bunten Mönchsgewändern, mit Blumenkränzen behängt und laut auf Schlaginstrumenten trommelnd durch die Straßen ziehend zeigt; und dabei kollektiv ihr weltbekanntes Mantra der drei Namen Gottes-chantend: *Hare Krishna, Hare Krishna; Krishna Krishna, Hare Hare; Hare Rama, Hare Rama; Rama Rama, Hare Hare.* Auch wenn sie deswegen zu einer der auffälligsten neureligiösen Gruppen im Westen wurde, so ist die ISKCON unter den hier näher beschriebenen Gruppen die traditionellste bzw. die am stärksten auf die volkstümliche indische Kultur ausgerichtete.

Sie ist entsprechend weniger abstrakt-intellektuell als vielmehr bodenständig-plastisch: Die vedischen Texte gelten als Worte Gottes, Krishna ist der allgewaltige »liebe Gott im Himmel«, der Schöpfer, der hingebungsvoll, persönlich und bilderreich verehrt wird – besonders in seiner Inkarnation als Chaitanya (1488–1533), eines biographisch belegten Begründers einer indischen Frömmigkeitsbewegung, auf dessen Lehren sich die ISKCON als religiöse Tradition beruft. Gottesdienste in Form von Anbetungen, Opferhandlungen und Ritualen spielen folglich eine große Rolle bei der ISKCON. Auch wenn also die göttliche Liebesbotschaft gut in den harmoniesüchtigen Teil der Hippiebewegung passte: Bis in die späten 1980er Jahre war die ISKCON selbst nach indischen Maßstäben konservativ. Dies hat sich im Gefolge einiger Kontroversen etwas abgemildert, ändert aber nichts an der immer noch deutlich traditionell-religiösen Ausrichtung.

Soweit das Krishna-Bewusstsein nicht von Mönchen, sondern zunehmend auch von Laien gepflegt wird, führen diese überwiegend ein »normales« bürgerliches Familienleben. In dieser Variante ähnelt die ISKCON den christlichen Heils- und Heiligungsbewegungen: Das ganze Leben soll analog mit dem durch das chanten des Mantras zu erlangenden Krishna-Bewusstsein, mit Hingabe und Verehrung Krishnas, gefüllt werden. Das Gesellschaftsbild ist traditionsbewusst, also latent autoritär und patriarchal, das Familienbild ist dementsprechend kleinbürgerlich und die Moralvorstellungen sind prüde. Seit dem Tod Prabhupadas im Jahre 1977 wird die ISKCON von einer vielköpfigen *Governing Body Commission* geleitet, die in der Anfangszeit vor allem durch ein hohes Maß an Orientierungslosigkeit und Organisationsmängeln auffiel. Seit Mitte der 1990er Jahre bemüht sich die ISKCON erheblich um einen interreligiösen Dialog, der freilich nur dort auf fruchtbaren Boden fallen kann, wo ähnlich konservativ gedacht wird. Tatsächlich hat die ISKCON Berührungspunkte mit dem *Intelligent Design,* also dem eigentlich christlich initiierten Bemühen, Gott wieder als Schöpfer, als »intelligenten Designer«, ins Gespräch zu bringen.

Der Erfolg der ISKCON in den 1970er Jahren gehört in den meisten westlichen Ländern der Vergangenheit an: In Deutschland, wo die erste Krishna-Gemeinde schon 1969 gegründet wurde, befindet sich die ISKCON seit Ende der 1990er Jahre in der Krise, deren Höhepunkt die organisatorische Zusammenlegung der deutschen und der österreichischen Sektionen im Jahr 2005 war. Insofern scheinen die ansonsten aus einer seriösen Quellen stammenden Zahlen von gegenwärtig ca. 400 *Devotees* zuzüglich eines Laienumfeldes von geschätzt 3000 bis allenfalls 5000 Anhängern mit weniger schwerwiegendem Krishna-Bewusstsein eher hoch angesetzt. Anders ist die Situation in Indien, in der die ISKCON eine erfolgreiche, allgemein geschätzte und sozial engagierte Religion ist, was angesichts ihres hohen Traditionalismusgehaltes wenig überraschend ist. Quantifizieren lässt sich das allerdings nicht, da sich die ISKCON in Indien als allgemeine Krishna-Religion im Kontext sehr ähnlicher Strömungen bewegt.

Ins Gerede gekommen ist die ISKCON Anfang der 1990er Jahre aufgrund von Vorwürfen von Kindesmisshandlungen bis hin zum sexuellen Missbrauch in ihren Gurukulas. Ein Gurukula bezeichnet eigentlich das Haus bzw. den Wohnort des Gurus und seiner Schüler. Bei der ISKCON wurden so allerdings die Internate für die Kinder von Anhängern genannt, die überwiegend von wechselnden und schlecht ausgebildeten »Hilfslehrern« oder sonstigem religiös abkömmlichen Personal geleitet wurden. Die in einer wissenschaftlichen Untersuchung aufgeführten Fälle von Vernachlässigung, Misshandlung und Missbrauch bezogen sich auf den Zeitraum zwischen 1971 und 1986. Im Gegensatz zu den erfundenen rituellen Misshandlungen im Umfeld des sogenannten Satanismus waren diese Misshandlungen und Missbrauchsfälle traurige Realität.

Um es aber klar auf den Punkt zu bringen: Dort, wo mönchisch-zölibatäre und männerbündisch strukturierte Gemeinschaften dauerhaft mit Kindern konfrontiert sind, treten auch sexuelle Missbräuche signifikant häufiger auf als in anderen außerfamiliären sozialen Beziehungsgeflechten (Tatort Nummer eins für Kindesmissbrauch ist nach wie vor die Familie). Dass dies natürlich kein Teil der religiösen Programmatik ist, ändert nichts daran, dass katholische Priester und Krishna-Mönche in gleicher Weise immer wieder der sexuellen »Versuchung« erliegen. Auch wenn man es der ISKCON zugutehalten kann, dass sie sich diesbezüglich umfassend geständig zeigte, sich selbst um größtmögliche Aufklärung bemühte und eine der ganz wenigen religiösen Bewegungen ist, die über die inneren Missstände dieser Zeit auf der eigenen Homepage aufklärt und nach Erklärungen sucht, so bleibt bei Fällen dieser Art immer der fade Verdacht, dass nach Ursachen im engeren Sinne eben doch nicht gesucht wird. Unabhängig davon sind ab Mitte der 1980er Jahre die meisten Internate ohnehin aufgelöst worden, sodass zumindest die Hoffnung besteht, dass damit auch die primären Tatorte abgeschafft sind. Für die katholische Kirche gilt dies freilich nicht – und so wird es dort auch in Zukunft immer wieder auch Missbrauchs- und Misshandlungsfälle geben.

Gurus am Rande der Aufmerksamkeit

Abseits der geschilderten und auch heute noch leidlich prominenten Gurus gibt es natürlich noch zahlreiche weitere, die weniger bekannt sind. Da es sich aber auch bei ihnen um eigenwillige und durchaus interessante Erscheinungen handelt, hier noch ein kleiner Schnelldurchlauf.

Prabhat Ranjan Sarkar (1921–1990), auch als Shrii Shrii Anandamurti bekannt, gründete 1955 die Ánanda Márga Pracáraka Sam'gha (etwa: Vereinigung der Verkündigung des glückseligen Weges), die zunächst eine innerindische Reformbewegung ist. Unter religiösen Gesichtspunkten ist die Ananda Marga keine ungewöhnliche Guru-Religion: Das Absolute, also Brahma, begegnet in der Lehre von Anandamurti als geteilte Größe in Form von Shiva als unendlichem Bewusstsein und Shakti als materieller Schöpfungskraft. Um den Zustand der ewigen Glückseligkeit *(Ananda)* zu erlangen, ist es folglich notwendig, Shiva (die geistige Welt) und Shakti (die materielle Welt) in ein harmonisches Gleichgewicht zu bringen, wobei es der gegebene Zustand der Welt notwendig macht, zunächst dem Bewusstsein mittels der Anwendung tantrischer, also vergleichsweise ritueller Yoga-Techniken wieder auf die Sprünge zu helfen. Das Ganze klingt nach Ganzheitlichkeit und Harmonie – und so verstand es auch Anandamurti, der daraus aber auch sozialpolitische Schlüsse zog. Die materialistischen Theorien des Kapitalismus und Kommunismus (viel größer war das politische Angebot in den 1950er Jahren nicht) schienen ihm nicht geeignet, den Bedürfnissen der Menschen gerecht zu werden und die Probleme der Welt zu lösen. Schon 1959 formulierte er mit »PROUT« *(PROgressive Utilization Theory)* eine eigene wirtschaftspolitische Theorie, basierend auf den Grundpfeilern von Spiritualität, Zusammenarbeit und Selbstverantwortlichkeit, deren Ziel die Errichtung einer besseren, gerechteren, gesünderen und lebenswerteren Welt für alle Menschen sein sollte. In den 1960er und 1970er Jahren wurden weitere Organisationen mit vorwiegend humanitären Zwecksetzungen gegründet. Da solche »Utopien« im Regelfall überall auf der Welt von den jeweiligen politischen Autoritäten bekämpft werden, geriet die Ananda Marga schnell unter die ganz großen politischen Räder: Von den indischen Behörden unter dem Verdacht der politischen Verschwörung und der Ausführung ritueller Morde und später auch des Terrorismus verfolgt, wurde Anandamurti 1971 gefangen genommen und zu lebenslanger Haft verurteilt. In dieser Zeit kam es zu Radikalisierungen der Bewegung und 1978 verbrannten sich zwei deutsche Anhänger aus Protest gegen die Verfolgung der Ananda Marga vor den Toren einer Berliner Kirche. Anandamurti wurde übrigens am Ende des gleichen Jahres in einem neuen Prozess freigesprochen und entlassen.

Vor allem in Indien ist Ananda Marga, deren Anhängerzahl dort einige Hunderttausend beträgt, mittlerweile eine etablierte religiöse Organisation, die eine Vielzahl sozialer, humanitärer und medizinischer Einrichtungen betreibt und sich nach wie vor für politische Ziele wie ökonomische Demokratisierung, Förderung lokaler und kommunaler Selbstverantwortung und ökologische Nachhaltigkeit einsetzt. In Deutschland dagegen ist Ananda Marga kaum noch existent bzw. sie betreibt hier mit allenfalls 300 Anhängern lediglich Bewusstseinsschulung für Individuen.

Zu den Anfang der 1970er Jahre ausgesprochen heftig kritisierten Guru-Religionen gehört auch die Divine Light Mission (Divya Sandesh Parishad); ähnlich wie Ananda Marga zunächst eine innerindische Guru-Religion, die 1960 von Shri Hans Maharaj Ji (1900–1966) gegründet wurde. Hans war zunächst Anhänger der Arya Samaj, bevor er sich einem prominenten Guru aus einer der vielen *Sant Mat-Traditionen* (etwa: Pfad der Meister/Heiligen) anschloss. Wesentlich für diese ansonsten wenig homogene Tradition ist u. a. die Verehrung eines lebenden »Perfekten Meisters« bzw. Gurus aus einer Abfolge von Vorgängern, denen ein mehr oder weniger großer, manchmal bis zur Göttlichkeit reichender Heiligenstatus zugesprochen wird. Diese Tradition, die Hans als »Perfekter Meister« in seiner Divine Light Mission fortführt, wird allerdings erst nach seinem Tod 1966 interessant, weil er seinen jüngsten Sohn zum neuen Meister bestimmt hat. Zu diesem Zeitpunkt ist Prem Rawat, der neue Maharaj Ji (später Maharaji genannt) nämlich ganze 8 Jahre alt. Der auf einer britischen Schule in Indien erzogene Prem Rawat, dessen Amtsgeschäfte weitgehend von seiner Mutter erledigt werden, wird Anfang der 1970er Jahre von spirituellen Suchern aus dem Westen entdeckt und unternimmt im besten Pubertätsalter von knapp 14 Jahren seine ersten Touren in das englischsprachige Ausland. Der »Perfekte Meister« findet tatsächlich eine erstaunlich große Gefolgschaft von *Premies* (Liebende), vornehmlich in den USA. Und mit 16 Jahren heiratet er eine seiner Schülerinnen, die freilich fast 10 Jahre älter als ihr Lehrer ist. Da Prem Rawat in der Folgezeit nicht nur als erfolgreicher Guru der Divine Light Mission, sondern auch als dekadenter Lebemann medial von sich reden macht, fällt er bei seiner Familie in Ungnade, was 1974/75 mit einer Spaltung der Divine Light Mission in einen indischen (heute: Manav Utthan Seva Samiti, mit dem ältesten Bruder von Prem Rawat als »Perfektem Meister« an der Spitze) und einen westlich-amerikanischen Teil einhergeht.

Für die Divine Light Mission um den nun gerade 18-jährigen und von seiner Mutter in jeder Hinsicht enterbten Rawat, der es mit etlichen und teils von erheblichem Medienrummel begleiteten Events zu einem echten Popstar der neureligiösen Szene gebracht hat, beginnt nun ein langsames Abschneiden der indischen Zöpfe. Im Laufe der Zeit wird Rawat sich immer seltener als »göttlicher« Guru darstellen und seine Friedensbotschaft wird als universelle Wissenslehre immer unabhängiger von den indischen Quellen. Anfang der 1980er Jahre werden die Ashrams geschlossen und ein Großteil der »mönchischen« Mitarbeiter entlassen. 1987 schließt die Divine Light Mission endgültig ihre Pforten bzw. der verbleibende Rest wird in Elan Vital umbenannt. Elan Vital ist keine Religion im engeren Sinne, sondern eine professionelle Organisation, die sich um den Vertrieb der Botschaft, der Materialien und auch der Person Prem Rawats kümmert. 2001 wurde die Prem-Rawat-Stiftung gegründet, die im Grunde das Gleiche macht und darüber hinaus zahlreiche sozial-humanitäre Projekte koordiniert. In Deutschland hat die Stiftung 2003 die Aufgaben der hierzulande aufgelösten Elan Vital übernommen. Auch hier kann also von einer Anhängerschaft im engeren Sinne keine Rede mehr sein.

Ach ja: Der Kern der Lehre von Prem Rawat war und ist bis heute um den Begriff des »Wissens« *(Knowledge)* gesponnen, und zwar mehr oder weniger so, wie er der Lehre seines Vaters entstammt. Bei diesem Wissen handelt es sich um ein »erfühltes« Wissen, das »hinter« dem Verstand zu suchen und zu finden ist. Um dorthin zu gelangen, bedarf es der Anwendung von »Schlüsseln« bzw. des Erlernens von traditionellen Konzentrationstechniken aus dem Raja-Yoga, mit deren Hilfe der Blick nach innen gekehrt werden kann. Für das Erlernen der eigentlichen Techniken bleibt allerdings der Kontakt mit dem »Perfekten Meister« unverzichtbar – auch wenn dieser gegenwärtig eher virtuell bzw. über Lehrmaterial auf DVD stattfindet.

Die Ziele von Weltfrieden, von Glück und innerer Harmonie bewegten auch Sri Chinmoy (1931–2007). Im Jahre 1964, nach 20-jährigem Aufenthalt im großen Ashram des namhaften Guru Sri Aurobindo (1872–1950) – auch er einer der eingangs beschriebenen, britisch beeinflussten Reform-Gurus – erhält Sri Chinmoy einen Ruf Gottes, der ihn gen Westen schickt. Sri Chinmoy, der nach unseren Maßstäben auch ein Neuoffenbarer ist, hat den Titel des Gurus für sich selbst nicht wirklich in Anspruch genommen, aber angesichts seiner spirituellen Mission, der Lehre und Verbreitung des Bhakti-Yoga, und mit Blick auf eine kleine treue und nach strikten religiösen Regeln lebende Gefolgschaft spricht wenig dagegen, ihn als solchen zu betrachten. Ansonsten ähnelte Chinmoy, der in Indien so gut wie unbekannt ist, eher einem modernen Performance-Künstler, der versucht, seine Botschaft im Rahmen von Selbstinszenierungen, öffentlichen Rekordversuchen und Events zu platzieren. U.a. gab er viele Hundert Friedenskonzerte, auf denen er, oft ohne Rücksicht auf die Zuhörer, bis zu 70 Instrumente selbst spielte (nicht gleichzeitig natürlich). Allerdings tut man ihm Unrecht, wenn man ihn nur als musikalischen Dilettanten abtut, denn einerseits trifft das nicht zu und andererseits hat er durchaus wichtige Musiker inspiriert. Zu nennen sind hier besonders Carlos Santana, der ihn Anfang der 1970er Jahre als seinen großen Inspirator sah, und John McLaughlin, eine absolute Größe der Jazzszene, der so beeindruckt von Chinmoy und seiner Philosophie war, dass er selbst den Namen Mahavishnu annahm und Anfang der 1970er Jahre mit anderen sehr prominenten Jazzern das *Mahavishnu Orchestra* gründete.

Gegenwärtig bekannter, und auch nach seinem Tode noch aktuell, sind die von Chinmoy initiierten Friedensläufe, die zumeist in Form von Ultramarathons stattfinden. Spirituelle und körperliche Höchstleistungen gingen im Weltbild von Sri Chinmoy stets Hand in Hand, denn auch mit Letzteren dringt man zu jenen Grenzen vor, deren Überschreitung tiefere Formen des »Selbst-Bewusstseins« ermöglichen. Abgesehen von der Musik-Sport-Religion-Synthese fällt der Rest der Sri Chinmoy-Philosophie im größeren Feld der Gegenwartsesoterik nicht auf. In Deutschland gibt es derzeit etwa 20 sogenannte Sri Chinmoy-Zentren, in denen u. a. kostenlose Meditationskurse angeboten werden – eine organisatorische Anbindung über die persönliche Verbundenheit zur allgemeinen Philosophie Chinmoys hinaus gibt es nach seinem Tod nicht mehr.

Kaum bekannt, und dabei vielleicht eine der wenigen aktuell in Deutschland wirklich engagierten Gruppen aus dem weiteren Hindu-Umfeld, ist Brahma Kumaris (Töchter Brahmas), die hier mit geschätzten 300 bis 400 Mitgliedern aktiv ist. Auch Brahma Kumaris ist zunächst und vor allem eine in Indien recht erfolgreiche Gemeinschaft, die, obwohl schon 1936/37 begründet, erst Anfang der 1970er Jahre in den Westen gelangt. Ihre bekannteste Ausformung, die Brahma Kumaris World Spiritual University, genießt als NGO (Nichtregierungsorganisation) immerhin den Beobachterstatus in einigen UN-Gremien. Nach eigenen Angaben »studieren« gegenwärtig 825.000 Kumari und Kumara (Schwestern und Brüder) in 3000 Zentren weltweit die Philosophie und Praxis von Brahma Kumaris. In Indien, wo die Organisation näherungsweise 1000 Ashrams unterhält, hat sie wegen vieler sozialer Projekte mittlerweile einen recht guten Ruf. In praktischer Hinsicht ist Brahma Kumaris eine eher strenge religiöse Gemeinschaft, deren mehrheitlich weibliche Kernmitglieder indisch-mönchisch leben. Da Brahma Kumaris nicht nur eine ziemlich weibliche, sondern auch eine vergleichsweise moderne Mönchsgemeinschaft ist, ähnelt ihr programmatisches Angebot in den knapp 20 deutschen Zentren dem einiger modernerer christlicher Klöster: So bietet man dem gestressten Menschen der Gegenwart einerseits Rückzugsräume, Meditation und spirituelles Wissen an, andererseits aber auch »positives Denken« und »Selbstentfaltung« – das Ganze zwar in der zeitgenössischen Seminar-, Workshop- oder Kursform, allerdings immer kostenfrei!

Brahma Kumaris wirkt ansonsten auf eine fast schon merkwürdige Art christlich: Ihr Gründer Lekhraj Kripilani (1876–1969), intern Brahma Baba genannt, war ein wohlhabender pakistanischer Kaufmann mit religiöser Ader, dem im gesetzten Alter göttliche Offenbarungen zuteilwurden, die er fortan verbreitete bzw. auch in die Tat umzusetzen suchte. Ähnlich wie die neuen christlichen Offenbarungen weichen auch Kripilanis hinduistische Visionen/Offenbarungen teils erheblich vom religiösen Minimalkonsens seiner Umgebung ab – Offenbarungen, die wie beim Universellen Leben und Fiat Lux scheinbar vorwiegend Frauen beeindrucken; und ebenso wie bei vielen Neuoffenbarungen des christlichen Typs steht auch im Kern der Visionen Kripilanis der bevorstehende Weltuntergang und ein entsprechendes Rettungsszenario für die wahrhaft Gläubigen – allerdings nicht mit Raumschiffen. Hintergrund ist hier eine Theorie von wiederkehrenden Erdzeit-Zyklen, wobei den im traditionellen Hinduismus ansonsten bekannten vier Zeitaltern ein ziemlich kurzes fünftes hinzugefügt wird. Diese nur 100 Jahre dauernde Phase ist das Zeitalter der Zerstörung, welches – man ahnt es schon – mit den Offenbarungen Shivas, der hier als Weltzerstörer auftritt, durch Kripilani beginnt. Nach dieser Reinigung beginnt ein Goldenes Zeitalter auf dem indischen Subkontinent, der als Wiege der Ursprache der Menschen nicht zerstört und nun zu einem Paradies wird, in dem die Menschen, bevorzugt natürlich die gereinigten Anhänger von Brahma Kumaris, als Götter und Göttinnen leben. Darüber, wie relevant diese Geschichte unter den gegenwärtigen Anhängern ist, kann allerdings nur spekuliert werden. Zumindest hat Brahma Kumaris schon in den 1970er Jahren eine Abspaltung von Anhängern erlebt, denen der offizielle Kurs zu »weltlich« und mit der besonderen Würdigung durch die Vereinten Nationen zu international wurde.

Noch weltlicher und ebenfalls UN-gewürdigt ist die schon um 1910 entstandene spirituelle Bewegung des einstmaligen politischen Freiheitskämpfers (Sri) Aurobindo Ghose (1872–1950), dessen mehrere Yoga-Wege vereinender *Integraler Yoga* dem Ziel des evolutionären Aufstiegs des Menschen bzw. der Menschheit dienlich ist. Zielvorstellung ist ein »Übermensch«, der das Stadium des *Supramentals* erreicht, das die kosmischen Ebenen der Unwissenheit (Materie, Leben, Geist) mit den Ebenen des Wissens (Sein, Bewusstsein und Glückseligkeit) verbindet. In der Gegenwart erweist sich diese Botschaft als bodenständig-esoterisches Lebensprinzip mit Verwirklichungsanspruch. Schon ab Mitte der 1920er Jahre, als Aurobindo sich aus der Öffentlichkeit vollständig zurückzog, wurden die Geschicke der kleinen Gemeinschaft im Aurobindo-Ashram im südindischen Pondicherry (Puducherry) von der Französin Mirra Alfassa (1878–1973), seit den 1920er Jahren spirituelle Lebenspartnerin von Sri Aurobindo und intern als »Die (göttliche) Mutter« bekannt, gelenkt. Sie war es, die die meisten der heute mit dem

Namen Aurobindo in Verbindung stehenden Einrichtungen und Projekte ins Leben gerufen hat. Neben der 1960 gegründeten internationalen Sri Aurobindo Society, die auch in Deutschland ein paar Dutzend Anhänger hat, arbeitet besonders das 1968 eingeweihte Stadtprojekt Auroville (in der Nähe von Puducherry) bis heute am Ziel der »universellen Harmonie«. Die derzeit nicht ganz 2000 Einwohner von Auroville, das formal seit 1973 unabhängig vom Aurobindo-Ashram ist, genießen – ebenso wie die Findhorn Foundation – einen besonderen Segen als Bewohner eines von den Vereinten Nationen geförderten Stadtprojekts der Zukunft und werden von der Organisation Auroville International auch mit wissenschaftlich-technischem Know-how unterstützt. Das 1978 in Norditalien unter Berufung auf »Die Mutter« vermeintlich nach diesem Vorbild ins Leben gerufene Dorfprojekt *Mirapuri* sowie dessen deutscher Ableger *Miravillage* in der Nähe von München genießen diese Unterstützung allerdings nicht, da es sich bei diesen Miniprojekten wohl eher um eine Selbstvermarktungsidee ihres österreichischen Begründers handelt.

Gewiss gibt es noch einige mehr zu nennen, wie beispielsweise die seit Mitte der 1960er Jahre aktive International Sai Organization, die auf den jüngst verstorbenen, göttlichen Avatar Sathya Sai Baba (1926–2011) zurückgeht. In der Selbsteinschätzung nicht religiös, sondern philosophisch und die gemeinsamen universalen Wahrheiten aller Weltreligionen verbreitend, lehrte Baba die göttliche Eigenschaft jedes Menschen. Angesichts permanent öffentlich demonstrierter Wunder sowie eines berichteten Hangs zur höchstpersönlichen Ölung der Genitalien männlicher Anhänger war er nach Auffassung des vatikanischen Exorzisten Gabriele Amorth der »erstgeborene Sohn Satans«. Davon abgesehen hat Baba aber eine weltweite Anhängerschaft, die tatsächlich in die Millionen geht. Vor allem in Indien betreibt die Organisation zahllose sozial und karitativ tätige Einrichtungen, was ihr ein ziemlich großes Renommee eingebracht hat. In Deutschland agiert die Sathya Sai-Organisation eher als Promotor des interreligiösen Dialogs; ob in den ca. 50 deutschen Zentren und Regionalgruppen tatsächlich 30.000 Anhänger aktiv sind, wie die Gemeinschaft angibt, darf allerdings bezweifelt werden.

Viel, viel kleiner ist Bhakti Marga (etwa: Weg der Hingabe/Liebe) um den ausgesprochen attraktiven und noch jungen, 1978 auf Mauritius geborenen Swami Vishwananda. Die ebenfalls als »nicht religiös«, sondern »philosophisch« bezeichnete Botschaft des mittlerweile in Deutschland lebenden Gurus ist ein Mix aus hinduistischer, christlicher und esoterischer Spiritualität und zielt in einem ungewöhnlich »hippen« Tonfall auf Gottesliebe, Herzensbildung und Selbstvertrauen, was dort aber irgendwie alles das Gleiche ist. Nicht wesentlich mehr Anhänger in Deutschland dürfte auch die schon 1972 gegründete Adidam haben, obwohl ihr US-amerikanischer Begründer Franklin Albert Jones, alias Adi Da Samraj (1939–2008), immerhin »die egolose Persönliche Gegenwart der Wirklichkeit und Wahrheit und der Einzige Wirkliche Gott« ist. Adi Da, der neben seiner Tätigkeit als menschliche Inkarnation Gottes einen Master in Englischer Literatur hatte und später auch ein recht erfolgreicher Künstler war, propagierte die spirituelle Befreiung seiner *Devotees* durch eine kompromisslose Herzensvereinigung mit Gott, also mit ihm selbst.

Ebenfalls eine Inkarnation Gottes bzw. Krishnas und zeitweise auch Devis ist die 1953 geborene Mata Amritanandamayi, gemeinhin Amma genannt, die »Heilige« der *Amma-Bewegung* bzw. der AMRITA-VEREINIGUNG. Ihr Credo ist die kompromisslose Liebe, ein Programm, dem sie einerseits selbst durch unerbittliches Umarmen jedes einzelnen Menschen gerecht zu werden versucht – nach Angaben von AMRITA sind es bisher 24 Millionen –, andererseits aber auch durch ein vielfach gerühmtes und sehr hohes Maß sozial-humanitären Engagements, besonders in und für Indien. Wie die meisten ernsthaften Gurus anempfiehlt auch sie für ihre *Devotees* ein asketisches und gegenüber dem Guru demütiges Leben. Die Amma-Bewegung ist im deutschsprachigen Raum erst seit Anfang/Mitte der 1990er Jahre und überwiegend in der Schweiz aktiv, wobei es hier keine wirklichen *Devotees* gibt, sondern eher Vereinsmitglieder, die sich in der einen oder anderen Weise für die indischen Hilfsprojekte engagieren.

Zu gleicher Vollkommenheit gelangt wie Amma ist auch der 1942 geborene und 1963 erleuchtete Sri Ganapati Sacchidananda Swamiji, der von seinen Anhängern als Inkarnation des Gottes Dattatreya – eine »Cross-over-Inkarnation« mehrerer indischer Hauptgottheiten – gesehen wird. Analog zu Sri Chinmoy hat auch Ganapati ein besonderes Faible für Musik, die als ein wesentliches Vehikel seiner universal-vedischen Botschaft und des *Datta-Yoga* gilt. Letzteres ist von besonderer Wichtigkeit und vereint mehrere Yoga-Wege und -Methoden mit dem Zweck einer praktischen Gotteserfahrung. Ebenso wie bei Amma ist für die wenige Dutzend deutschen Anhänger eine Mitgliedschaft in einem entsprechenden Verein möglich, dessen Zweck überwiegend in der Unterstützung der indischen Hilfsprojekte bzw. der Ashrams von Ganapati liegt.

Um es zusammenzufassen: Fast alle der in den 1970er und 80er Jahren im Westen bekannten Guru-Religionen sind heute entweder in der Bedeutungslosigkeit verschwunden oder als Anbieter von mehr oder minder spirituellen Yoga- und/oder Meditationstechniken im modernen Esoterikmarkt aufgegangen. Yoga entspricht natürlich noch immer dem Zeitgeist der westlichen Welt. Gerade weil sein Gesundheitseffekt als wissenschaftlich einigermaßen erwiesen gilt, wird es in unzähligen Varianten, in unzähligen Einrichtungen und von unzähligen Yoga-Lehrenden angeboten. Ein »echter« indischer Guru ist dazu nur noch selten nötig. Und so haben in den westlichen Ländern mittlerweile die buddhistischen Traditionen den hinduistischen eindeutig den Rang abgelaufen.

Im Grunde sind alle Ideen falsch und absurd.
Es bleiben nur die Menschen, so wie sie sind
(Emil Cioran)

9 Trendreligionen der Gegenwart

Neue religiöse Bewegungen sind und waren – und so viel sollte aus dem Bisherigen hervorgegangen sein – zu jeder Zeit Phänomene des Zeitgeistes bzw. der gesellschaftlichen Befindlichkeit. Wie schon in den vorigen Kapiteln beschrieben, sind auch die fundamentalistischen Bewegungen, also jene, die sich scheinbar gegen den Zeitgeist stemmen und zurück zu einer Urreligion wollen, unverkennbar durch die jeweilige Gegenwart und damit den Zeitgeist geprägt.

Buddhismus im Westen: Gottlose Religion?

Auch wenn es so einfach in der Realität nicht ist: Den *Buddhismus* kann man sich in der Theorie als atheistischen Hinduismus, also einen Hinduismus ohne metaphysische Götter vorstellen. Korrekter gesagt: Die Götter, Dämonen und sonstige nicht menschliche Wesen im Buddhismus gehören zur weltlichen Sphäre und sie sind ebenso wie alles Seiende den Gesetzen des Seienden, also dem Kreislauf des Leidens und der Wiedergeburt, unterworfen. Während der leidvolle hinduistische Erlösungsweg zumeist als ziemlich langer und eher passiv zu erduldender Weg der Seelenwanderung bis hin zu einem finalen Aufgehen in Gott bzw. im Absoluten gesehen wird, stellt der Buddhismus, dessen Leidensbegriff weit weniger passiv ist, auch kurze und aktive Wege in Aussicht, an dessen Ende ein echtes »Verlöschen« der Existenz steht. Das Erreichen des Nirwana (etwa: Verwehen) ist ein Zustand der »Windstille«, des Nicht-mehr-Seins, gewissermaßen ein Zustand der Zustandslosigkeit. Da die meisten buddhistischen Richtungen keine ewige Seele und mithin auch keinen beständigen Persönlichkeitskern kennen, ist die Wiedergeburt im Buddhismus ein etwas schwer erklärbarer Vorgang. Letztlich sind Wiedergeburten nur die Konsequenz von weltlicher Verhaftung des nicht abgetragenen Karmas bzw. es ist das Karma selbst, welches in der Welt verbleibt und sich in Form einer Wiedergeburt eines Wesens gewissermaßen aktualisiert. Insofern gibt es keine »persönlich« aufgeladene und durch die Geschichte mitgeschleppte Schuld irgendwelcher Täter und/oder Opfer. Dementsprechend lehnt der Buddhismus auch das mit den traditionellen hinduistischen Religionen untrennbar verbundene Kastensystem ab.

Freilich stellt sich auch der Buddhismus in etlichen, teilweise sehr unterschiedlichen Richtungen und Unterrichtungen dar – und es sind eher die »westlichen« Buddhisten der Gegenwart, die meinen, alle Strömungen des Buddhismus seien problemlos miteinander vereinbar. Insofern ist es wenig überraschend, dass das vom Dachverband der Deutschen Buddhistischen Union (DBU) verfasste und sehr allgemeine buddhistische Glaubensbekenntnis von 1984 (2004 überarbeitet) gerade von einigen traditionellen Glaubensgemeinschaften zunächst nicht »unterschrieben« wurde.

Gemein sind allen buddhistischen Strömungen drei Dinge: Der bekennende Bezug zu Siddhartha Gautama, also zum historischen Buddha – dessen Lebensdaten umstritten sind, vermutlich aber im 5. Jh. v. Chr. liegen –, der Bezug zu dessen Lehre *(Dharma)* von den »Vier Edlen Wahrheiten« und das Bekenntnis zur buddhistischen Gemeinschaft *(Sangha)*. Die Vier Wahrheiten sind die Erkenntnis der Wahrheit des weltlichen Leidens, die Wahrheit der Gründe für das Leiden (das Verhaftet-Sein in der materiellen Welt, sichtbar in den menschlichen Leidenschaften wie Gier, Hass usw.), die Wahrheit des Erlöschens des Leidens durch die Beseitigung der Gründe für das Leiden und zuletzt die Wahrheit des »Edlen Achtfachen Pfades« als gangbaren Weg zum Auslöschen des Leidens. Die letztgenannten Pfade sind stetig zu beachtende ethisch-moralische Leitsätze wie etwa »rechte« (im Sinne von »vollkommene« bzw. »richtige«) Erkenntnis, rechtes Denken, rechtes Reden, rechtes Handeln usw. In dieser sehr allgemeinen Formelhaftigkeit eröffnen sowohl die Wahrheiten wie auch die Pfade einigen Interpretationsspielraum, was fast zwangsläufig den Anlass zur Ausformung von zahlreichen Richtungen und Schulen gibt.

Der *Theravadha*-Buddhismus (etwa: Weg der Älteren), manchmal auch *Hinayana* (sanskrit: Kleines Fahrzeug) oder »südlicher Buddhismus« genannt, ist die älteste und sehr mönchisch-intellektuell geprägte Schule des Buddhismus. Wenn man bedenkt, dass die genannten Wahrheiten letztlich vom notwendigen Loslassen der materiellen Welt handeln, dann entspricht dieser mönchische, weltflüchtige Charakter auch dem Kern des ursprünglichen Buddhismus, der, ähnlich wie der Katholizismus, recht strikt zwischen religiösen Profis (Mönchen) und Laien trennt. In Thailand, Sri Lanka, Myanmar, Kambodscha und Laos ist der Theravadha-Buddhismus die vorherrschende Religion.

Die in den Jahren nach Buddhas Tod in mehreren Konzilen vereinbarte reine Lehre und die Festlegung religiöser Regeln führten schnell zur Abspaltung der ersten Reformbewegung, des *Mahasanghika* (sanskrit: Große Gemeinde). Aus dieser Schule geht im ersten vorchristlichen Jahrhundert dann die zweite große Richtung des Buddhismus hervor. Der *Mahayana*-Buddhismus (sanskrit: Großes Fahrzeug), manchmal auch »nördlicher Buddhismus« genannt, ist weniger mönchisch und deswegen lebensnäher bzw. besser für eine Mitnahme von religiösen Laien (deswegen: *großes* Fahrzeug) geeignet. Tatsächlich ergeht im Mahayana aus der Erkenntnis der Wahrheit des Leidens das Mitgefühl für alle lebenden Wesen, woraus dann der Wunsch hervorgeht, alle Wesen mögen von diesem Leiden erlöst werden. Folglich fällt hier verschiedenen Erlösungshelfern bzw. den »erwachten« Wesen eine wichtige Rolle zu. Da man im Buddhismus nach dem Vorbild des historischen Buddhas den Zustand der Erlösung schon zu Lebzeiten erreichen kann, unterstellen sich einige erwachte Wesen, *Bodhisattvas* oder *Bodhis* genannt, freiwillig der Aufgabe, als irdisch aktive Erlösungshelfer zu wirken. Da den

Bodhisattvas eine herausragende, zuweilen sogar gottgleiche Bedeutung zufällt, kann man dies sicherlich auch als historisches Erfolgskonzept des Mahayana sehen, da auf diese Weise die unzähligen lokalen Götter Asiens nicht als »falsche« Götter angesehen werden mussten, sondern einen Platz als Bodhisattva einnehmen konnten. Neben solchen Gottheiten sind aber auch Mönche, Meister und Gurus wie der Dalai Lama Beispiele für erwachte Wesen. Der Mahayana ist vor allem in Japan, China, Korea und Vietnam verbreitet bzw. in der besonderen Form des *Vajrayana* (sanskrit: Diamantenes Fahrzeug), die als dritte große Strömung des Buddhismus gilt, auch in Tibet und der Mongolei. Letztere ist nicht nur die am stärksten auf Gurus bzw. auf Lamas ausgerichtete Strömung, sondern auch die emotionalste und am stärksten im lokal-asiatischen Volksbrauchtum verhaftete.

Der im Westen gegenwärtig erfolgreichste Buddhismus ist der *Zen*-Buddhismus. Er steht in der Tradition des Mahayana, ist aber deutlich daoistisch und damit zunächst chinesisch geprägt. Seine älteste Form ist der ca. im 6. Jh. begründete *Chan*-Buddhismus, der schließlich japanisiert als »Zen« bekannt wird. Zen bedeutet wörtlich lediglich (meditatives) »Versenken«, welches mit dem obersten Ziel der Erkenntnis der Ich-Losigkeit verbunden ist. Im Moment des Erkennens der Ich-Losigkeit bzw. des kosmischen Allzusammenhangs allen Seins – und nur in diesem Moment der Versenkung – sind alle Dinge, so wie sie sind, vollständig klar und gleichzeitig präsent. Und mehr als diese nur im aktuellen Moment der Versenkung mögliche, aber nicht mitteilbare Erfahrung gibt es nicht. Der Zen-Buddhist erfährt im ich-losen Zustand das *Dao,* das alle weltlichen Gegensätze in sich harmonisch vereinende, der Schöpfung vorausgehende Prinzip, den widerspruchsfreien Ursprung aller Widersprüche.

Im Zen gibt es keine Götter, keine Moral, keine Regeln und keine Riten, und die Zen-Meister sind lediglich jene, die die Hilfsmittel der möglichen Techniken der Versenkung, besonders die Form des *Zazen* (eine meditative Sitztechnik) lehren – alles andere bleibt dem Praktizierenden selbst überlassen. In dieser religiösen Unverfänglichkeit hat das Zen allerlei spezielle westliche Ausprägungen gefunden. So gibt es nicht nur Zen für Manager, Pädagogen und Hausfrauen, sondern auch ein »christliches Zen«, das mittlerweile Eingang in so manche Kirchenveranstaltung gefunden hat – umso mehr, weil aus der Praxis des Zen keine religiösen Verbindlichkeiten abgeleitet werden. Die beiden anderen großen buddhistischen Strömungen Japans – der *Nichiren*- und der *Reines Land*-Buddhismus (die einzige Strömung mit einem Glauben an den überweltlichen Gott Buddha und einer Art Paradiesvorstellung) – spielen dagegen keine bedeutende Rolle im Westen.

Die westliche Wertschätzung der Lehre des Buddhas beruht in der Gegenwart nicht zuletzt darauf, dass diese einen (scheinbar) »demokratischen« und prinzipiell individualistischen Erlösungsweg lehrt. Zum einen erteilt Buddha tatsächlich jedem »Extremismus« eine Absage, weil es stets das Übermaß sei, was ins Verderben führe. Entsprechend wird für alle Lebenslagen ein »Mittelweg« anempfohlen. Zum anderen lehrt er, dass man nur durch eigene Anstrengung und die Befolgung des richtigen Weges (des Achtfachen Pfades) die Erlösung erreichen könne, nicht aber durch fremde Lehrer –

was allerdings in vielen Mahayana-Strömungen durch die hohe Wertschätzung der spirituell erwachten Lehrmeister nur bedingt gilt.

Außerhalb des Zen-Buddhismus kann man, wiederum sehr vereinfacht, sagen, dass der Buddhismus einerseits eine ethische Tugendlehre in Bezug auf karmisch richtiges Tun von Individuen ist sowie andererseits ein Set von vorwiegend meditativen Übungen bereitstellt, mit denen man sich nach und nach von den Fesseln der materiellen Welt befreien kann. In genau dieser sehr weitläufigen und antidogmatischen Ausprägung ist der Buddhismus vor allem im westlichen Bildungsbürgertum und auch stark in Intellektuellenkreisen verbreitet, wo er vielfach den schon um die Wende zum 20. Jh. erworbenen Status einer »Vernunftreligion« genießt. Die intellektuelle Anziehungskraft mag auf die frühe und wohlwollende Rezeption des Buddhismus durch den Philosophen Arthur Schopenhauer (1788–1860) zurückzuführen sein. Im Gefolge Schopenhauers, der den Buddhismus weder als religiöse Praxis noch im Sinne einer durchaus auch Erlösungspotenzial aufweisenden Tugendlehre, sondern überwiegend als »negative«, seinem eigenen Pessimismus entsprechende atheistische Weltanschauung verstand, blieb der Buddhismus zunächst vor allem Gegenstand intellektueller und literarischer Auseinandersetzung. Eine praktische Bedeutung gewann der Buddhismus im späten 19. Jh. allenfalls im Rahmen der Theosophischen Gesellschaft. Auch die ersten eigenständigen buddhistischen Gemeinschaften im Deutschland, die sich Anfang des 20. Jh. bilden, sind überintellektualisiert und deswegen wenig erfolgreich. Gleichwohl erreicht das bildungsbürgerliche Interesse am Buddhismus mit Hermann Hesses (1877–1962) »indischer Dichtung« *Siddhartha* (1922) neue Höhen. Hesse gelingt es hier nämlich, den Lebensweg des historischen Buddhas im Stile eines »westlichen« Entwicklungsromans zu schildern. Das heißt: Buddha/Siddhartha durchläuft hier eine Persönlichkeitsbildung im Sinne einer zivilisations- und selbstkritischen Ich-Werdung. Letzteres hatte der historische Buddha sicherlich nicht im Sinne, aber in dieser Lesart wird der Buddhismus auch für breitere bürgerliche Schichten im Westen interessant, und vor allem ab den späten 1960er Jahren erlebt Hesses Roman eine ungeahnte zweite Blüte.

Seine unmittelbare Gegenwartsbedeutung verdankt der Buddhismus zwar ohnehin weniger seiner intellektuellen oder literarischen Kraft, sondern seinen meditativen Praktiken, aber der Ruf einer ausgesprochen rationalen bzw. vernünftigen Religion ist bis heute geblieben. Bei aufrichtigerer Betrachtung steht dem allerdings entgegen, dass die meisten buddhistischen Strömungen in den asiatischen Originalversionen relativ hierarchisch strukturierte, disziplin- und autoritätsbasierte mönchische Religionen sind, die überdies teilweise sehr stark in einem alles andere als »vernünftigen« Mystizismus wurzeln. Dass dies gemeinhin nicht so zum Tragen kommt, hat eher etwas damit zu tun, dass den Buddhismus tatsächlich auch Werte wie Toleranz, Gelassenheit, Zurückhaltung und Achtung prägen. Gleichwohl ist das gegenwärtig im Westen vorherrschende Bild des friedliebenden und stets humanistischen Buddhismus vielfach idealisiert. Die bekannten und heute durch alle Welt tingelnden Showtruppen der Shaolin-Kampfmönche sind eben nicht nur begnadete »Kämpfer«, sondern dem Idealbild nach auch echte Mönche (des Chan-Buddhismus) – wobei relativierend angemerkt werden muss, dass es heutzutage zumeist an asiatischen Kampfkunstschulen ausgebildete Artisten und keine echten Mönche mehr sind. Ähnlich den christlichen Ritterorden des Mittelalters bietet die Verschmelzung von Disziplin und Glaube auch in buddhistischen Klöstern gute Voraussetzungen für politisch-militärische Instrumentalisierungen. Dass man in beiderlei Religionen den Grundsatz des Nicht-Tötens als oberste Regel findet, hat eben nichts damit zu tun, dass man im Rahmen eines unausgesprochenen moralischen Überbaus immer Rechtfertigungen für allerlei Unmenschlichkeiten fand. Nicht anders als die zu Kreuzrittern umfunktionierten Mönche des christlichen Mittelalters durften auch buddhistische Mönche töten, wenn dies höheren »moralischen« Zwecken des Glaubens diente. Selbst der herzig-herzliche Buddhismus des unerbittlichen lächelnden 14. Dalai Lama kennt bis heute die Rechtfertigung der »Fremderlösung«, meint: des Mordes »aus Mitleid« (mit dem zu tötenden »bösen« Menschen übrigens). Auch andere zeitweilig zu hörende Argumente, dass buddhistische Religionen grundsätzlich friedlich und gewaltfrei seien oder ansonsten eben keine »echten« buddhistischen Religionen seien – so etwa konnte man es im Zusammenhang mit den Anschlägen der AUM Shinryko auf die Tokioter U-Bahn vernehmen – sind in genau dieser Lesart falsch. Sie sind ebenso falsch wie das seit 2001 durch die westliche Welt geisternde Klischee, dass der Islam per se eine »gewalttätige« Religion sei. Religionen können unter irdischen Bedingungen nie etwas anderes sein als das, was Menschen aus ihnen machen.

In Deutschland gibt es geschätzte 250.000 Buddhisten, wovon aber nicht einmal die Hälfte nichtasiatischer Herkunft ist. Kontakte zwischen den asiatischen und den deutschen Buddhistengruppen sind eher selten, weil es für die traditionellen Buddhisten eben nicht egal ist, welcher Strömung man angehört. Entsprechend sind die meisten Klöster ihrer Herkunftskultur, beispielsweise Thailand, Vietnam oder Kambodscha, verpflichtet, deren lokales oder regionales Brauchtum sie pflegen. Die deutschen Buddhisten sind gegenwärtig in gut 600 lokalen, vorwiegend großstädtischen buddhistischen Gruppen der unterschiedlichen Strömungen organisiert – 1975 waren es nur knapp 40. Dabei kommt dem tibetischen, also dem Vajrayana-Buddhismus in seinen diversen Schulen eine im Vergleich zu seiner innerasiatischen Verbreitung überproportional große Bedeutung zu. Immerhin ca. 130 Gruppen zählt dieser »deutsche« Diamantweg-Buddhismus, der seinen Erfolg einerseits sicher der Beliebtheit der herumreisenden tibetischen Lamas, besonders eben des 14. Dalai Lama verdankt. Obwohl auch er lediglich das Oberhaupt einer speziellen Richtung des tibetischen Buddhismus, der *Gelugpa*-Schule, ist. Andererseits ist der tibetische Buddhismus in Hollywood recht beliebt, und mit ziemlicher Sicherheit trägt auch das tibetische Engagement von Top-Stars wie Richard Gere oder Sharon Stone zu seinem Erfolg bei.

In etwa der gleichen Gruppenstärke und deswegen ebenso erfolgreich ist der Mahayana-Buddhismus in der Richtung des Zen bzw. des Zen in einer seiner vielen Schulen. Der Rest entfällt etwa je zur Hälfte auf die bis in die späten 1970er Jahre dominierenden intellektualistischen Theravadha-Richtungen und die anderen Mahayana-Strömungen. 60 Gruppen aller genannten Schulen sind in der DBU zusammengeschlossen, die sich nicht in die Anliegen oder Praktiken ihrer einzelnen Mitgliedsgruppen einmischt. Fast alle diese Gruppen sind im Westen als Vereine organisiert und insofern undogmatisch, als dass im Wesentlichen Meditationstechniken oder zuweilen auch traditionelle asiatische Kampfkünste angeboten werden. Ob und inwieweit die rituell-religiösen Verehrungspraktiken gegenüber dem historischen Buddha oder anderen Erleuchteten praktiziert werden, variiert von Gruppe zu Gruppe und hängt vor allem vom Grad ihrer jeweiligen historisch-traditionellen Verbundenheit, beispielsweise auch zu einem bestimmten Kloster, ab. Die buddhistischen Mönchsweihen jedenfalls strebt kaum ein »Westler« an, zumal der Weg dorthin noch steiniger und strenger ist als bei den religiösen Profis des Katholizismus.

Soka Gakkai und Falun Gong: Böser Buddhismus?

Abweichend vom allgemeinen Trend, der den Buddhismus im Westen überwiegend als Meditationsbewegung für Besserverdienende ausweist, existieren auch einige buddhistische Gruppen, die aufgrund ihres etwas strafferen Organisationsgrades in das Blickfeld der Öffentlichkeit geraten sind. An erster Stelle steht die schon 1930 gegründete Sōka Gakkai, die zunächst die Laienorganisation der priesterlich organisierten Nichiren-Shōshū (einer Richtung des Nichiren) war, von der sie sich 1991 allerdings endgültig im Streit getrennt hat. Die mit ca. 12 Millionen Anhängern weltweit verbreitete Soka Gakkai International, die mit 8 Millionen Anhängern auch die größte Religionsgemeinschaft Japans ist, hat in Deutschland geschätzte 3000 bis 4000 Anhänger. Die Lehren der Soka Gakkai gehen zurück auf den Reformer-Mönch Nichiren Daishonin (1222–1282), der die weltabgewandte Botschaft des Buddhismus kritisierte und die mögliche Buddhaschaft eines jeden Menschen betonte. Der Kern der religiösen Praxis der sehr weltzugewandten Soka Gakkai besteht in der Rezitation verschiedener Abschnitte des Lotus-Sutra (ein religiöser Lehrtext in Versform), besonders aber des Mantras *Namu Myōhō Renge Kyō* (wörtlich: »Lobpreisung des Lotus Sutra«), in dem im Nichiren-Buddhismus die Quintessenz des Buddhismus gesehen wird. Die berühmteste westliche Anhängerin des Nichiren bzw. der Soka Gakkai International ist übrigens Rocklegende Tina Turner, die man deswegen in ihrem autobiographischen Film *What's love got do with it …* eben dieses Mantra in Krisensituationen des Öfteren murmeln hört.

Als »Werte schaffende Gesellschaft« (japanisch: Soka Gakkai), und ganz im Sinne ihres volkspädagogisch orientierten Gründers Makiguchi Tsunesaburo (1871–1944), hat Soka Gakkai eine für buddhistische Gemeinschaften ungewöhnlich starke politische Ausrichtung, die mit einer Reihe weltzugewandter Universalwerte wie Glück, Gesundheit, Wohlstand, Harmonie, Frieden usw. gepaart ist. Zudem, und auch das ist für eine buddhistische Gruppierung eher ungewöhnlich, verfolgt die Soka Gakkai unter Makiguchis Nachfolgern missionarische Ziele; die freilich nur deswegen funktionieren, weil sie sich tatsächlich weitgehend vom lokal-asiatischen Volksbrauchtum gelöst hat. Die aktive sozial-politische Ausrichtung sowie der Versuch, Einfluss auf die praktische Politik in Japan zu nehmen, zudem noch mit einer »linken« Tendenz, haben dort zu entsprechend misstrauischen Reaktionen geführt. In Europa und natürlich besonders in Deutschland sind es die nichtchristlichen und missionarischen Aspekte, die besonders bei den kirchlichen Weltanschauungsbeauftragten die Alarmglocken läuten lassen. Faktisch ist die Soka Gakkai aber eine eher links-liberale und vergleichsweise unbescholtene Religionsgemeinschaft, die seit 1983 als Nichtregierungsorganisation bei den Vereinten Nationen anerkannt ist.

Eine weitere Gruppe ist die in Deutschland niemals nennenswert verbreitete AUM Shinryko (Ōmu Shinrikyō), die durch die tödlichen Anschläge auf die Tokioter U-Bahn bekannt wurde – und die deshalb im Kapitel über die religiösen Tragödien (Kapitel 13) gesondert betrachtet wird. An dritter Stelle ist die 1992 gegründete Falun Gong zu nennen, eine chinesische Neureligion, die ihrer Symbolik nach buddhistisch und daoistisch erscheint, faktisch aber eher auf einer ins Moralische gewendeten und intellektuell wenig anspruchsvollen Ansammlung weit verbreiteter chinesisch-folkloristischer Grundannahmen über den Kosmos, die Welt und das Leben besteht. Der Name ist eine Zusammensetzung aus Falun, dem »Rad des Dharma«, also dem durch Buddha in Gang gesetzten rechten Weg, und Gong, was in etwa Kunstfertigkeit, Arbeit oder Fähigkeit bedeutet. Der Kern von Falun Gong ist praktischer Natur. Genauer gesagt, geht es um die Praktizierung von fünf Qigong-Übungen, mithin um die Kunstfertigkeit der Beherrschung des Qi (der Lebensenergie). Dies führt einerseits zur Harmonisierung des Menschen mit dem Kosmos bzw. mit den drei grundlegenden Eigenschaften des Kosmos (Wahrheit, Gutherzigkeit und Nachsicht), verleiht andererseits aber auch übermenschliche Fähigkeiten wie körperliche Unverletzbarkeit und die Fähigkeit zur Überwindung der physikalischen Gesetze.

Bekannt geworden ist Falun Gong um die Jahrtausendwende freilich nicht durch seine praktischen Kultivierungsübungen für Körper und Geist, sondern durch den Protest seiner Anhänger gegen ihr Verbot durch die chinesische Regierung, die ihrerseits, nach Ansicht des Falun Gong-Begründers Li Hongzhi (geb. 1951/52), jegliche gesellschaftliche Moral zerstört habe. Der Aufstand von Falun Gong gegen den chinesischen Staat und die postwendend einsetzende Verfolgung der Anhänger in China hat der Gruppe ein bemerkenswert positives Image vor allem bei konservativ gesinnten Politikern in der westlichen Welt eingebracht. Diese Tatsache ist vor allem deswegen interessant, weil Li Hongzhi auch den kosmischen Welteroberungsplan der seit etwa 1900 auf der Erde agierenden Außerirdischen darlegt, die die Menschheit vermittels ihrer eigenen Religion, namentlich: Wissenschaft und Technik, versklaven wollen. Aber wer sich gegen den bösen Kommunismus auflehnt, dem werden solche Ansichten nicht weiter übel genommen. Auf der anderen Seite sind auch die im Westen verbreiteten Ansichten der chinesischen Regierung über Falun Gong interessant, weil sie exakt und fast wortgetreu den Kanon der westlichen Sektenklischees wiedergeben: Falun Gong unterwandere den Staat und betreibe Gehirnwäsche; Li Hongzhi sei ein Hochstapler, seine Lehre religiöser Humbug und im Wortsinne lebensgefährlich, weil sie den Anhängern im Krankheitsfall von schulmedizinischer Hilfe abrate. Aus der politisch hoch ideologisierten Auseinandersetzung lassen sich folglich kaum verlässliche Fakten ableiten: Während Falun Gong sich als chinesische Volksbewegung mit 70 bis 100 Millionen Anhängern sieht, vermeldet der chinesische Staat eine vergleichsweise geringe Anhängerschaft von allenfalls 2 Millionen. In Deutschland schätzt man die Anhänger der ziemlich konservativen, ansonsten aber recht harmlosen Bewegung, auf ca. 1000. Die Mehrzahl hierzulande dürfte allerdings – im Gegensatz zur Situation in China – weniger am Qigong als eher an der Menschenrechtssituation in China interessiert sein. Denn der alles in allem ziemlich dürftig ausformulierte folkloristisch-chinesische Glaubensmix hat, abgesehen vom Qigong als Teil der im Westen gegenwärtig sehr beliebten Traditionellen Chinesischen Medizin (TCM), ansonsten wenige Anknüpfungspunkte zur westlichen Kultur.

Die schöpferische Lücke: Kreationismus und Intelligent Design

Seit etwa Mitte der 1960er Jahre ist verstärkt von einer neuen religiösen Bewegung die Rede, die *Kreationismus* genannt wird. Kern des kreationistischen Glaubens ist, kurz gesagt, dass die Welt und die Menschen eben nicht irgendwie physikalisch-chemisch und evolutionär »geworden« sind, sondern von Gott geschaffen (kreiert) wurden. Dementsprechend legt der ursprüngliche Kreationismus viel Wert auf den wörtlichen Wahrheitswert der *Bibel* und besonders auf die Schöpfungsgeschichte. Insofern ist der Kreationismus keine eigenständige neue Religion, sondern eine religiöse Strömung, die überwiegend in protestantisch-evangelikalen Kreisen verbreitet ist. Neu am Kreationismus sind seine aktive Auseinandersetzung mit den Naturwissenschaften und das Bemühen, das wissenschaftliche Weltbild und ganz besonders die Darwin'sche Evolutionstheorie mit den Mitteln der *Bibel* zu widerlegen – eine Unternehmung, die 1996 sogar die katholische Kirche mit der päpstlichen Erkenntnis, dass Darwins Theorie »mehr als eine Hypothese« sei, aufgegeben hat. Dass der bibelfundamentalistische Antidarwinismus in den 1960er Jahren als »neu« thematisiert wird, entspringt einer eingeschränkten Sichtweise, denn diese Auseinandersetzung hat schon im 19. Jh. die Ernsten Bibelforscher motiviert und insofern sind beispielsweise die Zeugen Jehovas seit jeher Kreationisten im engeren Sinne des Wortes. Andererseits kann man die Geschichte des Kreationismus nicht beliebig nach hinten verlegen, denn es ist im Kern Darwins Evolutionstheorie, an der sich der Kreationismus als bewusste Gegenbewegung entzündet.

Was sich im Laufe der Zeit ändert, ist, dass sich die reine Ablehnung der Evolutionstheorie aufgrund der Bibelwahrheit langsam in eine quasi-wissenschaftliche Auseinandersetzung wandelt. In den 1960er Jahren schließlich ist der Kreationismus auf der Stufe angelangt, seine Theorie nicht mehr als »andere«, eben als religiöse Wahrheit, sondern als konkurrierendes wissenschaftliches Welterklärungsmodell neben die Evolutionstheorie zu stellen. In den USA, dem Heimatland des modernen Kreationismus, wurde dies verknüpft mit der Forderung, dass der Kreationismus im Biologieunterricht der öffentlichen Schulen gleichberechtigt zur Evolutionstheorie gelehrt werden müsse. Da dieses Ansinnen aufgrund des eindeutig religiösen Hintergrundes der Kreationisten von den amerikanischen Gerichten abgelehnt wurde, hat sich als jüngstes Kind der ansonsten wenig homogenen kreationistischen Bewegung seit Beginn der 1990er Jahre eine intellektuelle »Frontgroup« herausgebildet, die ihre Sichtweise unter dem Namen *Intelligent Design* verbreitet.

Die Lehre des Intelligent Design versteht sich selbst als wissenschaftlich im engeren Sinne des Wortes und verzichtet folglich in Gänze auf die Nennung von *Bibel* oder Gott. Gemeinhin wird also auch die biblische Schöpfungslehre mindestens ausgeblendet. Intelligent Design setzt mehr oder weniger durchgängig auf manchmal berechtige, meistens aber unberechtigte Wissenschaftskritik bzw. natürlich primär auf Kritik an der Evolutionstheorie. Das bedeutsamste und zutreffende Argument dabei ist ohne Zweifel, dass es bisher keine naturwissenschaftliche Theorie gibt, die den Ursprung der Welt und des Lebens erklärt. Folglich könne, so die Anhänger des Intelligent Design, nicht per se ausgeschlossen werden, dass dieser Ursprung auch ein »intelligenter Designer« gewesen sein könnte. Allerdings irren sich die Anhänger dieser Theorie in einem wesentlichen Punkt, nämlich dass die Möglichkeit (eines) Gottes von den Naturwissenschaften kategorisch ausgeschlossen werde. Von Newton über Einstein und Heisenberg bis zu Hawking: Keiner der großen Physiker der Weltgeschichte hat jemals Gott für nicht existent erklärt. Es ist nur so, dass Gott im Rahmen der wissenschaftlichen Erklärungsmodelle keine Rolle spielt, weil sich wissenschaftliche Modelle auf die Erklärung materieller Phänomene und Zusammenhänge beschränken. Plastisch gesprochen: Dass die natürliche Welt, so wie sie ist, möglicherweise das Label »designed by god« tragen müsste, wird kein ernsthafter Naturwissenschaftler als Möglichkeit ausschließen, weil seine Mittel dies zu beweisen oder zu widerlegen, für diesen Zweck nicht geeignet sind.

Um es salopp zu formulieren: Vielleicht hat Gott den Urknall »gemacht« und vielleicht hat er auch den biologischen Lebensblitz in die tote Ursuppe geschickt und vielleicht laufen seither Evolution und Geschichte nach von ihm ausgeklügelten Plänen und Gesetzen ab. Vielleicht. Das alles ändert nichts daran, dass die materielle Evolution von den Wissenschaften in diesen materiellen Abläufen beschrieben wird. Aus diesen ziemlich gut belegten Theorien ergeben sich beispielsweise logische Schlussfolgerungen über eine notwendige Mindestlänge der Erdgeschichte oder über die biologische Menschheitsgeschichte. Nähme man das Intelligent Design in seiner eigenen wissenschaftlichen Selbsteinschätzung ernst, so müssten seine Anhänger/Verteidiger solche Fakten akzeptieren. Tatsächlich hat aber der »intelligente Designer« noch immer eine allzu große Ähnlichkeit mit dem christlichen Gott, als dass seine Existenz und seine Rolle als wertneutrale Thesen im Raum stehen würden. Fakt ist: Die Erkenntnisse der modernen Wissenschaften im Allgemeinen reduzieren die Bibel zu einem Abenteuerroman mit begrenztem historischen Wahrheitsgehalt – und die Evolutionstheorie beraubt den Menschen seiner göttlichen Ebenbildlichkeit. Diese beiden Aspekte aber, die göttliche Herkunft des Menschen und die Autorität der Bibel, sind die Grundfesten des christlichen, besonders des evangelikalen Glaubens. Und zur Rettung dieser Grundfesten ist die Theorie des Intelligent Design letztlich angetreten, und eben deswegen greift sie die vermeintlichen Lücken der Evolutionstheorie an und versucht diese mit dem

»intelligenten Designer« zu füllen. Und das alles ist der Grund dafür, dass die Theorie des Intelligent Design zum Kreationismus gezählt wird, obwohl sie sich deutlich von diesem abzugrenzen versucht.

Andererseits hat die Theorie des Intelligent Design tatsächlich einige »unchristliche« Anhänger gefunden. So sehen beispielsweise die ISKCON und auch die INTERNATIONAL MEDITATION SOCIETY FOR THE SCIENCE OF CREATIVE INTELLIGENCE (eine Organisation aus dem Umfeld der Transzendentalen Meditation) hier Anknüpfungspunkte für einen interreligiösen Dialog, und sogar einige islamische Gruppen können mit dieser Idee etwas anfangen. All das liegt freilich nicht wirklich im Interesse der Erfinder.

Am spektakulärsten ist die Adaption des Intelligent Design durch den 1946 in Vichy geborenen Franzosen Claude Vorilhon und seine 1974 ins Leben gerufene MOUVEMENT POUR L'ACCUEIL DES ELOHIM CRÉATEURS DE L'HUMANITÉ (Bewegung für den Empfang der Elohim, Schöpfer der Menschheit; kurz auch: MADECH), ab 1976 besser bekannt als *Raël-Bewegung* und seit 1998 als RAËLIANISCHE RELIGION. Vorilhon alias Raël trifft erstmals im Dezember 1973 in einem erloschenen Vulkan im französischen Zentralmassiv auf einen Abgesandten der Elohim, die dort mit ihrem Raumschiff gelandet sind. Von ihnen erfährt Vorilhon in einer Abfolge von Treffen den Hintergrund der irdischen Existenz der Menschheit, ihres weiteren Schicksals und die Aufgaben der Anhänger der Raëlianischen Religion. Die Kurzfassung lautet ungefähr so: Die Elohim sind eine wissenschaftlich-technisch und zivilisatorisch hoch entwickelte Spezies, die ein knappes Lichtjahr von der Erde entfernt beheimatet ist. Die Erde ist einer von drei ähnlichen Planeten, die von den Elohim als bio-technisches Labor für DNA-Experimente ausgewählt wurden und auf denen sie nach und nach immer kompliziertere Lebensformen kreiert haben. Der Höhepunkt dieser Schöpfungsreihe ist schließlich der Mensch, den die Elohim nach ihrem eigenen Ebenbild – erstaunlicherweise aber deutlich größer – erschaffen haben.

Die menschliche Geschichte mitsamt der zahlreichen gestalterischen Eingriffe der Elohim (sprich: Gottes und seiner Propheten) ist in der *Bibel* erzählt, freilich in primitiv-religiöser Sichtweise. Vorilhon erhält den Auftrag, der Menschheit die wahre Geschichte ihrer Herkunft zu enthüllen und eine ideale Zivilisation auf der Erde zu errichten. Zuletzt sieht der Plan der Elohim auch einen dauerhaften Kontakt zwischen Schöpfern und Geschöpfen vor. Deshalb besteht eine Aufgabe der Raëlianer darin, entsprechende Vorbereitungen für den Empfang und den Aufenthalt der Abgesandten zu treffen. Seither bemüht sich die Organisation, einen geeigneten Ort für den Bau einer Botschaft mit Raumschifflandeplatz zu finden, was bisher erfolglos blieb.

Wirklich bekannt werden die Raëlianer 2002 durch ihre Behauptungen, dass die 1997 im raëlianischen Geiste gegründete Firma *Clonaid* die ersten menschlichen Klon-Babys angesetzt habe. Die im Jahre 2003 gemeldeten Geburten konnten indes nie von unabhängigen Stellen überprüft werden. Davon abgesehen ist die Raëlianische Religion der Gegenwart im Selbstverständnis eine echte atheistische Religion, die sich zunehmend in Frontstellung gegen die christlichen Kirchen positioniert, die ganz allgemein als wissenschafts- und fortschrittsfeindliche Einrichtungen gesehen werden. Auf den Internetseiten der Bewegung lässt sich erkennen, dass man am politischen Tagesgeschehen zumindest verbal teilnimmt und im Übrigen allgemein liberale Standpunkte vertritt. Abgesehen von der Ausnahmestellung Vorilhons als auserwählten irdischen Sprachrohrs der Elohim, scheint der Rest der Raëlianer ein mehr oder weniger unauffälliges und wenig »sektenhaftes« Leben zu führen. Die nach langen Jahren im kanadischen Quebec mittlerweile in Las Vegas residierende Raël-Bewegung hat weltweit ca. 25.000 bis 50.000 Anhänger. Neben der hauptsächlich in Frankreich, Kanada und den USA ansässigen Klientel hat die Gemeinschaft bemerkenswert viele Anhänger in Japan und Südkorea. In Deutschland dürfte die Anzahl der aktiven Anhänger allenfalls im unteren dreistelligen Bereich anzusiedeln sein.

Space Invaders: Paläo-SETI und Ufo-Glaube

Der Raëlianismus, den wir soeben an das Ende der christlich inspirierten Entwicklungslinie des Intelligent Design gestellt haben, wird in der Religionswissenschaft zumeist den sogenannten *UFO-Religionen* zugeschlagen. Aber, wie man bei den Raëlianern sieht, sind die Übergänge vom intelligenten christlichen zum intelligenten außerirdischen Designer fließend. Im Spektrum jener Religionsgemeinschaften, in denen der Kontakt mit Außerirdischen eine Rolle spielt, ist die Raëlianische Religion trotz oder wegen ihrer außerirdischen Eindeutigkeit und des Verzichts auf jeglichen traditionsverhafteten Ritualismus sicherlich die nüchternste. Am entgegengesetzten Ende mag man Fiat Lux sehen, wo die eher schwärmerischen ufologischen Anteile weit geringer und letztlich völlig einer christlich-esoterischen Weltsicht untergeordnet sind. Auch das scientologische Weltbild enthält in seinen höheren Einweihungsstufen ufologische Aspekte, die aber keinen christlich-esoterischen Hintergrund haben und den psychotherapeutisch-technizistischen Funktionsaspekten weitgehend nachgeordnet sind. Überdies spielen sie in der viel kritisierten Scientology-Organisation eine weit geringere Rolle als in einigen kleinen Scientology-Splittergruppen aus der sogenannten *Freien Zone.* Bei Falun Gong sind die Außerirdischen die Initiatoren einer wissenschaftlich-technischen Verschwörung gegen die gesellschaftliche Moral und die althergebrachten Werte. Die auf traurige Weise spektakulärsten Religionen mit ufologischen Anteilen sind, oder besser waren, Heaven's Gate und der Ordre du Temple Solaire (Sonnentempel), denen jeweils ein eigener Abschnitt im Kapitel über die religiösen Tragödien (Kapitel 13) gewidmet ist.

Der Mainstream der UFO-Religionen weist drei zentrale Bezugspunkte auf, wobei einerseits das Mischungsverhältnis dieser Faktoren untereinander sehr unterschiedlich sein kann, andererseits aber auch jeder Bezugspunkt für sich schon eine recht große Bandbreite der interpretativen Möglichkeiten bereitstellt.

Zuerst wäre ein wissenschaftlich-technischer Bezugspunkt zu nennen. Dabei kann es sich um einen offenen und sehr spekulativen Kontext handeln, der nicht selten mehr oder weniger deutlich aus der populären Science Fiction-Literatur bzw. aus Filmen wie *Star Trek* o.ä entnommen scheint. Fest steht: Mit jenem Sommer im Jahre 1947, in dem ein amerikanischer Militärpilot in der Presse von seinen UFO-Sichtungen erzählt (und nebenbei den Begriff »fliegende Untertasse« erfindet) und in dem ein amerikanisches Lokalblatt in Roswell (New Mexico) über Trümmerfunde eines abgestürzten UFO berichtet, sind UFOs und Außerirdische zu einem allgemeinen Bestandteil der westlichen Populärkultur geworden. Die UFO-Sichtungen und die bis heute heftig umstrittenen Funde von Roswell, die vom amerikanischen Militär gesichert, zunächst tatsächlich als UFO, einen Tag später als Wetterballon und später als Teil eines militärischen Experimentes klassifiziert wurden, haben eine Welle der Faszination ausgelöst. Diese schlägt sich seither in zahllosen spekulativen Büchern und Filmen sowie auch in der Gründung von zahlreichen UFO-Gesellschaften und sogar offiziellen Behörden nieder.

In dieser Zeit feierte auch das Genre der Science-Fiction eine grandiose und nun vor allem filmische Wiedergeburt. Umso mehr, als diese scheinbar realen Beweise außerirdischen Lebens einerseits mit den in den 1930er und 40er Jahren sehr populären Comic-Geschichten um *Flash Gordon, Captain Future* oder *Buck Rogers* verschmelzen konnten, andererseits weil auch im intellektuelleren Milieu rund um diverse Science Fiction-Magazine und -Romane aus der gleichen Zeit der entsprechende Boden bereitet war. Seither hat das Genre der *Space Opera,* der fiktionalen Geschichten aus dem All, das spätestens seit der Verfilmung von *Star Trek (Raumschiff Enterprise)* aus den frühen 1970er Jahren zu einem der erfolgreichsten Buch- und Filmgenres geworden ist, immer wieder auch Spuren in der »echten« UFO-Szene hinterlassen, deren Glaubens- und Vorstellungswelt sich nicht selten in dieser Weise literarisch-filmisch geprägt zeigt. Der Höhepunkt dieser Entwicklungslogik wird schließlich der im letzten Abschnitt dieses Kapitels kurz beschriebene *Jediismus* sein.

Für das andere Ende des wissenschaftlich-technischen Bezugspunktes steht eine durchaus ernsthafte, früher unter dem Namen Prä-Astronautik und nun als *Paläo-SETI* (SETI = Search for Extraterrestrial Intelligence) bekannte Bewegung, die untrennbar mit dem Namen Erich von Däniken verbunden ist. Dabei handelt es sich um eine weltweit, besonders aber im deutschen Sprachraum aktive Laienforscherbewegung, die außerirdische Spuren, vor allem in den antiken und vorzeitlichen (griechisch: *paläo*) Kulturen, nachzuweisen versucht. Abgesehen von dem Glauben daran, dass es solche Einflüsse gab und gibt und dass man sich deshalb bemüht, genau diese zu beweisen, verbinden die Gemeinschaften im Umfeld des Paläo-SETI damit keinerlei Heilsgeschehen. Man verbleibt diesbezüglich im Selbstverständnis einer an der schlichten Faktizität des außerirdischen Einflusses orientierten Wissenschaftsgemeinde verbunden. Hier genügt ein Blick auf die Auflagenzahlen der zahlreichen Bestseller Erichs von Däniken, um der Tatsache gewahr zu werden, dass dessen populärwissenschaftliche Spekulationen auf ein breites Interesse stoßen. Die Übergänge der zwar überwiegend von wissenschaftlichen Laien, aber dennoch sehr akribisch betriebenen UFO-Forschung in den Bereich der Popkultur sind allerdings fließend – und die Fließrichtung ist keineswegs immer klar.

Der zweite große Bezugspunkt sind die »Kontaktler«, im englischen *Contactees* genannt, die erstmals in der ersten Hälfte der 1950er Jahre in großer Zahl in der Öffentlichkeit auftraten und von denen es etliche zu medialer Prominenz gebracht haben.

Kontaktler sind jene, die in irgendeiner Weise in Berührung mit UFOs oder Außerirdischen gekommen sind – sei es durch eine einfache UFO-Sichtung oder aber einen persönlichen Kontakt. Letzteres ist natürlich viel seltener, gleichwohl gibt es mittlerweile Tausende berichtete Fälle, wobei diese ab Mitte/Ende der 1970er Jahre sprunghaft angestiegen sind. Allerdings sind diese späteren Fälle für unser Thema überwiegend nicht von Interesse, da es dort fast immer um »Entführungen«, also traumatische Erlebnisse mit »bösen« Aliens geht. Ein wie auch immer geartetes religiöses Interesse ergibt sich aus solchen Opfer-Erfahrungen im Regelfall natürlich nicht. Anders verhält es sich mit den Kontakten der 1950er und 60er Jahre, die überwiegend neutral oder sogar positiv konnotiert sind und deswegen ein dauerhaftes Interesse begründen.

Die Mehrzahl dieser Kontaktler bewegt sich gegenwärtig im Umkreis des Paläo-SETI, aber es gibt natürlich auch jene, die, wie Vorilhon, von den Außeririschen zu Botschaftern erwählt werden oder in sonstiger Weise als Medium zur Bekanntgabe außerirdischer Nachrichten auserkoren sind. Letzteren ist gemein, dass sie früher oder später eine Glaubensgemeinschaft um sich scharen, in deren Mittelpunkt die außerirdischen Botschaften bzw. auch die Botschafter selbst stehen. Während die meisten dieser Kontaktler der Gegenwart eher spirituell orientiert sind und telepathisch mit den Außerirdischen kommunizieren – die Verwandtschaft zur katholischen und zur esoterischen Engelkommunikation ist offensichtlich –, haben die prominenten, ersten Kontaktler in den 1950er Jahren sämtlich noch physische *face-to-face*-Kontakte geltend gemacht.

Der dritte große Bezugspunkt sind die religiösen Metaerzählungen, wobei das Spektrum hier von unverkennbar biblisch-schriftlich bis rein esoterisch-telepathisch reicht. Tatsächlich scheint es oft, als werde die biblische Kosmologie von der Schöpfungsgeschichte bis zum Neuen Testament in den Begrifflichkeiten einer Space Opera nacherzählt. Die Rolle des christlichen Schöpfergottes übernehmen hoch entwickelte Zivilisationen aus dem Weltraum, und die auf Raumschiffen zu uns geschickten Lichtbringer und Sternenbotschafter erweisen sich nicht selten als spirituelle Wesenheiten, die schon in früheren Zeiten als Moses, Jesus, Krishna oder Buddha bedeutende weltliche Auftritte hatten. In dieser Perspektive ist es plausibel, dass sich ein großer Teil der biblisch überlieferten Botschaften wiederholt, wobei die Apokalypse, die urchristliche Vorstellung von der nahenden Endzeit und der Weltvernichtung, ebenso wie die Möglichkeit der Errettung durch den Glauben, besondere Aufmerksamkeit finden. Verändert hat sich freilich der Wohnort der Götter, die nun als Bewohner zwar weit entfernter, aber doch real existierender Galaxien auftreten. Die Apokalypse ist übersetzt in diverse moderne Katastrophenszenarien (atomare Kriege, Klimakollaps, Seuchen usw.), die Errettung wird nicht selten als technische Lösung eines raumschiffgestützten Abtransportes von der Erde präsentiert, und die Vorstellung jenseitiger und nachendzeitlicher Paradiese wird in das Diesseits eines anderen Planeten verlegt.

In dieser Gemengelage sind Grenzziehungen schwierig, aber man kann durchaus unterscheiden zwischen den mehr im biblisch-christlichen und den mehr im esoterischen Weltbild verankerten Gruppen. Die eher christlichen Gruppen sind überwiegend an einem »echten« Ende der Geschichte bzw. der irdischen Zeit orientiert. Apokalypse und Errettung sind explizit biblisch formuliert und haben dementsprechend etwas Endgültiges und Abschließendes, im Sinne des Einzugs in das Himmlische Königreich oder der Herstellung ewiger Gerechtigkeit. Im Hintergrund brodelt zumeist der ewige Kampf zwischen den göttlichen Kräften und dem Satan. Bei den esoterisch inspirierten Gruppen dominieren dagegen evolutionäre Vorstellungen von einer Weiterentwicklung der Menschheit, einer Transformation hin zu einem höheren technisch-zivilisatorischen, spirituellen und moralischen Level, sei es hier auf dieser, freilich zunächst zu reinigenden Welt oder auf einem anderen Planeten. Die Außerirdischen kommen überwiegend in brüderlicher Geste als Helfer, und sie bereiten die große Transformation vor, mit der die Grundlagen einer zukünftigen, technisch und moralisch hoch entwickelten Zivilisation ohne Umweltverschmutzung, Kriege, Armut und Kriminalität geschaffen werden.

Das historisch älteste und in der religiösen UFO-Szene bekannteste Wesen ist Ashtar Sheran (Ashtar Command), Oberbefehlshaber einer um die Erde kreisenden und ca. 10 Millionen Schiffe starken Raumschiffflotte und nebenbei technischer und spiritueller Leiter des göttlichen Plans, die Menschheit auf eine höhere Evolutionsstufe zu bringen. Um hier beispielhaft das oben kurz skizzierte Raster zur Anwendung zu bringen: Der wissenschaftlich-technische Bezugspunkt von Ashtar Command ist mehr oder weniger vollständig an die popkulturelle Science-Fiction angelehnt, und der geistige Fluchtpunkt zur *Star Wars*-Mythologie – eine Story, die, wie Ashtar selbst verlautbaren lässt, ziemlich nah an der Wahrheit ist – wird bewusst gesucht. Asthar teilt sich erstmals Anfang der 1950er Jahre einem Amerikaner namens Georg van Tassel, einem Kontaktler der ersten Stunde, mit. Seither übermittelt er seine Botschaften vorwiegend telepathisch an immer mehr Kontaktler – was in der Gesamtschau das Bild eines ziemlich verwirrten Ashtar ergibt, der nicht einmal weiß, ob er von Alpha Centauri oder vom Sirius stammt. Die religiöse Metaerzählung ist einerseits durch und durch esoterisch: Es geht um die große Transformation, die spirituelle Entwicklung, um die Reinigung und die Entwicklung zu einer Kultur des Lichts. Andererseits trägt der *Eine,* in dessen liebender Güte Asthar seine Mitteilungen macht, noch immer deutlich christliche Züge. Für die Gegenwart macht es indes wenig Sinn, hinter den Botschaften von Asthar eine bestimmte Ideologie erkennen zu wollen – umso weniger, wenn man Asthar als Teil der Galaktischen Föderation des Lichts (GFdL) sieht.

Die außerirdische GFdL ist eine Vereinigung von Erzengeln, von Aufgestiegenen Meistern – darunter alle bedeutsamen Gestalten der Religionsgeschichte, einschließlich Sananda/Jesus, der hier außerdem als Sohn des Venusbewohners Sanat Kumara und Planetarischer Prinz von Urantia bekannt ist – und allerlei anderen spirituellen Wesenheiten bzw. wortwörtlichen Lichtgestalten von anderen Planeten, aus anderen Sternensystemen, aus unter- und überirdischen, aus vergangenen und zukünftigen Kulturen. Gerade dieses friedliche außerirdische Miteinander aller religiösen »Führer«, teilweise ergänzt um irdisch-politische Visionäre wie Gandhi oder John F. Kennedy, verweist auf die schon beschriebenen Lightvarianten der Theosophie bzw. mehr noch auf den New Age-Kontext der universellen sozialen Harmonie und der kosmischen Vereinbarkeit aller Gegensätze.

In irdischer Dimension sind diese vielen Wesenheiten der Konföderation in Form zahlloser und teilweise enorm weitschweifiger Botschaften und Mitteilungen präsent, die von zahlreichen menschlichen Medien gechannelt und vorwiegend im Internet verbreitet werden. Je nach *Channel* und Gechanneltem ergeben sich dabei Botschaften ganz unterschiedlichen Inhalts, die aber zusammengehalten werden durch eine allgemein menschenfreundliche Gesinnung im Rahmen der genannten Vorstellungen der Einheit aller Gegensätze. Wie in fast der gesamten UFO-Szene sind die meisten kosmischen Nachrichtenüberbringer, die Angehörigen der »Sternensaaten«, eher Einzelpersonen, um die zumeist nur eine virtuelle kleine Chat-Gemeinschaft gruppiert ist. Eine nicht unbeträchtliche Zahl der *Channels* betreibt eigene Internetseiten und verfügt über ein zweites Standbein auf dem Esoterikmarkt und vertreibt die dort üblichen Produkte, meist solche, die mit Licht, mit Energie und kosmischen Kräften zu tun haben. Wie groß diese Szene ist, lässt sich beim besten Willen nicht abschätzen, aber das Volumen der insgesamt stattfindenden Kommunikation in den zahllosen Internet-Foren ist beträchtlich.

Darüber hinaus gibt es in der Szene auch einige ältere und durchaus greifbare Gruppen. Abgesehen von schon thematisierten Gruppen wie Fiat Lux und den noch gesondert zu behandelnden Heaven's Gate und den Sonnentemplern wäre hier die altehrwürdige Aetherius Society zu nennen. Gegründet wird sie vom britischen Kontaktler George King (1918–1997), der am 8. Mai 1954 zur Stimme des intergalaktischen Parlamentes bzw. zum Empfänger der Botschaften der Kosmischen Meister ernannt wird. Die Kosmischen Meister sind, abgesehen vom »Meister Jesus«, eher kryptische Wesenheiten; darunter neben dem Namensgeber »Meister Aetherius« auch diverse Planeten, die als lebende Entitäten eines organisch vorgestellten Kosmos betrachtet werden. Die Mitglieder der *Großen Weißen Bruderschaft* – in persona die üblichen Verdächtigen aus der Religionsgeschichte, die bei King allerdings als Bewohner von Saturn, Venus und Mars auftreten – sind die irdischen Botschafter der Kosmischen Meister. Alle zusammen arbeiten an der spirituellen Weiterentwicklung der Menschheit und ihrer kosmischen Heilung. Zu diesem Zweck spenden die Meister kosmische Energien, teils telepathisch, teils per Raumschiff an die Menschheit und besonders an die irdischen Anhänger der Aetherius Society. Überdies sind sie die Beschützer der Menschheit, da diese stets von bösen kosmischen Mächten bedroht und angegriffen wird. Die fast nur in der angelsächsischen Welt, besonders in England verbreitete Aetherius Society gehört zu den theosophisch inspirierten UFO-Gemeinschaften. Sie ist also weniger christlich, sondern mehr »indisch« geprägt. Ihre Gemeinde wird weltweit auf ca. 3000 Anhänger geschätzt – in Deutschland werden es wohl keine 100 sein.

Angesichts dieser kleinen Zahlen sowie des allgemeinen öffentlichen Kopfschüttelns über die »Ufo-Sekten« ist es erwähnenswert, dass Umfragen ergeben, dass immerhin ca. 25 % aller Deutschen und 50 % aller Amerikaner daran glauben, dass wir in diesem Universum nicht alleine sind.

Die Ur-Religion der Menschheit: Neopaganismus

Auch wenn es in Deutschland in mittlerweile fast jeder größeren Stadt die sogenannten Heiden- und/oder Hexenstammtische gibt, so sind (Neo-)Paganismus, Wicca, Neuheidentum bzw. (Neu-)Germanentum hierzulande kein Massenphänomen. *Neopaganismus* und *Wicca* sind vorwiegend in den angelsächsischen Ländern verbreitet, wo sie aber tatsächlich zu den derzeit erfolgreichsten Religionsgemeinschaften gehören. Über die Zahl jener, die sich in irgendeiner Weise aktiv in diesen Zusammenhängen bewegen, gibt es lediglich mehr oder weniger plausible Schätzungen. Die zuweilen öffentlich genannte Zahl von 2 bis 5 Millionen entspricht fraglos einem Wunschdenken der Anhänger der Bewegung; aber auch seriöse Schätzungen schwanken zwischen 100.000 und 500.000 aktiven Anhängern.

Auch bezüglich der Frage, ob und wenn ja, wie sich die oben genannten Strömungen unterscheiden, kann man im Grunde nichts Genaues sagen. Eine bekannte Ansicht zur paganen Szene ist, dass, wer drei Anhänger des Paganismus nach einer Definition frage, mindestens fünf Meinungen bekomme. Dies passt allerdings gut zu einer sehr individualistischen und insgesamt kaum von Dogmen geprägten Religionsströmung, die sich eher als locker thematisch verbundene Szene begreift und – aller materiellen Erdverbundenheit zum Trotz – in hohem Maß als virtuelle *Online-Religion* existiert.

Der Glaubenskern dieser Strömung lässt sich zunächst auf das Wort »Natur« reduzieren, die mit einer unüberschaubaren Vielfalt mythischer, mythologischer und magischer Konzepte sowie zahllosen subjektiven, emotionalen und romantischen Bezügen verknüpft ist. Tatsächlich verweisen zumindest (Neo-)Paganismus und (Neu-)Heidentum begrifflich direkt in den Kontext von Naturreligionen bzw. natürlicher Religiosität. Der alte lateinische »paganus« ist der bäuerliche Landbewohner bzw. der abseits der (römischen) Zivilisation lebende Dörfler. Für ihn wird im Rahmen seiner aktuellen religiösen Wiederbelebung logisch gefolgert, dass er ein naturverbundener Mensch gewesen sei und sein Leben im Einklang mit der Natur gestaltet habe. Mithin sei seine ursprüngliche Religion eine »Naturreligion« gewesen, in deren Zentrum die wiederkehrenden Rhythmen der Jahreszeiten, der Sonnenwende, der Mondphasen sowie die Lebenszyklen von Geburt und Tod, Entstehen und Vergehen standen.

Der »Heide« ist allgemeinsprachlich der (noch zu bekehrende) Nicht-Christ, und insofern steht auch er für einen Menschen, dessen Religiosität vor- bzw. nicht-christlich ist, was in der (religiösen) Konsequenz dann ebenso auf eine Naturreligion hinweisen will. Nicht ganz zufällig wird der Heide ab dem Mittelalter dann auch in der lateinischen Kirchensprache als »paganus« bezeichnet, obwohl die bekannteste christliche Übersetzung des Wortes aus der *Summe gegen die Heiden (Summa contra gentiles)* von Thomas von Aquin (ca. 1225–1274) stammt. Hierbei sind mit den »gentiles« Angehörige von Volksstämmen bezeichnet, die nicht zu den biblischen Stämmen (Israels) gehören. Neutestamentlich sind damit also die Juden gemeint, was aber ebenso auf einen vor- bzw. nicht-christlichen, also »heidnischen« Hintergrund verweist.

In diesem möglichen Rahmen einer nicht-christlichen bzw. einer sogar »gegen« das

Christentum gerichteten Religion, stellt sich für eine kleine Minderheit der neuheidnischen Gruppen der Gegenwart das Heidentum als Folie zur Projektion einer »arteigenen« Religion dar. Diese Religion der eigenen, wahlweise germanischen, indoarischen oder nordischen »Rasse« sei vom Christentum und seinen Anhängern ausgerottet worden. Damit seien die einstmals »natürlichen« Werte wie Stolz, Tapferkeit, Ehre, Treue und Hingabe von einer Religion der Unterwürfigkeit, der Schuld, der Schwachheit und der Feigheit ersetzt worden. Diese Ideenkette ist allerdings schon im 19. Jh. erfunden worden und fand entsprechenden Widerhall in zahllosen »heidnisch-germanischen« Grüppchen, vor allem in der Zeit nach dem Ersten Weltkrieg. In all diesen Religionen steht aber keine äußere Natur im Zentrum des Glaubens, sondern eine innere, »arteigene« Biokultur und ein daraus ergehender Glaube an das Volk, die Rasse oder ein urwüchsiges Arier-, Germanen- oder Deutschtum.

Abgesehen von den Ewiggestrigen der Deutschgläubigen wurde dieses spezifisch »arteigene« und mit dem NS-Regime gemeinsam in der Versenkung verschwundene Heidentum erst Ende der 1970er Jahre von dem französischen Publizisten Alain de Benoit wiederentdeckt, der mit seinem Manifest *Heide sein – Zu einem neuen Anfang* (1979) ein durchaus beachtenswertes Grundlagenwerk für eine vergleichsweise intellektuelle und »neue« europäische Rechte zu schaffen versuchte. Dass diesem durchweg politisch inspirierten Projekt letztlich nur in der Publizistik, nicht aber in der Realität, Erfolge beschieden waren, ist dann aber gerade auf die »heidnische« Ideologie zurückzuführen, die sich dort im direkten Gegensatz zur christlichen Kultur definiert und deshalb vom christlichen Mainstream der rechtskonservativen Mehrheit abgelehnt wurde. Die »rechts-heidnisch« europäischen Ansichten bzw. die Publizistik de Benoits sowie die zahlreichen intellektuellen Querverweise in die »Konservative Revolution« der 1920er Jahre und in das neurechte Verlagsmilieu im letzten Drittel des 20. Jh. sind fraglos spannend, gehören aber nicht hierher.

Wenn man also von wenigen mehr oder weniger offen rechtsextremen Gruppierungen wie der ARTGEMEINSCHAFT (seit 1951), ODINIC RITE (seit 1973) oder dem ARMANEN-ORDEN (seit 1976) absieht – die alle erhebliche Teile des völkisch-rassistischen Erbes der sogenannten Deutschgläubigen mitschleppen –, ist die Mehrzahl der zumeist sehr kleinen heidnischen Glaubensgemeinschaften eher unpolitisch. Manche Gruppen, wie der 1994 gegründete RABEN-CLAN, der mit seinen ca. 120 Vereinsmitgliedern auch schon zu den größeren und langlebigeren Gruppen der Szene gehört, sind sogar bekennend antirassistisch. Insofern kann man diese Szene am besten unter dem am wenigsten ideologisch vorbelasteten Begriff des (Neo-)Paganismus abhandeln.

Für den Paganismus als Trendreligion der Gegenwart gilt also überwiegend, dass es sich um eine undogmatische religiöse Strömung mit einem Faible für natürliche, naturreligiöse und teilweise auch ziemlich magische Weltanschauungen handelt. Unter dem breiten Dach des Neopaganismus findet man mithin ein buntes Durcheinander von Druiden, Hexen, Elfen, Magiern und Zauberern, die die verschiedensten Riten, Bräuche und vermeintlichen Traditionen der »alten« Religionen pflegen. Dabei ist der Rückgriff auf vorchristliches Gedankengut zwar irgendwie verpflichtend, aber bei ernster Betrachtung stets problematisch, weil ein Großteil dieses Gedankengutes aus wenig verlässlichen Quellen stammt. Über die vorchristlich-germanische bzw. die heidnische Urreligion in Europa beispielsweise erfährt man wenig bis gar nichts aus erster Hand, weil diese Kultur weitgehend schriftlos war. Das, was man heute darüber weiß, muss man sich entweder anhand bemalter Tonscherben und einiger weniger in Holz geritzter oder in Stein gemeißelter Runenzeichen zusammenreimen. Oder eben aus dem zumeist christlichen Schrifttum entnehmen, das in dieser Hinsicht nie sonderlich neutral war – schon gar nicht, wenn es um Heiden und Hexen ging. Deshalb sind paradoxerweise die vielen ganz neuen und alles andere als europäischen Traditionen des westlichen Neopaganismus, vor allem die indianischen und afrikanischen *Schamanismen,* wesentlich authentischer, weil sie zumindest teilweise auf real noch existierendem und überliefertem Kulturgut basieren.

Alle neopaganen Gruppen eint, wie gesagt, ein mythisch-mystischer Bezug zur Natur und ihren zahlreichen Kräften, zur sprichwörtlichen »Mutter Erde« – oft *Gaia* genannt – und den weiteren Naturelementen (Wind, Feuer, Wasser), zu allem, was lebt und zu den Wesenheiten der Natur. Die Anhänger der neopaganen Religionen sehen sich auf unterschiedliche Art und Weise mit diesen Kräften tief verbunden bzw. sie streben nach einer solchen Verbindung durch praktische Rituale. Anhänger des Neopaganimus sehen sich als Verbündete der Natur und als Bewahrer von »altem« naturreligiösen Kulturgut, weshalb oftmals diverse mythisch aufgeladene Kultstätten, wie zum Beispiel die *Externsteine* im Teutoburger Wald oder diverse Megalithanlagen wie das englische *Stonehenge* (um die berühmteste zu nennen), zu den Sonnen- und Jahreswenden zu riesigen Partymeilen der paganen Szene und ihres recht großen sympathisierenden Umfeldes werden.

Der neue Charme der Hexen: Wicca

Die bedeutsamste und gesellschaftlich wirkungsvollste Strömung des Neopaganismus ist *Wicca*, die in den USA als eine mit allen Privilegien ausgestattete Religion firmiert – obwohl auch Wicca alles andere als ein klar definierbares Phänomen ist. Abseits einer schwierigen wörtlichen Übersetzung ist die gängige deutsche Übersetzung, die im Regelfall auch mit dem Selbstverständnis der gemeinten Menschen übereinstimmt: Hexe – und zwar in einer positiven und geschlechtsneutralen Verwendung. Im Manuskript von Tolkiens *Herr der Ringe* werden die großen Zauberer Gandalf und Saruman zunächst als »wicca« bezeichnet, erst in der publizierten Fassung erscheinen sie als zweifelsfrei männliche »wizards« (Zauberer).

Gemeinhin wird die Gründung der *Wicca-Bewegung,* die mittlerweile aus zahllosen unterschiedlichen Strömungen und Richtungen besteht, dem britischen Schriftsteller Gerald Gardner (1884–1964) zugeschrieben. Gardner, dessen frühe religiöse Biographie ihn als reichlich in die ordensesoterische Szene um den Hermetic Order of the Golden Dawn verstrickt ausweist, wird nach eigenen Angaben in den späten 1930er

Jahren in den *New Forest Coven* um eine mysteriöse »Erbhexe« – so bezeichnen sich die »genetischen« Hexen, die aus einer Hexenfamilie kommen, sich also ihr Hexendasein nicht aussuchen konnten – namens Dorothy Clutterbuck (1880–1951) initiiert. Die einzige Quelle, die belegt, dass Dorothy Clutterbuck eine solche Erbhexe war und der New Forest Coven der Ausgangspunkt der »neuen« alten Wicca-Religion ist, ist allerdings Gardner selbst. Er begründet damit eine eigene Tradition in der Wicca-Szene, in der – teilweise durchaus bewusst – zwischen historischer Rekonstruktion und literarischer Konstruktion hin- und hergependelt wird. So wie Gardners Schriften über die Geschichte und die Praktiken der alten Hexerei deutlich auf literarische Vorlagen der walisischen Schriftstellerin und ebenso leidlich okkult orientierten Dion Fortune (d. i. Violet Mary Firth, 1890–1946) zurückgreifen, werden auch Gardners literarisch-populärwissenschaftliche Wicca-Schriften zur praktischen Grundlage späterer Wicca-Strömungen. Und in genau diesem Sinne gehören auch weitere literarische Bestseller wie Marion Zimmer Bradleys *Nebel von Avalon* in den romantischer orientierten Wicca-Kreisen zur ernsthaften religiösen Standardlektüre.

Soweit es den intellektuell-feministischen Teil der gegenwärtigen Wicca-Bewegung betrifft, so ist ein nicht unbeträchtlicher Teil sowohl der populärwissenschaftlichen wie der ernsthaften wissenschaftlichen Lektüre über Wicca von bekennenden und engagierten Wiccas verfasst. Die bekannteste unter ihnen ist die 1951 geborene Miriam Simos, die unter dem Namen »Starhawk« die Basislektüre für alle weiblichen Hexen verfasst hat, die sich im weitesten Sinne im Umfeld der feministischen *Dianic*-Strömung des Wicca orientieren.

Das Glaubens- und Weltbild der Wiccas ist zunächst pagan im oben genannten Sinne. Die Mehrzahl der Anhänger geht von einer Alleinheit bzw. einer Allverbundenheit allen Seins aus. Dieses Prinzip wird entweder durch die Große Göttin symbolisiert oder auch durch ein gegensätzliches Paar, bestehend aus der/einer weiblichen Göttin und dem/einem männlichen Gott. In der Praxis vieler Wicca-Gruppen sind diese namenlos-abstrakten Gestalten durch konkrete Gottheiten und Götterpaare aus der antiken Mythologie, aus anderen Religionen oder der nordischen Sagenwelt ersetzt. Wie viele andere neue Religionen möchte auch Wicca gerne besonders alt sein. Teile der Wicca-Bewegung sehen ihre Tradition in prähistorischen Jagd- und Furchtbarkeitskulten beginnend und verweisen auf Höhlenmalereien als Beleg dafür, dass Wicca ca. 25.000 bis 30.000 Jahre alt und damit die älteste bekannte Religion der Welt sei. Der 1975 gegründete CONVENANT OF THE GODDESS, der derzeit größte Wicca-Dachverband, datiert diese Tradition sogar bis 50.000 v. Chr. zurück.

Wenn es auch zuweilen so scheint, als sei die pagane Spiritualität irgendwie »esoterisch«, so kann man doch eine deutliche Unterscheidung treffen: In esoterischen Strömungen geht es fast immer um Formen der Vergeistigung, um spirituelle »Erhöhung« im Sinne eines transzendentalen Ausgreifens in jenseitige Sphären und nicht-irdische Dimensionen. Neopagane Spiritualität ist dagegen grundsätzlich erdverbunden und diesseitig. Die Große Göttin ist das Synonym für die »Mutter Erde« oder die »Schöpferin des Lebendigen«. Die höchsten Formen der Spiritualität sind das Aufgehen bzw.

die Einheit mit der Natur, die Verschmelzung mit ihren Kräften und Elementen. In der rituellen Praxis bzw. in der Nutzanwendung können diese Kräfte auf vielfältige Art und Weise »angezapft« und beispielsweise zu Heilungszwecken oder auch zur Erreichung anderer Ziele verwendet werden. Etwas vereinfacht könnte man zusammenfassen: Die Natur ist die »Kirche« der Wicca, Magie ersetzt das Gebet, Gott bzw. die göttliche Kraft ist ein Teil der menschlichen Natur und damit Teil des inneren Selbst, der oft als Wille vorgestellt wird. Große Teile der Wicca-Bewegung glauben an Wiedergeburt, wobei diese aber als natürlicher Prozess von Entstehen und Vergehen und – ganz im Gegensatz zu den asiatischen Religionen – meistens als glücklicher Umstand angesehen wird.

Soweit es das traditionelle Wicca betrifft, organisieren sich die Hexen in sogenannten *Coven* (Zirkeln), die idealerweise 13 Personen umfassen und in ritueller Hinsicht von einer »Hohepriesterin« bzw. von einem Hohepriester-Pärchen (das in dieser Funktion dann als eine Person auftritt) angeleitet werden. Die Praktiken sind je nach Tradition sowie von Coven zu Coven sehr unterschiedlich. Zumeist erfolgen rituelle Reinigungen von Orten und Personen, es werden geweihte Kreise gezogen, Elemente und Götter werden angerufen oder beschworen. Die traditionelleren Formen sind sehr »britisch« bzw. keltisch orientiert und in den Ritualen eher starr. Die neueren Formen sind offen für alle naturreligiösen Einflüsse und in ritueller Hinsicht kaum auf bestimmte Formen festgelegt. Zu dieser Offenheit, die man wahlweise auch als Beliebigkeit interpretieren kann, trägt ein riesiger Büchermarkt bei, auf dem sich mehrere Dutzend Bestseller-Autoren bzw. -Autorinnen tummeln, die für die permanente Erweiterung des ideellen und praktischen Wicca-Repertoires sorgen. Bereichert wird die Szene durch eine stetig wachsende Zahl »freifliegender Hexen«, also von Hexen, die sich keinem Coven anschließen, sondern ihre Religion individuell bzw. zusammen mit anderen »Freifliegern« praktizieren. Überhaupt ist anzumerken, dass Wicca eine sehr individualistische und libertäre Religion ist, die keinerlei Glaubensübernahme erfordert: Wiccas missionieren nicht und Wiccas konvertieren nicht. Einem Coven tritt man nicht bei, um Wicca zu werden, sondern weil man Wicca *ist* bzw. erkennt, dass man ein(e) Wicca ist.

Die Abstufungen innerhalb eines Coven – meistens werden drei Einweihungsgrade unterschieden – haben eher praktisch-organisatorische Bedeutung, als dass sie Ausdruck von echten Hierarchien wären. Dort wo die traditionelle Coven-Form gepflegt wird, wird das Wissen des Coven in einem sogenannten »Buch der Schatten« aufbewahrt, das allerdings bei Bedarf ergänzt und verändert werden kann. Zum Teil führen Wicca-Anhänger auch ein persönliches Schattenbuch. Dogmen gibt es ansonsten, wie schon gesagt, kaum: Wiccas folgen dem Grundsatz, dass man frei ist, das zu tun, was man will, solange es niemand anderem schadet. »Schwarze Magie« bzw. Schadenszauber wird weithin abgelehnt, da man an das Gesetz der dreifachen Rückkehr glaubt. Salopp gesagt: Wer jemand anderem schadet, bekommt den Schaden dreifach heimgezahlt.

Auch wenn also die zahllosen Ausprägungen von Neopaganismus und Wicca grundverschieden sein können: Die ihnen anhängende Klientel ist überall ähnlich. Es ist überwiegend das »weiße« Bildungsbürgertum im mittleren Alter. Soweit es Wicca im engeren Sinne betrifft, ist die Klientel eher weiblich und sie wird zunehmend jünger –

ein Trend, der seit Ende der 1990er Jahre, und sehr zum Verdruss so mancher »alten« Hexe, offensichtlich durch populäre Fernsehserien wie beispielsweise *Charmed (Zauberhafte Hexen), Sabrina, the Teenage Witch (Sabrina – total verhext)* oder *The Wizards of Waverly Place (Die Zauberer vom Waverly Place)* beeinflusst wird und haufenweise weibliche Teenager der aktuellen Disney-Generation anlockt. In anderen Teilen der Wicca-Bewegung wird eben dies als Chance gesehen, und besonders der CONVENANT OF THE GODDESS umwirbt sehr aktiv die auf diese hoch kommerzialisierte Weise interessierten Jugendlichen. Dieser sichtlich spielerisch-naive und medial kommerzialisierte Umgang mit dem »Bösen«, wie er im Übrigen analog bei *Harry Potter* zum Ausdruck kommt, verursacht bei allen kirchlich organisierten Christen schwersten Unmut. In den USA steht die evangelikale Front diesem Phänomen bei Weitem feindlicher und entschlossener gegenüber als etwa der Scientology-Organisation, die in Deutschland seit Mitte der 1990er Jahre als Synonym des »Bösen« gilt – und nur deswegen in diesem Buch fast ein ganzes eigenes Kapitel (10) bekommt.

Das Dilemma der Religionswissenschaften: »Erfundene« Religionen

Wicca ist weder auf Anweisung eines Gottes zustande gekommen noch von einer bestimmten religiösen, von Gott berufenen Autorität ins Leben gerufen. Wicca ist deswegen – und keine Hexe würde das bestreiten – eine menschengemachte Religion. Aus einer aufgeklärten Perspektive könnte man sagen, dass sie in dieser Selbsterkenntnis vielen anderen Religionen ein ganzes Stück voraus ist. Aus dem Blickwinkel jener Religionen, die sich in Gottes Willen oder anderen metaphysischen Phänomenen begründet sehen, ist die Vorstellung eines von Menschen gemachten, also offensichtlich »erfundenen« Glaubens natürlich eine unverfrorene Gotteslästerung oder kurz: eine »falsche« Religion. Aus einer diesbezüglich neutralen Perspektive bleibt einem hier nur ein gewisses Achselzucken: Einerseits ist es offensichtlich, dass alle Religionen, so wie sie uns in Form von Kirchen, Symbolen, Schriften, Regeln usw. begegnen, von Menschen gemacht sind. Andererseits kann man daraus aber nicht folgern, dass auch der tiefere Grund dieser Artefakte – also beispielsweise Gott – von Menschen erfunden ist. Mithin ist genau die wissenschaftlich korrekte, weil »wahrheitsneutrale« Position ein gemeinsames Ärgernis sowohl für Gläubige als auch für chronisch Ungläubige. Freilich kann selbst die wahrheitsneutrale Position ins Wanken geraten, wenn man den Blick auf zweckmäßig und mit voller Absicht kreierte Religionen lenkt, von denen in der zweiten Hälfte des 20. Jh. etliche entstanden sind. Die bekanntesten unter ihnen sind die Bewegungen des *Diskordianismus* und des *Jediismus* sowie die *Kirche des Fliegenden Spaghettimonsters* und die *Kirche des Untergenialen.*

Der Diskordianismus, das älteste der im Folgenden kurz geschilderten Phänomene, entsteht Mitte/Ende der 1960er Jahre auf Basis des Buches *Principia Discordia* (Prinzip der Zwietracht), das sich in immer wieder verändertem Erscheinungsbild seither steigender Beliebtheit erfreut. Die surrealistische Grundidee des Diskordianismus ist, dass

Ordnung und Unordnung menschliche Illusionen sind, die aus dem höheren Prinzip des alles überragenden Chaos hervorgegangen sind. Die Anhänger des Diskordianismus sehen sich als von Eris, der griechischen Göttin der Zwietracht, infiziert und setzen sich absichtsvoll der vollen Widersprüchlichkeit allen Seins aus. Die Diskordianische Gesellschaft, in der »jeder einzelne Mensch ein Papst« ist, sieht sich als »nicht-prophetische irreligiöse Nichtorganisation« und fordert alle Anhänger zur Beliebigkeit und zur Sektenbildung auf. In den vielen nicht-dogmatischen Dogmen und den anderen Paradoxien des Diskordianismus ist indes eine gewisse intellektuelle Anziehungskraft verborgen, die dafür sorgt, dass der Diskordianismus bis heute im Internet recht weit verbreitet ist.

Ein scheinbar ähnliches Prinzip steckt hinter der Church of the SubGenius (Kirche des Untergenialen), die um die Wende zu den 1980er Jahren begründet wurde und ebenfalls eine ziemlich große virtuelle Anhängerschaft hat. Eine Schätzung geht immerhin von ca. 10.000 »echten« Anhängern aus. Dabei handelt es sich um jene, die 30 Dollar für die »Materialien zur Ewigen Erlösung« gezahlt haben, die u. a. einen Doktortitel in Geheimen Wissenschaften sowie das Ticket zur raumschiffgestützten Verbringung auf den Sex-Planeten am Tag des Weltunterganges beinhalten. Sollte die Rettung nicht funktionieren, erhält man seinen finanziellen Einsatz in dreifacher Höhe zurück. Die Gründungslegende erzählt von einem gewissen J.R. »Bob« Dobbs, einer amerikanischen Verkäuferseele, die 1953 eine Vision eines chronisch humorlosen Alien-Gottes (»JHVV-1« oder »Jahwe-One«) erlebt, und daraufhin das *Book of the SubGenius* verfasst, die heilige Schrift der SubGenii. 1953 ist ansonsten das Geburtsjahr des eigentlichen SubGenius-Gründers, »Reverend Ivan Stang«. Das oberste weltliche Ziel der Anhänger ist die Erlangung des SLACK; eine Mischung diverser Freiheitsvorstellungen, zuvorderst die Freiheit von Arbeit und Verantwortung sowie die Befreiung von allen lästigen Personen. In offen parodistischer Form des religiösen Gegenwartsmarktes verspricht die Church of the SubGenius ihren Anhängern alle nur erdenklichen irdischen und überirdischen Güter. Die drei Wahrheiten der Kirche sind die Unfehlbarkeit »Bobs«, die Notwendigkeit des SLACK und die Große Verschwörung. Letztere ist eine Bezeichnung für die Normalität bzw. für die sich selbst als »normal« betrachtenden Menschen (»Pinks«) bzw. aller Nicht-SubGenii.

Eine irgendwie ähnliche, aber doch ganz andere Variante ist die Kirche des Fliegenden Spaghettimonsters (Church of The Flying Spaghetti Monster), kurz FSM genannt, deren Anhänger sich als Pastafari bezeichnen. Die Pastafari glauben daran, dass das nicht sichtbare, fliegende Spaghettimonster die Welt erschaffen und in seiner Allmächtigkeit auch die irreführenden Hinweise auf die Evolution gestreut hat. Ein weiterer zentraler Glaubensgrundsatz der FSM ist, dass die Erderwärmung kausal mit der sinkenden Zahl von Piraten seit Anfang des 19. Jh. zusammenhängt. Der legitime Prophet der Bewegung, der US-amerikanische Physiker Bobby Henderson, hat diesen Zusammenhang mehrfach »bewiesen«. 2008 legte er den Zusammenhang erneut dar, als er die vergleichsweise hohe Piratendichte im Golf von Aden (Somalia) mit den dort nachweisbar sehr geringen CO_2-Emissionen bewies. Aus den genannten Gründen gehört das Tragen von Pirateninsignien zu den vom FSM verlangten Pflichten der Pastafari. Neben »flauschigen moralischen Standards« und einem »Biervulkan im Himmel« steht der Großteil der ansonsten erwähnenswerten religiösen Aspekte, der Pflichten, Gebete und Feiertage, in mehr oder weniger engem Zusammenhang mit Nudeln und Nudelsauce.

Bei aller scheinbaren Absurdität hat die FSM-Religion allerdings einen vergleichbar ernsten und konkreten Hintergrund. Im Mai 2005 forderte besagter Bobby Henderson in einem offenen Brief an die Schulbehörde im US-amerikanischen Kansas, dass die Religion des FSM als »dritte wissenschaftliche Theorie« gleichberechtigt neben Evolutionslehre und dem Intelligent Design gelehrt werden solle. Die Intention dieses Schreibens und damit der Grund für die Religion des FSM ist unschwer zu erkennen: Henderson will auf die Absurdität der schulbehördlichen Überlegungen aufmerksam machen, das Intelligent Design als »wissenschaftliche« Evolutionstheorie zu lehren. Genau deshalb zielen die ursprünglichen Aspekte »seiner« Religion sämtlich auf die Entlarvung der aus naturwissenschaftlicher Sicht »absurden« Theorien des Intelligent Design. Dabei geht es ihm nicht darum, das Intelligent Design oder Religion überhaupt in ihrer Berechtigung anzugreifen, sondern um deren wissenschaftlichen Anspruch. Angesichts des spürbar zunehmenden Einflusses kreationistischer Bewegungen – auch in Deutschland – hat die Religion des FSM eine nicht unbeträchtliche Zahl von Anhängern gefunden und sich auch über die Netzkultur hinaus etabliert.

Selbst wenn man die drei genannten Beispiele – und es gäbe noch einige mehr zu nennen – als absichtsvoll geschaffene Religionsparodien interpretiert und die meisten Anhänger ihre Religion in einem wenig ernsten Sinne betreiben, so gibt es doch bei manchen einen spürbaren Willen, zumindest in ihrer jeweiligen Grundhaltung ernst genommen werden zu wollen. Und das ist der hier bewusst an zugespitzten Beispielen verdeutlichte Punkt, der religionswissenschaftlich nicht einfach übergangen werden kann. Denn es gibt auch für alle anderen Religionen keinen anderen nachweisbaren Geltungsgrund als Menschen, die in ihrem Denken und Handeln ernst genommen werden wollen. Dies lässt sich auch am letzten hier zu nennenden Beispiel belegen, namentlich der seit der Jahrtausendwende immer populärer werdenden Bewegung des *Jediismus*. Auf der einen Seite bekennt sich der Jediismus, der von Beginn an in verschiedenen Gruppierungen wie der Jedi Church, dem Temple of the Jedi Order, der Church of Jediism usw. praktiziert wurde, offen zur *Star Wars*-Mythologie – auch wenn einige meinen, der Jediismus sei im Grunde eine viel ältere Religion, die lediglich durch die *Star Wars*-Filme ein Gesicht bzw. vor allem einen Namen bekommen habe. Tatsächlich wäre es umgekehrt kein Problem den Nachweis zu führen, dass die Mythologie der *Star Wars*-Filme Versatzstücke aus diversen Religionen enthält. Anderseits sind Grundideen wie der selbstlose ritterliche Kampf für das Gute, die kosmische Harmonie, Frieden und Gerechtigkeit oder die Achtung allen Lebens auch keine sensationellen religiösen Erfindungen, die man nicht auch anderswo finden könnte.

Der Kern des Jediismus ist der Glaube an »die Macht«, jenes unfassbare alle Gegensätze in sich vereinende und auflösende Prinzip, aus dem die weltlichen Gegensätze, also auch Gut und Böse, hervorgehen. Das könnte man daoistisch nennen, aber die durchweg vom Grundgedanken des Endkampfes zwischen der dunklen und der hellen Seite der Macht getragene Film-Handlung ist eher christlich und hat mit der daoistisch-gelassenen Grundhaltung des *wu wei* wenig zu tun. Letztere bedeutet nämlich ein bewusstes Nicht-Eingreifen in die natürlichen Gesetze des Daseins, die in ihrem Sosein lediglich erschaut werden können.

Wie dem auch sei: Ein Teil der besonders in Großbritannien, Neuseeland, Australien und Kanada verbreiteten Jedi-Anhänger nimmt die Sache sehr ernst, und alle Jedi-Gruppen betonen ausdrücklich, dass sie keine Fan-Gruppen des Films, sind. Es wird auch nirgendwo ein erkennbar parodistischer Zweck verfolgt, sondern ein Bekenntnis zum Glauben an die alles bestimmende »karmische« Macht abgelegt; eine Macht, die man erkennen und mit einiger Übung auch »greifen«, d. h. zum Guten nutzen kann. Wie viele Anhänger der Jediismus wirklich hat, ist paradoxerweise deswegen schwer zu schätzen, weil es dazu offizielle Zahlen gibt – und diese allein für die genannten Hauptverbreitungsgebiete bei mehr als einer halben Million liegen. Diese als *Jedi-Zensus-Phänomen* bekannt gewordenen Zahlen beziehen sich auf Volksbefragungen zu statistischen Zwecken (Zensus). Im Jahr 2001 wurden Tausende Neuseeländer per Email aufgefordert, im Zensus als Religion »Jedi« anzugeben, wenn man sich nicht mit einer der auf dem Befragungszettel angegebenen Religionen identifizieren könne. Genau das taten zunächst gut 53.000 Neuseeländer und kurze Zeit später ca. 70.000 Australier. Im gleichen Jahr kreuzten dann auch ca. 390.000 Briten »Jedi« als ihre Religion an – die Behörden hatten aufgrund der Vorfälle in Neuseeland diese Möglichkeit bereits vorbereitet – und im Jahre 2003 bekannten sich schließlich 20.000 Kanadier zur »Macht«. Selbstredend handelt es sich bei einem großen Teil der Befragten um Fans des Films, und nicht wenige dürften ihre Jedi-Religion als Protest gegen die jeweilige Regierung gewählt haben. Aber es bleibt eben ein Rest, der in diesem Glauben ernst genommen werden will – und genau deswegen ist der Jediismus, mehr noch als die drei erstgenannten Beispiele, ein legitimer Gegenstand der Religionswissenschaften.

Moralische Kultur hat ihren höchsten Stand erreicht, wenn wir erkennen, dass wir unsere Gedanken kontrollieren können

(Charles Darwin)

10 Alles Kopfsache: Psychogruppen und der Sonderfall Scientology

In den frühen 1990er Jahren hat sich in der Öffentlichkeit die Vorstellung verfestigt, es gäbe eine wirklich neue »Sektenart«, die man als »Psycho-Sekte« bezeichnen könnte. Abgesehen davon, dass die Vorsilbe »Psycho« etwas grundsätzlich Negatives bedeuten soll und man unwillkürlich an den gleichnamigen Filmklassiker mit Anthony Perkins erinnert wird, ist keineswegs klar, was man sich darunter tatsächlich vorstellen muss. Bzw. es ist allenfalls klar, dass Scientology hierfür die Vorlage sein soll. Und weil Scientology nach Ansicht der »Sektenexperten« nichts anderes tut, als Menschen mit »Psycho-Tricks« das Geld aus der Tasche zu ziehen, wird mittlerweile jede Unternehmung, in denen Menschen irgendwie betrogen werden oder sich übers Ohr gehauen fühlen, in die Kategorie der »Psycho-Sekte« eingeordnet.

Auf diese Weise firmieren nun auch die periodisch unter immer neuen und teils sehr phantasievollen Namen auftauchenden Geld-Pyramidenspiele bzw. Schenkkreise als »Psycho-Sekten« oder »Psycho-Gruppen«. Auch die sogenannten Strukturvertriebe bzw. das *Multilevel-Marketing* sowie eine ganze Reihe anderer zweifelhafter Erfolgs- und Motivationskonzepte werden mittlerweile gerne hier eingeordnet. All diesen Unternehmungen ist gemein, dass sie zur Kundengewinnung die üblichen modernen Lockmittel von schnellem materiellen Glück, von Geld und Erfolg einsetzen – wobei sich das versprochene Glück meist nur für die Initiatoren und Betreiber einstellt. Von Göttern oder übersinnlichen Mächten, von einem anderen Lebenssinn oder einer transzendenten Perspektive ist freilich kaum die Rede, weshalb sich ein Bezug zu religiösen Phänomenen bzw. zu »Sekten« im Grunde verbietet – umso mehr, als auch keine der gemeinten Gruppen über einen expliziten religiösen Ideenhintergrund verfügt oder für sich einen religiösen Status in Anspruch nimmt. Dass manche Schenkkreise ihren Zweck mit adjektivem Beiwerk wie »kosmisch« oder »spirituell« schmücken oder dass Geld hier zuweilen liebevoll als »positive Energie« bezeichnet wird, macht die Sache nicht gleich zu einer religiösen Unternehmung, denn Emotionalien dieser Art sind ein fester Bestandteil der gegenwärtigen Werbesprache. Dass weiterhin diverse Abläufe gerade bei Strukturvertrieben und auf Motivationsseminaren einer rituellen Dramaturgie folgen, die zumindest für die Zeit des *Events* eine positive Stimmung und ein euphorisches Gemeinschaftsgefühl erzeugen, kann nur jemand als »sektentypisch« diskreditieren, der noch nie eine katholische Messe oder einen charismatischen Gottesdienst besucht hat.

Auch wird man bei den genannten Unternehmungen nicht wirklich »manipuliert« – soweit man darunter eine ernst- und dauerhafte Veränderung der Persönlichkeit versteht. Wenn Menschen glauben, dass sie mühelos und in kurzer Zeit »riesige Gewinne« erzielen können, dann mag man sie mit einigem Recht als naiv bezeichnen, und nachher sind sie möglicherweise in dieser Hinsicht schlauer. Dass sich dabei ihre Persönlichkeit geändert hat, wird man wohl nur schwerlich annehmen können: Wer sich vorher einen Elefanten wünscht und nachher »sauer« ist, dass er keinen bekommen hat, ist offensichtlich noch immer seinen elefantösen Interessen verhaftet.

Dass eine Aufklärung über Logik, Mechanismen und auch die psychologischen Dimensionen von Schenkkreisen, Strukturvertrieben und Motivationsseminaren geboten ist, steht außer Frage. Dort wo allerdings diese Dinge zusammen mit Scientology, Sonnentemplern und anderen religiösen Phänomenen in den großen Topf der *Psycho-Sekten* geworfen werden – so wie beispielsweise in einem ziemlich dicken Buch mit ebendiesem Titel – geht es nicht um Aufklärung, sondern um sensationsheischenden Boulevardjournalismus. Die Sonnentempler haben mit einem Versicherungs-Strukturvertrieb wie OVB so viel Ähnlichkeit wie ein Leberfleck mit der Reichstagskuppel, nämlich gar keine. Die unsinnige Vermengung dieser Phänomene erfolgt über das alles überragende Sektenklischee der Gegenwart, die sogenannte »Gehirnwäsche«. Und damit jenem schon in den 1950er Jahren geborenen Klischee, das in Deutschland erst im Zusammenhang mit den Scientology-Debatten der 1990er Jahre so richtig prominent geworden ist. Auch dies ist ein weiteres Indiz dafür, dass die Begrifflichkeit der »Psycho-Sekte« auf den wuchernden Klischeevorstellungen über Scientology gewachsen ist. Insofern macht es Sinn, hier zunächst auf die vorgebliche Mutter aller »Psycho-Sekten« einzugehen.

Die abenteuerliche Welt des L. Ron Hubbard

Scientology ist in jeder Hinsicht mit dem Namen L. Ron Hubbard, einem 1986 ziemlich einsam verstorbenen Mann, verknüpft, der bis in die Gegenwart symbolisch für alles steht, was mit dem Wort »Scientology« verbunden ist. Für seine Anhänger ist er bis heute die einzige echte Quelle des scientologischen Wissens: Abenteurer, Entdecker, Forscher, Wissenschaftler, Religionsstifter oder kurz: ein begnadetes Genie und der größte Humanist aller Zeiten. Für seine nicht minder zahlreichen Feinde ist er ein »paranoid-schizophrener« Verbrecher, ein von »Größenwahn« und »Geldgier« getriebener »pathologischer Lügner«, ein grausamer Diktator, der in »Hitler und Satan« seine Ideengeber gefunden habe. In diesem Licht erscheint Hubbards eigener, um die Mitte der 1950er Jahre gegebener Hinweis, dass den »Studenten der Scientology« unbedingt vermittelt werden müsse, dass er »ein menschliches Wesen« sei, vergleichsweise nüchtern.

Besagter Lafayette Ronald Hubbard erblickt 1911 in Tilden, einer Kleinstadt im US-amerikanischen Bundesstaat Nebraska, als Sohn einer Lehrerin und eines zu dieser Zeit abgemusterten Soldaten der US-Marine das Licht der Welt. Einen beträchtlichen Teil seiner Kindheit verbringt er bei seinen Großeltern mütterlicherseits in Kalispel, Montana. Den wechselnden Stationierungen seines im Ersten Weltkrieg militärisch reaktivierten Vaters folgend, zieht er im Alter von etwa 10 Jahren nach San Diego, Kalifornien, und mit etwa 13 nach Bremertown, Washington, den nordwestlichsten Zipfel der USA. Hubbard selbst wird diese und auch viele andere Episoden seiner Kindheit später autobiographisch genauso schildern, wie sie ein phantasiebegabtes – und eben diese Begabung wird man ihm nicht absprechen können – Kind erlebt und sicherlich auch empfunden hat. Seine Großeltern sind in seinen Augen uramerikanische Pioniere des Westens: Farmer, Landbesitzer und erfolgreiche Bankiers; sein Vater ein bedeutender Offizier der U.S. Navy und seine Mutter eine hochgebildete, emanzipierte und tatkräftige Frau. Kindheitserlebnisse auf der Ranch seines Großvaters lassen ihn selbst zum Prototyp des kindlichen Cowboys werden, der freilich aufgrund seiner außerordentlichen Fähigkeiten fast schon zwangsläufig zum Blutsbruder der Indianer wird. Die Besuchsreise zu seinem Vater nach Guam im Westpazifik, eine private Reise nach China und Tibet sowie die auch sonst für einen Jugendlichen recht umfangreiche Reisebiographie werden später zu abenteuerlichen Expeditionen und ersten Forschungsreisen des erwachenden Universalgenies. Diese Erlebnisliste und ihre späteren Ausschmückungen könnten noch länger fortgesetzt werden, aber man kann es auch kurz zusammenfassen: Alles was Hubbard in seinem Leben vor der Begründung von Scientology unternimmt, setzt er später höchstselbst in das Scheinwerferlicht eines Mannes, der unvermeidlich zu Höherem bestimmt war. Mit Rückblick auf viele nun schon vorgestellte Religionsgründer, bleibt Hubbard dennoch vergleichsweise kindlich bescheiden: Er will nie etwas anderes sein als der größte Entdecker und Abenteurer aller Zeiten; in späterer Sichtweise: Ein wissenschaftliches Allround-Genie, angetreten, die letzten Rätsel der menschlichen Existenz zu lösen.

Hubbards fraglos vorhandene Abenteuerlust, sein ruheloser Unternehmergeist, seine Phantasie und sein Talent zum Geschichtenerzählen lassen die Schriftstellerei fast schon folgerichtig zur Basis seines vorscientologischen Broterwerbs werden. Ab 1933/34 verfasst er Erzählungen und Kurzgeschichten in allen Genres, die vor allem in diversen und seinerzeit sehr beliebten *Pulp Magazines* (etwa: Groschenhefte) veröffentlicht werden. Ihr Inhalt: Abenteuergeschichten aller Art. Ende der 1930er Jahre nimmt der Anteil der Science Fiction-Geschichten zu, nicht zuletzt befördert durch persönliche Kontakte im Autorenumfeld des Magazins *Astounding Science Fiction*. Dieser Szene wird Hubbard auch während und nach seiner eigenen Militärzeit (1941–1946) freundschaftlich verbunden bleiben. 1950, in der Maiausgabe von *Astounding* erscheint dann ein schon Monate vorher vom Herausgeber als »Sensation« angekündigter 40-Seiten-Artikel: *Dianetics. A New Science of Mind* von L. Ron Hubbard – und damit beginnt der erste Teil der Geschichte von Scientology.

Dianetik: Die Wissenschaft vom Verstand

Der genannte Artikel – dessen Veröffentlichung in eine Zeit fällt, in der in den USA alles, was im weitesten Sinne nach alltagstauglicher und anwendbarer Psychologie klang, erhebliche Faszination auslöste – wird kurz darauf vom Erscheinen des Buches *Dianetics: The Modern Science of Mental Health* (dt. *Dianetik: Die moderne Wissenschaft der geistigen Gesundheit*) ergänzt. Hierin ist der Grundstein zum prinzipiellen Verständnis dessen gelegt, worum es in praktischer Hinsicht bei Scientology geht.

Dianetik soll in etwa »durch den Verstand« bedeuten und war als *Dianoetik* in ähnlicher Verwendung auch schon ein Thema der antiken griechischen Philosophie. Der Inhalt von Hubbards Dianetik-Buch ist eine ausgesprochen technisch anmutende Beschreibung über die grundlegende Funktionsweise, die Störungen und die Reparatur des menschlichen Verstandes. Ausgangspunkt ist die bis heute auch in der Psychologie durchaus gebräuchliche Vorstellung des Verstandes als eines Computers – freilich in der noch sehr mechanisch geprägten Sichtweise einer Rechenmaschine der späten 1940er Jahre. Die einzige Aufgabe des Verstandes ist die Bewältigung des evolutionären Universalproblems jeder Lebensform, namentlich des Überlebens. Diese Aufgabe wäre nun eigentlich kein Problem für den menschlichen Verstand, weil er laut Hubbard eine »perfekte Rechenmaschine« ist, die niemals Fehler macht. Aber wenn man dieser Maschine »falsche« Daten zur Berechnung vorlegt, dann führt auch eine korrekte Berechnung zu unerwünschten Ergebnissen, d. h. zu einem schlechteren Überleben.

Die falschen Daten entstehen in Momenten körperlichen und/oder emotionalen Schmerzes, in denen der bewusste Teil des menschlichen Verstandes »ausgeschaltet« ist. In diesen Momenten übernimmt der »reaktive«, also der unbewusste oder reagierende Teil des Verstandes die Wahrnehmung – und er macht sich die Arbeit ziemlich leicht: Er fotografiert einfach die ganze Szenerie im Zeitpunkt des Schmerzerlebnisses ab, inklusive der Geräusche, Gerüche, Farben usw. Auf diesem abgespeicherten emotionalen Gesamtbild wird nicht zwischen verschiedenen Dingen unterschieden, sondern darin steht alles miteinander in Verbindung, und alles ist verknüpft mit der Empfindung des überlebensfeindlichen Schmerzes. Man wird also beispielsweise von einem Hund gebissen (Schmerz), nebenbei bimmeln irgendwo Kirchenglocken und aus einem Küchenfenster weht der Geruch geschmorter Zwiebeln. Der unbewusste Teil des Verstandes speichert nun das Bild Hund = Glockenläuten = Zwiebelgeruch = Schmerz. Diese falsche, weil irrationale Gleichsetzung nennt Hubbard »Engramm«, und das ist seine Basisdiagnose aller psychischen und auch vieler körperlicher Krankheiten. Wenn einen Menschen nun beim Kirchengeläut oder beim Geruch von gebratenen Zwiebeln ein gewisses Unbehagen oder sogar Angst und Fluchtgefühle überfallen, dann kann es mit dem beispielhaft geschilderten Erlebnis zu tun haben. In solchen Momenten nämlich greift der aktive Verstand auf den »falschen« und unbewusst abgespeicherten Gesamtdatensatz inklusive des Schmerzerlebnisses zurück – und kommt zu einer falschen Schlussfolgerung. Und weil zuletzt das Leben aus einer Fülle solcher unbewussten Schmerzerlebnisse besteht, ist unser Leben so beschwerlich, schlecht und erfolglos. Um also gesund, erfolgreich und glücklich zu werden, müssen die Datensätze mit den falschen Verknüpfungen aufgespürt und entfernt werden – und es ist L. Ron Hubbard, der nach einhelliger Meinung aller Scientologen die dafür notwendigen Methoden mit der Dianetik entwickelt hat.

Das Aufspüren der falschen Daten geschieht überwiegend im Rahmen eines standardisierten Frage-Antwort-Verfahrens, Auditing genannt, in dem nach den individuellen Schmerzerlebnissen der Vergangenheit gefahndet wird. In Hubbards frühen, dianetischen Schriften reicht diese Vergangenheit zunächst nur bis zum Embryo in den Mutterleib zurück. Erst mit den der unsterblichen scientologischen Thetanen bzw. der Entdeckung von Wiedergeburten kommen auch Schmerzerlebnisse früherer Leben sowie Erfahrungen aus der Evolutionsgeschichte dazu. Als Hilfsmittel zum Aufspüren der »Engramme« kommt oft das sogenannte Elektropsychometer (E-Meter) zum Einsatz. Dabei handelt es sich um ein Messinstrument, das über die Haut elektrische Spannungen registriert, die in scientologischer Lesart auf das Vorhandensein von Schmerzerlebnissen im Gedächtnisspeicher, der sogenannten Bank, hinweisen. Ist ein solches Ereignis gefunden, wird versucht, den falschen Datensatz mit seinen irrationalen Gleichsetzungen vollständig in das Bewusstsein zurückzurufen und es auf diese Weise zu löschen bzw. in diesem Sinne die »geistige Gesundheit« wiederherzustellen. Die Grundannahmen dieser Therapie, die von »verdrängten« Erfahrungen und damit einhergehenden »unbewussten« Problemlagen ausgeht, sind psychotherapeutisches Allgemeingut. Auf dieser ebenso einfachen wie plausiblen »Wissenschaft vom Verstand« fußt bis heute fast die gesamte scientologische Praxis. Eben nicht: Hitler oder Satan, sondern: Freud!

L. Ron Hubbard und die Entdeckung des Ich

Soweit es die Dianetik betrifft, hat Hubbard kaum jemals etwas anderes behauptet, als dass sie eine funktionierende (Heilungs-)Technologie auf »ingenieurwissenschaftlicher« Basis sei. Die Wissenschaftlichkeit von Hubbards Theorien über die Funktionsweise und die Reparatur des Verstandes wurde vonseiten der professionellen Psychologie freilich von Beginn an vehement bestritten. Diese Kritik wiederum führte dazu, dass Hubbard bzw. die Scientology-Organisation bis in die Gegenwart eine sehr aktive Feindschaft zu den professionellen psychologischen Disziplinen, besonders zur Psychiatrie, begannen und diese bis heute pflegen. Später werden noch weitere Berufsgruppen wegen permanenter Nörgelei am scientologischen Weltbild Hubbards ziemlich ansehnliche Feindbildgalerie ergänzen – was wiederum die Ursache für einige ziemlich »unnötige« Schriftstücke und Äußerungen Hubbards ist, die für die besagten »Feinde« natürlich ein gefundenes Fressen sind und selbstredend von Journalisten bei jeder Gelegenheit zitiert werden. Die Frage nach Henne und Ei ist diesbezüglich eine müßige.

Wie dem auch sei: In den ersten Jahren nach dem Erscheinen der von Scientologen heute liebevoll »Buch 1« genannten Dianetik, war weder von Scientology noch von Religion die Rede. Der große Erfolg der Dianetik, der das Buch auf die amerikanischen Bestsellerlisten katapultierte, ließ überall in den USA kleine Dianetikgrüppchen entstehen, in denen man sich munter untereinander auditierte. Obwohl also die Dianetik und L. Ron Hubbard zu dieser Zeit schon zahlreiche Anhänger hatten, gab es noch keine Organisation, die diese Bewegung in irgendwelche Bahnen gelenkt hätte. Erst 1954 mit der Eröffnung der ersten offiziellen Church of Scientology (Scientology-Kirche) wandelt sich die lose verbundende laienpsychologische Selbsthilfebewegung langsam zu einer professionell geführten Organisation. Kurz vorher gab es allerdings auch einen inhaltlichen Wandel: Nach einer ungeheuren Produktion neuer und doch irgendwie immer sehr ähnlicher »technischer« Schriften rund um die Dianetik entdeckt auch Hubbard – gut 400 Jahre nach seinem eigentlichen Entdecker René Descartes – das »Ich«, das er als das »sich selbst bewusste Bewusstsein« beschreibt. Damit erhält der bisher »blinde«, dem nicht näher beschriebenen bio-evolutionären Überlebensbefehl gehorchende Verstand einen spirituellen Vorgesetzten, der ihm von nun an sagt, wo es langgehen soll. Dieses »sich selbst bewusste Bewusstsein« nennt Hubbard »Thetan«, der zum wichtigsten ideellen Baustein des scientologischen Weltbildes wird.

Der Thetan ist der Mensch im engeren scientologischen Sinne: das Individuum, die Persönlichkeit, das Ich. Er ist das unsterbliche geistige Wesen, das sich des Verstandes bedient, um das Spiel des Lebens möglichst erfolgreich zu bestreiten. Der Thetan – also jeder Einzelne – ist der Schöpfer jeglicher, zunächst und vor allem aber: seiner eigenen Wirklichkeit. Das grundlegende Problem des Menschen ist nur, dass er im Laufe der Evolution schlicht vergessen hat, dass er ein unsterbliches geistiges Wesen ist, und deswegen auch nichts von seinen fantastischen, weil unbegrenzten Möglichkeiten der Wirklichkeitsgestaltung weiß. Die Vermittlung eben dieses Wissens und natürlich auch der Verkauf der Technologie, dieses geistige Wesen aus seinem falschen Denken und seinen materiellen Verstrickungen zu lösen und damit zu einer Art »Superman« zu machen: Das und nichts anderes ist das grundlegende scientologische Programm seit Mitte der 1950er Jahre.

Das Herzstück der scientologischen Religion ist die »Brücke zur Freiheit«, verstanden als spiritueller Pfad der Selbsterkenntnis. Am Ende dieses hindernisreichen Pfades, dessen Hürden ein Scientologe stufenweise zu überwinden trachtet, steht die totale Freiheit, verstanden als Möglichkeit, die Welt im Pipi-Langstrumpf-Modus völliger Gelassenheit zu betrachten und nach den eigenen Vorstellungen zu gestalten. Der Kern der dafür notwendigen Praxis ist nach wie vor das Auditing, das mittlerweile als Seelsorge bezeichnet wird und von einem Auditor im Selbstverständnis eines Seelsorgers durchgeführt wird. Am Beginn des Erlösungsweges zur geistigen Freiheit stehen verschiedene kleinere dianetische Erlösungsstufen *(Releases)*, die bis zum sogenannten *Clear*, also dem geistig gesunden Menschen, dessen Gedächtnisbank komplett von falschen Daten gesäubert ist, führen. Daran schließen sich mehrere Stufen des *Operating Thetan* (OT), sprich: des »handelnden Menschen«, an. Hier geht es um das Überleben in einer bewusst gestaltenden Perspektive, um das wortwörtliche Verwirklichen von beliebig gesetzten Zielen auf allen Ebenen der Existenz.

Mit Blick auf den praktisch-therapeutischen Weltanschauungskern von Scientology ist es nicht ganz falsch, sich an dieser Stelle nochmals dem Thema der sogenannten »Psycho-Religion« zu nähern – auch wenn es sich dabei, wie bei (fast) allen populären und allein zur Diskreditierung entworfenen Begriffsschöpfungen, um einen ziemlich unsinnigen Begriff handelt. Denn das aus dem Griechischen stammende Wort »Psyche« ist ja jenes biblische Wort, welches gemeinhin mit »Seele« übersetzt wird. Insoweit die Seele auch in christlicher Sichtweise von zentraler Bedeutung ist, wäre also auch das Christentum eine »Psycho-Religion«. Jenseits der Unsinnigkeit dieser boulevardesken Wortschöpfung lohnt es sich trotzdem, einen kurzen Abstecher in das umkämpfte Grenzgebiet zwischen Wissenschaft und Religion zu machen. Scientology nämlich widerspiegelt von seiner dianetischen Gründungsakte als Wissenschaft von der »Mechanik des Verstandes« bis zur Erhebung dieser Wissenschaft und ihrer Ziele als religiöse Unternehmung der Selbstbefreiung die »psychologische« Schnittstelle von Wissenschaft und Religion.

Man kann diese Schnittstelle natürlich im Sinne der in den beiden Esoterik-Kapiteln (5 und 6) angedeuteten Grundvorstellungen als »okkult« betrachten. Aber eben nicht, weil das in irgendeiner Weise etwas mit Satanismus, sondern weil es etwas mit Psychotherapie, also mit Geistheilung zu tun hat. Naturwissenschaftliche Beweise für die Richtigkeit der Freud'schen Grundannahme einer in »Über-Ich«, »Ich« und »Es« zerlegbaren Seele gibt es ebenso wenig wie für Hubbards Verstandes-Zerlegung in einen analytischen und einen reaktiven Teil. Auch dass der Mensch ein unsterbliches Geistwesen ist, das im schlechtesten Falle noch unter den negativen Erlebnissen der eigenen evolutionären Frühexistenz als Muschel leidet (Hubbard), ist nicht mehr oder weniger beweisbar, als dass jeder Junge im Alter zwischen 3 und 5 Jahren so sehr vom Inzestwunsch mit der eigenen Mutter beseelt ist, dass er deshalb gegenüber seinem eigenen Vater Mordphantasien hegt (Freud). In beiden Fällen beweisen sich die Lehren für jene, die ihnen anhängen, erst nach der Anwendung, d. h. in der technischen Funktionalität der Psychotherapie einerseits und des Auditing andererseits. Erst »rückwärts«, nämlich im Erfolg einer individuellen Anwendung gewinnen die unterliegenden Grundannahmen ihre Erklärungskraft. Das gemeinsame und höchst moderne Credo lautet: Probiere es selbst aus, und wenn es praktisch funktioniert, dann wird die Theorie schon stimmen!

Und gerade weil Scientology bis heute unbeirrbar darauf beharrt, eine beweisbare und funktionierende, weil vollständig auf wissenschaftlichen Tatsachen begründete *Religion* zu sein, erscheint dann neben der Freud'schen Psychoanalyse als praktische Quelle des scientologischen Heilsweges auch noch eine »echte« religiöse Tradition am Horizont, die gleichermaßen christlich und »uramerikanisch« ist.

New Thought: Die christliche Geisteswissenschaft

Fassen wir noch einmal kurz die scientologische Grundphilosophie zusammen: Freiheit und Selbstbestimmung – die Begriffe sind austauschbar – sind Ursprung und Ziel des Geistes bzw. der menschlichen Existenz. Frei bzw. selbstbestimmt sein heißt: Ursache seines eigenen Schicksals zu sein. Der geistig gesunde Mensch, und nur er, hat die volle Kontrolle über sein Leben und die Wirklichkeit. Er hat es also selbst in der Hand, gesund, erfolgreich und glücklich zu sein. Das ist die für Scientology typische Gleichsetzung von geistiger Gesundheit, Selbstbestimmung, Realitätskontrolle und Erfolg – oder eben: die bestmögliche Form des Überlebens. Der Umkehrschluss: Krank, erfolglos und unglücklich zu sein zeigt, dass man sein Leben nicht im Griff hat; andere Menschen oder äußere Umstände bestimmen das eigene Leben, man ist also fremdbestimmt und deswegen nicht frei – und diese Unfreiheit, durchaus verstanden als echte Geisteskrankheit, kann bis zum Tode bzw. zum völligen Verlust des Bewusstseins um die eigene unsterbliche Thetanenexistenz führen. An dieser Philosophie setzt das scientologische Heilsprogramm an, das Freiheit im genannten Sinne und damit einhergehend Gesundheit, Glück und Erfolg verspricht. Insgesamt erinnert das alles, und wohl auch nicht ganz zufällig, an die Philosophie der US-amerikanischen *New Thought-Bewegung*.

Die an die unbegrenzten Möglichkeiten des gottgleichen menschlichen Geistes und seiner unbegrenzten Kreativkräfte sich anschließende Glücks- und Erfolgsprogrammatik ist im kontinentaleuropäischen Raum gegenwärtig eher in den säkularen Varianten des »positiven Denkens« bekannt, das weitgehend auf religiöse Bezüge verzichtet. Gleichwohl entsteht das Konzept des »positiven Denkens« aus diversen geistheilerischen Strömungen, deren kontinentaleuropäische Ursprünge im Mesmerismus und für den angelsächsischen Raum in der überwiegend christlich orientierten New Thought-Bewegung liegen.

Die New Thought-Bewegung, die ihren Namen in den 1890er Jahren erhält und vorher als *Mind-Science* (Wissenschaft des Geistes) o. ä. bekannt war, geht zurück auf das Werk und Wirken des amerikanischen Uhrmachers und Erfinders Phineas Parkhurst Quimby (1802–1866). Dieser kommt Ende der 1830er Jahre erstmals in Kontakt mit dem Mesmerismus und macht sich in der Folgezeit einen Namen als Geistheiler, dessen Praktiken sich immer mehr in hypnotische und psychologische Richtungen entwickeln. Im Unterschied zum eher physikalisch orientierten Mesmer, der das Universum von einem feinstofflichen Äther (Fluidum) durchdrungen sieht, ist Quimby ein unverbrüchlicher Christ. Folglich ist bei ihm Gott die ewige, allgegenwärtige und unsichtbare spirituelle Substanz, aus der jede materielle Wirklichkeit hervorgeht. Auch die Sinne des Menschen sind spiritueller Natur und sie funktionieren unabhängig von der Materie. Vermittels seiner Geisteskraft kann der Mensch die göttliche Substanz, den »Allgeist«, und damit auch die daraus hervorgehende materielle Realität beeinflussen. Als Heiler interessieren Quimby natürlich vor allem die Krankheiten, deren Ursache er in einem »falschen« Denken sieht, das gewissermaßen eine kranke Wirklichkeit hervorbringt. Insofern können Krankheiten durch richtiges Denken, d. h. durch Erkennen der Wahrheit, namentlich der allumfassenden Realität und unendlichen Güte und Weisheit Gottes, geheilt werden. Dies sind die Grundannahmen der New Thought-Bewegung, wobei die Idee der Realitätsgestaltung durch Geisteskraft sich später sukzessive über das Krankheitsthema hinaus in Richtung jener allgemeinen Glücks- und Erfolgsphilosophien entwickeln wird, die für das positive Denken, aber beispielsweise auch für Scientology charakteristisch sind.

Obwohl Quimby allgemein als die Gründergestalt des New Thought gilt, bilden sich die ersten bedeutsamen New Thought-Institutionen erst nach seinem Tod. Die erste und mit derzeit weltweit geschätzt 80.000 bis 100.000 Anhängern prominenteste soziale Ausformung der New Thought-Bewegung ist die Church of Christ, Scientist; besser bekannt unter dem geläufigeren Namen *Christian Science*. Mary Baker Eddy

(1821–1910), zunächst eine Patientin Quimbys, gründet Christian Science im Jahr 1879 auf Basis eigener Heilungserfahrungen, die sie 1875 in ihrem schriftlichen Hauptwerk *Science and Health, with the Key to the Scriptures* (dt. 1910: *Wissenschaft und Gesundheit mit Schlüssel zur Heiligen Schrift*) zusammenfasst. Im Wesentlichen geht es dabei um »die Wissenschaft des Jesus Christus«, also um die von Jesus praktizierten geistigen Heilmethoden, wie sie in der Bibel niedergeschrieben bzw. spirituell von Mary Baker Eddy interpretiert worden sind. Jesus gilt dabei nicht als Gott, sondern als eine perfekte menschliche Verkörperung Gottes und somit auch als Beweis für dessen Existenz. Der zentrale Unterschied zu Quimbys Lehre liegt darin, dass Christian Science jegliche Materie für eine Illusion (des Geistes) hält. Insofern sind auch Krankheiten letztlich nur Illusionen, die durch Erkenntnis der spirituellen Wahrheit und die entsprechenden Gebete kuriert werden können.

Zwischen Christian Science und der breiteren New Thought-Bewegung hat sich recht schnell eine tiefe gegenseitige Abneigung eingestellt, was umso erstaunlicher ist, als die neben Quimby bedeutsamste Vordenkerin der New Thought-Bewegung Emma Curtis Hopkins (1834–1891) ist, eine Christian Science-Schülerin der ersten Stunde. Tatsächlich sind sämtliche Gründer der drei wichtigsten New Thought-Formationen um die Wende zum 20. Jh. bekennende Schülerinnen und Schüler der fraglos intellektuell interessantesten Person der New Thought-Bewegung – sei es, weil sie Kurse des Emma Hopkins College of Metaphysical Science besucht hatten oder deren stark mystisch inspiriertes Hauptwerk *Scientific Christian Mental Practice* (Wissenschaftliche Christliche Geistespraxis) für zentral hielten.

Die Church of Divine Science wird um 1888 von der Hopkins-Schülerin Malinda Cramer (1844–1906) und Nona L. Brooks (1861–1945) begründet. Auch hier ist Gott reiner Geist und Jesus das im spirituellen Sinne vervollkommnete Wesen. Indem Jesus die Allgegenwart Gottes vollständig in sich realisiert hat, ist er das Vorbild für jeden Menschen, der die Gegenwart, die Liebe, Güte und Wahrheit Gottes praktiziert bzw. praktizieren will. Im Vergleich zu Christian Science sind die Bedeutung der *Bibel* und die Konzentration auf Gesundheit etwas geringer; im Vergleich zu den späteren New Thought-Strömungen sind die Themen »Erfolg« und »Glück« noch nicht so ausgeprägt. Wie alle späteren New Thought-Strömungen legt auch Divine Science das übliche kirchen-christliche Inventar allegorisch aus: So zum Beispiel, dass Gut und Böse, Himmel und Hölle als unterschiedliche Bewusstseinszustände gedeutet werden müssen oder dass die Jungfrauengeburt lediglich den »unberührten« Zustand des göttlichen Geistes symbolisiert. Unter dem Dach der Divine Science Federation International sind derzeit ein paar Dutzend Kirchen organisiert, wobei die zu keiner Zeit sonderlich große Bewegung den Sprung nach Kontinentaleuropa niemals geschafft hat.

1889 gründen Charles (1854–1948) und »Myrtle« Fillmore (1845–1931) Unity bzw. die erste Unity Church – wobei Charles zuvor ein Prediger der Church of Divine Science war. Auch Unity widerspiegelt alle ideellen Grundlagen der New Thought-Bewegung und versteht sich als »positives und anwendbares« Christentum. Auch hier ist Jesus das Vorbild einer praktischen Realisierung Gottes auf Erden und insofern das anzustrebende und erreichbare Ideal jedes Menschen. Im Unterschied zu Quimby und Eddy ist Gesundheit hier aber nur noch ein Ziel, das neben Wohlstand und Glück tritt und im Wesentlichen durch *affirmative prayers* (positives oder »bejahendes« Gebet) erreicht werden soll. Die International Association of Unity Churches zählt ca. 900 angeschlossene Kirchen. Nach Eigenangaben gehören der Bewegung weltweit insgesamt ca. 2 Millionen Menschen an. In Deutschland existieren derzeit etwa 30 Unity-Studiengruppen.

Am weitesten von seinen christlichen Wurzeln entfernt hat sich Religious Science, was sich mittlerweile auch im neuen Namen der United Centers for Spiritual Living niederschlägt. The Institute of Religious Science, später: Church of Religious Science, wird 1927 von Ernest Holmes (1887–1960) gegründet und zwar im Anschluss an sein ein Jahr zuvor veröffentlichtes Grundlagenwerk *The Science of Mind.* Bei Holmes tritt der christliche Gott erstmals gänzlich hinter das »Universale Prinzip« zurück und es sind deutlich buddhistische Einflüsse identifizierbar. Damit sind die United Centers for Spiritual Living vor dem Hintergrund der modernen Marktesoterik nicht mehr als spezifische Ausprägung der New Thought-Bewegung erkennbar, obwohl sie ebenso wie alle oben genannten Strömungen (außer Christian Science) und noch einige andere mehr zur schon 1914 gegründeten International New Thought Alliance gehören.

In Deutschland, das sei an dieser Stelle kurz eingeschoben, waren die seit Anfang des 20. Jh. auftauchenden Formen der US-amerikanischen *Neugeist-Bewegung* wenig erfolgreich. Diesen relativen Misserfolg kann man als Hinweis auf die mittlerweile entstandene Fremdheit zweier nur scheinbar vom gleichen Christentum geprägter Kulturen lesen. Mit den gleichsam radikal biblischen wie spirituell erweckten US-amerikanischen Formen der Geistheilung konnte man weder im säkular noch im lutherisch geprägten Vorkriegsdeutschland etwas anfangen. Die deutschen Formen der Geistheilung verblieben entweder im anthroposophischen Fahrwasser Steiners oder sie nahmen spezielle lutherische Formen an. Was Letztere betrifft: Die vom Neuoffenbarer Johannes Weißenburg (1855–1941) im Jahr 1926 im Brandenburgischen begründete Johannische Kirche hatte in den 1930er Jahren wohl um die 100.000 Mitglieder und damit weit mehr als alle US-amerikanischen New Thought-Ableger zusammen. Und in dieser Kirche – die in familiärer Nachfolge bis heute existiert, aber nur noch etwa 3000 Mitglieder hat – mischen sich unverkennbar Mesmerismus und Luthertum. Die Elemente der US-amerikanischen New Thought-Bewegungen fassen in Deutschland eher über die Umwege der Pfingstbewegung und der Charismatiker Fuß. Und natürlich über das »positive Denken«, aber dafür müssen wir nochmals zurück in die USA.

Obwohl sich die New Thought-Bewegung wegen ihrer dezentralisierten, nur selten mit individuellen Mitgliedschaften einhergehenden und im Regelfall überkonfessionellen Ausrichtung schlecht in Zahlen fassen lässt, ist ihr Einfluss auf die moderne amerikanische Kultur immens, da sie mit mehr oder weniger allen Glücks- und Erfolgsmythen der US-amerikanischen WASP-Kultur kompatibel ist. Und die sehr populären Ansichten im Umfeld des New Thought erhielten natürlich einen zusätzlichen Schub durch die Anfang des 20. Jh. ihren Siegeszug antretende Freud'sche Psychologie, mit der nun wissenschaftlich bestätigt schien, was ohnehin längst religiöse Praxis war: Der Mensch wird beherrscht von einer zwar unbewussten, aber sehr mächtigen Instanz. Und die Suche nach dieser göttlichen oder gottgleichen, weil den Menschen völlig beherrschenden Macht im Inneren war anschlussfähig an fast alle esoterischen Theorien und Praktiken, die die Welt- und Gotteserkenntnis schon immer als eine Form der Selbsterkenntnis verstanden hatten. Anders formuliert: Wer den Schlüssel zum Unterbewusstsein findet, es vielleicht sogar bewusst zu beherrschen weiß, dem stehen Himmel und Erde offen.

Die Vision von der Herrschaft über das Unbewusste stieß spätestens ab dem zweiten Drittel des 20. Jh. auf ein riesiges Interesse der Konsumgüterindustrie. Wenn das Unbewusste der Herrscher des Menschen war, dann war dieses auch der eigentliche Kunde, den es zu gewinnen galt. Fortan verschob sich die Werbung immer mehr in Richtung einer »Manipulation« des Unbewussten, worin der Schlüssel zum erfolgreichen Verkauf selbst der größten Ladenhüter gesehen wurde. In dieser Zeit erblüht der (amerikanische) Mythos des *salesman* (Verkäufers), der, entsprechend psychologisch geschult, alles an jeden verkaufen kann. Für die Gegenwart – und keineswegs nur mehr für die amerikanische – gilt, dass kein industriell gefertigtes Konsumgut ohne ausführliche (tiefen-)psychologische Analyse auf den Markt gebracht wird. Und gar nicht zu reden vom psychologischen Aufwand, mit dem derzeit mehr oder weniger jede Supermarktkette die Platzierung ihrer Waren und die Laufwege ihrer Kunden plant, um deren »unbewusstes« Kaufverhalten zu »manipulieren«. Aber zurück zum eigentlichen Thema.

Aus der Verschmelzung des New Thought mit seinen tiefenpsychologischen Geschwistern erwächst letztlich nicht nur das »positive Denken«, sondern auch die gesamte »psychologisch« argumentierende Glücks- und Erfolgsliteratur der ersten Hälfte des 20. Jh. Allein die *Alltime*-Bestseller der viel schreibenden Erfolgsautoren Prentice Mulford (1834–1891; *Thoughts are Things,* 1889; deutsch: *Gedanken sind real*); Napoleon Hill (1883–1970; *The Law of Success,* 1928; deutsch: *Das Gesetz des Erfolgs; Think and Grow Rich,* 1937; deutsch: *Denke nach und werde reich*); Dale Carnegie (1888–1955; *How to Win Friends and Influence People,* 1937; deutsch: *Wie man Freunde gewinnt. Die Kunst beliebt und einflussreich zu werden*) und Norman Vincent Peale (1898–1993; *The Power of Positive Thinking,* 1952; deutsch: *Die Kraft des positiven Denkens*) sind weltweit in vielen Hundert Millionen Exemplaren verkauft.

Soweit es die angelsächsischen Erscheinungsformen dieser überaus erfolgreichen Bewegungen betrifft, widerspiegeln die meisten sehr deutlich genau das, was auch Scientology kennzeichnet, nämlich die ambivalente Verschmelzung von Wissenschaft und Religion zu einer wortwörtlichen und anwendbaren, technischen »Geisteswissenschaft«. Das, was Scientology vom New Thought unterscheidet, ist, dass sie eben nicht im oben genannten Sinne christlich ist und dass ihre Erfolgstechnologie deswegen eher an den psychotherapeutischen Strang der Glücks- und Erfolgsmythologie anknüpft, wobei deren Unterschiede schon zu Hubbards Zeiten bis zur Unkenntlichkeit verwischt waren. Wer also danach fragt, warum Scientology, zumindest in den

USA, relativ erfolgreich ist, findet in dieser grundsätzlichen Übereinstimmung von scientologischer und US-amerikanischer »Erfolgsreligion« die plausibelste Antwort. Scientology bringt die uramerikanisch-pragmatische Weltanschauung nicht nur auf den Punkt, indem sie sie gleichermaßen zum Naturgesetz *und* zur Religion erklärt, sondern bietet gleichzeitig eine Technologie, um den Menschen in dieses Wirklichkeitsmodell einzupassen.

Wie ernst es Scientology mit dieser letztlich ziemlich zeitgemäßen Weltanschauung ist, zeigt sich umso deutlicher darin, dass Scientology ein bewusstes Handeln in dieser Logik des bestmöglichen, im Sinne eines erfolgreichen Überlebens als »ethisch« betrachtet. Das ist der tiefere Grund dafür, warum sich bei Scientology so viel um »Erfolg« dreht. Nur der Erfolg gibt den Dingen Recht – egal, ob es um den Einzelnen, um soziale Gruppen oder ganze Nationen geht. In dieser letztlich zirkulären Logik, in der der »Gewinner« immer recht hat, weil er sein Ziel erreichen konnte – also selbstbestimmt ist –, und der Verlierer immer unrecht hat, weil er sein Ziel eben nicht erreichen konnte – also fremdbestimmt ist –, operiert mehr oder weniger alles, was im Fahrwasser des New Thought schwimmt.

Hier wäre man also beim Schlüssel zum Verständnis eines sinnvollen Begriffs der »Psycho-Religion« angelangt; als einer Religionsform, in deren Zentrum ein individuelles Seelenheil steht bzw. eine »geistige Gesundheit«, die aktiv erreicht bzw. »erarbeitet« werden kann und deswegen in Form von Therapien bzw. »Techniken« angeboten wird. Dass diese Therapien manipulativ sind, wie von »Sektenexperten« gerne entrüstet behauptet wird, ist ebenso zutreffend wie unspektakulär. Denn: Das gezielte Verändern von Lebens-Zuständen hin zum Besseren ist per se das Ziel aller Therapien. Und bei Therapien, die nicht auf den Körper, sondern eine »kranke« Psyche gerichtet sind, ist eine Veränderung des Bewusstseins, sprich: eine Veränderung der »Sicht auf die Dinge« das Ziel.

Lebenshilfen dieser Art sind das offen beworbene Angebot von unzähligen therapeutisch orientierten Gruppen, die sich im psychologischen Grenzgebiet von Religion und Wissenschaft bewegen und sich deshalb oft im begrifflichen Bermudadreieck von Seele, Geist und Psyche tummeln. Auch Scientology bietet therapeutisch-technische Lebensverbesserung. Das entspricht dem Interesse einer Kundschaft, die sich mithilfe der scientologischen Techniken verändern will – und die sehr enttäuscht ist, wenn die Technologie nicht funktioniert, ihre Lebenslage sich also nicht verbessert. Alle therapeutischen Religionen oder religiösen Therapien setzen, im Gegensatz zu Katholizismus und Luthertum, nicht auf ein Erdulden des Schicksals und eine Glücksverschiebung ins Jenseits, sondern auf aktive Lebensverbesserung und ein Glück im Hier und Jetzt. In dieser Weise sind sie dem technologischen Zeitalter, dem Zeitalter der Machbarkeit und damit dem gegenwärtigen Weltbild der abendländischen Moderne verbunden.

Dass Scientology das Verwirklichen von individueller Freiheit als Grundpfeiler einer Religion formuliert und sich auch sonst sehr weitgehend in den kulturellen Wertvorstellungen des abendländischen Mainstreams bewegt, spielt in der öffentlichen Kritik indes so gut wie keine Rolle. Und mit eben dieser merkwürdigen, im Wortsinne

»gegenstandslosen« Scientology-Kritik ist man am eigentlich interessantesten Punkt des gesamten Scientology-Phänomens angekommen.

Scientology: Der Untergang des Abendlandes?

In den Medien hört man des Öfteren den Satz, dass gegenwärtig keine neureligiöse Bewegung so »umstritten« sei wie der »Sonderfall Scientology«. Das ist eine sicherlich merkwürdige Sichtweise, denn »gestritten« wird, zumindest in Deutschland, schon lange nicht mehr. Im Gegenteil: Gerade die gesellschaftliche Einmütigkeit in der »Verdammung« der Scientology-Organisation ist bemerkenswert. Der schon Mitte der 1990er Jahre von der bayerischen Landesregierung ausgerufene »Kampf« gegen das »Krebsgeschwür Scientology« vereint Gewerkschaften und Arbeitgeberverbände, Kirchendiener beider Konfessionen und atheistische Sozialdemokraten, Boulevardjournalisten und Kulturschaffende – und mittlerweile sogar FDP-Anhänger und Grüne. Selbst die Scientology-Kritik der jugendbewegt-anarchistischen, sich stets autonom-vermummt präsentierenden Web 2.0-Szene um ANONYMOUS klingt, als wäre sie vom bayerischen Innenministerium in Auftrag gegeben worden. Angesichts dieser fast schon beängstigenden Einigkeit aller gesellschaftlich relevanten Kräfte stehen die Scientology-Organisation und ihre geschätzt 5000 festen Anhänger in Deutschland natürlich auf hoffnungslos verlorenem Posten.

Wie schon angedeutet überrascht nicht nur die Einmütigkeit, sondern auch Art und Ausmaß der Kritik – und das nicht nur, weil sie in der Schärfe jedes »sektentypische« Maß übersteigt. Scientology sei, so lässt es sich seit den frühen 1990er Jahren bis in die Gegenwart jeder Anti-Sekten-Broschüre entnehmen, »okkulte Geistesmagie«, gleichsam »satanistisch« und »rassistisch« beeinflusst, in praktischer Hinsicht »antichristlich«, »totalitär« und »extremistisch« geprägt und weise »nationalsozialistische«, »faschistische« und »stalinistische« Züge auf. Die Gemeinschaft sei »mafiös« organisiert und betreibe einen »menschenverachtenden Psychoterrorismus«, der darauf ausgerichtet sei, Menschen ihrer »Freiheit zu berauben«, sie »seelisch« und »finanziell auszubeuten«, sie »systematisch zu zerstören« und sie zu »willenlosen Robotern« zu machen. Wer sich der Organisation widersetze, werde in »KZ-ähnliche Straflager« oder »GULags« gesperrt und müsse dort »niedrigste Sklavenarbeiten« verrichten. Überhaupt sei die Organisation weder Religion noch Kirche, sondern ein »militärisch-krimineller Hirnwäschekult«, verstrickt in »Mord«, »Menschenraub«, »Erpressung« und »Geldwäsche«. Scientology sei ein »Milliardenkonzern«, verfolge »geheime Weltherrschaftspläne«, breite sich aus wie eine »Seuche« und habe bereits weite Teile von Staat, Wirtschaft und Gesellschaft »unterwandert«. Und auf der Homepage einer großen evangelischen Jugendorganisation konnte man 2009 in einer »lustigen« Umfrage ankreuzen, dass Scientology »neben AIDS die größte Bedrohung des Jahrhunderts« sei – was auch schon etliche Seitenbesucher getan hatten.

Während der Hochphase der öffentlichen Debatte in den 1990er Jahren erschienen beinahe täglich Artikel in der lokalen und überregionalen Tagespresse, in den

Wochenzeitungen und den Unterhaltungsjournalen. Binnen weniger Jahre wurden zahllose Reportagen, Aussteigerberichte, Ratgeber und Aufklärungsbroschüren veröffentlicht, und kaum ein Fernsehformat ließ sich die quotenträchtige Chance entgehen, der Öffentlichkeit die »Wahrheit über Scientology« zu erzählen – eine »Wahrheit«, die es – wie gerade gezeigt – in sich hat. Aufgeschreckt durch diese »Wahrheit« kommt es seit etwa 1992 zu zahlreichen Maßnahmen, deren bekannteste und schwerwiegendste die seit 1996/97 andauernde Beobachtung der Organisation durch den Verfassungsschutz ist. Aber auch unterhalb dieser staatstragenden Maßnahme spielte sich einiges ab: Die Volksparteien sowie zahlreiche Berufs- und Interessenverbände formulierten medienwirksam »Unvereinbarkeitserklärungen« und begaben sich auf die Suche nach Scientologen in den eigenen Reihen, um sie auszuschließen. In Wirtschaftsunternehmen und auch bei Behörden kursierten sogenannte Sekten-Filter, mit deren Hilfe Mitarbeiter bzw. Bewerber über eine etwaige Anhängerschaft zu Scientology befragt wurden. Die Junge Union veranstaltete »Scientology-Tribunale« und rief schon 1996 erstmals – und seither immer wieder – zum Boykott von Kinofilmen auf, in denen die bekennenden Scientologen Tom Cruise oder John Travolta mitspielten. Der Börsenverein des deutschen Buchhandels empfahl seinen Buchhandlungen umgehend, keine Scientology-Bücher mehr auszuliefern (woran sich die meisten bis heute halten); Städte und Gemeinden versuchen nach wie vor jede Scientology-Veranstaltung zu unterbinden, und seit Mitte der 1990er Jahre sind die öffentlichen Büchereien angewiesen, etwaig vorhandene Schriften L. Ron Hubbards aus dem Buchbestand zu entfernen. Selbst in den vielen Universitätsbibliotheken landeten die Scientology-Schriften im »Giftschrank«. Und zuletzt legten sich sogar die Medien die heroische Selbstbeschränkung auf, Scientologen »kein öffentliches Forum« zu bieten, und besetzten ihre Talkshows entsprechend einseitig mit eingefleischten Scientology-Gegnern und gerne auch mit Kirchenvertretern, die die Öffentlichkeit eindringlich vor der »falschen« Religion warnten. Schließlich sah sich sogar der Deutsche Bundestag genötigt, eine der bis dahin kostspieligsten Enquete-Kommissionen aus der Taufe zu heben, die sich unter dem etwas sperrigen Titel *Neue religiöse und ideologische Gemeinschaften und Psychogruppen in der Bundesrepublik Deutschland* der Sekten-Thematik im Allgemeinen und natürlich Scientology im Besonderen widmete.

Im Internet schießen seither privat betriebene Anti-Scientology-Seiten wie Pilze aus dem Boden und in den Sektenberatungsstellen vervielfachten sich die besorgten Anfragen zu Scientology. Fast jede Landesbehörde richtete Abteilungen ein, die sich nun speziell mit Scientology befassten. Bedenkt man, dass in den 1990er Jahren fast jedes der zahlreichen Anti-Scientology-Bücher die Bestsellerlisten stürmte, dann kann der Nachhall in der Bevölkerung nicht überraschen: Eine Meinungsumfrage des forsa-Instituts ergab 1995, dass 90 % der Befragten Scientology mit »etwas Negativem« verbinden. In einer weiteren forsa-Umfrage aus dem Dezember 2007 sprachen sich 74 % der Befragten für ein Scientology-Verbot aus. Und seit ein allseits durch die Medien bekannter Historiker meinte, den Schauspieler Tom Cruise mit dem Nazi-Propagandaminister Joseph Goebbels vergleichen zu müssen, befindet knapp die Hälfte aller

Befragten dann auch – in einer (ziemlich sinnlosen) Emnid-Umfrage –, dass Tom Cruise »gefährlich« sei. 2010 schließlich, nach der Ausstrahlung des pseudo-dokumentarischen ARD-Spielfilms über ein individuelles Scientology-Schicksal *(Bis nichts mehr bleibt),* votierten in einer, freilich nicht repräsentativen, Internetumfrage 90 % der Befragten für ein Scientology-Verbot. Wer ansonsten durch die vielen Internet-Blogs streift und die stets zahlreichen Kommentare zu Medienbeiträgen im Zusammenhang mit Scientology liest, dem eröffnet sich dementsprechend eine konsequent hasserfüllte Polemik gegenüber der Scientology-Organisation und den »niacin-stinkenden Sciento-Zombies«, die in einer virtuellen Endlos-Schleife wiederholt wird. (Niacin ist ein Vitamin, welches Scientologen im Rahmen eines körperlichen Entgiftungsprogramms zuweilen in hoher Dosis einnehmen.)

Kurz gesagt: Scientology ist tatsächlich ein Sonderfall, weil keiner anderen religiösen Gemeinschaft in der Geschichte der Bundesrepublik jemals eine vergleichbare Niedertracht und Gefährlichkeit nachgesagt wurde. In diesem Sinne kommentierte ein feinsinniger Beobachter schon Mitte der 1990er Jahre, dass die öffentliche Debatte den Eindruck erwecke, »das ganze Abendland stünde kurz vor dem Untergang – und verantwortlich dafür seien die Machenschaften der Scientology-Organisation«.

Scientology: Wahn und Wirklichkeit

… unter diesem Titel ist 2005 ein Buch des derzeit medial gefragtesten Scientology-Aussteigers erschienen. Und auch wenn es natürlich anders gemeint ist: Dies könnte auch die passende Überschrift zur gesellschaftlichen Scientology-Debatte sein.

Natürlich, und Ja: Es gibt viele Gründe, Scientology *nicht* zu mögen. Dass Scientology, wie jede Religion, ideelle Eigenschaften aufweist, die dem aufgeklärten Welt- und Menschenbild zuwiderlaufen, ist unstreitig, und dass die internen scientologischen Praktiken nicht am pädagogischen Summerhill-Ideal ausgerichtet sind, ist zutreffend. Scientology ist auch keine fröhliche Hippiereligion und sie gehört weder zu den esoterisch-harmonischen Kuschelreligionen noch zu den weltabgewandt vor sich hin frömmelnden Betgemeinschaften. Dass sich die straff organisierte amerikanische Scientology-Spitze als Elitebund zur Weltrettung versteht, bestreitet nicht einmal sie selbst, und es ist richtig, dass Scientology-Gründer L. Ron Hubbard das scientologische Programm nicht mit Rücksichtnahme auf das deutsche Grundgesetz formuliert hat. All das rechtfertigt Skepsis, ein gewisses Maß an Aufmerksamkeit und, wo nötig und berechtigt, auch Kritik.

Die oben kurz skizzierte öffentlich-mediale Debatte ist indes alles andere als »kritisch«, sofern man darunter im Wortsinne »das Unterscheiden« von Fakten versteht. Tatsächlich steht dem höchst einseitigen, undifferenzierten und teilweise ins Wahnhafte gesteigerten Gefahrendiskurs eine vergleichsweise nüchterne Wirklichkeit gegenüber. Selbst der Verfassungsschutz findet seit nunmehr über 15 Jahren keine Beweise für tatsächlich stattfindende gesellschafts- oder staatsgefährdende Aktivitäten der Scientology-Organisation. Die Beobachtung wird weiterhin allein mit ein paar ausgewählten, 40 bis 50 Jahre alten Textpassagen Hubbards und einigen markigen Sätzen aus den Kreisen der amerikanischen Scientology-Elite gerechtfertigt. Tatsächlich sind die der Scientology-

Organisation medial unterstellten Kapitalverbrechen (Mord, Menschenraub, räuberische Erpressung, organisierte Wirtschaftskriminalität usw.) die fiktive Komplementärmenge zu jenen tatsächlichen »Verbrechen«, die auf der juristischen Agenda in Deutschland stehen: unerlaubte Straßenwerbung, widerrechtliches Verteilen von Handzetteln, Verstöße gegen das Heilpraktikergesetz, Klagen/Unterlassungsklagen in Bezug auf zulässige/nicht zulässige Behauptungen, Klagen wegen Beleidigungen und übler Nachrede. Jegliches der ohnehin sehr wenigen in Deutschland bisher begonnenen Ermittlungsverfahren wegen gezielter und systematischer Begehung schwerwiegender Straftaten seitens der Scientology-Organisation wurde schon im Vorfeld ergebnislos eingestellt. Schon 1997, also auf dem Höhepunkt der öffentlichen Hysterie, kam darum das Institut für Kriminologie der Universität Tübingen in einem Gutachten zu dem Ergebnis, dass Scientology sich »nicht als kriminelle Vereinigung im Sinne des Strafrechts« charakterisieren lasse. In eben diesem Gutachten wurde auch festgestellt, dass sich direkte durch Scientology verursachte psychische Folgeschäden aufseiten der Anhänger nicht nachweisen lasse. Dieses Ergebnis war aber offensichtlich nicht das vom Auftraggeber, der Landesregierung Baden-Württemberg, gewünschte, die das Gutachten auf Nimmerwiedersehen in ihren Schubladen verschwinden ließ.

Während Medienwelt, »Sektenexperten« und diverse Politiker seit 1994 gebetsmühlenartig darauf hinweisen, dass Scientology bereits weite Teile des deutschen Wirtschaftslebens kontrolliere, räumte die Bundesregierung im Jahr 2000 auf Anfrage ein, dass »eine Einflussnahme der Scientology-Organisation in der Wirtschaft [...] bisher nicht festgestellt werden« konnte. Seit nunmehr zwei Jahrzehnten berichten die Medien gerne in dicken Buchstaben von »verstärkten Aktivitäten«, »neuem Zulauf« und »starker Ausbreitung« der Organisation, gerne auch von »zunehmendem politischen Einfluss«. Dass Scientology allerdings »nach wie vor« (!) keinen Erfolg hat – und auch »keinerlei Einfluss auf Bundes- oder Landespolitiker«, wie der Berliner Verfassungsschutz 2010 vermeldete, wird in den meisten Medien nicht einmal in einem Dreizeiler erwähnt.

Diese praktisch entwarnenden Befunde stimmen mit den eher abstrakt gehaltenen religions- und sozialwissenschaftlichen Studien überein, die mehrheitlich keinen Anlass sehen, Scientology den Status eines »Sonderfalls« auf dem Religionsmarkt zu verleihen oder der Organisation eine besondere Gefährlichkeit zuzuschreiben. Leider interessieren sich weder die Medien noch die zahllosen Kostgänger der Anti-Kult-Szene für derart unspektakuläre Wahrheiten. Selbst die Fernsehserie *Lindenstraße,* die seit über 25 Jahren dafür bekannt ist, Klischees und Vorurteile gegenüber Minderheiten und gesellschaftlichen Randgruppen in schöner Regelmäßigkeit als eben solche zu entlarven, hat sich 2011 des Scientology-Themas angenommen. Mitte 2011 trat dort eine »Sekte« namens *Society* auf, die den schlechten Scientology-Klischees nachgebildet ist, diese aber nicht im aufklärerischen Gestus widerlegt, sondern: bestätigt!

Da es sich bei diesem öffentlichen Desinteresse an Fakten und der damit einhergehenden Möglichkeit, Sektenklischees unwidersprochen und ohne jeden Anflug von sonst obwaltender Political Correctness breitzutreten, um ein allgemeines Problem der medialen Thematisierung von »Sekten« handelt, werden wir die Frage, wie es überhaupt zu solchen überdimensionierten Gefahrendiskursen kommt, im Kapitel über die Sektenmacher (Kapitel 12) wieder aufnehmen. Im Zusammenhang mit Scientology lohnt es sich viel mehr, den hier besonders hartnäckig auftretenden öffentlichen Glauben zu diskutieren, man könne »falsche« von »echten« Religionen anhand eines einfachen Blicks auf deren Geldbeutel bzw. ihr wirtschaftliches Gebaren unterscheiden.

Die Gretchenfrage I: Scientology als Kirche?

Ein zentraler Aspekt des als solches debattierten Scientology-Problems bezieht sich auf die scientologische Inanspruchnahme des Begriffs »Kirche«, der die Gemüter zumindest in Deutschland über alle Maßen erregt. Der stereotype Vorwurf lautet, Scientology sei überhaupt keine »echte« Religion, sondern ein Wirtschaftsunternehmen – ein besonders übles dazu –, was wiederum im Zirkelschluss dafür angeführt wird, dass Scientology dann auch keine Kirche sein könne.

Tatsächlich – und insoweit kann man der Kritik folgen – macht eine Verwendung des Kirchenbegriffes außerhalb der christlichen Traditionen wenig Sinn. Andererseits ist das Wort frei verwendbar, und es unterstreicht den scientologischen Anspruch, eine Religionsgemeinschaft zu sein – zumal der Begriff Kirche vor dem US-amerikanischen Hintergrund eine weniger scharf umrissene Bedeutung als in Deutschland hat. Nun hat L. Ron Hubbard den Religionscharakter für Scientology und den Kirchencharakter der Organisation nie sonderlich aufwendig begründet. Mit der Setzung, dass der Mensch ein unsterbliches geistiges Wesen ist, Scientology den Weg zu seiner Befreiung/Erlösung aufzeige und eine Kirche die dafür angemessene Organisationsform sei, sind die wesentlichen Aspekte genannt. Das Ganze unterscheidet sich insofern zunächst wenig von anderen Religionen, die alle ein bestimmtes, den materiellen Menschen übersteigendes Bild der Wirklichkeit entwerfen und die jeweils eigene Organisation bzw. die eigenen Lehren und Praktiken als (einzig) geeignete Mittel der Erlösung anempfehlen. Dass Scientology auf ein konkretes Gottesbild verzichtet und an die Stelle des höchsten Wesens die Unendlichkeit bzw. das in die absolute Freiheit aufgestiegene Ich und seine selbst geschaffene Wirklichkeit setzt, ist definitiv nicht sonderlich christlich. Aber in der modernen Gegenwart ist eben nicht mehr jede Religion dazu verpflichtet, im christlichen Sinne religiös sein zu müssen.

Scientology selbst sieht sich in religiöser Hinsicht gern als Metareligion (»Religion der Religionen«) und artverwandt mit den östlichen Religionstraditionen, besonders mit dem Buddhismus. Tatsächlich gibt es viele Religionswissenschaftler, die dies auch so sehen, aber so richtig zwingend ist das nicht. Um es ganz oberflächlich zu begründen: Bei Scientology wird weder meditiert noch werden irgendwelche buddhistischen Traditionen und Zeremonien gepflegt, und die buddhistische Bekenntnisformel ist in Scientology-Kreisen wohl eher unbekannt. Die sporadisch praktizierten scientologischen Trauer-, Tauf- und Ehe-Zeremonien sind 1:1 einem protestantischen Gestus nachempfunden. Und es gibt auch keine Scientology-Tempel, sondern eben nur »Kirchen«. Natürlich: Die meisten Scientologen glauben an Reinkarnation und Seelenwanderung, aber das tun mittlerweile auch ca. 30 % der evangelischen Christen in Deutschland, die trotz dieser für das Christentum höchst häretischen Vorstellung nicht in Verdacht geraten, »getarnte« Buddhisten zu sein.

Um es abzukürzen: Es macht bei Scientology – ebenso wie bei allen anderen Religionsgemeinschaften – keinen wirklichen Sinn, solche Diskussionen zu vertiefen. Die Standard-Christen glauben daran, dass sie als Abbild Gottes von diesem geschaffen wurden und ihnen die Erlösung dereinst im Himmelreich zuteilwird (oder auch nicht). Scientologen glauben daran, dass sie unsterbliche Thetane sind und dass die von L. Ron Hubbard entwickelten scientologischen Lehren und Methoden einen spirituellen Befreiungsweg beschreiben. Punkt. Wer wollte, auch mit Blick auf die bisher beschriebenen Phänomene, behaupten, dies sei nicht oder weniger religiös oder etwas prinzipiell anderes? Und wenn man die Hubbard'schen Enthüllungen in den höheren OT-Stufen zu Gesicht bekommt, in denen man erfahren kann, dass die Ur-Thetane die Opfer der Inquisitionspolitik eines üblen intergalaktischen Herrschers namens Xenu waren – lange bevor vom irdischen Menschen die Rede sein konnte –, dann ist das doch kein Argument *gegen* den Religionscharakter, sondern eher eines dafür. Es mag sein, dass diese und noch einige andere »Storys« sehr nach einer von Hubbards Abenteuergeschichten klingen. Gleichwohl ist der Inhalt deswegen nicht mehr oder weniger abwegig oder zutreffend als die biblisch beschriebene Welterschaffung in 6 Tagen. Hier handelt es sich um Glaubensfragen, zu deren Überprüfung es keinerlei wissenschaftliche Methoden gibt. Insofern ist es auch völlig egal, ob L. Ron Hubbard die Xenu-Geschichte erfunden hat oder nicht; ob er verrückt war oder nicht; oder ob er das selbst geglaubt hat oder nicht – wer würde den biblischen Moses oder gar Jesus mit solchen Spitzfindigkeiten konfrontieren?

Es tut auch nichts zur Sache, ob Hubbard in seiner vorscientologischen Zeit »nur« ein Schriftsteller war, weil auch niemand Anstoß daran nimmt, dass beispielsweise Mohammed vor seiner Zeit als Prophet zunächst Ziegenhirte und dann Kaufmann war. Überhaupt: Welches wäre denn eine »richtige« berufliche Eingangsqualifikation als Prophet oder Religionsstifter? Und um es zuzuspitzen: Ist Schriftsteller nicht eine vergleichsweise geeignete Qualifikation? Wäre es nicht enorm aufschlussreich, der Ökumene und dem innerreligiösen Frieden ungemein dienlich, wenn auch Jesus seine Geschichte *selbst* aufgeschrieben hätte? Am Ende spielen all diese Fragen aber ohnehin keine Rolle, denn Religionen existieren nicht, weil jemand eine »fixe Idee« hat, sondern durch die Gemeinschaft jener, die dieser Idee Glauben schenken. Auch die Autorität von Religionsstiftern in Bezug auf solche Ideen ist kein Charaktermerkmal dieser Personen, sie wird ebenso durch die Glaubenden verliehen. Nicht weniger als handelsübliche Politiker können sich auch religiöse Lichtgestalten im Wortsinne unglaubwürdig machen und jegliche Autorität verlieren – oder niemals überhaupt eine solche gewinnen. Wie schon an anderer Stelle angedeutet: Nur ein verschwindend kleiner Bruchteil aller »fixen Ideen« von ungezählten Stichwortgebern findet überhaupt eine dauerhafte Anhängerschaft.

Gleichwohl ist das, was »Glauben« findet, also übrig bleibt, beeindruckend. Und im Rückblick auf die vorangegangenen Kapitel kann man wohl festhalten, dass die

Erscheinungsformen des Glaubens und die Gebilde, die er hervorbringt, ausgesprochen vielfältig sind. Das ist der Ausgangspunkt für alle Wissenschaften, die an dieser Stelle forschend ansetzen und die sich »nur« mit der gesellschaftlichen Realität religiöser Phänomene befassen. Und wegen dieser Beschränkung auf die sozialen Tatsachen wird kein ernsthafter Religionswissenschaftler der Gegenwart Aussagen über die »Wahrheit« von Glaubensgründen und damit die »Echtheit« von Religion machen. Das gilt natürlich auch für Scientology, weshalb der öffentliche Konsens, dass Scientology *keine* Religion ist, niemals mehr als eine Meinung, also ein subjektives Werturteil sein kann.

Nun wird aber in der Öffentlichkeit gerne auf ein Urteil des Bundesarbeitsgerichts aus dem Jahr 1995 verwiesen, in dem das Gericht zu genau dieser Wertung kam. Seither wabert dieses Urteil als »Beweis« und höchstrichterliche »Entscheidung« durch die Scientology-Debatte. So einfach ist es freilich nicht. Die genauen Hintergründe dieses Urteils – wie in allen anderen anhängigen Fällen ging es um die Beurteilung eines (hier: arbeitsrechtlichen) Einzelfalles, zu dessen Beurteilung die Richter die Religionsfrage klären mussten – mögen hier keine Rolle spielen. Um die Religionsfrage zu klären, berücksichtigen die Gerichte neben dem Selbstverständnis der Gemeinschaft auch das »gemeinte« Religionsverständnis der Verfassung. Das heißt, hier kommt in Deutschland ein Mix aus traditionellen christlichen, aus religionswissenschaftlichen und zeitgenössischen Kulturvorstellungen zum Tragen. Denn entgegen landläufigen Ansichten enthält das Grundgesetz weder eine Definition dessen, was Religion ist, noch sieht es überhaupt ein wie auch immer geartetes Entscheidungsverfahren in dieser Hinsicht vor. Dementsprechend handelt es sich auch bei der juristischen Klärung dieser Frage um eine erhebliche Interpretationsarbeit, die seit nun gut 30 Jahren von Gericht zu Gericht unterschiedlich ausfällt. Ohne nachgezählt zu haben, steht es hier ungefähr unentschieden, und die meisten Gerichte tendieren dazu, die Religionsfrage am Ende als »entscheidungsunerheblich« zu betrachten. Auch das Bundesarbeitsgericht hat im Jahre 2002 sein obiges Urteil in diese Richtung konkretisiert, woraus freilich auch nicht – wie es die Scientology-Organisation gerne tut – abgeleitet werden kann, dass damit automatisch eine Anerkennung als Religion einhergeht; denn auch eine solche Anerkennung sieht die deutsche Verfassung grundsätzlich nicht vor.

Die Gretchenfrage II: Kirche oder Business?

Die in vielen Fällen anhängige Gretchen-Frage ist ohnehin eine andere, nämlich die, ob die Scientology-Organisation eigentlich ein Wirtschaftsunternehmen ist und das Religionsetikett hier nur als »Tarnung« anzusehen sei. Dass Scientology unternehmerisch agiert und viel Aufwand betreibt, um seine Produkte zu bewerben und zu verkaufen, ist unstreitig. Die Scientology-Organisation hat klar definierte Produkte, von denen viele als offizielle Handelsmarken eingetragen sind, und sie verfügt über organisierte Vertriebswege, diese an den Mann bzw. auch an die Frau zu bringen. Überdies existieren zahllose offizielle Anweisungen Hubbards bezüglich des Marketings und des Verkaufs dieser Produkte. Dass daraus indes gefolgert wird, dass man dann eben keine Religion oder Kirche sein kann, ist eine sehr deutsche Sichtweise und eine ziemlich naive dazu.

Sie unterstellt nämlich einen Gegensatz zwischen weltlicher und religiöser Ökonomie. In den USA beispielsweise – das Land, aus dem Scientology stammt – ist eine solche Sichtweise definitiv widersinnig. Dort wo jede Religion offen auf dem religiösen Markt um Mitglieder und Spenden konkurrieren muss, ist eine Orientierung an marktwirtschaftlichen Prinzipien unumgänglich. Eine solch komfortable Situation, wie die der beiden deutschen Großkirchen, für die der Staat das Geldeintreiben übernimmt, ist im globalen Maßstab eher eine Insellösung.

Davon unabhängig sind die großen christlichen Kirchen – besonders die katholische, die schon immer ein ökonomischer Global-Player war – längst in der Marktwirtschaft angekommen. Beide Kirchen beschäftigen angesichts sinkender Mitgliederzahlen in Deutschland zahlreiche professionelle Werbe- und Marketing-Agenturen, die dafür sorgen sollen, dass sich das Produkt »Kirche« wieder besser verkauft. Der Unterschied zu den kleineren Religionsgemeinschaften besteht allenfalls darin, dass sie über weit größere finanzielle Möglichkeiten verfügen. Zwar sind und bleiben Finanzdaten bei allen Religionen stets Mangelware, aber zusammengenommen wird das geldwerte Vermögen der beiden deutschen Großkirchen – also einschließlich des Immobilien- und Grundbesitzes, der Werke, Verbände und Institutionen, der Stiftungsvermögen und natürlich der eigenen Unternehmen und zahlreichen Unternehmensbeteiligungen – auf knapp 500 Milliarden Euro geschätzt. Und wenn dies nur geschätzt werden kann, dann liegt das an einem dezentralisierten und höchst verschachtelten Finanzsystem, das vermutlich auch gutwillige Finanzexperten der Kirchen nicht in Gänze durchblicken. Der Jahresumsatz der Kirchen durch Kirchensteuern, geldwerte Steuererleichterungen, staatliche Subventionen und Transfergelder, Einnahmen durch eigene unternehmerische Tätigkeiten, durch Spenden, Mieteinnahmen und sonstige Renditen wird auf jährlich ca. 125 Milliarden Euro geschätzt. Davon werden ca. 1,3 Millionen Mitarbeiter und Angestellte bezahlt – wobei der Staat bzw. die Länder noch eine knappe halbe Milliarde jährlich für die Gehälter der höheren kirchlichen Würdenträger beisteuern. Alles in allem ist es also mindestens blauäugig zu glauben, ein solches Vermögens-, Finanz-, Dienstleistungs- und Personalvolumen ließe sich in einer speziell »religiösen«, also außerhalb einer »weltlichen« ökonomischen Logik betrachten.

Nun weisen die Kirchen mit Recht darauf hin, dass ihre unternehmerisch-ökonomischen Tätigkeiten keiner Gewinnerzielungsabsicht folgen, sondern allein dem Gemeinwohl und eben dem Erhalt »ihrer« Religion geschuldet sind. Aber genau das nimmt auch Scientology für sich in Anspruch – ohne in irgendeiner Weise dabei staatlich unterstützt zu werden. Auch Scientology hat erhebliche Kosten für die eigene Religion aufzubringen, und nicht wenige dieser Kosten stehen objektiv einer Gewinnerzielungsabsicht im Wege – wozu nicht zuletzt ein exorbitanter Hochglanzwerbeaufwand und ein zumindest in Deutschland kontraproduktiver Lobbyismus zählen. Spätestens seit bekannt wurde, dass Scientology die Schriften ihres Gründers auf Titanplatten graviert und atombombensicher in eigens angelegten unterirdischen Stollen verstaut, dürfte sich der Gedanke der Gewinnmaximierung erledigt haben. Und dass Scientology einen Großteil seiner Mitarbeiter »ehrenamtlich« beschäftigt, also gar nicht bzw.

außerordentlich schlecht bezahlt, kann man zwar als Indiz der Ausbeutung werten, aber in genau diesem Punkt unterscheidet sich Scientology gerade nicht von den Kirchen und dem sprichwörtlichen »Gotteslohn«, der den Millionen ehramtlich für die Kirchen tätigen, vor allem weiblichen Christen gezahlt wird.

Die in der Presse gerne unterstellten »Milliardengewinne« und der Verweis auf ein weltweites Firmenimperium treffen vielleicht auf die katholische Kirche zu; für Scientology und für die vielen anderen kleinen Religionsgemeinschaften ist beides schlichtweg an den Haaren herbeigezogen. Abseits der glamourösen Scientology-Zentrale in Berlin wohnt Scientology in den meisten deutschen Städten zur Miete, was kaum zum Bild eines Milliarden-Konzerns passt, der angeblich seit 20 Jahren den deutschen Immobilienmarkt unterwandert. Und abgesehen von ein paar Ausnahmen, vor allem aus dem Medienproduktions- und Verlagsbereich, sowie einigen anderen direkt für Scientology nützlichen Ausgründungen, besitzt Scientology auch keine nennenswerte Anzahl von Firmen. Die meisten Unternehmen des viel zitierten World Institute of Scientology Enterprises (WISE) sind in privater Hand. Bei ihnen handelt es sich um überwiegend kleine und kleinste Unternehmen, die die Administrationstechnologie L. Ron Hubbards anwenden, weil ihre Besitzer überzeugte Scientologen sind. Und für die Nutzung dieser nicht sonderlich modernen Verwaltungstechnologie überweisen diese Unternehmer den »Zehnt« ihrer Einnahmen als Lizenzgebühren an die Scientology-Organisation. Dadurch wird das Unternehmen aber kein »Scientology-Unternehmen«. Wieder im Vergleich: Niemand käme auf die Idee, einen deutschen für seine biologische Babynahrung bekannten Nahrungsmittelkonzern dem Besitz der katholischen Kirche zuzurechnen, weil der Chef des Familienunternehmens ein überzeugter Katholik ist, der sein Unternehmen nach Maßgabe der katholischen Soziallehre führt und sich auch finanziell für die Sache der Kirche engagiert. Und wenn die WISE-Mitglieder untereinander ein Netzwerk gleich gesinnter Unternehmen bilden, mit dem Ziel, sich gegenseitig zu fördern und die scientologische Ethik in der Wirtschaftswelt zu verbreiten, dann haben sie das mit dem Bund katholischer Unternehmer gemein, der die gleiche Zielsetzung in Bezug auf die katholische Ethik verfolgt, aber insgesamt ungleich erfolgreicher ist.

Das alles hat nichts damit zu tun, dass es Einzelpersonen gibt, die durch Scientology im Wortsinne Haus und Hof verloren haben. Sehr viele Menschen erleiden allerdings das gleiche Schicksal in tausenderlei anderen Zusammenhängen und die Schuldfrage ist fast nie eindeutig. Im Zusammenhang mit Scientology und mit Blick auf die geltende Rechtslage ist es kaum anders als bei den Banken, die solche Schicksale wohl in weit häufigerem Maße verursachen. Man wird angesichts von freiwillig und »in gutem Glauben« eingegangenen Verträgen und erhaltenen Leistungen (egal ob Kredit, spekulative Wertpapiere oder Auditing) selten eine Organisation dafür haftbar machen können, dass man das Kleingedruckte nicht gelesen hat. Dies gilt umso mehr, als bei religiösen Waren und Leistungen nur selten bewiesen werden kann, dass diese in betrügerischer Absicht angeboten und »in falschem Glauben« angenommen wurden.

[…] wer erwartet, dass in der Welt die Teufel mit Hörnern
und die Narren mit Schellen einhergehn,
wird stets ihre Beute, oder ihr Spiel sein
(Arthur Schopenhauer)

11 Was zum Teufel ist Satanismus?

In allen historischen Gesellschaften gibt es Vorstellungen des Bösen in Form von Geistern und Dämonen oder Magie und Schadenszauber, aber kaum eine andere Gestalt ist so absolut gezeichnet wie der Satan (hebräisch = Ankläger bzw. Widersacher Gottes) bzw. der Teufel (griechisch/lateinisch: *diábolos/diabolus* = Verwirrer/Wahrheitsverdreher) der christlichen Kirchengeschichte. Insofern ist der *Satanismus,* im Sinne eines organisierten Glaubens an den Satan bzw. das absolut Böse, von vornherein eine zwiespältige Angelegenheit, denn ein Gutteil des christlichen Glaubens beruht auf der Annahme der Realität des Satans. Von Papst Johannes Paul II. (1920–2005) stammt die Aussage, dass, wer nicht an den Teufel glaube, auch nicht an das Evangelium glaubt – so jedenfalls überliefert es uns Gabriele Amorth, der aktuell für den Vatikan verantwortliche »Teufelsaustreiber« (Exorzist) der Diözese Rom.

Dass also die Realität des christlich konzipierten Satans keineswegs nur symbolische Bedeutung hat, lässt sich mithin am Katechismus der katholischen Kirche aufzeigen, der den auf Jesus selbst zurückgehenden Exorzismus (vgl. die entsprechenden Stellen seiner Teufels- und Dämonenaustreibung im *Markusevangelium*) auch heute noch als Bestandteil der katholischen Praxis ausweist. Der professionelle Exorzismus der Kirche, das *Rituale Romanum,* konkurriert dabei mit verschiedenen »wilden« Formen: dem Laienexorzismus bzw. einem nicht unter bischöflicher Erlaubnis praktizierten Exorzismus vor allem in Afrika, dem Exorzismus der orthodoxen Kirchen in Osteuropa und entsprechenden Unternehmungen etlicher evangelikaler Pfingstgemeinden. Interessanterweise will die katholische Kirche unter Benedikt XVI. diesem »wilden Exorzismus« mit einer vermehrten Ausbildung eigener Exorzisten an der päpstlichen Universität Regina Apostolorum begegnen.

Mit einem solchen echten Glauben an den Satan, der die Weltsicht fast aller radikalen christlichen Gruppen prägt, hat der unter diesem Etikett in den Medien auftretende Satanismus merkwürdigerweise wenig bis gar nichts zu tun. Abseits der kirchenchristlichen Negativbestimmung des Satans mitsamt seinen vielfältigen Erscheinungsformen in »fremden« Göttern und menschlichen Teufelspakten ist es überhaupt ausgesprochen schwierig, einem positiven, wenn man so will: eigenständigen Satanismus auf die Spur zu kommen.

Ein Bild des Bösen: Satan als ästhetisches Symbol

Außerhalb der christlichen Realgeschichte und aus der Gegenwart zurückschauend verlieren sich Satans Spuren recht schnell in literarischer Fiktion: Vielleicht kann John Miltons (1608–1674) berühmtes Langgedicht *Paradise Lost* (1665–1667) in der Weise als Ausgangspunkt genommen werden, als dass Milton dort – völlig gegen jede eigene Intention – Satan mit so farbenfrohen, heroisch-rebellischen Zügen ausstattete, dass der englische Dichter William Blake (1757–1827) dazu verleitet wurde, den stranggläubigen Puritaner Milton als, freilich unbewussten, »Parteigänger Satans« zu interpretieren. Als ästhetische Metapher der Rebellion gegen Unmündigkeit und Unwissen, gegen Weltverleugnung, Sinnesfreude, Kunst und Kreativität finden sich seither jedenfalls immer wieder »satanische« Spuren in literarischen Wendungen; so bei Nicolas Chamfort (1741–1794), bei Lord Byron (1788–1824) oder Charles Baudelaire (1821–1867). Auch Goethes (1749–1832) Mephisto gehört letztlich in die Reihe der ästhetisierten und deswegen eher faszinierend als nur abstoßend gezeichneten Satansgestalten.

Derart ästhetisiert, symbolisiert ein literarischer »Satanismus« (oft künstlerische) Individualität, grenzüberschreitendes Wissen und vielleicht auch ein positives Verständnis von Sinnesfreuden – was natürlich eine Negation christlicher und damit kleinbürgerlich-puritanischer Werte bedeutet. In diese Lesart muss man wahrscheinlich auch die kleine überwiegend aus englischen Adeligen und Großbürgern gebildete Gruppe der Knights of St. Francis (Ritter des heiligen Franziskus) stellen, die unter dem Namen Hellfire Club (Höllenfeuer Club) um die Mitte des 18. Jh. als erste in den zweifelhaften Ruf gelangte, eine Satanisten-Vereinigung zu sein. Dass die Mitglieder des Clubs nicht vor der Verspottung christlicher Ämter und Namen zurückschreckten und sich diversen Gelüsten hingaben, mag wohl stimmen. Dass sie Schwarze Messen gefeiert haben und deswegen »echte« Satanisten waren, dürfte dagegen ins Reich der Legenden gehören. Angesichts der vereinsinternen Neigung zu sinnlichen Freuden dürfte auch die zuweilen behauptete Mitgliedschaft Benjamin Franklins (1706–1790), der ja mehr oder weniger als der Erfinder der Tugenden von Sparsamkeit, Mäßigung und harter Arbeit bekannt ist, nicht zutreffend sein – oder aber ein Indiz für Franklins Doppelmoral.

Der ästhetisierte Satanismus, der seinen Höhepunkt im *Fin de siècle* in den vergnügungshungrigen Kreisen der Dekadenz, unter Literaten, Bohemiens, Dandys und Rakes fand, hat als Symbol der (künstlerischen) Provokation in der Gegenwart weitgehend ausgedient. Das zeigt die Allgegenwart des Teufels als Werbeträger für Waschmittel (»Fleckenteufel«) und Frischkäse, als plüschiger Schlüsselanhänger, als Weihnachts-Schokoteufel, als Faschings- und Babykostüm usw.

Auf der Suche nach dem »guten« Satan

Der wesentlich realere Satanismus, auch dieser freilich vorerst nur als symbolische christliche Negativbestimmung erkennbar, hat im Grunde vorchristliche Wurzeln. So begegnet man am antiken Götterhimmel in der Gestalt Luzifers, des wortwörtlichen »Lichtbringers«, einem überaus positiv gezeichneten Wesen, zumeist gleichgesetzt mit dem hellsten Stern am Himmel, dem Morgenstern bzw. der Venus.

Wie es dazu kam, dass dieser Luzifer schon Ende des 4. Jh. in der lateinischen Bibelübersetzung mit Satan, dem gefallenen Engel und bösen Widersacher Gottes, zunächst assoziiert und später gleichgesetzt wurde, ist eine komplexe Angelegenheit – denn auch das Christentum beansprucht ja eine positive Lichtsymbolik. Vielleicht ist diese Negierung Luzifers der christlichen Frontstellung gegen die antiken Religionen geschuldet, aber tatsächlich steht ab etwa dem 4. Jh. jede Form von tatsächlicher oder mutmaßlicher Kirchenkonkurrenz im Verdacht, ihren Ursprung im Wirken des Satans oder in einem »Teufelspakt« zu haben. Insofern ist die historische Lage verzwickt, weil der Licht- und Erkenntnisbringer der esoterischen Kreise zwar zuweilen in der Gestalt Luzifers auftaucht, dann aber eben nicht der »böse« Satan der christlichen Vorstellung ist.

Was also tun, wenn man bei genauerer Betrachtung ja auf der Suche nach einem eigenständigen sozial-historischen Gegenstand ist, der weder im allgemeinen Feld der Esoterik noch der christlichen Religion aufgeht? Wir suchen mithin einen selbstständigen und guten und damit religionswürdigen Satan. Und weil das nicht so einfach ist, wie es sich anhört, werfen wir vielleicht zunächst mal einen Blick auf all das, was in den Medien unter dem Label »Satanismus« so zu finden ist.

Der Wunschsatanist des modernen Christentums: Aleister Crowley

In der gegenwärtigen Literatur aus der christlichen Weltanschauungsbeauftragten-Szene ist der »echte« (Erwachsenen-)Satanismus nicht vorstellbar ohne Bezug zu Aleister Crowley (1875–1947), seinem Wirken und vor allem seinem recht umfangreichen Schrifttum. Wenn in der *Wikipedia*-Enzyklopädie mit Recht vermerkt wird, dass Leben und Werk Crowleys ein »geistiger Steinbruch« für Satanismus-Interessierte sei, so gilt das vor allem für kirchliche Sektenbeauftragte, die sich daraus gewissermaßen ihren Wunschsatanisten gebastelt haben.

Crowleys bewegte Okkult-Karriere in Gemeinschaften wie dem Hermetic Order of the Golden Dawn (Geheimgesellschaft der Goldenen Morgenröte) und dem O.T.O. (Ordo Templi Orientis; Orientalischer Templerorden) bis hin zur Gründung seiner eigenen Religion des Willens (Thelema) im Astrum Argenteum (Silberner Stern) scheint dafür ebenso geeignet wie seine im Werk und in der Öffentlichkeit gespiegelte Persönlichkeit, die sich nie vor antichristlicher Polemik oder überhaupt irgendeiner Geschmacklosigkeit scheute. Der einer streng religiösen Familie – sein Vater war ein Laienprediger der englischen Brüderbewegung – entstammende Crowley führte ein in jeder Hinsicht ausschweifendes Leben, welches sich in Drogenkonsum und dem tabulosen Ausleben seiner hochsexualisierten »magischen« Weltsicht niederschlug. Dazu kam die Selbststilisierung als das »Große Tier 666« aus der *Johannesoffenbarung* (in Kirchenkreisen gerne mit dem Antichrist gleichgesetzt; allerdings gibt es auch eine Vielzahl anderer Deutungen der Zahl und ihrer Bedeutung). Als Kabbalist, Freimaurer, Rosenkreuzer, Alchimist und Sexualmagier bediente er sämtliche historischen Feindbilder der Kirche – und wie man annehmen darf: ganz bewusst! Anekdotischer Höhepunkt ist sicherlich die im *Liber XX* beschriebene rituelle Kreuzigung eines auf den Namen Jesus von Nazareth getauften Frosches. Dieser sollte zuvor einer regelrechten Anklage (eher einer Beschimpfung) ausgesetzt werden, in der er all seiner historischen Verbrechen gegen die Liebe, das Leben und die Freiheit angeklagt wird. Die Kreuzigung des Frosches/Jesu symbolisiert das Ende des dunklen christlichen Zeitalters und den Beginn des neuen lichterfüllten Äons – in thelemitischer Lesart einen neuen spirituellen Entwicklungsabschnitt der Menschheit. (Die Froschschenkel wurden von Crowley im Anschluss an die Kreuzigung übrigens zum Verzehr anempfohlen.)

Wenn man nun also denkt: Was könnte tatsächlich »satanischer« sein als dieser Crowley, dann geht man dem christlichen Wunschdenken auf den Leim. In keiner der vielen intellektuellen Traditionen, die Crowley für seine Thelema-Religion großzügig vermischt hat, spielt ein »christlicher« Satan eine Rolle. Nur in christlicher Zuweisung und in polemischer Absicht erscheinen un- oder nichtchristliche Inhalte als »satanisch«. Natürlich spielt sich Crowley gerne selbst zum höchstpersönlichen Rivalen des christlichen Gottes und seiner Religion auf, aber es ist wieder nur die christliche Binnenperspektive, in der dieser Rivale mit dem »Satan« gleichgesetzt wird.

Um es kurz zu machen: Im Kern seiner Thelema-Religion erhebt sich Crowley zum Gott seiner selbst, und seine religiöse Botschaft besteht darin, dass sich jeder Mensch, mithilfe magischer und sexualmagischer Techniken, zu seinem eigenen Gott entwickeln soll: »Jeder Mensch ein Stern«, wie Crowley schrieb. Crowley und die historischen Grüppchen in seinem Umfeld haben also mit einem wie auch immer gearteten Satanismus wenig zu tun. Sie gehören ohne Zweifel in die antiaufklärerische Sparte der männerbündischen Ordensesoterik.

Die thelemitische Religion

Im viel zitierten Thelema-Grundsatz Crowleys »Tue was du willst, sei das ganze Gesetz« – bis heute das zentrale Motto aller »satanischen« Gruppen –, kommt die Ablehnung jeglicher Fremdbestimmung zum Ausdruck, die eben nicht nur Gott und Kirche, sondern auch einen etwaig realen Satan umfasst. Die allumfassende Sünde in Crowleys *Buch des Gesetzes* ist die Begrenzung des Willens bzw. der Freiheit, weil sie der »Natur« der Unbegrenztheit des Willens, der Freiheit und des menschlichen Potenzials im Wege steht. Das Überschreiten von Grenzen und Begrenzungen ist mithin ein wesentlicher Bestandteil thelemitischer Riten, die allerdings (durchaus kantianisch) dort enden, wo ein anderer Wille eingeschränkt wird.

In der individualistischen, um nicht zu sagen egomanen Grundausrichtung dieses Glaubens liegen wohl auch die Gründe für einen gewissen organisatorischen Misserfolg. Schon zu Lebzeiten Crowleys erwiesen sich O.T.O. und Astrum Argenteum als wenig stabile, stetig von Spaltung und Umbenennung betroffene Gemeinschaften mit kaum nennenswerten Anhängerzahlen. In der Gegenwart konkurrieren zahllose Kleinstgrüppchen – kaum eine weist auch nur dreistellige Mitgliederzahlen aus – im Umfeld des Crowley-Erbes. Die mit Blick auf die Mitgliederzahlen bedeutsamste Gruppierung ist der amerikanische O.T.O.-Zweig *(Caliphat)*, der nach eigenen Angaben (von 2008) 3350 Mitglieder weltweit hat – in Deutschland dürfte der in Aachen eingetragene Verein kaum mehr als 100 Mitglieder haben. In den weiteren Kontext von O.T.O. und Crowleyianismus gehören sicher auch noch die sogenannten Saturn-Orden (Fraternitas Saturni, Communitas Saturni und Ordo Saturni); alle gekennzeichnet durch eine mehr oder weniger bewusste Ablehnung Crowleys (eine Feindschaft, die vorwiegend persönliche Gründe hat) bei gleichzeitig selektiver Adaption des Inhaltes seines »Gesetzbuches«. Bedenkt man zusätzlich, dass man in die meisten solcher Orden auf Lebenszeit aufgenommen wird und überdies Mitgliedschaften in mehr als einem Orden nicht ungewöhnlich sind, dann wird man sich der Randständigkeit des Phänomens bewusst.

Insofern ist die 1982 begründete Thelema-Society (auch dies schon der sechste interne Name) die gegenwärtig bedeutsamste deutsche Einzelgruppierung in der Tradition Crowleys. Aber auch ihre Mitgliederzahl dürfte wenige Hundert kaum überschreiten. Der 2007 verstorbene Gründer Michael Eschner sprach 2004 in einem Interview zwar mit Bezug auf die Internet-Community von mindestens 5000 Thelemiten in Deutschland, gleichzeitig sagte er in diesem Interview, dass sich in der Szene eigentlich alle Akteure untereinander kennen. Faktisch existiert eine »Kern-Community« im niedersächsischen Wendland, deren Größe sich allerdings im unteren zweistelligen Bereich bewegen dürfte.

Im Vergleich zu den eher dogmatischen, hierarchischen und von allerlei Mystizismen und einem hochkomplexen rosenkreuzerischen oder freimaurerischen Gradsystem geprägten O.T.O.-Gruppen scheint die Thelema-Society mittlerweile im eher spielerisch-undogmatischen New Age-Kontext angekommen zu sein, an den man sich sowohl sprachlich als auch praktisch angepasst hat. Zwar wird Crowleys *Buch des Gesetzes* als eine weltanschauliche Grundlage genannt, aber eben nur unter vielen anderen. Dabei lässt der Autodidakt Eschner, der selbst ein gutes Dutzend Bücher veröffentlicht hat, hier weniger okkulte Quellen als vielmehr eine Philosophenriege von Kant über Nietzsche und Heidegger bis hin zum Soziologen Luhmann zu Wort kommen. Was diese (oder auch Crowley) letztlich mit »Bauchtanz, afrikanischem Tanz, Tai Chi, Kampfkunst, Yoga, Body Building, Dehnungsübungen, Energiearbeit, Meditation auf Mantren [sic!], Klänge, Empfindungen oder visuelle Objekte […]« (so ein Ausschnitt der thelemitischen Praxis in ihren eigenen Worten) zu tun haben, kann an dieser Stelle offenbleiben, aber einen Satanismus im Sinne des christlichen Wunschdenkens wird man auch dort kaum entdecken können.

Anton Szandor LaVey und der »American Way of Satanic Life«

1966 konstituiert sich in San Francisco/Kalifornien ein von den Crowley-Phänomenen weitgehend unabhängiges Gebilde, die Church of Satan; dem Namen nach die erste bekennende »Kirche« Satans. Ihr Gründer Anton Szandor LaVey (1930–1997) bemühte sich zu Lebzeiten gerne, den populär-christlichen Bildvorstellungen des Satans gerecht zu werden, und trug bei seinen medialen Selbstinszenierungen gerne Umhang, Bockshörner und ein Pentagramm. Im Gegensatz zu den »ernsten« und stets um Heimlichkeit bemühten Kleingruppen der Crowley-Tradition, wies die Church of Satan mit ihrem öffentlichen Charakter von Beginn an unverkennbar »amerikanische« Züge auf. Der Esoterik Crowleys setzt LaVey eine plakative Exoterik entgegen, der in sprachlicher und praktischer Hinsicht jeder Mystizismus fremd ist: Es gibt keinen Gott, alle Religionen (besonders natürlich die christliche) sind Heuchelei; das wahre Leben ist das materielle Leben im Hier und Jetzt; der eigene Wille und seine Durchsetzung ist das, worauf es ankommt – und der materielle Erfolg beweist die eigene Überlebenskraft. Folge deiner Natur, den Instinkten und allen Lüsten, die dich treiben; wenn du geschlagen wirst, schlag mit doppelter Kraft zurück; sei hart gegen dich selbst und gegen andere. LaVey erhebt die christlichen Sünden plakativ zu satanischen Tugenden – und er entlarvt dabei, nicht ganz unbegründet, eine US-amerikanische Kultur, die diesen »satanischen« Tugenden ohnehin mehr oder weniger deutlich folgt – freilich ohne sie als solche zu begreifen.

Als einzigen die Natur übersteigenden und insofern religiösen Aspekt des Satanismus sieht LaVey die magischen Rituale. Obwohl das grundsätzliche Ziel der Anwendung von Magie bei Crowley und LaVey identisch ist, nämlich die Realität unter die Kontrolle des Willens zu bringen, sind nur die Rituale des Letzteren als solche wirklich unverschlüsselt zu erkennen: Setze Magie und Hexerei ein, wenn sie dir nutzt, und zwar ohne schlechtes Gewissen. Der geschilderte Rahmen der magischen Rituale ist dann wesentlich eine mit gotteslästerlichen Elementen ausgeschmückte Travestie der katholischen Messe: Die Männer kleiden sich schwarz bzw. sie legen (wenn verfügbar) schwarze Roben an, die Frauen (zumindest die jüngeren) ziehen aufreizende Sachen an (um die sexuelle Energie anzuregen). Man zündet schwarze Kerzen an, läutet Glocken, satanische Symbole (Schlange, Pentagramm usw.) werden aufgestellt, und man bemüht sich darum, eine nackte Frau als fleischlichen Altar zu gewinnen (es geht aber auch ohne). Der Satan bzw. die vier Höllenfürsten werden nun angerufen, ein Phallus (falls benötigt) wird gesegnet, ein Priester verliest die entsprechende Zeremonie für einen bestimmten Zweck und dann wird so plastisch wie nur eben möglich der Wille formuliert, d. h. es wird gewünscht und beschworen, was beim Schadenszauber die hinlänglich bekannten Formen des *Voodoo* annimmt, wo man mit Nadeln auf Puppen einsticht. Ein Kelch mit Lebenselixier (ein beliebiges anregendes Getränk) wird herumgereicht, der Priester zerstört und verbrennt allerlei Dinge und ziegenlederne Pergamente (nicht liniertes Papier ist auch erlaubt), während er das Ritual mit »Schlüsseln« aus der henochischen Sprache (eine »magische« Sprache mit Ursprung im 16. Jh.) begleitet. Bei allem ist auffällig, dass sich diese angewandte Magie im Grunde als exzessive Form des Wünschens darstellt und, was den Erfolg betrifft, von einem Prinzip der »Verhältnismäßigkeit« deutlich eingeschränkt wird (was auch bei Crowley so nachzulesen ist) – die Vollbringung von »widernatürlichen« Wundern ist ohnehin ausgeschlossen. Insoweit steht LaVeys Magie in erstaunlicher Nähe zum christlichen New Thought und zum positiven Denken.

Sieht man einmal von den Ritualen ab, die weder verpflichtend noch nötig sind, um ein registriertes Mitglied der Church of Satan zu werden (es reicht eine Banküberweisung von 200 US-Dollar Aufnahmegebühr), dann gehört dieser Satanismus fraglos zu den gesellschaftlich kaum auffälligen »Ellenbogenreligionen«. Also zu jenen Religionen, in denen die gegebene Welt als alternativlos ausgewiesen ist und in denen man sich »Techniken« für den Kampf um das Überleben unter modernen Bedingungen holen kann. Die unverkennbare Nähe von LaVeys Satanismus zu den (neo)liberalen – in verbreiteter ideengeschichtlicher Unkenntnis gerne fälschlich als »sozialdarwinistisch« bezeichneten – Werten moderner Gesellschaften erklärt nicht nur seinen (relativen) Erfolg, sondern auch die Abspaltung einer bewusst exklusiven Gruppe, die unter dem Namen Temple of Set seit 1975 ein gewisses back-to-the-roots propagiert. Die altägyptische Gottheit Seth, im Temple of Set auch »Fürst der Finsternis« genannt, soll hier als durchaus anbetungsfähiges Realsymbol der Psyche bzw. des echten »Selbst-Bewusstseins« stehen, welches sich historisch in den Bildern des absolut Bösen jener Religionen niederschlug, die sich vor dem menschlichen »Selbst-Bewusstsein« fürchteten. In Anknüpfung an einige Thelema-Grundsätze wollen die Setianer, die sich in kleinen lokalen Gruppen, Pylone (Toreingänge ägyptischer Tempelanlagen) genannt, organisieren, die Psyche in die selbstbewusste Existenz bringen, ein Prozess, der *Xeper* genannt wird. Mithin zielt die zur Anwendung kommende magische Praxis auch hier wesentlich auf die Anpassung der Realität an den Willen, wobei allerdings jedes Dogma abgelehnt wird und keine bestimmten und schon gar keine »antichristlich« inspirierten Rituale praktiziert werden.

Obwohl der Streubereich sämtlicher unter dem Begriff des »Erwachsenensatanismus« praktizierten Dinge recht groß sein dürfte, so gibt es keinerlei Beweise dafür, dass aus diesen Kreisen heraus jemals jene monströsen Verbrechen begangen worden sind, derer sie von den »Sektenexperten« und in den Medien bezichtigt werden.

Sexorgien, ritueller Missbrauch und die »Verschwörung der Mächtigen«

Berichte über Kannibalismus, Sexorgien, politische Verschwörungen, organisierte Kriminalität, Mord und Kindesmissbrauch – von der »einfachen« Vergewaltigung bis hin zur rituellen Schlachtung von Babys – beherrschen immer wieder die Schlagzeilen, wenn von Satanismus die Rede ist. Stereotype dieser Art finden sich freilich schon von den alten Römern auf die ersten Christen angewandt, dann von den Christen auf mehr oder weniger alle religiösen Konkurrenzunternehmungen und schließlich sogar mit erheblichen Folgen auf ihre ureigenste Erfindung, die Hexen. Besonders oft sahen sich die Juden solchen Vorwürfen ausgesetzt, und es erstaunt wenig, dass diese zunächst christlich motivierten Klischees über die rassistischen Zirkel des 19. Jh. bruchlos bis zum Nationalsozialismus durchgeschleppt wurden. Seit den späten 1960er Jahren nun sind es die »Satanisten«; was maßgeblich dadurch befördert wurde, dass es seit LaVeys Church of Satan tatsächlich »bekennende« Satanisten gibt.

Freilich gibt gerade LaVeys millionenfach verkauftes Manifest *Die satanische Bibel* in dieser Hinsicht wenig her. Im Gegenteil: Die absolute Achtung jeglichen Lebens und damit zugleich die umfassende Distanzierung von blutigen Ritualen gehören zu den

Kernaussagen der satanischen Bibel. Insofern muss die virtuelle Beweisführung erneut zurück zu Crowley führen, dessen Sexualmagie schon begriffsnotwendig zumindest etwas mit Sex zu tun hat und dessen *Buch des Gesetzes* im dritten Teil tatsächlich einige Blutrituale einschließlich der Opferung eines Kindes nahezulegen scheint.

Beginnen wir mit dem »Sex«. Tabulose, sprich von moralischen Begrenzungen befreite Sexualität ist ein wesentlicher Bestandteil des bekennenden Satanismus. Allerdings: Willentliche und einvernehmliche Sexualität. Das mag in entsprechend gesinnten Kreisen auch in »Orgien« münden, zwingend ist es nicht; LaVey betont diesen Aspekt, denn jeder soll Sexualität ja »seiner Natur gemäß« ausleben, was ausdrücklich die Möglichkeiten von Monogamie und Enthaltsamkeit einschließt. Die Sexualität in den »geheimen« Orden der Crowley-Tradition dürfte, wenn sie sich an dessen Schriften orientieren, eher ambivalent sein. Einerseits weil sexuelle Handlungen in der ritualisierten Form eher symbolisch vollzogen werden, andererseits auch nie Selbstzweck, also kein reines Ausleben der Lust sind. Rituelle Sexualität à la Crowley, die man recht passend, wiewohl eigentlich anders gemeint, mit seinem Diktum der »Liebe unter Willen« gleichsetzen kann, beruht auf Visionen, die ihrerseits aus den Tiefen esoterisch-mythischer Vorstellungswelten (altägyptische Mythologie, Kabbala, Hermetik und anderes mehr) zu ihm drangen und zu einem Mysterienkult eigener Art verschmolzen sind. Zu den Thelema-Mysterien, soweit in den Ordenstraditionen stehend, findet man nur rituell und symbolisch einen Zugang, der in einigen fortgeschrittenen Einweihungsstufen hochsexualisiert ist. Sperma, Vaginalsekrete, (Menstruations-)Blut und Exkremente aller Art symbolisieren Gestalten der mythischen Welt; ihr werkzeughafter ritueller Gebrauch (vermischen, essen, austauschen usw.) ermöglicht den Zugang bzw. die Initiation in höhere geistige Sphären. Das alles mag irgendwie ekelig sein, findet aber in einem exklusiven Rahmen von Initiationswilligen statt, sodass ein etwaiges öffentliches Interesse davon nicht berührt ist. Wer aus Crowleys vermeintlich ausdrücklich beschriebener Kindesopferung reale Anweisungen oder gar tatsächliche Taten ableitet, der hat entweder – je nach Lesart – zu viel oder zu wenig Phantasie oder aber er hat seine Kenntnisse den Boulevardmedien entnommen. (Das vermeintliche Kindsopfer ist der männliche Samen; wenn mit dem Zusatz »unschuldig«, dann ist es Crowleys Sperma.)

Tatsächlich sind in den letzten Jahren sogar die meisten hart gesottenen kirchlichen Weltanschauungsbeauftragten zur Einsicht gelangt, dass sie in Bezug auf die vermeintlichen Morde und den rituellen Kindesmissbrauch stets Lügenstorys aufgesessen sind. Leider bringt diese Erkenntnis nicht viele dahin, an der grundsätzlichen Existenz solcher Vorgänge zu zweifeln. Angesichts nicht eines einzigen nachgewiesenen »satanischen Ritualmordes« in Deutschland ist es auch irreführend, von »seltenen Ausnahme- oder Extremfällen« zu sprechen. Selbst wer die oft ins Feld geführte und stets »um ein Vielfaches höher« anzusetzende »Dunkelziffer« mit einbezieht, sollte sich dessen bewusst sein, dass ein Vielfaches von Null zunächst immer noch Null ergibt.

Natürlich ist die Nicht-Nachweisbarkeit von Fällen nicht der letztgültige Beweis dafür, dass es keine Fälle gibt – aber sie ist noch weniger ein Beweis dafür, dass es diese Fälle gerade deswegen geben *muss*. Das ist freilich nun die Bühne der zahlreichen Verschwörungstheoretiker unter den selbsternannten »Sektenexperten«. Gerade die Tatsache, dass solche Fälle nicht nachgewiesen worden sind, beweise doch, so die Verschwörungsexperten, dass hinter allem eine ausgeklügelte Planung, organisierte Interessen und natürlich »mächtige Kreise« in Politik und Wirtschaft stehen müssen. Und offensichtlich leisten diese ganze Arbeit: Nicht nur lässt sich kein einziger Fall nachweisen, auch die diese Taten begehenden satanischen Vereinigungen lassen sich nicht nachweisen (sämtliche oben genannte Gruppen scheiden also aus). Es gibt auch keine »echten« Aussteiger aus diesen Gruppen, die Hinweise auf real existierende andere Mitglieder, Missbrauchsorte oder sonstige Orte satanischer Zusammenkünfte geben könnten. Es finden sich nicht nur keine »Leichen«, sondern auch keine Mütter, die jene zahlreichen Kinder geboren und »verkauft« haben, die während der *Schwarzen Messen* geopfert wurden. Auch wurden bisher keine Filmdokumente gefunden, obwohl die rituellen Missbräuche angeblich zu ökonomischen Zwecken gefilmt wurden und »massenhaft« in pädophilen Kreisen kursieren. (Dass es brutale Kinderpornographie gibt, ist unbestritten, nur kommt sie eben nicht aus »satanistischen« Kreisen). Merkwürdig auch, dass man bei der Fülle des in den letzten Jahrzehnten gefundenen kinderpornographischen Materials ausgerechnet das »satanische« Material niemals fand. In der verschwörungstheoretischen Sichtweise beweist dies alles allerdings immer nur eines, nämlich wie ungeheuerlich groß und mächtig die satanistische Verschwörung ist.

Gottes verlorene Kinder: Jugendsatanismus und Gothic-Kultur

Gemeinhin selbst von den »Sektenexperten« als harmlos betrachtet (wenn auch gerne mit dem unsinnigen Klischee der »Einstiegsdroge« gewürzt) wird dagegen ein mit den bisher geschilderten Satanismen wenig verwandter »Jugendsatanismus«. Dieser sei – so die weithin geteilte Ansicht – als adoleszente Protestform gegen Eltern, Schule und Normalgesellschaft zu verstehen, weshalb er sich in nonkonformistischen Selbstinszenierungen – schwarze Kleidung, »leichenblass« geschminkte Gesichter, umgedrehte Kreuze, »satanische« Musik – und »unreifen« experimentellen Mutproben vom Pentagramm-Pendeln über nächtliche Geisterbeschwörungen und Tische-Rücken bis hin zu Friedhofsschändungen äußere.

Die meisten Klischeebilder des Jugendsatanismus entstanden Mitte/Ende der 1980er Jahre und bezogen sich auf die seinerzeit aktuelle »Gothic-Kultur«. Zentrale Merkmale dieser subkulturellen und recht gut beschreibbaren Jugendszene waren allerdings ein gewisser Hang zu Schwermut, Melancholie und eine in politisch-soziale Passivität einmündende resignative, introvertierte Grundhaltung in Bezug auf die Möglichkeit gesellschaftlicher Teilhabe. Diese Lebenseinstellung fand ihren Ausdruck in schwarzer (Trauer-)Kleidung, »düsterer« Musik und einer hohen Affinität zu »dunklen« Orten: zur Nacht, zu Symbolen des Todes und der Vergänglichkeit – was tatsächlich die Friedhöfe zu einem adäquaten Ort der sozialen Begegnung machte. Selbst wenn es aus dieser Szene heraus vereinzelt sogenannte Friedhofsdelikte gab, so macht schon die Kurzbeschreibung deutlich, wie fern diese lose verbundene Szene dem mutmaßlich organisierten und hierarchisierten Satanismus stand, der ja überdies radikale Lebensbejahung und aktive Willensdurchsetzung fordert. Insofern ist es fast schon tragisch, dass gerade diese tolerante und gewaltlose Szene von den Medien und den »Sektenexperten« zum öffentlichen Bild eines ganz anderen Phänomens gemacht wurde. Vielleicht ist es nicht ganz abwegig zu vermuten, dass diese mediale »Bebilderung« des Satanismus dem Umstand geschuldet war, dass die »echten« Satanisten nie in schwarzer Kleidung auf Friedhöfen herumlungerten?

Mittlerweile ist die Gothic-Szene in einer sogenannten *Schwarzen Szene* aufgegangen, für die nicht klar ist, ob oder inwieweit sie jenseits einer schwarzen Ästhetik überhaupt Gemeinsamkeiten hat. Hier gibt es fraglos auch aggressivere Strömungen, von denen einige sich auch einer radikalen antichristlichen Symbolik bedienen, aber hier besteht wohl eher Verwandtschaft zum ästhetisierten als zum realen Satanismus. Gleichwohl: Untersuchungen aus der jüngeren Zeit legen nahe, dass ein mehr oder weniger experimenteller Okkultismus unter Schülern verbreitet zu sein scheint – zumindest behaupten viele Schüler, Erfahrungen damit oder Wissen darüber zu haben. Und man darf sich natürlich fragen, woher das kommt. Zumal man davon ausgehen kann, dass ihr Okkultwissen und ihre Erfahrungen – was immer im Einzelnen das auch beinhalten mag – weder durch Mitgliedschaft in einer satanischen Gemeinschaft (hier gilt überall: »ab 18«) noch durch die Lektüre der schwer verständlichen Crowley-Schriften erworben wurde. Ein Verdacht liegt natürlich nahe und leider findet man für diese Herkunft auch einige Indizien …

… die Geister, die ich rief: Pathologien des Medien-Satanismus

Auch wenn sich alle gegenwärtig existierenden satanischen Gruppierungen ausdrücklich und glaubhaft von jeglicher Gewaltanwendung gegenüber Menschen und Tieren distanzieren, sollte man vielleicht ein Wort über pathologische (krankhafte) Fälle verlieren, die gerade von den Medien in Verbindung mit einem organisierten Satanismus gebracht werden. Besonders »Die Satans-Mörder von Witten« und »Der Satansmord von Sondershausen« – zwei unter diesen Schlagzeilen bekannt gewordene Mordfälle – zeigen vor allem das Interesse der (Boulevard-)Medien, unter dem Deckmantel der »Aufklärung« genau das Gegenteil zu betreiben. Im erstgenannten Fall eines Täter-Ehepaares, das sich selbst der Gothic-Szene zurechnete, also einem subkulturellen Milieu, in dem es keine organisierten Mitgliedschaften gibt, behaupteten diese vor Gericht, Satan hätte ihnen den Mord »befohlen«. Das kann man durchaus so stehen lassen, weil genau darin ersichtlich wird, dass es mit einem organisierten Satanismus eben nichts zu tun hat.

Aufgrund der Tatsache, dass es immer wieder Fälle gibt, in denen einzelne Menschen behaupten, sie hätten diese oder jene Straftat im Auftrag einer höheren Instanz begangen (mit Blick auf nackte Zahlen ist Gott übrigens der bei Weitem am häufigsten genannte Auftraggeber), wird man kaum eine ganze Religion in Gesinnungshaft nehmen können. Schon gar nicht, wenn solche Fälle dem religiösen Selbstverständnis völlig fremd sind. Dies führt aber zwangsläufig zur ambivalenten Rolle des höchst realen »Medien-Satanismus«. Diesem nämlich scheinen nicht wenige Jugendliche jenen »schockierenden« Satanismus zu entnehmen, der tatsächlich noch geeignet ist, für einige Aufmerksamkeit zu sorgen. Unmittelbar nach dem Wittener Mord geschah ein weiterer Mord im Umfeld der Hamburger Schwarzen Szene, der nach einem kurzen medialen Aufschrei über die satanischen Hintergründe recht schnell wieder aus den Schlagzeilen verschwand; vermutlich weil bekannt wurde, dass einer der drei Täter so »fasziniert« von der Berichterstattung über den Wittener Satansmord und die Täter war, dass er alles, was er darüber in den Medien finden konnte, sammelte. Seine Mutter sagte später in einem Interview, dass ihr Sohn davon »geträumt« habe, ebenso »berühmt zu sein« wie das Wittener Pärchen.

Diese Aussage sollte man vielleicht ernst nehmen? Umso mehr, als die gesamte Riege derer, die sich dem Jugendschutz verschrieben haben, von der Politik über die Kirchenvertreter bis zum Sozialarbeiter, sich darin einig ist (und sich hier im Gegensatz zum »Satanismusproblem« tatsächlich auf wissenschaftliche Gutachten berufen kann), dass die Bild-Medien einen großen Einfluss auf die Realitätsvorstellungen von Kindern und Jugendlichen haben. Darum warnt die Church of Satan, ebenso wie auch etliche andere satanische Grüppchen, vor allzu medial geprägten Vorstellungen potenzieller Anhänger. Im »Jugendkommuniqué« einer deutschsprachigen Informationsseite über Satanismus (www.Baphoed.de), die sich an LaVeys Church of Satan orientiert, heißt es:

> »Im Gegensatz zu vielen anderen Religionen und Philosophien respektiert und preist Satanismus das Leben. Kinder und Tiere sind die reinsten Verkörperungen dieser Kraft des Lebens und als solche in den Augen des Satanisten heilig und kostbar. Abgesehen davon ist es extrem unsatanisch, irgendeiner Kreatur gegen ihren Willen das Leben zu nehmen. Gleichermaßen unsatanisch ist es, mittels bewusstseinsverändernder Substanzen sein Gehirn zu vernebeln und sein Beurteilungsvermögen einzuschränken.«

Also nochmal: Im pathologischen, unberechenbar und irrational daherkommenden Medien-Satanismus, dessen vermeintliche »Enthüllungen« zu allem Überfluss auch noch von den wohlmeinenden »Sektenexperten« goutiert werden, liegt wohl ein größeres Problem als im »echten«, weltanschaulich gefestigten Satanismus, der durch Lehren, Rituale und soziale Organisationsformen »gebändigt« ist. Mehr noch: Wenn sich Jugendliche selbst oder anderen tatsächlich – so wird es von Medien und »Sektenexperten« unisono »erzählt« – Satanssymbole in die Haut ritzen, Drogen und Gewaltpornos konsumieren, zu »Nazis« werden und – wie ein Experte zu berichten weiß – nicht nur »Tiere opfern«, sondern »gedanklich weit darüber hinaus« gehen, dann darf man sich die Frage stellen, woher sie diesen Satanismus haben. Die Antwort wird man nicht bei Crowley oder LaVey, sondern vor allem im medial erzeugten Satanismus finden!

*Die Öffentlichkeit hat eine unersättliche Neugier,
alles zu wissen, nur nicht das Wissenswerte*
(Oscar Wilde)

12 »Im Bann der Sekten«: Die Sektenmacher

Mindestens seit der Etablierung des kirchen-christlichen »Kampfes« gegen die Häresien und Häretiker wird der Sektenbegriff fast ausschließlich negativ, d.h. in verunglimpfender Absicht verwendet. Deshalb hat sich auch niemals eine religiöse Gemeinschaft selbst als »Sekte« bezeichnet. In der aufgeklärten abendländischen Gegenwart hat sich daran nichts geändert. Im Gegenteil: Die Verwendung des Sektenbegriffs in seiner ausschließlich negativen Bedeutung ist in der Öffentlichkeit derart verbreitet, dass auch die zwischenzeitlich unternommenen Versuche, einen neutralen Sektenbegriff zumindest in den Wissenschaften zu etablieren, gescheitert sind. Und zwar so gründlich, dass man mittlerweile ganz auf ihn verzichtet.

»Sekte« ist also offensichtlich immer ein Begriff, der von »außen« und zumeist in eindeutig feindlicher Absicht an eine religiöse bzw. weltanschauliche Gemeinschaft herangetragen wird. Und in seiner langen Geschichte ist das Wort zu einem sogenannten Containerbegriff geworden, der, wie zum Beispiel auch »Liebe«, unzählige verschiedene, oft unklare und nicht selten auch gänzlich unvereinbare Vorstellungen lose verbindet. Während aber »Liebe« gewissermaßen das Schmuckkästchen für allerlei positive und warmherzige Vorstellungen ist, ist der Sektenbegriff eher ein Mülleimer, denn er enthält letztlich nur abwertende und negative Vorstellungen: die Sektenklischees.

... und täglich grüßt das Murmeltier: Sektenklischees

Sektenklischees, also die öffentlich verbreiteten und mehrheitlich geteilten Vorstellungen darüber, was Sekten sind und was alles so in Sekten passiert, sind exakt so alt wie die sogenannten Sekten selbst. Denn: Es sind schließlich die Klischees, die die Sekten zu Sekten machen. »Sekte« war und ist seit jeher gleichbedeutend mit: Gottlosigkeit und Verwahrlosung, Vielweiberei und Unzucht, Geldschneiderei und Quacksalberei, Verschwörung und Subversion, Teufelsanbetung und perversen Ritualen oder kurz gesagt: moralisch-ethische Irreführung der Gutgläubigen in der ganzen Bandbreite vorstellbarer Möglichkeiten. Und zwar mit den niederträchtigsten Motiven und den hinterlistigsten Methoden!

So sehen es seit jeher die »Normopathen«, also jene, die wahnhaft dem Glauben daran verfallen sind, dass ihre je eigene Weltanschauung und/oder Religion die einzig normale und richtige ist. Genau darin ähneln sie – um nochmals den schon einleitend erwähnten Psychiater Manfred Lütz zu zitieren – den wirklich »Irren«. Deswegen galt tatsächlich schon immer: Einer sogenannten Sekte anzugehören, ist höchst gefährlich. Aber nicht, weil man »in« dieser um Leib und Leben fürchten muss, sondern weil man als Sektenanhänger stets die Anwälte der »richtigen« Lebensweise, die Verteidiger der »echten Kirche« und die Hüter der »wahren Religion«, die Wächter von »Anstand und Moral« zu fürchten hat. Und diese sitzen, so lehrt es die Geschichte, immer am längeren und damit potenziell gewaltsamen Hebel der Macht. Insofern haben die Ideologen der Normalität immer auch ein dunkle Seite, denn – und auch das wird mit Recht von Lütz angemerkt – sie »hassen« all jene, die sich den normopathischen »Wahrheiten« verweigern.

In Bezug auf die bunte Welt der religiösen Phänomene sind die Normopathen die »Sektenmacher«. Sie sind jene, die allen »Andersdenkenden« und damit auch den alternativen religiösen Gemeinschaften den Stempel des Abseitigen und Perversen aufdrücken, und in diesem Sinne sind sie die eigentlichen Erfinder jener Klischees, in denen sich das Abseitige und Perverse als Kehrseite »ihrer« Vorstellungen von Normalität spiegelt.

Das Basismodell der Sektenklischees, der kulturgeschichtlich stereotype Vorwurf des Glaubens an die »falschen« Götter, der »Religionsfrevel« und die »Verführung der Jugend« zur Unmoral, hatte schon Sokrates (ca. 469–399 v. Chr.) den Schierlingsbecher eingebracht. Und dem historischen Jesus ging es bekanntlich nicht besser, denn auch ihm wurden Volksverhetzung und Religionsfrevel nachgesagt. Und natürlich wurden die Anhänger von neuen religiösen Bewegungen zu jeder Zeit verachtet und verspottet. So heißt es in einer öffentlich-offiziellen Schrift eines römischen Kultwächters über die Christen des beginnenden dritten Jahrhunderts:

> »Es sind Leute, welche aus der untersten Hefe des Volkes unwissende und leichtgläubige Weiber sammeln, die ja schon wegen der Schwäche ihres Geschlechts leicht zu gewinnen sind und eine ruchlose Verschwörerbande bilden. Sie verbrüdern sich in nächtlichen Zusammenkünften, ein feiges und lichtscheues Volk, stumm in der Öffentlichkeit und nur in Winkeln gesprächig.«

Man erkennt: Sektenklischees waren niemals irgendeiner größeren Wahrheit verpflichtet als der Wahrheit ihrer Erfinder. Sie waren stets Hilfsinstrumente, mit denen ein wie auch immer geartetes »anderes« Denken oder Handeln in die Kategorie des monströsen Verbrechens gegen Gott und die Welt eingeordnet werden konnte – und damit nicht nur in einem abstrakt-moralischen Sinn, sondern auch ganz konkret »strafbar« oder mindestens »anrüchig« war. Deswegen basiert ein Gutteil der Sektenklischees seit jeher auf »Sex and Crime«. Schon lange bevor die späteren Kirchenchristen die Legende vom jüdischen Ritualmord an Säuglingen verbreiteten, mussten sie selbst die gleichen Vorwürfe von den Anhängern der antiken römischen Religionen erdulden, die sich das Blutopfer des Abendmahls wohl etwas zu plastisch vorstellten. Selbst der so kirchentreue historische Templerorden wurde mit den Vorwürfen von Kreuzschändung,

Dämonenanbetung und Sodomie (im Mittelalter war damit zumeist Homosexualität gemeint) zu Fall gebracht. Und der mittelalterliche Universalvorwurf, »mit dem Teufel im Bunde zu stehen«, ging stets einher mit den Vorwürfen von Sexorgien, Kindstötungen und Schadenszaubern.

Zwar kann die römisch-katholische Kirche durchaus das Urheberrecht auf die Erfindung vieler der heute gängigen Sektenklischees beanspruchen, aber: Mit der »Luther-Sekte«, die ja selbst auch allen denkbaren Klischees ausgesetzt war, diese nun aber gegen das römische Papsttum, die Juden, die späteren Täufer und die religiösen Schwärmer wendet, erreicht das Schmuddel- und Fäkalniveau der Verbrechensbeschuldigung der »anderen« nochmals neue Höhen. Und auch wenn angesichts der Machtteilung zwischen den beiden deutschen Großkirchen gegenwärtig Waffenstillstand herrscht: Im Auftrag der etablierten Kirchen ziehen noch immer einige Weltanschauungsbeauftragte mit den Klischees von den »falschen« Religionen und ihren vorgeblichen Missetaten durch die Lande – wobei die evangelischen Dogmatiker mittlerweile ihre katholischen Gesinnungsgenossen an Schärfe regelmäßig übertreffen.

Erst im 19. Jh. erfahren die bis dahin überwiegend christlich ausgeschmückten Sektenklischees eine echte Modernisierung. Im autoritär-nationalistischen Zeitalter zwischen etwa 1870 und dem Zweiten Weltkrieg gelten Sekten nämlich deswegen als gefährlich, weil sie als liberale Unternehmungen die Freiheit des Einzelnen propagieren und damit die Homogenität der nationalen Volkskörper bedrohen. 100 Jahre später wird den gleichen Gruppierungen dann vorgeworfen, sie seien homogene Kollektive, die die »liberale« Gesellschaft und die Freiheit der Einzelnen bedrohen.

Etwa Mitte/Ende der 1970er Jahre – in Reaktion auf die neureligiösen Phänomene der 1970er Jahre – kam es zur letzten größeren Anpassung der Sektenklischees. Die bedeutsamste Anpassung dieser Zeit ist, dass die Anhänger der »Sekten« nun nicht mehr selbst »böse« Menschen, sondern »Opfer« sind. Und zwar Opfer von macht-, sex- und geldgierigen »Sektenführern« und einer kleinen skrupellosen Clique von »gelernten Verführern«. Diese Wendung ist insofern interessant, weil diese Theorie des »bösen« (Ver-)Führers, der mit seinen wenigen Helfern lauter unschuldige Opfer produziert, so verdächtig an die Strategien der deutschen Vergangenheitsbewältigung in den 1950er und 60er Jahren erinnert. Man muss das hier nicht ausbreiten, aber im angelsächsischen Raum sind solche kollektiven Rechtfertigungsmuster weit weniger anzutreffen.

Sekten jedenfalls – so der neue und bis in die Gegenwart gültige Tenor – sind stets »falsche« und das heißt: gar keine Religionen, und sie dienen einzig dem Zweck der materiellen Bereicherung und der Machtgier ihrer »Führer«. Die »Sektenopfer« seien vorwiegend labile oder sozial orientierungslose, also vor allem junge Menschen, die nicht freiwillig, sondern allein durch Täuschung in die »Fänge der Sekte« geraten sind. Und ein Entrinnen sei unmöglich, denn die ahnungslosen Opfer würden sofort und vollständig den Manipulationstechniken der Sekten ausgesetzt: Gruppenzwang und ständige Kontrolle, gewaltsame Konditionierung auf die Gruppenziele, unterstützt durch Drogen, Psychotechniken und Sprachmanipulation, Aufgabe der Privatsphäre, Nahrungs-, Vitamin- und Schlafentzug sowie zuletzt die »Abrichtung« auf die Sektenideologie. Und diese beinhalte bei allen Sekten die umfassende Verdammung der Gesellschaft und eine Totalverweigerung der »Realität«.

Diese 1970er-Jahre-Klischees dominieren noch immer die zahllosen »Sektenratgeber« und »Aufklärungsbroschüren« der Gegenwart. Dabei sind, beispielsweise, die Ernährungsvorschriften der ISKCON oder auch der ANANDA MARGA aus heutiger Sicht »gesundheitsbewusst«: Keine Drogen, kein Alkohol und strikt vegetarische Ernährung. Und während die Sektenbroschüren der einschlägigen Experten noch immer vor der bösen »Bhagwan-Sekte« (OSHO) warnen, gehören die therapeutisch-meditativen Programme der OSHO-Wellness-Resorts mittlerweile zum Feinsten (und Teuersten), was auf dem modernen Lifestyle-Markt angeboten wird – weshalb sogar namhafte Weltkonzerne ihre besser bezahlten Mitarbeiter gerne zu einem »Retreat« nach Pune schicken. Die UNITED PEACE FEDERATION gilt noch immer als gefährliche »Tarnorganisation« der VEREINIGUNGSKIRCHE, obwohl die von ihr veranstalteten multireligiösen Events zum weltweit Fortschrittlichsten gehören, was auf dem Feld des interreligiösen Dialogs passiert.

Natürlich gab es immer auch Umstände und Vorfälle, die als Anlass zum Beleg der Sektenklischees dienen. Beispielsweise die KINDER GOTTES, die in einer Überinterpretation der christlichen Nächstenliebe in den späten 1970er Jahren mit einigen ausgesprochen »sündigen« Praktiken von sich reden machten. Aber diese Bewegung suchte und fand ihre Anhänger zunächst in ziemlich verwahrlosten gesellschaftlichen Randgruppen, besonders häufig im Drogenmilieu. In einem durchaus urchristlichen Sinne war die Programmatik der Gotteskinder darauf gerichtet, den »Aussätzigen« der Gesellschaft eine christlich-gemeinschaftliche Lebensperspektive zu bieten. Ab Mitte der 1970er Jahre galt dabei das sogenannte *flirty-fishing,* also die religiöse Anwerbung mit sexuellen Argumenten, als ein ausdrücklich erlaubtes Mittel zur Verbreitung der Liebesbotschaft Gottes. Bis heute findet man die KINDER GOTTES des David Berg (1919–1994) in nahezu jeder »Aufklärungsbroschüre« auf eben dieses Klischee reduziert, obwohl die derzeit weltweit immerhin ca. 10.000 Mitglieder zählende und in THE FAMILY INTERNATIONAL umbenannte Gruppe mittlerweile in fast schon asexuelle Biederkeit versunken ist.

Ebenso gab es in den 1970er Jahren zahlreiche religiöse Gemeinschaften, in denen man diversen Drogen aus Gründen einer als notwendig erachteten Bewusstseinserweiterung offen gegenüberstand – aber gerade auf diese Gruppen, die sich überwiegend aus dem anarchischen Hippiemilieu bildeten, traf niemals zu, dass in ihnen besondere Zwänge herrschten oder systematisch Druck ausgeübt wurde. Und natürlich gab es die medialen Mega-Events: namentlich die tragischen Ereignisse um die Volks- und die Sonnentempler, um die Davidianer und Heaven's Gate. Niemand darf solche Ereignisse ignorieren, und es gibt keinen Grund sie schönzureden. Aber es ist umso wichtiger, gerade diese »tödlichen« Ereignisse in ihrer Unterschiedlichkeit und ihrer komplexen Dynamik zu verstehen – und eben dazu tragen die Sektenklischees nichts bei. Im Gegenteil. Diese Ereignisse bereichern seither die Sektenklischees um das Argument der potenziellen Tödlichkeit aller Sekten. Schlimmer noch: Gerade die scheinbare Freiwilligkeit, mit der zumindest einige

Anhänger der obigen Gemeinschaften in den Tod gegangen sind, unterfüttert das kardinale Sektenklischee der Gegenwart, die sogenannte Gehirnwäsche.

Der Kopf ist rund, damit das Denken die Richtung wechseln kann: Gehirnwäsche

In den 1970er Jahren entsteht in den USA das wirkungsmächtigste Sektenklischee der Gegenwart. Vor allem seit den 1990er Jahren und im Zusammenhang mit der Scientology-Debatte in Deutschland ist »Gehirnwäsche« zum absoluten Modewort geworden. Seither findet es in den Medien inflationäre Verwendung nicht nur in Bezug auf die sogenannten Sekten oder Scientology, sondern überhaupt auf alle vermeintlich »unerklärlichen« sozialen Zusammenhänge. Die schaurig-schöne Anziehungskraft des Begriffs und die damit verbundenen Stereotype sind augenscheinlich so unverzichtbar, dass es niemand für nötig hält, darauf hinzuweisen, dass die dahinterliegende Theorie von mehr oder weniger allen ernst zu nehmenden wissenschaftlichen Institutionen wegen mangelnder Beweiskraft abgelehnt wird. Noch schärfer formuliert: Soweit diese »falsche« allgemeine Theorie über psychische Mechanismen auf den speziellen Bereich der Sekten Anwendung findet, erklärt und begründet sie Klischees, die selbst überwiegend »falsch« sind. Aber beginnen wir am Anfang.

Das angelsächsische »Brainwashing« (Gehirnwäsche) ist aus dem Chinesischen übersetzt und findet bereits im Zusammenhang mit dem Koreakrieg in den 1950er Jahren Einzug in den politischen Diskurs des »Westens« bzw. der USA. Es hat zu dieser Zeit aber noch nichts mit Sekten zu tun. Die Gehirnwäsche-Theorie war zu dieser Zeit ein regierungspolitisch motivierter Versuch, der inneramerikanischen Öffentlichkeit die scheinbare Kooperation amerikanischer Kriegsgefangener mit den chinesisch-kommunistischen »Feinden« zu erklären. Die aus der Kriegsgefangenschaft heraus medial verbreiteten Geständnisse der amerikanischen Soldaten, im Herzen seit jeher überzeugte Kommunisten zu sein und Amerika als den eigentlichen Aggressor und Friedensfeind anzuklagen, sei, so wurde vonseiten der amerikanischen Regierung argumentiert, nur durch »Gehirnwäsche« zu erklären. Dabei handele es sich um allerlei wissenschaftlich entwickelte Techniken (Hypnose, Drogen, psychische Konditionierungen sowie allerlei Formen physischer Gewalt), mit denen Menschen gegen ihren Willen zu einer vollständigen Änderung ihrer Welt- und Wirklichkeitsvorstellungen gebracht werden können. Während man annehmen kann und muss, dass die »chinesischen Techniken« weniger wissenschaftlich entwickelt waren, als vielmehr auf nackter physischer Gewalt (Folter) beruhten – die nicht nur körperliche, sondern selbstredend auch schwerste psychische Probleme nach sich zog –, verwiesen die Vorwürfe von Hypnose, Drogen und geheimen Psychotechniken eher auf den Wunschzettel der amerikanischen Regierung bzw. der Geheimdienste.

Zwischen 1953 und 1970 gab es sogar ein offizielles (freilich geheimes) amerikanisches Forschungsprogramm, MK Ultra genannt, in dem wissenschaftliche Testreihen mit allerlei psychedelischen Drogen, mit Hypnoseverfahren und Elektroschocks an größtenteils unwissenden Menschen ausprobiert wurden. Sinn der Sache war die Entwicklung einer zu militärisch-geheimdienstlichen Zwecken im Kalten Krieg einsetzbaren Gehirnwäschetechnik. Eine Anekdote am Rande ist, dass auch der umtriebige Scientology-Gründer L. Ron Hubbard sich in den 1950er Jahren (erfolglos) mit der Entdeckung einer – übrigens gewaltfreien – Gehirnwäsche-Formel beim amerikanischen Geheimdienst anbiederte. Aller Wunschzettelei zum Trotz war und ist das Ergebnis ernüchternd, denn das, was heutzutage gerne als »Gehirnwäsche« bezeichnet wird, hat schon damals nicht im gemeinten Sinn funktioniert. Als nämlich die amerikanischen Kriegsgefangenen wieder US-amerikanischen Boden unter den Füßen hatten, wurden die allermeisten von ihnen wie durch Zauberhand wieder zu guten und das heißt durch und durch antikommunistischen Amerikanern – wenn auch oft mit nachhaltig getrübtem Patriotismus. Dass eine kleine Handvoll GIs tatsächlich lieber in Korea blieb, ist ansonsten eine Randnotiz der Geschichte. Kurz gesagt: Von den Foltermethoden der Inquisition im Rahmen des »peinlichen Verhörs« bis zum zeitgenössischen US-amerikanischen Waterboarding bei der geheimdienstlichen Vernehmung von islamischen »Terrorverdächtigen« ist allenfalls die Erkenntnis geblieben, dass selbst unter erheblicher körperlicher Folter allenfalls kurzfristige und wohl auch nur selten wirklich nachhaltige Meinungsänderungen zu erwarten sind – dass dafür aber die meisten Gehirne am Ende ziemlich kaputt sind.

Anfang der 1970er Jahre findet die Gehirnwäschetheorie dann als Wandermärchen Eingang in die öffentliche Debatte über die »Sekten«. Und zwar: Weil durch die Sektenklischees nahegelegt wurde, die Situation in einer neureligiösen Gemeinschaft sei mit der eines amerikanischen Kriegsgefangenen in Korea mehr oder weniger identisch. Diese absurde Parallele fand ihren Niederschlag vor allem in den Köpfen der Eltern der 1968er Generation; sahen sie doch ihre (zumeist erwachsenen) Kinder als echte Entführungsopfer, die von einer »fremden« Macht mit Drogen, Hypnose und Schlafentzug gefügig gemacht wurden. Und gerade weil die betreffenden »Kinder« das völlig anders sahen und offensichtlich sogar noch Spaß dabei hatten, konnte es sich in den Augen der Eltern nur um Gehirnwäsche handeln. Dass aber jüngere Menschen im Regelfall idealistischer und euphorischer sind als ältere Menschen, und dass »Kinder« auch von ganz eigenen Lebensvorstellungen »beseelt« sein können und sich deswegen aus freien Stücken für ein »anderes« Leben entscheiden, kommt den jeweiligen Elterngenerationen offenbar niemals in den Sinn. Und gerade die Tatsache, dass so viele »Sektenanhänger« die Veränderung ihrer Ansichten bis hin zur Aufgabe ihres bisherigen Lebensstils nachvollziehbar als eigene und sehr bewusste Entscheidung darlegen können, ist für die Anhänger der Gehirnwäschetheorie nur der letzte Beweis dafür, wie perfekt die Gehirnwäsche funktioniert.

Da das Argument der Gehirnwäsche – wie alle Verschwörungstheorien – zirkulär und damit resistent gegen jede Art rationaler Widerlegung ist, konnte sich auf Basis des Glaubens an eine sektentypische »Programmierung« von Anhängern in den 1970er und 80er Jahren in den USA sogar der Berufsstand der »Deprogrammierer« etablieren. Die nicht selten etwas zwielichtigen Deprogrammierer boten den verzweifelten Angehörigen von »Sektenopfern« gegen Bezahlung an, diese aus der »Sekte« zu befreien und wieder auf (christliche) »Normalität« umzuprogrammieren. Vor allem in der Anfangszeit kamen dabei exakt jene Mittel zum Einsatz, von denen man glaubte, sie würden in den Sekten zur Programmierung angewendet. Teilweise wurden die betroffenen Personen also bei Nacht und Nebel gekidnappt, eingesperrt und dann über Tage und manchmal sogar Wochen allerlei laienpsychologischen, manchmal auch körperlichen und medikamentösen Gewaltsamkeiten ausgesetzt. Im Vergleich zur vermeintlichen Programmierung in den Sekten ist die gewaltsame Deprogrammierung vor amerikanischen Gerichten weit häufiger aktenkundig geworden – und sie hat zu teils hohen Entschädigungszahlungen an die Opfer: nicht von »Sekten«, sondern von Deprogrammierern geführt. Auch wenn diese Praxis in Deutschland, trotz einiger Sympathiebekundungen seitens kirchlicher Sektenbeauftragter, niemals in dieser professionellen Form durchgeführt wurde: In der »Aufklärungsarbeit« vieler deutscher »Sektenexperten« genießen die Deprogrammierer noch immer eine Art Heldenstatus und ihre laienpsychologischen Ratgeber finden sich teilweise immer noch auf diversen Empfehlungslisten für den Schulunterricht – was angesichts des wissenschaftlichen Sachstandes natürlich ein Armutszeugnis ist.

Dabei ist für den Beweis, dass die gemeinte und vorgeblich überall zum Einsatz kommende »Gehirnwäsche« *nicht* funktioniert, keine psychologische Fachkenntnis erforderlich. Hier reichen eigentlich Grundkenntnisse in Mathematik, denn wäre die Gehirnwäsche tatsächlich ein erfolgreich angewendetes Überzeugungsinstrument der Sekten, müssten deren Anhängerzahlen stetig steigen oder zumindest eine dauerhafte Anhängerschaft hervorbringen. Beides ist nachweisbar nicht der Fall. Fast alle neureligiösen Gemeinschaften leiden unter einer permanenten Fluktuation ihrer Mitglieder.

Gleichwohl existiert das Phänomen der religiösen Konversion – und im Zuge der amerikanischen *Great Awakenings* handelte es sich nicht selten um massenhafte, spontane und radikale Konversionen. Freilich handelt es sich dabei um »Umkehrungen« zum »richtigen«, weil christlichen Glauben, weshalb diese Vorgänge in der Öffentlichkeit niemals unter Gehirnwäscheverdacht fielen. Auch wenn solche Konversionen noch nicht in jedem Detail erforscht sind, handelt es sich hier doch um durchweg gewaltfreie und freiwillige Veränderungen der religiösen Überzeugung bzw. der erstmaligen Annahme einer solchen. Und auch nur für einen kleineren Teil der Konvertiten kann man auf latente individuelle Problemlagen verweisen, die eine Hinwendung zu einer Religion, wo Heils- und Heilungsversprechen traditionell dicht beieinander liegen, plausibel machten. Gerade für diese Personen trifft dann aber auffallend häufig zu, dass sie mit den diesbezüglichen Leistungen »ihrer« Religion überwiegend zufrieden sind. Für den anderen Teil der Konvertiten muss man eher dezidert positive Orientierungen annehmen, egal ob diese eher unspezifisch wie die Suche nach »Lebenssinn« oder »Heilsgewissheit« sind oder konkreter der Wunsch nach sozialer Gemeinschaft und emotionaler Nähe im Vordergrund steht. Auch hier existieren keine Indizien dafür, dass sich Konvertiten mehrheitlich betrogen oder missbraucht, geschweige denn »programmiert« fühlen.

Wissenschaftlich abgesichert ist, dass das Klischee, dass bei den sogenannten Sekten die Konversion im Regelfall gegen den Willen des Konvertiten stattfinde, schlichtweg falsch ist. Überdies lässt sich belegen, dass eine Konversion zu einer (neuen oder alten) Religion keineswegs beliebig ist, sondern dass in den meisten Fällen eine starke Übereinstimmung zwischen den jeweiligen religiösen Angeboten und der individuellen Nachfrage nach diesen Angeboten vorliegt. Auch dies widerlegt ein typisches Sektenklischee, nämlich jenes, das besagt: Jeder könne jederzeit Opfer einer beliebigen Sekte werden.

Gleichwohl bleibt angesichts dieses abgesicherten Wissensstandes darüber, dass Sektenklischees überwiegend realitätsfremd sind und dass religiöse Konversionen nichts mit Gehirnwäsche zu tun haben, ein schaler Geschmack zurück. Sind die ernsthaft mit den »Sekten« befassten Wissenschaften am Ende »sektenfreundlich« – wie zahlreiche selbsternannte »Sektenexperten« gerne behaupten? Legen nicht die zahlreichen Anklagen der in den Medien herumgereichten »Opfer« von Sekten nicht doch ganz andere Schlüsse nahe? Gibt es nicht Abertausende »Zeugen«, Hunderte von »Sektenexperten« und ebenso viele als solche ausgewiesenen Sachbücher, in denen die Untaten der Sekten »schwarz auf weiß« beschrieben werden?

Lassen Sie uns dazu einen Blick auf die »Sektenmacher« und die Anti-Kult-Szene werfen, die ironischerweise selbst einige ziemlich »sektenartige« Züge aufweist – weshalb sie von Teilen der angelsächsischen Religionswissenschaft tatsächlich in die Kategorie der »Kulte« eingeordnet wird.

BILD dir deine Meinung: Die Sektenmacher

Auch wenn die »alte« katholische Kirche sicherlich das Vorbild aller Sektenmacher ist, sollte man nicht vergessen, dass auch andere Sektenmacher – ebenso wie die Sekten selbst – eine Anhängerschaft benötigen. Denn die praktische Verfolgung von Sekten und ihren Anhängern war, auch wenn sie im Namen Gottes oder der Kirche stattfand, immer eine eher weltliche Unternehmung. Von der Bogumilenvernichtung über die Kreuzzüge bis zum Dreißigjährigen Krieg: Mehrheitlich war es stets der »Mob« – Soldaten, Söldner und willfährige Bürgermilizen – der raubend, mordend, plündernd und vergewaltigend durch die Gegend zog. Schon im Mittelalter ist die Pilatus-Politik der Kirche ganz offiziell: Sie exkommuniziert lediglich, d. h. sie entlässt die Ketzer aus ihrem Schutzbereich und überantwortet sie an die weltliche Gerichtsbarkeit, die, wie der bedeutendste Kirchenvater des Mittelalters, Thomas von Aquin, meinte, diese dann »zum Tode befördern« könne. Und es ist seit jeher auch der »normale« Bürger, dem die Rolle des Denunzianten zufällt – eine Rolle, die vor allem während der spätmittelalterlichen Hexenverfolgungen oft mit mehr Begeisterung wahrgenommen wurde, als es manchmal den Kirchenvertretern lieb war. Denn schon damals war offensichtlich, dass man aus der Vielzahl der denunzierten Hexen wohl weniger auf echte Hexen als vielmehr auf die Dimension seinerzeit anhängiger Nachbarschaftsstreitigkeiten, sexueller Frustrationen und privater Feindseligkeiten schließen konnte.

Insgesamt gilt auch für die Gegenwart, dass die Sektenmacher zwar die Klischees »erfinden« bzw. vor allem verbreiten, aber »geglaubt« werden sie von »uns« – und nur deswegen bleiben Sektenklischees bestehen.

Kronzeugen und Denunzianten: Aussteiger, Opfer, Eltern

Wie fest der Glaube an die Sektenklischees und die »gehirngewaschenen« Anhänger in der Öffentlichkeit verankert ist, lässt sich gut daran erkennen, dass in der Öffentlichkeit nicht aktuelle, sondern ehemalige Anhänger als Repräsentanten von »Sekten« wahrgenommen werden. In dieser Sichtweise ist bereits vorausgesetzt, dass Hunderttausende aktive Anhänger von religiösen Gemeinschaften weder wissen, was sie tun, noch was mit ihnen getan wird – es sei denn, sie gehören einer der beiden großen Kirchen an, was die Beweislast scheinbar automatisch umkehrt.

Aus unmittelbar einsichtigen Gründen können aber Nicht-Anhänger nicht repräsentativ für Anhänger einer religiösen Gemeinschaft sein – so wie Geschiedene nicht repräsentativ für Eheleute und Luthers Meinungen nicht repräsentativ für den Katholizismus sind. Mehr noch: Die als Kronzeugen auftretenden Aussteiger sind eigentlich nur jene, die willens und bereit sind, sich öffentlich und mit aller Entschiedenheit *gegen* ihre ehemalige Glaubensgemeinschaft zu stellen. Und in dieser Rolle als Apostaten sind sie nicht einmal repräsentative Aussteiger, denn jedes Jahr verlassen Abertausende von Menschen aus den vielfältigsten Gründen »ihre« religiöse Gemeinschaft. Ein Prozentsatz ganz nahe 100 tut dies nebenwirkungsfrei und völlig »geräuschlos«, weil ihre tatsächlichen Erfahrungen nichts mit den oben genannten Klischees zu tun haben. Diese Menschen sind die eigentlich repräsentativen Aussteiger, sie finden aber niemals mediale Beachtung, weil sich Medien nicht für etwas Alltägliches interessieren. Das muss nicht heißen, dass ein Ausstieg aus einer religiösen Gemeinschaft für den Einzelnen immer eine leichte Sache ist, im Gegenteil. Gerade für Menschen, die einer »dichten« religiösen Gemeinschaft über einen längeren Zeitraum angehört haben, fällt die Aufkündigung von sozialen Beziehungen, das Verlassen von vertrauten Menschen und Orten, der Verlust von religiöser Heilsgewissheit, vielleicht die Trauer über verlorene Freunde, »verschwendete« Lebenszeit und viele andere Dinge oft schwer. Gleichwohl: Fast alle diese Aussteiger sind in der Lage, ihre Erfahrungen selbstkritisch zu interpretieren und ihre Entscheidungen vor sich selbst und auch vor anderen nachvollziehbar zu begründen.

Für eine sehr kleine Minderheit aller Aussteiger aus religiösen Gemeinschaften gilt das gerade Gesagte nicht. Nur diese wenigen und deswegen »untypischen« Aussteiger verorten sich selbst im Interpretationsschema der Sektenklischees als gehirngewaschene Opfer einer »bösen« Sekte und deklamieren die eigene Erfahrung rückblickend als schuldlos erlittenes Martyrium. Sie sind die wortwörtlichen »Kronzeugen«, weil sie die vorherrschende Meinung bzw. die öffentliche Anklage unterstützen, und nur ihre Geschichten sind für die Medien interessant. Nun gibt es keinen Grund, diese persönlichen Erfahrungen zu bestreiten oder gar als »Lügen« entlarven zu wollen. Jeder Mensch erlebt das, was ihm widerfährt, als real, und man tut immer schlecht daran, Erfahrungen von Menschen von »außen« in Abrede zu stellen. Gleichwohl sollte man die Kronzeugen und ihre Erfahrungen als das betrachten, was sie sind: Subjektive Erfahrungen und Interpretationen einer untypischen Minderheit, der eine große Mehrheit nicht nur aktiver Anhänger, sondern auch anderer Aussteiger gegenübersteht, die die vorherrschenden Klischees nicht bestätigt.

Repräsentativ sind die Opfer/Kronzeugen/Apostaten also nur mit Blick auf die Bestätigung der Sektenklischees – und nicht selten fällt auf, wie bemüht manchmal eine Erfahrung in den Rahmen dieser Klischees gepresst ist. So wird dann beispielsweise eine seinerzeit übernommene soziale Verpflichtung innerhalb der Gemeinschaft rückschauend als »totalitärer Zwang« interpretiert. Eine solche Empfindung ist das eine, aber so eine Interpretation erfolgt offensichtlich in völliger Unkenntnis über den Unterschied zwischen einer selbst übernommenen sozialen Verpflichtung und einem »totalitären Zwang«. Besonders haarsträubend sind solche Interpretationen, wenn selbsternannte »Sektenexperten« solche Gedankengänge weiterspinnen und beispielsweise die innerscientologischen Rehabilitationseinrichtungen mit den stalinistischen Gulags oder den nationalsozialistischen Konzentrationslagern vergleichen. Für diese fraglos originelle Art der Geschichtsrelativierung sind andere Menschen schon ins Gefängnis gewandert. Aber nochmals: Es sind nicht die subjektiven Erfahrungen, die infrage gestellt werden müssen, sondern die teils haarsträubend naiven Vorstellungen, das eigene Schicksal sei nur in Maßstäben und Begriffen von weltpolitischer Relevanz hinreichend verständlich zu machen.

Wirklich vergleichbar ist bei den Kronzeugen aber regelmäßig nur die Selbstwahrnehmung als (schuldloses) Opfer und der damit oftmals einhergehende Wunsch, auf die (schuldigen) »Täter« mindestens hinzuweisen bzw. die bösen Machenschaften der »Sekte« zu entlarven, sie öffentlich zu ächten oder sogar einer Bestrafung zuzuführen. Aber so wenig man frisch geschiedene Personen fragen sollte, was sie ganz allgemein von der Ehe halten, sollte man »Aussteiger« nach jener Gemeinschaft fragen, die sie im Streit verlassen haben oder von der sie, nicht selten sogar gegen ihren eigenen Willen, schlicht hinausgeworfen worden sind. Und am allerwenigsten sollte man jene fragen, die sich in der nun beendeten Beziehung als schuldlose Opfer betrachten und jegliche Mitverantwortung für alles, was passiert sein mag, weit von sich weisen. Gleichwohl: Die Existenz solcher Opfer ist von vorrangiger Bedeutung: für Scheidungsanwälte einerseits und für die Sektenmacher andererseits.

Ach ja: Die »echten« Opfer sind sogar im kleinen Kreis der sich als Opfer betrachtenden Menschen in der Minderheit. Denn mit Blick auf viele Opferberichte drängt sich noch eine andere Gruppe auf. Und diese Opfer teilen tatsächlich gemeinsame Erfahrungen, und zwar weil sie keine eigene Erfahrung mit einer »Sekte« haben. Gemeint sind die Eltern der Opfer, in geringerem Maße auch andere Verwandte und enge Freunde. Diese *Concerned Relatives,* die beispielsweise im Zusammenhang mit dem PEOPLES TEMPLE eine sehr auffällige Rolle gespielt haben (mehr dazu im nächsten Kapitel), repräsentieren die Mehrheit der öffentlich als solche auftretenden Opfer – zumindest in den 1970er und 80er Jahren. Ihre gemeinsame Erfahrung ist der »Verlust« eines geliebten Menschen an die »Sekte«; ein Verlust, der für diese Gruppe von Menschen zumeist unerklärlich bzw.

nur im Rahmen der Gehirnwäschetheorie zu erklären ist. Aus diesem Pool der indirekt Betroffenen – und weniger aus den Kreisen der »echten« Opfer – erwächst Anfang der 1970er Jahre in Deutschland eine leidlich organisierte Anti-Kult-Szene.

Heilige Krieger: Anti-Kult-Organisationen

Im Umfeld der überwiegend stellvertretenden Geltendmachung von Opferinteressen und der Ächtung der sogenannten Sekten haben sich in den 1970er Jahren – zunächst in den USA, dann in Großbritannien und schließlich auch in Deutschland – zunehmend Organisationen entwickelt, die sich des Sekten-Themas systematisch annehmen. Im Feld der Anti-Kult-Szene, die in Deutschland derzeit immerhin etwa 200 bis 300 professionelle Beratungs- und Hilfeadressen ausweist, kann man zwischen drei Organisationsformen mit recht unterschiedlichen Hintergründen und Interessenlagen unterscheiden. Freilich sind die Grenzen fließend, und viele dieser Gruppen arbeiten zusammen und vereinen mehrere Interessen.

Zum einen gibt es die echten Selbsthilfegruppen, die sich größtenteils aus tatsächlich betroffenen Personen zusammensetzen. Diese mehrere Dutzend Gruppen sind zumeist nach religiöser Herkunft bzw. nach »Sekte« organisiert, weil eben ein Aussteiger der Zeugen Jehovas keine nennenswerten Erfahrungen mit einem Scientology-Aussteiger teilt. In diesen echten Betroffenengruppen ist man überwiegend mit der Verarbeitung der eigenen Erfahrungen beschäftigt und hier dominieren differenzierte, kenntnisreiche und selbstkritische Betrachtungen. Die stellvertretenden Selbsthilfegruppen dagegen, und das meint vorwiegend die zahlreichen Eltern- und Betroffeneninitiativen, sind oft ziemlich aggressive »pressure groups«, die sich kompromisslos um die Ächtung und Stigmatisierung aller »Sekten« bemühen und die nicht selten im Stile einer »Bürgerwehr« auftreten.

Eine ganz andere Ausgangssituation bewegt in Deutschland die beiden Großkirchen, die traditionell eine recht umfangreiche Anti-Kult-Arbeit betreiben. Einerseits unterhalten sie selbst etliche Stellen, die praktische und keineswegs immer apologetisch gesteuerte (Anti-)Sektenberatung bieten. Andererseits gibt es noch immer »Weltanschauungsbeauftragte«, die innerhalb der breiteren Anti-Kult-Szene als deren intellektuelle Speerspitzen auftreten. Allerdings gilt es hier deutlich zu unterscheiden zwischen den langsam aussterbenden »Sektenjägern« der alten Schule und den etwas jüngeren, sich oft um ernsthafte Auseinandersetzung bemühenden Weltanschauungsbeauftragten, die, wie auch die meisten akademisch arbeitenden Theologen, durchaus differenzierte Ansichten vertreten. Gleichwohl ist die Motivlage der Weltanschauungsbeauftragten ja ein kirchlich erteilter »Auftrag« und deswegen zumeist sichtbar durch das religiöse Konkurrenzverhältnis geprägt. Folglich widerspiegelt die Kritik fast immer die Selbstwahrnehmung der Kirchen als gesellschaftlich etablierter und deswegen einzig »echter« Religion – und die meisten staatlichen Institutionen bestärken die Kirchen in dieser Sichtweise. Interessant ist hier der Unterschied zu den in dieser Hinsicht keine Religionsgemeinschaft bevorzugenden USA. Dort spielt sich der innerreligiöse Konkurrenzkampf notwendigerweise auf Augenhöhe ab. Aber so feindlich sich manche Religionsgemeinschaften in den USA auch gegenüberstehen: Fast alle Religionsgemeinschaften – von den Amish über die Mormonen und Scientology bis zu den Zeugen Jehovas – sind sich darin einig, dass der Staat sich hier nicht einmischen sollte. Dementsprechend unterscheiden sich dort auch, ganz im Gegensatz zur Situation in Deutschland, die religiös motivierten Sekten-Gegner *(counter-cult-movements)* deutlich von den weltlich motivierten Sekten-Gegnern *(anti-cult-movements)*.

Aus den beiden genannten Spektren der Anti-Kult-Szene, und in Deutschland auch jenseits der Unterschiede von weltlicher und religiöser Kritik, hat sich ein dritter Organisationstypus ausgebildet, der vor allem durch seine Professionalität besticht. Hier verschiebt sich die Motivlage von Schicksalsgemeinschaft oder religiöser Konkurrenz auf eine mehr oder weniger berufsmäßig ausgeübte Sektengegnerschaft. Die gemeinten Organisationen haben teilweise private, aber ebenso kirchliche und teilweise auch staatliche Hintergründe. Gleichsam ist es ihr zentrales Merkmal, dass diese Hintergründe gegenüber der professionellen Anti-Sekten-Arbeit völlig zurücktreten. Ein privater Verein wie die Aktion für Geistige und Psychische Freiheit (AGPF) wird zwar faktisch von einer Einzelperson betrieben, hat sich aber eine Position als Dachverband erarbeitet, der in ideologischer Hinsicht ein gutes Dutzend größerer Anti-Kult-Organisationen vertritt. Die AGPF ist wiederum Mitglied bei einer europäischen Anti-Sekten-Plattform namens F.E.C.R.I.S (Fédération Européenne des Centres de Recherche et d'Information sur le Sectarisme). Auch dies ist im Grunde eine »private« Unternehmung, genauer gesagt, eine Ein-Vater-als-Opfer-Unternehmung, die die Anti-Kult-Programmatik auf der europäischen Bühne zu etablieren versucht.

Im Rahmen der religiös motivierten Anti-Kult-Szene in Deutschland positioniert sich besonders das Berliner Dialogzentrum, schon seit Jahrzehnten und ohne jeden Anflug von christlicher Nächstenliebe, als kirchliche Speerspitze gegenüber den sogenannten Sekten. Das international vernetzte Dialogzentrum bietet vor allem den radikaleren Weltanschauungsbeauftragten und Vertretern der Evangelischen Kirche in Deutschland eine intellektuelle Heimat. Und auch die staatliche, 2010 nach 17 Jahren geschlossene, Hamburger Arbeitsgruppe Scientology hatte sich eine professionelle und sektorenübergreifende gesellschaftspolitische Bedeutung erarbeitet.

Diesen beispielhaft genannten Gruppen ist gemeinsam, dass sie eine hochprofessionelle und kompromisslose Anti-Sekten-Arbeit auf Basis jener Sektenklischees betreiben, die sie überwiegend selbst erzeugen und medial verbreiten. Sie verfolgen eine konkrete gesellschaftspolitische Zielsetzung, sind hochgradig vernetzt, betreiben einen aktiven politischen Lobbyismus und haben bundesweite, ansatzweise sogar europäische Bedeutung erlangt. Kurz gesagt: Sie haben teilweise schon jene Ziele erreicht, die sie den »Sekten« gerne unterstellen. Aus den führenden Köpfen dieser kompromisslos »gegen« Sekten arbeitenden Szene entstammt jene Handvoll professioneller »Sektenexperten«, die medial omnipräsent sind – und die hier deswegen stets in Anführungszeichen geschrieben sind, weil sie – mit Ausnahme einiger Theologen – zumeist über keinerlei fachlich relevante Qualifikation verfügen, die sie zur Auseinandersetzung mit religiösen Phänomenen befähigen würde. Das beste Beispiel dafür ist die stetig wachsende Schar von Journalisten unter den selbsternannten »Sektenexperten«. Und mit den Journalisten und den Medien ist man bei den bedeutsamsten Akteuren der Anti-Kult-Szene angelangt.

Die unheilige Allianz: Medienstrategen und »Sektenexperten«

»Was wir über unsere Gesellschaft, ja, über die Welt, in der wir leben, wissen, wissen wir durch die Massenmedien« – so lautete schon vor vielen Jahren die zusammenfassende Gegenwartsanalyse des bekannten Gesellschaftstheoretikers Niklas Luhmann (1927–1998). Insofern fällt den Medien eine ziemlich große, nicht selten im Wortsinne staatstragende Verantwortung zu. Auf der anderen Seite sind die Medien der Gegenwart professionelle Wirtschaftsunternehmen, die in der unaufhörlich wachsenden Flut von Informationen jene auswählen müssen, die »verkäuflich« sind. Eine seriöse Nachricht wie jene, dass am Tag xy wieder ca. 1 Million Verkehrsflugzeuge gestartet und sicher gelandet sind, mag einen hohen und sehr viele Millionen Menschen betreffenden Informationswert haben, sie ist aber nicht zu verkaufen. Vom Absturz eines Verkehrsflugzeuges dagegen und vom Nektar der Betroffenheit sowie einer nachgerade hysterischen Suche nach medial hinrichtbaren »Schuldigen« zehren Medien manchmal wochenlang.

Und so ist es natürlich auch mit den religiösen Themen. Ein katholischer Priester ist erst dann ein Medienthema, wenn er Kinder missbraucht. Gleiches gilt für die sogenannten Sekten, die erst dann interessant sind, wenn sie genügend Sensationspotenzial aufweisen können. Und das heißt vor allem, dass sie vorzeigbare »Opfer« produzieren und im Sinne der Sektenklischees zu beschreiben sind. Insofern widerspiegelt jede in den Medien verbreitete Nachricht über Sekten niemals irgendeine Normalität oder einen religiösen Alltag, sondern immer nur Sektenklischees. Das, und nicht weil sich die verschiedenen religiösen Gemeinschaften tatsächlich so sehr ähneln würden, ist der wesentliche Grund dafür, dass letztlich mehr oder weniger jede »Story« über Sektenopfer ähnlich klingt. Mehr noch: Seit den 1960er Jahren werden die Sektenklischees in steigendem Maße auch in profanen Fernsehserien und zuweilen auch in Spielfilmen reproduziert – und spätestens seit 1979, also im Zusammenhang mit dem Massenmord/Selbstmord der Volkstempler, gibt es auch kein Bemühen um Differenzierung mehr.

»Opfer« im oben beschriebenen Sinne sind dann medial interessant, wenn sie tatsächlich etwas »Unglaubliches« zu erzählen haben – je »gruseliger«, desto besser. Soweit sie dem Sensationsraster von zerstörten Seelen und Familien, von Mord und Selbstmord, von Betrug und Ausbeutung Rechnung tragen, ist die mediale Verwertbarkeit hoch. Die journalistische Recherche, sofern eine solche überhaupt stattfindet, beschränkt sich in den meisten Fällen darauf, die »Sektenexperten« der Anti-Kult-Szene zu konsultieren. Damit wird fraglos »der Bock zum Gärtner« gemacht, liegt es doch gerade in deren professionellem Interesse, die Sekten kompromisslos zu ächten. Deshalb wird dort gerne jegliche Horrorgeschichte nicht nur bestätigt, sondern gerne auch noch mit verschwörungstheoretischen Gewürzen aufgepeppt. Diese professionelle Ergänzung ist für beide Seiten sehr fruchtbar, aber logischerweise jeder Verbreitung von sachlichen Informationen entgegengesetzt. Noch tragischer ist, dass die eigentliche Fruchtbarkeit der Symbiose von »Sektenexperten« und journalistischen Meinungsmachern – die, wie schon angedeutet, immer häufiger in Personalunion auftreten – nicht allein im gemeinsamen Vermarktungsinteresse, sondern (leider) auch darin liegt, dass keine Seite durch religionskundliche Sachkenntnisse »belastet« ist.

Die Ebene der Macht: Politik, Staat und Justiz

Wenn man die Reihenfolge der bisher genannten Sektenmacher als in ihrer gesellschaftlichen Relevanz immer bedeutsamere Akteure versteht, dann stehen an der Spitze dieser Skala die Justiz und der Staat bzw. die politische Aufmerksamkeit. Die Hürde eines echten staatlichen Interesses haben bisher freilich nur wenige »Sekten« genommen. In den späten 1970er Jahren hat dies die Vereinigungskirche ansatzweise geschafft und seit Mitte der 1990er Jahre steht bekanntlich die Scientology-Organisation unter verstärkter staatlicher Beobachtung. Genauer: Die Scientology-Organisation ist die erste religiöse Gemeinschaft in der bundesrepublikanischen Geschichte überhaupt, die offiziell vom Verfassungsschutz beobachtet wird.

Diese staatliche Aufmerksamkeit ist indes nicht mit politischer Aufmerksamkeit zu verwechseln. Seit jeher gibt es mehr oder weniger prominente Politiker, die sich an den öffentlichen Sektendebatten beteiligen. Im Falle von Scientology sind dies vergleichsweise viele und einige sind durchaus bundesweit bekannt. Ob dies aus echtem persönlichen Interesse getan wird oder sich die Betreffenden in der Rolle als christlich gesinnte Bürgervertreter diesem Thema widmen oder dies vielleicht nur als Sprungbrett in das Licht der medialen Öffentlichkeit betrachten, mag nur für den Einzelfall zu entscheiden sein. Dank Wiki-Leaks wurde aber beispielsweise bekannt, dass die im Jahre 2007 hochgekochte Diskussion über ein Scientology-Verbot vom damaligen christdemokratischen Innenstaatssekretär der Stadt Hamburg gegenüber dem US-amerikanischen Konsulat als bewusst lanciertes Wahlkampfthema bezeichnet wurde, weil die Scientology-Verbotsforderung »beim Wähler gut ankomme«. Überdies ist feststellbar, dass sich das Sekten-Interesse von Politikern überwiegend auf jene Phänomene beschränkt, die, wie beispielsweise auch der »Satanismus«, zugleich von hohem medialen Interesse sind, obwohl es sich hier definitiv um ein fiktives Problem handelt. Andere, tatsächlich problematische religiöse Themenfelder, wie beispielsweise die kreationistischen Bemühungen, Einfluss auf das öffentliche Bildungssystem zu nehmen, oder die Integrationsfeindlichkeit der religiösen Aussiedlergemeinschaften mit freikirchlich-evangelikalem Zuschnitt, bleiben regelmäßig außerhalb des politischen Interesses – wie überhaupt auch jegliches zu nahe an den beiden Volkskirchen angesiedelte Thema scheinbar ein politisches Tabu ist.

Wenn man voraussetzt, dass die meisten Politiker über die Gesetzeslage und die verfassungsrechtliche Situation in Deutschland gut informiert sind, dann scheinen die Kampagnen gegen Sekten zumeist populistischen Interessen geschuldet zu sein. Fakt ist, dass es für ein Verbot, sei es speziell für Scientology oder allgemein für irgendwelche sogenannten Sekten, derzeit keine juristische Grundlage gibt. Und dies weniger, weil religiöse und weltanschauliche Bekenntnisse unter dem Schutz des Artikel 4 des

Grundgesetzes stehen, sondern mehr, weil es eben in Deutschland keine nennenswerten, strafrechtlich relevanten Gesetzesverstöße vonseiten irgendwelcher »Sekten« gibt – auch nicht von Scientology! Den aus den Kreisen der Anti-Kult-Szene und von ihren medialen Multiplikatoren verbreiteten Geschichten über die »kriminellen Machenschaften« der Sekten stehen in der aktenkundigen Realität allenfalls Lappalien gegenüber – und nicht ohne Grund werden immer wieder die »alten« Geschichten aufgewärmt: »neue« sind nämlich ziemlich rar.

Insofern ist die Rolle von Politikern in dieser Debatte immer dann problematisch, wenn sie sich ohne jede Sachkenntnis zum Sprachrohr der Anti-Kult-Szene und ihrer Interessen machen. Eine solche gesellschaftspolitische Aufwertung der Anti-Kult-Szene und ihrer Ächtungsinteressen ist in angelsächsischen Ländern schlechthin undenkbar. Noch bedauerlicher ist, dass diese Kooperation paradoxerweise zu einem weiteren Vertrauensverlust in demokratische Institutionen führt. Angesichts der zahlreichen prominenten Politiker, die sich verbal im »Kampf gegen Scientology« engagieren, sowie einer scheinbaren parteipolitischen Einigkeit über die Gefährlichkeit der Organisation muss sich der besorgte Bürger natürlich fragen, *warum* sie dann nicht verboten ist. Genau dieser Gedankengang ist das Einfallstor für die Verschwörungstheorien aus den Kreisen der Anti-Kult-Szene. Dort wird nämlich oft und gerne die Idee verbreitet, die staatliche »Untätigkeit« hinge mit der (un-)heimlichen »Macht« der Sekten zusammen. Das ist natürlich Humbug: Der Grund für die staatliche »Untätigkeit« ist schlicht, dass es die Gesetzeslage verbietet, Strafmaßnahmen aufgrund von Klischees zu verhängen.

Ähnlich verhält es sich mit den jährlichen Erwähnungen Deutschlands in diversen aus den USA lancierten Menschenrechtsberichten, in denen auf die staatliche Diskriminierung der Scientology-Organisation hingewiesen wird. Diese Hinweise erfolgen nicht deswegen, weil die Scientology-Organisation die Ersteller solcher Berichte »erpresst« oder »kontrolliert«, sondern weil Scientology in Deutschland tatsächlich mit staatlicher Unterstützung diskriminiert wird und dies faktisch ein Verstoß gegen die gesetzlich verankerte Religionsfreiheit und das staatliche Neutralitätsgebot ist. Für diese sachliche Erkenntnis ist es ziemlich belanglos, dass gerade die USA das Argument der Religionsfreiheit regelmäßig für die eigenen politischen Zwecke instrumentalisieren und dass sie es mit der Einhaltung von Menschenrechten selbst auch nicht so genau nehmen.

Unbestreitbar gibt es unter den Anhängern neuer Religionsgemeinschaften Mörder, Betrüger und Verfassungsfeinde. Aber das unterscheidet sie nicht von den Anhängern »alter« Religionsgemeinschaften und auch nicht von eingefleischten Atheisten. Verbotsrelevant sind solche Dinge erst, wenn der Verdacht besteht, dass ein solches Fehlverhalten systematisch auf die Vorgaben der Organisationen zurückzuführen ist und eben nicht ein davon unabhängiges Handeln Einzelner. Um es an einem aktuellen Beispiel zu verdeutlichen: Selbst ein nachweisbar gehäufter sexueller Missbrauch von Kindern in katholischen Erziehungsanstalten zieht kein hoheitliches Handeln gegen die Kirche nach sich, weil dieser Missbrauch als das Fehlverhalten Einzelner gilt und eben nicht Kirchenpolitik ist.

Mit all dem ist, und das sei ausdrücklich wiederholt, keinerlei Rechtfertigung oder Freispruch für irgendwelche Straftaten innerhalb von religiösen Gemeinschaften verbunden. Aber sie sind, was sie sind: Straftaten, die in allen abendländischen Gesellschaften gesetzlich eine Strafverfolgung nach sich ziehen und gegen die jedes Opfer gerichtlich vorgehen kann. Mord, Vergewaltigung, Raub und Betrug sind nämlich keineswegs – wie manchmal von den »Sektenexperten« des Boulevards unterschwellig vermittelt wird – unter den Schutz der Religionsfreiheit gestellt.

Die realen Folgen erfundener Wahrheiten

So wie wir an anderer Stelle beispielsweise über die Entstehung des realen Jediismus aus der Star Wars-Mythologie berichtet haben, haben auch »erfundene« Wahrheiten über Sekten seit jeher reale Folgen.

Schon die Christenverfolgungen in den ersten drei Jahrhunderten finden nicht immer aus dem »objektiven« Grund statt, dass sich diese »Sekte« dem offiziellen römischen Staats- und Religionskult verweigerte. Viele lokale Pogrome gegenüber den Christen finden statt, weil man ihnen die Verursachung von Seuchen, Hungersnöten und Naturkatastrophen unterstellte. Niemals in der Geschichte hat es Beweise für jüdische Ritualmorde an Kindern gegeben; beweisbar dagegen ist das mittelalterliche Schicksal Tausender Juden, die wegen dieser erfundenen »Tatsache« von einem antisemitisch aufgehetzten Mob auf oft bestialische Weise ermordet wurden – dafür brauchte es nicht einmal die Inquisition. Ebenso steht zu vermuten, dass hinter den mittelalterlichen Missernten und Seuchen weder Teufelspakte noch irgendwelche Hexen standen, aber es ist unstreitig, dass aufgrund dieser erfundenen »Wahrheit« Zehntausende vermeintliche Hexen beiderlei Geschlechts ihr Leben lassen mussten. Für die Verschwörung der protestantischen Hugenotten in den 1570er Jahren haben sich niemals historische Beweise gefunden, dennoch verloren Tausende von ihnen in der tragischen Bartholomäusnacht am 24. August 1572 ihr Leben, weil ein von der politisch-religiösen Allianz zwischen Katharina von Medici, Karl IX. und Papst Gregor XIII. aufgestachelter Mob daran glaubte – und in den Pariser Straßen ein Blutbad sondergleichen anrichtete. (Zum Dank dafür ließ der Papst übrigens offizielle Loblieder singen, prägte Gedenkmünzen und beauftragte einige diese »Schlacht« verherrlichende Wandmalereien.) Auch die geheime »jüdisch-bolschewistische Verschwörung« um die Wende zum 20. Jh. hat es niemals gegeben, die zu ihrer Bekämpfung gegründeten antisemitischen Germanen- und Deutschorden gab es dagegen sehr wohl. Und deswegen gibt es in der Gegenwart »echte« Initiativen gegen einen fiktiven rituellen Kindesmissbrauch im Satanismus.

Bilanziert gesprochen: Für Anhänger von religiösen Minderheiten gehen die tatsächlichen Gefahren, ein wie auch immer geartetes Opfer ihrer Überzeugungen zu werden, seit jeher von der potenziellen Gewaltbereitschaft gesellschaftlicher Mehrheiten aus. In der heutigen Zeit und in den abendländischen Gesellschaften ist das Andersdenken und/oder -sein natürlich seltener lebensbedrohlich als beispielweise im Mittelalter. Aber das öffentlich-medial betriebene »Sekten-Bashing« auf der Basis weitgehend unzutreffender bzw. sogar erfundener Klischees hinterlässt auch bei manchem »Sektenanhänger« der Gegenwart Spuren.

Die »unheilige Allianz« aus Medienstrategen und vermeintlichen Sektenexperten kann aber ihre Botschaft von den »gefährlichen Sekten« vor allem deswegen verbreiten, weil »wir« bereit sind, das alles zu glauben. Dabei ist offensichtlich, dass »Sekten«, die definitionsgemäß Gebilde sind, die fern der realen Macht stehen, schon aufgrund eben dieser Machtlosigkeit niemals größeres Unheil an der Gesellschaft angerichtet haben. Nicht die kleine »Sekte des Paulus« hat irgendwelche nennenswerten Verbrechen gegen die Menschlichkeit begangen, sondern die aus ihr hervorgegangene Mehrheitskirche des »Petrus«. Die Millionen geschichtlich nachweisbarer Opfer, die aufgrund von (Sekten-) Klischees bzw. diesbezüglich »hoheitlich« gerechtfertigter Gewaltakte ihr Leben lassen mussten, belegen, dass dies die eigentliche Gefahr ist, der »Sektenanhänger« ausgesetzt sind. Und jeder »normale« Christ, der gegenwärtig unter faktischen »Sektenbedingungen« in Teilen Indiens oder der arabischen Welt lebt, wird das bestätigen.

Es bleibt ein letztes Aber: Beweisen nicht die U-Bahn-Attentate der »AUM-Sekte« sowie die Tragödien um die Davidianer, die Sonnen- und die Volkstempler, dass auch *in* der »wunderbaren Welt der Sekten« bei Weitem nicht alles so harmlos ist, wie es hier dargestellt wird?

Es gilt, eine Wahrheit zu finden, die Wahrheit für mich sein kann, die Idee zu finden, für die ich leben und sterben will

(Søren Kierkegaard)

13 ... to live and let die: Religiöse Tragödien der Gegenwart

Im November 1978 sterben über 900 Mitglieder der pfingstlerischen PEOPLES TEMPLE (Volkstempler) in Jonestown/Guyana. Im April 1993 sterben insgesamt 93 adventistische BRANCH DAVIDIANS (Davidianer) im texanischen Waco. Zwischen 1994 und 1997 sterben mehr als 70 Mitglieder des esoterischen ORDRE DU TEMPLE SOLAIRE (Sonnentempler) in der Schweiz, Frankreich und Kanada. Im März 1997 nehmen sich fast 40 Anhänger der UFO-Religion HEAVEN'S GATE das Leben. Im März 2000 sterben in Uganda viele Hundert Menschen des katholisch-spirituellen MOVEMENT FOR THE RESTORATION OF THE TEN COMMANDMENTS (Bewegung für die Wiederherstellung der 10 Gebote) den Feuertod in der eigenen Kirche – in den folgenden Monaten werden Massengräber mit zahlreichen weiteren Toten der Bewegung entdeckt, sodass sich die Opferzahl am Ende auf mehr als 800 summiert. Abseits dieser internen Gewaltformen, verübt die buddhistisch-hinduistische Neureligion AUM SHINRYKO 1995 in Japan einen Giftgasanschlag auf die Tokioter U-Bahn, bei dem 12 Menschen sterben; im Nachhinein wird sich herausstellen, dass das Mordkonto der Gruppe wesentlich gefüllter ist.

Diese Fälle sind jeder für sich und auf ihre eigene Weise tragisch. Und um es gleich zu sagen: Es ist wahrscheinlich, dass solche oder ähnliche Tragödien auch in Zukunft immer wieder einmal geschehen. Man kann aus solchen Fällen allenfalls etwas lernen, und das setzt voraus, dass man versucht, die Vorfälle im Zusammenhang mit den sie begleitenden Umständen so weit wie möglich zu verstehen. Nur die Begleitumstände, die äußeren Bedingungen, können von »uns« verändert werden, nicht aber die jeweiligen Folgen, zu denen sie etwas beigetragen haben. Ein Rest des Nichtverstehens wird immer bleiben, denn man kann die Toten nicht mehr fragen, welches jeweils ihre ganz individuellen Motive waren, sich selbst oder andere zu töten. Die Ansicht einiger »Sektenexperten« jedenfalls, all diese Fälle seien im Grunde gleich, sie ließen sich anhand einer allgemeinen Sektenlogik erklären oder sie seien sogar typisch für die Vorgänge im Umfeld von Sekten, ist nicht nur sachlich falsch, sondern auch jedem ernsthaften Bemühen um das Verstehen solcher Tragödien abträglich.

Die Utopie von Gleichheit und Gerechtigkeit: Jim Jones und der Peoples Temple

Die Lehre von Jim Jones (1931–1978) – falls man überhaupt von einer solchen sprechen kann, denn Jones hat keine Bücher geschrieben – war in ihren Anfängen typisch freikirchlich bzw. pfingstlerisch geprägt. Sie ist folglich weniger von einem theoretisch-religiösen Dogma als vielmehr von einem praktischen Erleben des Christentums geprägt. Wie bei vielen Pfingstgruppen, so steht mit Jim Jones auch hier eine starke Predigerpersönlichkeit im Zentrum eines spirituell orientierten Gemeindelebens. Spontane Erweckungen und kleinere Demonstrationen möglicher Geist- und Glaubensheilungen – auch dies keine allzu sensationellen Vorgänge in Pfingstgemeinden – festigten Jones' Rolle als spiritueller *Leader* seiner Gemeinde.

Das einzig Revolutionäre des frühen Volkstempels war, dass er von Beginn an gemischtrassig war – eine Tatsache, die in den USA um die Mitte der 1950er Jahre außerhalb der großen Metropolen an der Ost- und an der Westküste absolut undenkbar war. Jones meinte es mit seinem 1956 in Indianapolis gegründeten PEOPLES TEMPLE aber unverkennbar ernst, und mit den neutestamentlichen Werten von Gleichheit und sozialer Gerechtigkeit hatte er bald eine erkleckliche Zahl von Anhängern gefunden. 1960 wird der Volkstempel Mitglied der CHURCH OF CHRIST, einer ökumenisch orientierten Konfession innerhalb einer protestantischen Erweckungsbewegung, mit einer moderaten und liberalen Ausrichtung. Schon in dieser frühen Zeit scheiden sich am Peoples Temple die Geister: Während die gemischtrassige Zusammensetzung des Tempels (man geht in der Anfangszeit aber nur von ca. 20 % Afroamerikanern aus) sowie seine Verwurzelung in der einfachen Bevölkerung der *working class* dazu führte, dass Jones sogar zum Vorsitzenden der Menschenrechtskommission in Indianapolis wurde, wuchs auf der anderen Seite das Misstrauen des konservativen und des religiösen Establishments. 1965 waren die Verwerfungen so groß geworden, dass Jones mit seiner eigenen Familie und ca. 80 Anhängern – ebenso zumeist ganze Familien – nach Nordkalifornien (Redwood Valley/Ukiah in Mendocino; knapp 200 km nördlich von San Francisco) umzog. Die nun etwa gleichgewichtig aus Afroamerikanern und Weißen zusammengesetzte Gemeinschaft gründet dort eine kleine selbst verwaltete Kommune mit eigener Landwirtschaft (Weinbau) und einem eigenen sozialen Fürsorgesystem.

In den folgenden Jahren wuchs die Gemeinschaft stetig an; nicht zuletzt dadurch befördert, dass die Volkstempler am Wochenende mit eigenen Buskolonnen durch das Land zogen, um neue Mitglieder zu werben, die nun zu größeren Teilen auch den revoltierenden studentischen Milieus bzw. der Hippiebewegung entstammten. Das Volkstempel-Projekt, das in der ersten Hälfte der 1970er Jahre mit geschätzten 5000 Anhängern/Sympathisanten seine größte Verbreitung fand, orientierte sich immer deutlicher an originär politischen Themen wie Rassismus und Diskriminierung, Armut und sozialer Gerechtigkeit. In gleichem Maße wie die praktische Einmischung der Volkstempler in die Sozialpolitik, ihre praktischen Hilfeleistungen unter den Bedürftigen in den afroamerikanischen Gettos, den Alten, den Kranken und den Kindern, von Teilen des lokalen demokratischen Establishments hofiert wurde, wuchs die konservative Ablehnung gegen eine Kirche, die sich immer weniger religiös, sondern zunehmend offen sozialistisch gab. Die gesellschaftspolitischen Spannungen um Jones und seinen Volkstempel, der sich ab 1975 auch mit einer zunehmend kritischen Presse konfrontiert sah, erreichten 1977 ihren Höhepunkt. Zu dieser Zeit hatte sich eine kleine Gruppe aus dem Umfeld von ehemaligen Templern und »besorgten Angehörigen« *(Concerned Relatives)* zusammengeschlossen, die mithilfe der Medien nun immer stärkeren politischen Druck erzeugte, um den Volkstempel zu einem Gegenstand des öffentlichen und des politischen Interesses zu machen. Dazu kam, dass die amerikanische Steuerbehörde im selben Jahr aufgrund von festgestellten finanziellen Unregelmäßigkeiten dem Tempel mit dem Entzug der Steuerbefreiung drohte.

Für Jim Jones, der schon in den Jahren zuvor innerhalb des Tempels immer wieder darauf hingewiesen hatte, dass man eine gerechte Gesellschaft innerhalb der USA niemals würde erreichen können, weil die reaktionären religiösen, die kapitalistischen und rassistischen Kräfte in der Gesellschaft und in der Regierung letztlich zu stark seien, war damit der Zeitpunkt gekommen, die USA zu verlassen. Schon 1974 hatte er ein ca. 16 km^2 großes Stück Urwald im südamerikanischen Guyana gekauft, um dort jenes agrikulturelle Projekt zu verwirklichen, welches später unter dem Namen *Jonestown* traurige Schlagzeilen machen sollte. Waren bis 1977 immer nur eine Handvoll Templer in Guyana gewesen, um dort die Grundlagen des zukünftigen Paradieses zu schaffen, so wanderten nun binnen weniger Monate ca. 1000 Volkstempler nach Jonestown ein.

Die Volkstempler, die nun mehrheitlich aus schwarzen Familien (knapp 70 %) und zu zwei Dritteln aus Frauen und Kindern bestehen, sind jetzt mehr oder weniger völlig von der Außenwelt abgeschnitten. Diese Außenwelt indes, vor allem in Form der US-amerikanischen Concerned Relatives und der Medien, arbeitete weiter an der Erhöhung des politischen Drucks, bis sie schließlich den kalifornischen Kongressabgeordneten Leo J. Ryan dafür gewinnen können, sich der Sache anzunehmen. Begleitet von einigen Concerned Relatives und kritischen Medienvertretern reist dieser am 14. November 1978 nach Guyana. Nach längeren Verhandlungen erhalten er und seine Begleiter am 17. November Zugang zur Jonestown-Kommune. Am selben Abend noch tritt Ryan vor die versammelten Templer (und die Kameras) und verkündet, Jonestown sei offensichtlich für sehr viele Menschen, mit denen er gesprochen habe, das beste, was ihnen je im Leben passiert sei.

Am nächsten Tag überschlagen sich allerdings die Ereignisse: Dass Ryan von einem Tempelmitglied (erfolglos) mit einem Messer attackiert wird, scheint dabei weniger relevant zu sein als die Tatsache, dass sich nach und nach ca. 15 Templer heimlich bei Ryan und den Journalisten melden, mit dem Wunsch, Jonestown zu verlassen. Die folgenden Auseinandersetzungen enden nur scheinbar mit dem Verlassen der Ryan-Delegation einschließlich der kleinen Dissidentengruppe. Auf dem Flughafen nimmt dann die Tragödie ihren Lauf, weil eine Handvoll bewaffneter Jones-Anhänger den Ausreisewilligen gefolgt war und das Feuer auf die Gruppe eröffnet: Ryan, drei Reporter und ein abreisewilliger Templer werden getötet. Wenige Stunden später sterben über 900 Templer in Jonestown durch einen Giftcocktail (nur Jim Jones und ein weiteres Opfer sterben durch Kopfschüsse).

Die später gefundene Tonbandaufnahme von den letzten Stunden in Jonestown, die trotz einiger verbleibender Zweifel gemeinhin als echt betrachtet wird, enthält die letzte Ansprache Jones', die von einer fließenden Diskussionen über das gemeinsame Sterben begleitet ist. Jones wusste offensichtlich im Gegensatz zu seinen Anhängern von der Flughafenaktion (ohne ihren Ausgang zu kennen), und er war sich im Klaren darüber, dass dieser Vorfall so oder so das Ende von Jonestown bedeutete. Letzteres schienen aber auch seine Anhänger im Rückblick auf die Ereignisse der letzten Tage zu spüren. Jones, der den Tod des Kongressabgeordneten später in der Diskussion erwähnt, verkündet die Aussichtslosigkeit der Lage und verweist darauf, dass der Peoples Temple niemals in Ruhe gelassen werden würde. Nicht ganz zu Unrecht verweist Jones auf die »Verräter« aus den eigenen Reihen, die Concerned Relatives und die Medienberichterstattung. Ein Leben in wirklicher Freiheit also, welches man zu realisieren versucht habe, sei unter den gegebenen Umständen niemals zu erreichen. Deshalb sei der frei gewählte Tod, der »revolutionäre Selbstmord«, der einzig würdige Ausweg. Abgesehen von drei Personen folgen diesem Weg schließlich sämtliche Anhänger – wobei es natürlich zynisch ist, mit Blick auf über 270 getötete Kinder von einem reinen Selbstmord zu sprechen; auch der im Juristendeutsch korrekte Begriff des »erweiterten Selbstmordes« klingt mindestens befremdlich.

Das hier wesentlich zu Vermittelnde ist indes: Abgesehen von der sozialen Dynamik innerhalb der Gruppe sowie der fraglos bedeutsamen Rolle von Jim Jones, hat Jonestown eine »Geschichte« und es gibt »äußere Umstände«. Die Gewichtung dieser beiden Aspekte mag strittig sein, aber dass dies Faktoren sind, denen man Rechnung tragen muss, steht außer Frage. Natürlich gibt es den »bösen« Jim Jones der letzten Jahre, der den Sozialismus predigte, seine Anhängern russische Lektüre verordnete, stetig das Bild des allgegenwärtigen imperialistischen Feindes (die USA) beschwor und zuletzt den drohenden amerikanischen Fallschirmangriff auf Jonestown ankündigt. Man kann Letzteres als Lüge, als Druckmittel oder als Ausdruck seines persönlichen Verfolgungswahns interpretieren, aber man muss sich fragen, warum die Anhänger dies für plausibel hielten. Gerade für viele Schwarze war die gesellschaftliche Diskriminierung außerhalb des Peoples Temple Realität und viele hatten die Ermordung schwarzer Bürgerrechtler wie Martin Luther King und Malcolm X erlebt. Und auch die »Verfolgung« des Peoples Temple durch die Concerned Relatives, durch »feindliche« Medien und staatliche Behörden war eine Tatsache und eine vielfach gemachte Erfahrung, an die Jones in der letzten Diskussion mehrfach anknüpft.

Es gibt auch den autokratischen Herrscher Jones, der seine Urwaldgemeinde willkürlich regierte und einige »merkwürdige« Gesetze einführte. Aber man sieht auch eine aufopferungsvoll an der Verwirklichung ihres Traumes arbeitende Gemeinschaft, die keineswegs den Eindruck vermittelt, dass sie dieses Leben unter Zwang und in jener unfreiwilligen Gefangenschaft führt, die die Concerned Relatives in den Medien und gegenüber den politischen Amtsträgern behaupteten. Auch wenn sich Jones bereits früher der Loyalität seiner Anhänger, bzw. deren Bereitschaft, für die Idee von Freiheit und Gerechtigkeit zu sterben, mehrfach versichert hatte und das Gift zur Durchführung des »revolutionären Aktes« schon einnahmebereit in Jonestown gelagert war, so waren die Templer doch zu keiner Zeit eine apokalyptische Endzeitreligion und es spricht wenig dafür, dass sie selbst jemals mit dieser Tragödie gerechnet hätten. Dass der Entschluss zum »revolutionären Selbstmord« eher spontan war und unmittelbar mit den Vorfällen und Erlebnissen der letzten Tage zusammenhing, zeigt sich daran, dass über 100 Templer die Tragödie überleben konnten, weil sie an diesem Tag zufällig abwesend, d. h. überwiegend in der guyanischen Hauptstadt Georgetown waren. Es ist natürlich Unsinn, in diesen äußeren Faktoren die alleinige Ursache der Tragödie zu sehen, aber dass ihnen eine bedeutsame Rolle zukommt, lässt sich kaum von der Hand weisen. Und, wie eingangs gesagt, nur auf diese äußeren Faktoren hätte man Einfluss nehmen können.

2006 erschien eine wirklich hervorragende Film-Dokumentation über das »Leben und Sterben des Volkstempels« *(Jonestown: The Life and Death of Peoples Temple)*. Jeder, der diese tief bewegende Dokumentation aufmerksam verfolgt, wird danach vieles verstehen können. Warum? Weil seine Regie keine vermeintlichen Experten zu Wort kommen lässt, sondern einzig der Geschichte des Peoples Temple und der Chronologie der Ereignisse verpflichtet ist, die anhand einer Fülle authentischen Bildmaterials, mit O-Tönen von Jim Jones und aus der Rückschau von vielen ehemaligen Begleitern der Bewegung dokumentiert wird. Der Film erspart dem Zuschauer keine Widersprüche, und er lässt sie ohne abschließendes Urteil zurück; er trifft keine Unterscheidung zwischen »falscher« und »richtiger« Interpretation, zwischen »guter« und »böser« Meinung. Und genau darin verweist er auf die Komplexität einer Realität, die gerade in Bezug auf vermeintliche Sekten nie so einfach ist, wie es manche gerne hätten. Der Film »zwingt« sein Publikum zum Nachdenken und zur eigenständigen Meinungsbildung, ohne ihm eine bestimmte Interpretation nahezulegen oder aufzudrängen. Leider halten die deutschen Medienmacher ihr Publikum für zu dumm, um sich eine eigene Meinung zu bilden. So weist uns die deutsche »Übersetzung« des Filmtitels: *Jonestown. Todeswahn einer Sekte* gleich auf die vermeintlich »richtige« Interpretation hin.

Das Buch mit den Sieben Siegeln: David Koresh und die Branch Davidians

Die Branch Davidians, die sich seit 1955 so nennen (bis heute gibt es Namens- und Nachfolgestreitigkeiten, wer die »echten« Branch Davidians sind), gingen in mehreren Abspaltungen und Umbenennungen aus den Adventisten bzw. den Siebenten-Tags-Adventisten hervor, die wir bereits im dritten Kapitel eingehend betrachtet haben. Der Name, der wörtlich in etwa »Zweig (des biblischen König) Davids« bedeutet, ist aus der Überzeugung der Anhänger abgeleitet, dass »The Branch« der neue Name Jesu sei.

Von herausragender Bedeutung innerhalb der sich ab etwa 1929 formierenden adventistischen Davidianer-Bewegung war stets die Führung durch Personen, die als (neue) Propheten Gottes bzw. analog als Gottgesandte in der Nachfolge von Ellen G. White angesehen werden konnten. Das galt auch für David Koresh (1959–1993) – seinerzeit noch unter dem Namen Vernon Howell bekannt und in seiner Jugend selbst Adventist –, der die Führung der Branch Davidians gegen Ende der 1980er Jahre übernimmt. Koresh, der seine Richtung zunächst als Davidian Branch of Davidian Seven Day Adventists bezeichnet (was den gegenwärtigen Branch Davidians Beweis genug dafür ist, dass Koresh ein Repräsentant Satans gewesen sei), stieß 1981 zu den untereinander heillos in Führungsstreitigkeiten und rivalisierende Anhängerschaften zersplitterten *Davidianern.*

Über das, was in den folgenden zwölf Jahren wirklich passiert, kann man eigentlich wenig sagen, denn seither blühen die Legenden und Verschwörungstheorien. Die im Wortsinne aktenkundige Geschichte zeigt etliche Gerichtsanhörungen um Namens- und Besitzrechte, um konkurrierende Führungs- und Nachfolgeansprüche, um Mordkomplotte, die Herstellung chemischer Drogen, Polygamie, sexuellen Missbrauch und Waffenhandel.

Das diesbezüglich erste Fanal war sicherlich die Verhaftung von Koresh und sieben seiner Anhänger Ende 1987. »Mount Carmel« (benannt nach der israelischen Gebirgsregion), ein kleines Landstück am westlichen Rand der Kleinstadt Waco in Texas, welches den Davidianern als heiliges Land der eigenen Bewegung galt, wurde zu dieser Zeit von einer mit Koresh um die Macht konkurrierenden Anhängerschaft kontrolliert. Bis zu jenem Tag im November 1987, an dem die laut Polizeibericht in »militärischer« Größenordnung bewaffnete Koresh-Gruppe in einem längeren Feuergefecht versuchte, Mount Carmel zu »erobern«. Im späteren Gerichtsverfahren wurden Koresh und seine Anhänger freigesprochen, während der ehemalige »Herrscher« von Mount Carmel wegen Beleidigung des Gerichtes und »mentaler Instabilität« in Haft blieb.

Koresh, der sich im Gefolge dieser Vorgänge als offizieller Präsident der Branch Davidians etablierte, sah sich selbst im Lichte des 5. Kapitels der *Johannesoffenbarung,* genauer gesagt, als jenes himmlische/göttliche Lamm (in den meisten christlichen Sichtweisen mit Jesus gleichgesetzt), welches allein würdig sei, das *Buch mit den Sieben Siegeln* zu öffnen, wodurch die Apokalypse und das göttliche Endgericht ausgelöst werden. Die unter ihm verstärkte Ausrichtung der Branch Davidians auf die Apokalypse führte einerseits zu einer sozialen Verdichtung der gut 100 und überwiegend aus weißen amerikanischen Mittelstandsfamilien zusammengesetzten Davidianer, die zudem ihr Gelände nach außen abschotteten und streng bewachten. Andererseits waren die Davidianer keineswegs eingesperrt, sondern sie unterhielten gute Nachbarschaftskontakte und galten auch ansonsten keineswegs als Sonderlinge.

Am 28. Februar 1993 stoßen ca. 70 bewaffnete Spezialagenten der US-amerikanischen Sicherheitsbehörde für Alkohol, Tabak, Schusswaffen und Sprengstoff, ausgestattet mit einem Haftbefehl gegen David Koresh und einer Durchsuchungserlaubnis, auf das Gelände der Davidianer vor und versuchen das Hauptgebäude zu stürmen. Im folgenden Schusswechsel (bis heute herrscht keine Einigkeit darüber, wer diesen begonnen hat) sterben vier Beamte und eine nicht exakt überlieferte Zahl Davidianer (Koresh selbst wird dabei verwundet). Die Einnahme des Gebäudes scheitert, und wenige Stunden später übernimmt das FBI die Regie. Es beginnt ein 51-tägiger Verhandlungsmarathon in gleichsam militärischem wie medialem Belagerungszustand, an dessen Ende die Erstürmung des Geländes mit Kampfpanzern und eine von Koresh-Anhängern selbst ausgelöste Brandkatastrophe stehen. Bei dieser finden ca. 80 Davidianer den Tod, die meisten durch eine brandbedingte Kohlenmonoxidvergiftung, etliche durch den Einsturz von Gebäudeteilen und einige wenige durch aufgesetzte Kopfschüsse (unter ihnen David Koresh).

Obwohl ein ausführlicher Untersuchungsbericht später zu dem Ergebnis kommen wird, dass alle beteiligten behördlichen Stellen korrekt gehandelt hätten, so bleiben doch Zweifel an der Unvermeidbarkeit dieser Katastrophe. Abgesehen von den Verhandlungsbemühungen widerspiegeln die anderen angewandten Zermürbungstaktiken während der Belagerung – die Demonstration von Gewaltbereitschaft und militärischer Stärke, die nächtliche Beleuchtung und Beschallung des Geländes mit lauter Musik, die willkürlichen Unterbrechungen der Stromversorgung usw. – keinerlei Verstehen des Gegenübers. Letztlich »bewies« nämlich dort das Vorgehen der Regierung die Entschlossenheit des »Satans«, und es verwies deutlich auf die von Koresh prophezeite irdische Endzeit, was dessen Position innerhalb der Gemeinschaft sicherlich nochmals stärkte. Dennoch lässt sich auch für die Davidianer vermuten, dass der Selbstmord niemals im Interesse der Gruppe lag, denn dafür hätte man weder Verhandeln noch 51 Tage warten müssen, und es erklärt auch nicht, warum intern offensichtlich versucht wurde, die Kinder an sichere Orte zu verbringen. Dass freilich die Möglichkeit des Sterbens als letzte Konsequenz den Davidianern annehmbarer erschien, als sich den Repräsentanten des Satans (der Regierung) zu ergeben, hätte man bei ausreichender Kenntnis des religiösen Glaubens der Davidianer wissen können.

Umso mehr gilt dies in einem Land, in dem ein religiös begründetes Misstrauen gegen die Regierung fast alle religiösen und ganz besonders die christlichen Gruppen prägt. Der Staat als Repräsentant weltlicher Interessen hat sich aus den religiösen Angelegenheiten herauszuhalten – so steht es sinngemäß in der Verfassung, und so sehen es sämtliche religiösen Gemeinschaften in den USA. Für nicht wenige Amerikaner gelten die Davidianer in ihrem wortwörtlichen Kampf gegen den »Regierungs-Goliath« deswegen mittlerweile als Märtyrer. Timothy McVeigh, der rechtsextreme Bombenattentäter von Oklahoma, der zwei Jahre später bei einem Anschlag auf ein Behördengebäude 168 Menschen tötete, hatte zwar keine religiösen Motive, aber er wollte nach eigenen Aussagen »Vergeltung« für die Opfer von Waco. Auch in den Medien wandelte sich langsam das Bild: Standen vor der Tragödie die Themen sexueller Missbrauch, illegale Waffengeschäfte, Drogenhandel sowie der selbst ernannte Messias David Koresh im Mittelpunkt, so rückten nun die äußeren Umstände des Infernos und das zweifelhafte staatliche Handeln in den Blickpunkt.

Eine Tragödie in drei Akten: Der Ordre du Temple Solaire

Kurze Zeit nach der Tragödie um die Davidianer gerät mit dem Sonnentempler-Orden eine ganz anders gestrickte religiöse Bewegung in die Schlagzeilen – aber auch sie wird ein tragisches Ende finden. Dieses Ende beginnt am 5. Oktober 1994, aber natürlich ist das nicht der Anfang.

Als zunächst durchaus typische Erscheinung im weiten Feld der Ordensesoterik bewegt sich auch der Ordre du Temple Solaire (Orden des Sonnentempels) in einem mehr oder weniger undurchdringlichen Geflecht von mystischen Tempeltraditionen und synkretistischer Gegenwartsesoterik. Obwohl formal erst 1984 von dem Franzosen Joseph Di Mambro (1926–1994) und dem Belgier Luc Jouret (1947–1994) unter dem offiziellen Namen Ordre International Chevaleresque de Tradition Solaire begründet, verlieren sich die Geschichte des Ordens ebenso wie die Biographien der beiden Gründer im intellektuellen Kontext moderner Esoterik und verschiedener in diesem Feld orientierter Bewegungen, Clubs und Orden. Di Mambro war seit Mitte der 1950er Jahre Mitglied des rosenkreuzerischen A.M.O.R.C. und, wie seine Schriften zeigen, auch mit den theosophischen Schulen von Alice Ann Bailey und Annie Besant vertraut. Verschiedene Weggefährten Di Mambros in den 1960er und 70er Jahren kamen aus der bewegten französischen Neutempler-Szene, in der es bereits seit 1952 einen »Souveränen Orden der Sonnentempler« (Ordre Souverain du Temple Solaire) und seit 1970 einen Ordre Rénové du Temple (Neuer Tempelorden) gab. 1974 gründete Di Mambro ein erstes eigenes esoterisches Zentrum (Foundation Golden Way), eine »Lebensschule«, die im weitesten Sinne alternative und ganzheitliche Lebenskonzepte vertrat. Luc Jouret, ein ausgebildeter Arzt, der sich später auf Homöopathie spezialisierte, bewegte sich seit etwa Mitte der 1970er Jahre ebenfalls in diesen Kreisen sowie im weiteren New Age-Kontext.

Die Ideenwelt des Sonnentemplerordens, in dem sich Bestandteile aller obigen Traditionen finden, ist entsprechend ekklektizistisch. Neben den mystischen Lehren der Neutempler spielt die von Helena Blavatsky so benannte »Weiße Bruderschaft«, ein Kreis astral »Aufgestiegener Meister«, die von Di Mambro als in Zürich residierende »unbekannte Obere« immer wieder als die eigentlichen Befehlsstellen des Ordens ausgegeben wurden, eine große Rolle. In diesem Zusammenhang kam auch dem Sternensystem um den Sirius als Herkunftsort der »Aufgestiegenen Meister« einige Bedeutung zu. Ebenso findet man christlich-apokalyptisches Gedankengut. Die Apokalypse war zwar als reale ökologische Katastrophe apostrophiert, andererseits aber auch mit der Wiederkunft Christi als solarem Retter verknüpft. Dazu gesellten sich allgemeine Vorstellungen über den Menschen als vornehmlich spirituelles Geistwesen sowie über Reinkarnation, wofür auch Jouret und Di Mambro selbst standen, die sich mehrfach als Inkarnationen verschiedener Aufgestiegener Meister, darunter Moses und Jesus, betrachteten. Über allem steht eine astrologisch-esoterische Deutung des New Age, des Kommens eines neuen Erdzeitalters bzw. der unmittelbar bevorstehenden Erneuerung der Erde – ein Zusammenhang, der zunächst optimistisch im Sinne des New Age, später dann apokalyptisch im Sinne der Vernichtung ausgedeutet wurde. Die frühen Lebensschulen zur Vorbereitung auf das neue Zeitalter wandelten sich nach und nach zu »Überlebensräumen« mit Blick auf die bevorstehende Vernichtung des irdischen Lebens in einem Feuersturm. Das alles reicht freilich nicht aus, um die Morde und Selbstmorde hinreichend zu erklären, setzt aber einen ideellen Rahmen, in dem man die späteren Vorgänge betrachten muss.

Der Sonnentemplerorden, dessen Ausbreitung sich weitgehend auf die frankophone Welt, vornehmlich auf Frankreich und die französischsprachigen Teile der Schweiz und Kanadas (Quebec), beschränkte, hatte zu seinen besten Zeiten Ende der 1980er Jahre vielleicht knapp 500 Mitglieder, überwiegend aus gut situierten bürgerlichen Kreisen. Über das, was den Orden für seine Anhänger im engeren Sinne attraktiv machte, lässt sich, ebenso wie über die genauen Hintergründe des tragischen Endes, nur spekulieren. Ähnlich wie bei anderen Neutempler-Orden dreht sich auch hier vieles um »geheime« Traditionen und geheimnisvolle Rituale, um »unbekannte Obere« und eine eingeweihte Elite, die auch hier ein offensichtlich ähnlich gut situiertes bürgerliches Publikum anspricht. Vergleichsweise »untemplerisch« ist allerdings die modern-esoterische Ausprägung, in der sich die Eingeweihten als durchreisende Partikel jener ursprünglichen kosmischen Bewusstseinsquelle sahen, aus der alles entsprungen ist und zu der alles zurückführt. Und untypisch für die modern-esoterische Weltsicht wiederum ist der christlich-apokalypische Unterton einer im Feuersturm (der ökologischen Katastrophe) untergehenden Welt; einer unausweichlichen Katastrophe, der man sich allenfalls bewusst werden und dann in vorauseilendem Gehorsam durch Selbstverbrennung entfliehen konnte.

Kurz gesagt: Aus dieser Programmatik kann man im Grunde nichts ableiten. Bzw. gerade weil die Programmatik im Vergleich zu den beiden vorher geschilderten Gruppen deutlich »wirrer« ist, erklärt sie noch weniger. Andererseits zeichnet auch diese Gruppe etwas vielleicht zu wenig Bemerktes und deshalb Bemerkenswertes aus. Der Orden ist nämlich – und hier steht er eindeutig in der Tradition der männerbündisch-elitären Ordensesoterik der Gegenwart – alles andere als eine homogene Glaubensgemeinschaft. Folglich rumort es ständig in seinem Inneren, und in den knapp fünf Jahren zwischen dem Mitgliederhöhepunkt und dem Beginn der Tragödie haben etwa drei Viertel der Mitglieder den Orden bereits wieder verlassen. Und so zynisch es klingen mag: Auch die letztlich ziemlich uneinheitliche Art des Sterbens der Opfer bzw. die Tatsache, dass offenbar viele Mitglieder ihren »Transit« nicht freiwillig angetreten haben, spricht für wenig harmonische Zustände im Inneren des Ordens.

Der innere Zerfall des Ordens – seit jeher auch durch die niemals ganz reibungsfreie Zusammenarbeit von Di Mambro und Jouret begünstigt – beginnt spätestens Anfang der 1990er Jahre. Sichtbar wird dies zunächst durch den öffentlichkeitswirksamen Ordensaustritt von Di Mambros Sohn, der von seinem Vater immerhin als »göttliche Zeugung« ausgegeben war. Elie Di Mambro (auch er wird später zu den Opfern zählen) ersparte es seinem Vater nicht, öffentlich über die »Taschenspielertricks« zu berichten, mit denen dieser im Anhängerkreis zuweilen seine übersinnlichen Fähigkeiten inszenierte. Nur wenig später wird auch ein ehemals enger Vertrauter Di Mambros, Tony Dutoit, öffentlich verschiedene Tricksereien bestätigen. 1991 fordert dann eine Aussteigerin in Quebec medienwirksam ihr Geld zurück und verkündet, dass der Orden »gefährlich« sei. Im Gefolge des negativen Medienechos entsteht die erste kanadische Anti-Kult-Organisation, die sich sofort des Sonnentemplerordens bzw. seiner Opfer annimmt. Dementsprechend wächst der äußere Druck; besonders auf Di Mambro und Jouret, die bei der Verteidigung nicht immer eine gute Figur abgeben. Angesichts der diversen Enthüllungen wächst auch intern die Kritik, besonders an Di Mambros Finanzmanagement sowie an Jourets Führungsstil; und auch deren Verhältnis zueinander verschlechtert sich in dieser Zeit nochmals. 1993 – in etwa zeitgleich zu den Vorfällen um die Davidianer in Waco – geraten dann zwei Quebecer Ordensangehörige wegen unerlaubten Waffenbesitzes ins Visier der Polizei. 1994 schließlich bekommen die oben erwähnten Dutoits einen Sohn, in dem Di Mambro, so wird später gemunkelt, den Antichrist sah. Der Wahrheitsgehalt dieser Mutmaßung mag dahingestellt bleiben, aber die Rolle des »Verräters« lässt Dutoit samt seiner Familie unter bis heute nicht restlos aufgeklärten Umständen wenig später zu den ersten Opfern des Sonnentempels werden.

Am 5. Oktober 1994, zu einer Zeit also, in der es zumindest äußerlich wieder relativ still um die Sonnentempler geworden war, werden Tony Dutoit, seine Frau und ihr drei Monate alter Sohn in einem abgebrannten Haus in Morin Heights, einem kleinen Skiort in der Nähe des kanadischen Montréal, ermordet aufgefunden. Bereits einen Tag vorher hatte die Polizei im gleichen Haus zwei verkohlte Leichen entdeckt, die bei einem offensichtlich selbst gelegten Brand ums Leben gekommen waren. Die Dutoits waren indes schon mehrere Tage vorher ermordet worden. Daran, dass dies ein Auftragsmord Di Mambros war, der von Mitgliedern des Sonnentempels durchgeführt wurde, besteht wenig Zweifel.

Am 4. und 5. Oktober 1994 findet die Polizei bei weiteren Bränden an zwei weit auseinander liegenden Orten in der Schweiz insgesamt 48 Leichen – unter ihnen mehrere Kinder sowie auch Jouret und Di Mambro. 23 Opfer starben in der Nacht zum 2. Oktober auf einem Gehöft in der Nähe von Cheiry im Schweizer Kanton Fribourg, 25 sterben in der Nacht auf den 5. Oktober in drei Chalets in Les Granges bei Salvan im Schweizer Wallis, ca. 50 Kilometer südlich von Montreux. Die Obduktion wird später bestätigen, was auch aus einigen Abschiedsbriefen hervorgeht: 15 davon begingen Selbstmord, sieben Menschen wurden vermutlich als »Verräter« oder aus anderen Gründen hingerichtet, dem Rest wurde beim Sterben »geholfen«. Über diese Mehrheit der Opfer, also jene, denen »geholfen« wurde, wird bis heute gestritten. In einigen Abschiedsbriefen heißt es hierzu, dass die mit Plastiktüten erstickten oder durch Kopfschüsse zu Tode gebrachten Opfer sterben bzw. beim Transit dabei sein wollten, aber zu schwach waren, diesen Schritt aus eigener Kraft zu gehen und um entsprechende Hilfe gebeten hatten. Die üblichen »Sektenexperten« gehen hier natürlich immer von kaltblütigem Mord aus.

Am 23. Dezember 1995 findet die Polizei am Fuße des Vercors, einem Bergmassiv in den französischen Alpen, 16 weitere Leichen, darunter drei Kinder. Spätere Untersuchungen werden ergeben, dass zwei Templer die anderen 14 um den 16. Dezember herum erschossen haben, bevor sie sich selbst das Leben nahmen. Wie bei einem großen Teil der Opfer in der Schweiz, fand man die Opfer in ritueller Anordnung zu einem Kreis.

Der letzte Akt der Tragödie vollzieht sich in der Nacht vom 22. auf den 23. März 1997 in Saint Casimir, einer Kleinstadt südwestlich von Quebec-Stadt. Hier sterben weitere fünf Sonnentempler beim Brand ihres Hauses. Drei Kinder eines der Ehepaare, alle im Teenager-Alter, die sich dem »Transit« verweigert hatten, werden später berichten, dass ein erster Transitversuch zwei Tage vorher gescheitert war. Außerdem werden sie bestätigen, dass alle Erwachsenen festen Willens waren, den Transit zu unternehmen, und dass man es ihnen selbst nach dem gescheiterten ersten Versuch freigestellt hatte, am zweiten Versuch nicht teilzunehmen.

Alle geschilderten Vorfälle, die intern als Transits zum Sirius bzw. zur Quelle des Bewusstseins gesehen wurden, waren sorgfältig geplant. Davon zeugen vor allem die an allen Orten installierten Brandmechanismen, die die Brände teilweise erst weit nach den eigentlichen Selbstmorden/Morden auslösten. (Die Vernichtung der irdischen Hüllen durch das Feuer galt intern als eine Transitvoraussetzung). Ebenso gilt als sicher, dass einige der Opfer in den französischen Alpen schon an den Vorbereitungen der Transits in der Schweiz beteiligt waren. Abgesehen von den insgesamt neun Kindern/Jugendlichen befindet sich die Mehrzahl der insgesamt 74 Opfer in fortgeschrittenem Alter, die meisten sind über 40, nicht wenige gingen auf die 60 zu.

Schöpfungsgeschichte als Space Opera: Heaven's Gate

Die Lehre von HEAVEN'S GATE, die sich erst kurz vor ihrem »Transit« diesen programmatischen Namen gaben, geht zurück auf Marshall Herf Applewhite alias »Do« (1931–1997) und Bonnie Lu Nettles alias »Ti« (1927–1985). Beide sahen sich als Gesandte des Himmlischen Königreiches (gleichsam auch im Selbstverständnis als Sohn/Jesus und Vater/Gott). Sie entwarfen eine Kosmologie, in der zentrale christliche oder sehr allgemeine biblisch geprägte Vorstellungen in einer *Space Opera* wiedererzählt werden; wobei Letztere zuweilen den Eindruck erweckt, als hätten populäre Science Fiction-Bücher und -Filme (wie etwa Douglas Adams' *Per Anhalter durch die Galaxis* oder die Serie *Star Trek*) dafür Pate gestanden.

Man könnte sinngemäß von einer Physikalisierung des christlichen Weltbildes sprechen. Gott ist insofern real, als dass er symbolisch für Lebensformen einer höheren evolutionären Stufe (»Next Level above Human«) steht; das Himmlische Königreich (biblisch: das Reich Gottes bzw. Paradies) ist ein realer physikalischer Ort im Universum, an dem u. a. auch die irdische Schöpfung geplant und entworfen wurde. Die Erde kann als experimentelles Labor verstanden werden, auf der alles Leben von den höheren Lebensformen gewissermaßen »gesät« worden ist. Zuweilen inkarnieren sich die höheren Lebensformen in erwachsenen menschlichen Körpern, um Kenntnis von ihrer Existenz und den Plänen des Himmlischen Königreiches zu geben. Auch der seinerzeit missverstandene Jesus war eine solche Inkarnation der höheren Lebensform, gekommen, um eine »(Schul-)Klasse« über das Himmlische Königreich zu unterrichten – so wie auch »Do« und »Ti« körperliche Vehikel der höheren Lebensformen mit dem gleichen irdischen Lehrauftrag sind.

Das Klassenziel von Heaven's Gate ist einerseits die Weitergabe der Informationen über den himmlischen Plan des bevorstehenden »Recyclings« der Erde bzw. ihrer »Säuberung« (das, was biblisch als Apokalypse ausgewiesen ist), andererseits das Aufzeigen des Rettungsweges zum »Next Level« (das, was biblisch als »Erlösung« und Eingang in Gottes Reich gefasst ist) oder sinngemäß der Hinweis auf das »Tor zum Himmel« *(Heaven's Gate)*. Das, was biblisch der Aufstieg der Seele zu Gott ist, ist hier ein physikalischer »Transit« vermittels eines Raumschiffes. (Ergänzend muss angemerkt werden, dass die höheren Lebensformen nicht als immaterielle »Seelen« gelten, sondern als höher entwickelte reale Wesen, die ihrer irdischen Körper nur deswegen bedürfen, um sich den Menschen mitzuteilen – das Ablegen des Körpers wird also nicht als physikalischer Tod begriffen.) Auch die Gründe für die notwendige Erneuerung der Erde sind letztlich aus der Bibel bekannt: Es sind die Verderbtheit der Welt und das Überhandnehmen des Bösen bzw. der Bösen. Letztere werden als »Luciferianer« – nicht zu verwechseln mit der frühchristlichen Strömung des ersten Kapitels – bezeichnet, und ebenso wie der biblische Satan (hier der spätere Luzifer) sind sie Wesen aus dem Himmlischen Königreich, namentlich abtrünnige »Schüler« einer früheren »Klasse«. Diese kontrollieren nun die Welt in Form von ökonomischer, politischer und religiöser Macht sowie mithilfe von Gesetzen und moralischen Werten, die allesamt dem Zweck dienen, das Wissen um das Himmlische Königreich zu unterdrücken.

Nun mag man diese Kosmologie für obskur halten, aber sie zeigt – in gewisser Weise unfreiwillig –, wie obskur dann auch die biblische Kosmologie ist, denn hier wird im Grunde ja dieselbe Geschichte nur mit anderen Akteuren erzählt. Man könnte das Ganze vielleicht sogar für eine Parodie halten – umso mehr, als einige Texte von Heaven's Gate zuweilen mit einer Prise Humor ausgestattet sind, einem Merkmal, das religiösen Endzeitgruppen mehrheitlich völlig abgeht –, wenn nicht am Ende 39 »Transits« bzw. in irdischen Maßstäben 39 Selbstmorde stehen würden: Die komplette Anhängerschaft von Heaven's Gate nimmt sich am 27. März 1997 mit einem Giftcocktail das Leben.

Heaven's Gate ist von den hier thematisierten Gruppen die einzige, deren Suizid tatsächlich in der Konsequenz ihrer Lehre gesehen werden kann. Der Glaube, dass die Menschheit eine kosmologisch unterentwickelte Spezies ist, die ihre evolutionäre Chance vor 2000 Jahren mit der Ermordung des von höher entwickelten Außerirdischen Gesandten (Jesus) vertan hatte, wird durch die Aussicht auf eine zweite Chance getragen. Jene, die willens und bereit waren, diese Chance zu ergreifen, hatten ihr Leben dezidiert und ernsthaft auf den »Transit« in das Himmlische Königreich ausgerichtet, der vermittels eines hinter dem Schweif des Kometen *Hale-Bopp* versteckten Raumschiffes stattfinden sollte.

Auch wenn es ab und an, vor allem 1975/76, in den Gründungsjahren von Heaven's Gate, einige Pressenotizen gab, so spielt sich diese Geschichte doch größtenteils fern der Medien ab. Es gab keine anhängigen behördlichen oder gerichtlichen Streitigkeiten, keine medienrelevanten Aussteiger, keine Aufsehen erregenden Aktionen in der Öffentlichkeit. In den Jahren zwischen 1976 und 1992 ist die »Klasse« ohnehin nur fragmentarisch existent bzw. sie lebt zerstreut mit wenig oder gar keinem Kontakt untereinander. Erst in den Jahren zwischen 1992 und 1996 – Lu Nettles war bereits 1985 verstorben – bemühte sich Applewhite bzw. Heaven's Gate erneut mit Zeitungsanzeigen, Vorträgen, Interviews, Internetauftritten und schließlich auch mit zwei Videos um neuerliche Beachtung, fand diese aber, wie die am Ende doch sehr geringe Mitgliederzahl zeigt, nicht wirklich. Selbst den Medien schien das Ganze wohl als zu abwegig, um einen ernsthaften Presserummel zu erzeugen. Nach eigenen Angaben führten die Aktionen der 1990er Jahre einerseits zu einer Wiedervereinigung von ca. 20 der »verlorenen Schafe« sowie einer etwa gleich großen Anzahl neuer »Schüler« im neu installierten »Klassenraum« des Himmlischen Königreichs.

Die strengen Verhaltensregeln innerhalb der Gruppe waren sämtlich darauf ausgerichtet, sich im Sinne der höheren Lebensformen würdig zu verhalten. Das meinte das konsequente Ablegen »menschlicher« Gewohnheiten wie Egoismus, Emotionalität oder Eitelkeit sowie die Minimierung von Kontakten mit der »menschlichen« Umwelt. Die Gruppe lebte folglich eng zusammen, in strenger Abschottung gegen jene Welt, die sie zu verlassen beabsichtigte. Die Gruppenmitglieder pflegten eine asketische Lebensweise (kein Alkohol, keine Drogen, kein Sex) im Unisex-Style (kurz geschorene Haare, unauffällige und gleiche Kleidung) mit dem Ziel, jede Art von Individualität abzulegen.

Ungewöhnlich für eine religiöse Gemeinschaft ist die Selbstreflektiertheit von Heaven's Gate in Bezug auf die Fremdwahrnehmung ihres Glaubens und vor allem ihres Transits, von dem sie wissen, dass er der Außenwelt »bizarr« vorkommen muss. Es ist vermutlich dem professoralen Gestus des universitär ausgebildeten Applewhite geschuldet, jeden Aspekt des eigenen Glaubens nicht nur intellektuell zu rechtfertigen, sondern auch schon stellvertretend im Spiegel der »normalen« Welt zu interpretieren und diese Interpretationen, wo es ihm nötig erscheint, schon im Vorhinein zu korrigieren. Seine aus religionswissenschaftlicher Sicht wohl interessanteste Korrektur bezieht sich auf das New Age (also auf die Dinge, die wir an anderer Stelle unter »moderne Esoterik« subsumiert haben). Offensichtlich weiß Applewhite um die Tatsache, dass seine Lehre, allen biblischen Analogien zum Trotz, letztlich im esoterischen Rahmen der New Age-Bewegung steht: Schließlich geht es bei Heaven's Gate um höchste Wesen und andere Dimensionen, um evolutionäres Lernen, kosmischen Aufstieg und persönliches Wachstum, um Inkarnationen höherer Kräfte, um die Zeitenwende und die Transformation. Dazu kommt, dass die Klientel von Heaven's Gate tatsächlich im Wesentlichen den spirituellen Suchern des subkulturellen New Age-Milieus entstammt. Und auch der organisatorische Rahmen, den Applewhite aufspannt, ist deutlich vom New Age geprägt. Dem »Update« von 1988 kann man wahrscheinlich genau deswegen entnehmen, dass die gesamten Spielarten des New Age (Theosophie, Channeling, neue Spiritualität, Yoga usw.) »Werkzeuge des Teufels« sind. Zwar seien diese so »faszinierend« und »verlockend«, dass auch »Do« und »Ti« zu Beginn ihres Erwachens von der Theosophie und Helena Blavatsky »in Versuchung« geführt worden sind. Letztlich aber sei alles Lug und Trug, weil das New Age in der Konzentration auf das Hier und Jetzt, den echten Weg, den der Befreiung vom Hier und Jetzt, verneble.

Das Ende der Gegenwart: Die Bewegung zur Wiederherstellung der Zehn Gebote

Die gut 800 Toten des Movement for the Restoration of the Ten Commandments (Bewegung zur Wiederherstellung der Zehn Gebote; im Folgenden: Bewegung) haben im Vergleich zu den bisher geschilderten Vorfällen relativ wenig Widerhall in den Medien gefunden – was vornehmlich wohl damit zusammenhängt, dass die Geschehnisse nicht in der westlichen Welt, sondern in Afrika, genauer: nahe der Kleinstadt Kanungu, im äußerten Südwesten Ugandas stattfanden. Am Morgen des 17. März 2000 jedenfalls brennt das alte Kirchengebäude der Bewegung bis auf die Grundmauern ab; alle in dem Gebäude versammelten Anhänger kommen bei dem Brand ums Leben, offiziell wird die Opferzahl später mit 338 bekannt gegeben. Da man einige Tage später auf dem weiteren Grundstück auch sechs Mordopfer entdeckt, beginnt eine Suche, die in den nächsten zwei Wochen an anderen Orten zur Entdeckung von fünf Massengräbern (drei davon auf Grundstücken von Führungspersonen der Bewegung) mit insgesamt weiteren knapp 500 Opfern – erstickt, erschossen oder vergiftet – führen wird.

Eine Aufklärung der Vorfälle nach europäischen Maßstäben erfolgte niemals: Viele Opfer wurden nie identifiziert und scheinbar auch niemals von irgendjemandem vermisst; die Massengräber waren teilweise schon über einen Monat alt. Folglich fehlen auch nähere Angaben darüber, wer die Opfer waren, woher sie kamen, wie sie starben und letztlich auch warum sie starben. Daraus sowie auch der Tatsache, dass sich viele Kinder unter den Opfern befanden, lässt sich allenfalls vorsichtig folgern, dass viele Anhänger der Bewegung Familien waren und dass die Mehrzahl der Anhänger wohl nicht aus dem lokalen Umfeld von Kanungu stammte; vielleicht waren einige Flüchtlinge aus dem angrenzenden Ruanda, das durch den Völkermord von 1994 ebenfalls zu trauriger Berühmtheit gelangte und im Übrigen auch eine vergleichbare christliche Religionskultur aufweist.

Die offiziell 1994 registrierte Bewegung, deren Anfänge mit Blick auf die Aktivitäten ihrer Führung allerdings weit in die 1980er Jahre zurückreichen, war als katholisch-spirituelle Gemeinschaft eine durchaus typische Erscheinungsform des afrikanischen Christentums, welches seinerseits in über 10.000 Kirchen auf dem »schwarzen« Kontinent sehr präsent ist. Eine Vielzahl dieser importierten Kirchen trägt prophetische, charismatische und endzeitliche Züge, wobei oft spirituelle Einflüsse traditionaler afrikanischer Kulturen mit einfließen. Eine Gruppe wie die Bewegung war im katholisch geprägten Uganda des letzten Drittels des 20. Jh., in dem christlich-spirituelle Bewegungen als Horte der Hoffnung in einem von politischer Willkür, von

Armut und AIDS hart getroffenen Land blühten, bis zum Zeitpunkt des Brandes nie aufgefallen.

Im Kern ihrer Lehre war die Bewegung konsequent biblisch-konservativ, abweichend vom römisch-katholischen Hintergrund allerdings dezidiert endzeitlich orientiert. Neben der Bibel orientierte sich die Bewegung an einer Schrift aus den eigenen Reihen mit dem Titel *A Timely Message from Heaven: The End of Present Times* (Eine zeitgemäße Botschaft aus dem Himmel: Das Ende der Jetztzeit). Darin werden die verführerische Kraft Satans, der Sittenverfall, die Amoralität oder kürzer: die allgemeine (ugandische) Abkehr der Menschen von den 10 Geboten beklagt. Das bevorstehende Endgericht Gottes, der die Erde in einem Feuersturm vernichten wird, werden nur jene überleben, die sich kompromisslos zu den 10 Geboten, also zur Bewegung bekennen und einen entsprechend biblisch-moralischen bzw. asketischen Lebensstil pflegen. Die eigene Kirche galt als »Arche«, in der man die Katastrophe überleben würde. Der Stil der Schrift ist wenig metaphorisch, der Sittenverfall wird gewissermaßen lebensweltlich demonstriert (AIDS, Alkohol, kurze Röcke usw.). Legitimiert ist die Schrift bzw. die in ihr enthaltene Prophezeiung des Weltuntergangs durch Botschaften von Jesus und der Jungfrau Maria, die vor allem von den prägenden Personen der Bewegung, Joseph Kibweteere und Credonia Mwerinde, in persönlichen Visionen empfangen wurden.

Geführt wurde die Bewegung von einem Apostelgremium, bestehend aus je sechs männlichen und weiblichen Aposteln – zu einem großen Teil ehemalige katholische Geistliche und Nonnen. Die Anhänger unterteilten sich in Novizen, also aufnahmebereite Neulinge, die sich erst noch mit der *Timely Message* vertraut machen mussten, fortgeschrittene Gläubige, die bereits nach den 10 Geboten lebten, und eine Elite, die willens und bereit war, in der Arche zu sterben. Die Bewegung lebte relativ autark und in weitgehender Abgrenzung zur Außenwelt; in ihren besten Zeiten mag sie einige Tausend Anhänger gehabt haben. Diese »besten« Zeiten endeten vermutlich mit dem Nichteintreffen des ersten Weltuntergangstermins am 31. Dezember 1999, der, so wird berichtet, von vielen Anhängern zum Anlass genommen wurde, ihren der Kirche überlassenen Besitz zurückzufordern. Ob es deshalb zu den zahlreichen Morden im Vorfeld des Kirchenbrandes gekommen ist, ist nicht nachweis-, aber durchaus denkbar. Etwaige andere Motive für die Morde sind jedenfalls schwer zu finden. Was die Opfer des Brandes am 17. März betrifft, so scheiden sich bis heute die Geister, ob es sich um eine freiwillige Selbstverbrennung oder ebenfalls um Mord handelte. Für Ersteres spricht, dass ein neuer Weltuntergangstermin ausgegeben war, dass man sich offensichtlich schon in den Tagen zuvor auf den Untergang vorbereitet hatte, dass man sich in der Arche versammelt hatte, dass als Todesart hier der prophzeite »Feuersturm« gewählt wurde sowie dass letztlich niemand überlebte. Für Mord spricht natürlich zunächst vor allem das Schicksal der anderen 500 Toten. Darüber hinaus war die Kirche zum Zeitpunkt des Brandes von innen verschlossen und es sind keinerlei Abschiedsbekundungen bekannt geworden. Genährt wird die Mordtheorie dadurch, dass die Leichen in der Kirche nicht mit letzter Sicherheit identifiziert werden konnten, weshalb man nicht weiß, ob sich die Führungsschicht der Bewegung tatsächlich, wie man allgemein annimmt, unter den

Opfern befand. Möglich wäre also auch, dass diese mit dem (sicherlich nicht üppigen) Vermögen der Kirche geflohen ist und mit dem Brand die letzten Zeugen eines großen Betruges vernichtete. Leider werden diese offenen Fragen wohl nie mehr beantwortet werden.

Die Religion der Obersten Wahrheit des Universums: AUM Shinryko (Ōmu Shinrikyō)

Weltweit bekannt wurde die 1984 begründete und 1989 unter diesem Namen offiziell eingetragene japanische neureligiöse Bewegung AUM SHINRYKO (lautsprachliche Übersetzung; der Name bedeutet in etwa »Religion der obersten Wahrheit des Universums«, wobei die drei Buchstaben A, U und M der Code für alle Namen Gottes bzw. des Absoluten ist) durch Attentate mit dem Nervengas Sarin auf fünf Tokioter U-Bahn-Linien am 20. März 1995, in deren Gefolge zwölf Menschen starben und ca. 1000 Menschen verletzt wurden. Wie im Nachhinein bekannt wurde, fand ein entsprechender »Test« mit sieben Toten und Hunderten von Verletzten schon 1994 statt. Auch die Ermordung eines bekannten japanischen »Anti-Sekten-Anwaltes« samt Familie im Jahr 1989 sowie die Ermordung eines Dissidenten gingen nachweislich schon auf das Konto von AUM Shinryko bzw. auf das Auftragskonto ihres Gründers Shoko Asahara (geb. 1955). Darüber hinaus stehen bis heute Anschuldigungen im Raum, auch für Dutzende weitere Todesfälle verantwortlich zu sein. Asahara, der erst knapp zwei Monate nach den Anschlägen auf die U-Bahn gefasst werden kann, wird ebenso wie zehn weitere Führungspersonen zum Tode verurteilt; bisher (2012) wurde allerdings keines der Urteile vollstreckt.

Die Gemeinschaft AUM Shinryko hat die Vorfälle »überlebt« und sie wurde in Japan auch nicht verboten. Paradoxerweise ist sie als »terroristische« Gruppe in der EU und in den USA verboten, wo sie niemals nennenswerte Anhängerzahlen hatte. Im Jahr 2000 benannte sich die Glaubensgemeinschaft in ALEPH um. Da sich Aleph in der Tradition von AUM Shinryko sieht, hat sie sich zur Mitverantwortung an den Anschlägen bekannt, bei den Opfern entschuldigt und einen Entschädigungsfond eingerichtet. Nach jüngsten Angaben hat Aleph gut 1500 Mitglieder, ca. ein Drittel davon sind echte »Vollzeitmitglieder« und leben in kleineren Niederlassungen der Gemeinschaft zusammen. AUM Shinryko hatte vor den Anschlägen ca. 10.000 Mitglieder in Japan, wovon man geschätzte 1000 zum harten Kern der Vollzeitmitglieder zählen konnte. Obwohl die Gruppe einige Niederlassungen außerhalb von Japan hatte (eine davon in Bonn), sind Spekulationen über vielfach darüber hinausgehende weltweite Mitgliederzahlen, besonders in Russland, wo sie allerdings tatsächlich die meisten nichtjapanischen Anhänger hatte, nicht ernst zu nehmen.

Die Praxis von AUM Shinryko ist eine spezielle Form des Yogas bzw. von Yoga-Meditationen, die von Asahara in den 1980er Jahren entwickelt und nach und nach zu einer umfassenden spirituellen Heilslehre mit stark disziplinarischen Elementen und einer Vielzahl von Qualifizierungen ausgebaut wurde. Dennoch ist die Lehre insgesamt in einen durchaus konventionellen buddhistischen Hintergrund eingebettet, wobei Asahara die Rolle des Meisters bzw. des Gurus innehatte. AUM Shinrykos Lehre muss immer im zwiespältigen Bemühen Asaharas gesehen werden, eine authentische, ernsthafte und an traditionellen buddhistischen und hinduistischen Quellen ausgerichtete Praxis zu entwickeln und diese gleichzeitig zu modernisieren und zu vereinfachen, um missionarische Zwecke verfolgen zu können. Auffällig bei AUM Shinryko ist jedenfalls der hohe Bildungsgrad der insgesamt eher jüngeren Führungselite um Asahara; viele der später angeklagten Drahtzieher der Giftgasanschläge hatten Universitätsabschlüsse.

Bei AUM Shinryko wird man also zweifellos trennen müssen zwischen der Elite um Asahara und den normalen Anhängern, die von deren kriminellen Machenschaften wohl nichts gewusst haben. Das heißt freilich nicht, dass sie nicht mit Asaharas durchaus anspruchsvoller, wesentlich auf Disziplin, Askese und Isolation von der Außenwelt basierenden Yoga-Praxis und mit dem Inhalt seiner Weltanschauung vertraut gewesen wären. Diese enthält schon recht früh auch apokalyptische Tendenzen in Form einer nuklearen Weltuntergangsprophezeiung für die späten 1990er Jahre. Verhindert werden könne die Katastrophe nur durch die Verbreitung von Asaharas Yoga-Meditationen bzw. durch einen politischen Einfluss von AUM Shinryko. Die Partei *Shinrito* wird gegründet, sämtliche Kandidaten scheitern aber bei den Wahlen 1989. Asahara und seine Anhänger, die sich als Opfer eines groß angelegten Wahlbetruges sehen, werden zum politisch-medialen Gespött; der Weltrettungsplan reduziert sich in der Folgezeit auf die Rettung der eigenen Anhänger; trotz oder wegen ständiger Präsenz in Gerichtsprozessen verstärkt sich die Isolation der Gruppe von der Außenwelt. Seit Beginn der 1990er Jahre schmiedet Asahara Pläne zur Errichtung kleiner autarker Gemeinschaften, die nach der nuklearen Katastrophe für den Aufbau der neuen Zivilisation sorgen sollten. Waffen zur Verteidigung werden beschafft, und in dieser Zeit versucht die Elite um Asahara offensichtlich auch chemische und biologische Kampfmittel herzustellen. Im Sommer 1994 ernennt Asahara schließlich sogar eine eigene Gegen-Regierung. Auch wenn angesichts der Wahllosigkeit der Opfer Zweifel bleiben: Am Ende sind die Anschläge vom März 1995 wohl als eine Mischung aus Verfolgungswahn, Racheakt und Machtdemonstration zu sehen.

Letzteres kann man vielleicht auch – um eine jüngere Ansicht aus der Forschung zu übernehmen – als einen Akt der »Entmarginalisierung« sehen, also als eine Tat, mit der die Gesellschaft gewissermaßen »gezwungen« wird, die eigene Existenz wahrzunehmen.

Making Sense …

Die genannten Fälle gelten gemeinhin als *Beispiele* für die von den »Sekten« ausgehenden, potenziell tödlichen Gefahren – sei es für die Gesellschaft oder für die Anhänger –, und sie gehören zum Standardrepertoire der sogenannten »Aufklärung« über Sekten.

Dabei liegt der erste Fehler schon darin, hier von »Beispielen« zu sprechen, denn die aufgeführte Fallliste ist im Grunde vollständig, d. h. die Tragödien verweisen *nicht* auf »weitere« Tragödien.

Der zweite Interpretationsfehler ist: Bei weltweit Hunderttausenden von religiösen Gemeinschaften – faktisch ist die Zahl nicht einmal annähernd zu schätzen, und wer das Buch bis hierhin gelesen hat, wird wissen, warum – gibt es keine Vorfälle dieser Art. In jedem Statistik-Grundkurs lernt man, dass man aus »kleinen Fallzahlen« keine verlässliche Aussagen für eine Gesamtheit ableiten kann, geschweige denn, dass man daraus irgendetwas »Beispielhaftes« für jene Vielzahl von Gruppen folgern kann, in denen genau das nicht geschieht. Käme tatsächlich jemand auf die Idee, aus den paar Dutzend jährlichen Familientragödien, in denen ein Vater seine Familie oder eine Mutter ihre Kinder tötet, abzuleiten, dass dies »Beispiele« für die potenziell tödlichen Gefahren des Familienlebens sind?

Zulässig ist es, die *Ausnahmen* miteinander zu vergleichen, um festzustellen, ob vielleicht ein potenziell »gefährliches« Zusammenspiel bestimmter Faktoren oder ein »Gefahrenmuster« erkennbar ist. Ein solches Muster existiert natürlich schon in Form der im vorigen Kapitel eingehend diskutierten Sektenklischees. Auch wenn diese insgesamt betrachtet eher wenig bis gar keine reale Entsprechung haben, so könnte es ja sein, dass sie zumindest für die gerade geschilderten sechs Fälle zutreffen – umso mehr, als jede in der Öffentlichkeit kursierende »Aufklärungsschrift« das Klischee vom »tödlichen Sektenwahn« mit den Verweisen auf Heaven's Gate sowie die Volks- und Sonnentempler untermauert.

Was also haben diese Fälle, abgesehen von ihrer Eigenschaft als Tragödien, wirklich miteinander gemeinsam? Was ergibt der konkrete Vergleich und in welcher Hinsicht sind zumindest bei diesen *extremen Ausnahmen* tatsächlich Sektenklischees erfüllt? Hatten alle Gruppen eine besonders abgedrehte religiöse Lehre? Hatten alle Gruppen einen allmächtigen und wahnsinnigen »Führer«, der seine ahnungslosen Opfer willkürlich mit sich in den Tod gerissen hat? Bestanden die Gruppen vorwiegend aus orientierungslosen Jugendlichen, die mit »Gehirnwäsche-Techniken« gefügig gemacht oder »gleichgeschaltet« wurden? Waren die Gruppen in besonderer Weise moralisch auffällig? Gab es »Sexorgien«, blutige Rituale und sonstige moralische Ausschweifungen?

Beginnen wir mit der Vorbemerkung, dass schon die Art des Sterbens im Zusammenhang mit den genannten Gruppen uneindeutig und eine einfache Addition der Opfer deswegen nicht korrekt ist. Eindeutig sind nur die Selbstmorde der Anhänger von Heaven's Gate. Gegensätzlich eindeutig sind die Morde von AUM Shinryko, die aber ihrerseits nicht mit den anderen Fällen vergleichbar sind, weil zumindest ein großer Teil der Morde nicht an den eigenen Anhängern verübt wurde (weshalb die Gruppe im Folgenden etwas stiefmütterlich behandelt wird). In den verbleibenden Fällen ist die Interpretation weit schwieriger. Gerade bei den Volkstemplern, den Davidianern und bei der Bewegung war eine beträchtliche Anzahl Kinder unter den Opfern, und es wäre zynisch, hier von einem bewussten Selbstmord *aller* Anhänger zu sprechen. Und bei den Sonnentemplern wurde manchen Mitgliedern so offensichtlich beim Sterben

»geholfen«, dass eine klare Abgrenzung zwischen Mord, Beihilfe zum Selbstmord und Selbstmord völlig unmöglich ist. Bei der Bewegung und bei AUM Shinryko spielen vermutlich profane kriminelle Motive eine wichtige Rolle, bei den vier anderen Gruppen kann man solche eher nicht erkennen. Und zumindest bei den Volkstemplern und Davidianern spricht vieles für sponate Verzweiflungstaten, die erheblich durch externe Umstände beeinflusst wurden. Insofern ist es schon in Bezug auf diese Aspekte kaum möglich, auf wirkliche Gemeinsamkeiten zu verweisen.

Was ist mit den religiösen Lehren? Die Bewegung, der Volkstempel und die Davidianer sind in unterschiedlichen christlich geprägten Kontexten zu verorten. Die Bewegung war zwar endzeitlich orientiert, im Kern aber katholisch und ihre Praktiken folgten weitgehend dem kirchlichen Vorbild. Ihre Führungsriege bestand überwiegend aus katholischen Geistlichen, die sich als ebensolche betrachteten – ergänzt um Credonia Mwerinde, die, ebenso wie Joseph Kibweteere, Botschaften und Visionen von der Jungfrau Maria, die eine zentrale Figur der religiösen Verkündigung der Bewegung war, empfing. Im geschilderten Möglichkeitsspektrum katholischer Glaubensformen und besonders der dort weit verbreiteten Marienkulte ist die religiöse Idee der Bewegung sicherlich »eigenwillig«, aber keineswegs gänzlich absurd. Absolut bibelfest, allerdings urchristlich und alttestamentarisch-prophetisch, war die Lehre David Koreshs, aber auch sie fällt vor dem Hintergrund Tausender »urchristlicher« bzw. dezidiert adventistischer Gruppen nicht wirklich auf. Jim Jones hatte im Grunde überhaupt keine eigene religiöse Lehre bzw. sie kann anfänglich vielleicht als sozialistische und antirassistische Variante einer Pfingstlehre mit Gospelelementen betrachtet werden – aber auch hier gibt es in »ideologischer« Hinsicht zunächst keine nennenswerten Besonderheiten. Im Vergleich zu anderen Pfingstlergruppen war Jones' Volkstempel allenfalls ungewöhnlich liberal und wenig endzeitlich ausgerichtet. Allerdings »entchristlichten« sich die Volkstempler immer mehr, und nach und nach mündete die sozialistisch-revolutionäre Doktrin in das idealistische Jonestown-Projekt ein. Unabhängig davon, ob man die Volkstempler am Ende überhaupt noch als im engeren Sinne religiös motiviert beschreiben kann, säkularisiert sich die Lehre hier in dynamischer Auseinandersetzung mit der »Außenwelt«.

Heaven's Gate und die Sonnentempler sind zwei religiöse Formen, die man in den esoterischen Zusammenhängen verorten muss. Die Lehre der Sonnentempler ist in hohem Maße synkretistisch. Sie geht in weiten Teilen direkt auf die individuelle Interpretation esoterischer »Geheimlehren« ihrer beiden Gründer, besonders auf Joseph Di Mambro, zurück. Dass dieser die Sonnentempler in der Tradition der Rosenkreuzer und verschiedener Neutemplerorden verortete und vieles aus dem esoterischen Mystizismus der unterschiedlichsten Geheimbünde übernahm, ist typisch für die männlich geprägte Ordensesoterik. Die Lehre von Heaven's Gate weist ebenfalls esoterische Grundzüge auf, steht angesichts der Gedanken von Bewusstseinstransformation, kosmischer und sozialer Evolution aber eher in der offenen New Age-Tradition. Zusammen mit den biblischen Allegorien und den hier sehr ausgeprägten Vorstellungen eines materiellen Raumschifftransits ist dies die vergleichsweise »fantastischste« Lehre.

Wie steht es mit der autokratischen Führung und der gleichgeschalteten Anhängerschaft? Die Person von Shoko Asahara kommt dem Klischee des autokratisch-willkürlichen und vermutlich tatsächlich geistig nicht ganz gesunden Führers vielleicht am nächsten. Andererseits erstreckte sich seine tatsächliche Macht wohl nur auf wenige Vertraute in seiner engsten Umgebung. Der Großteil seiner Anhänger erfuhr niemals etwas von diesen Vorgängen im elitären Kreis um Asahara. Insofern begrenzt sich eine etwaige »Gleichschaltung« allenfalls auf ein gutes Dutzend »Wissender« sowie einiger nur partiell Beteiligter – weshalb die Religion AUM Shinryko/Aleph in Japan auch nicht verboten wurde.

Auch die Davidianer wurden von Koresh autokratisch geführt, und das trifft auch für die Volkstempler unter Jones zu, auch wenn der Volkstempel viel größer war und die praktische Leitung durchaus auf mehrere Schultern verteilt war. Was den Grad der »Gleichschaltung« der Anhänger betrifft, so lässt sich das schwer beurteilen. Weder Davidianer noch Volkstempler sind in ihrer Umgebung jemals durch besondere äußere Uniformität oder »kollektive« Aktionen aufgefallen und eine Programmatik des geplanten, gemeinsamen Sterbens gibt es bei beiden nicht; allenfalls bei Jones persönlich. Dass die Anhänger beider Gruppen endzeitliche Vorstellungen teilten, unterscheidet sie nicht von Tausenden anderen religiösen Gemeinschaften. Es hilft aber vielleicht, das »Gottvertrauen« jener zu verstehen, denen das Thema der Begrenztheit des Lebens in dieser Welt nicht fremd ist und denen der Tod in aussichtslosen Lebenslagen weniger »fürchterlich« erscheint als den »Zuschauern«.

Definitiv »gleichgeschaltet« als Gruppe war wohl nur Heaven's Gate, und die Uniformität der Lebensweise einschließlich des gemeinsamen Sterbens war hier tatsächlich religiöse Programmatik. Andererseits sind die Führungsrollen von »Do« und »Ti« hier eher schwach ausgeprägt und kaum als autokratisch zu bezeichnen. Heaven's Gate war eine so homogene Gruppe, dass sie letztlich keine »echte« Führung im organisatorischen Sinne benötigte. Die Sonnentempler waren ziemlich inhomogen, und sie waren trotz ihrer ideellen Zwei-Mann-Führung eher dezentral und lose organisiert. Hier muss auch daran erinnert werden, dass diese »Führung« bereits der ersten Mord-/Selbstmordwelle zum Opfer gefallen war und die späteren Opfer ihre Handlungen ohne jede »höhere Anweisung« vollzogen. (Einzig Icordo, derzeitiger Leiter des Ordens Fiat Lux, ist sich sicher, dass die Sonnentempler von den weltweit geheim operierenden Illuminaten ermordet wurden.)

Gemeinsam war allen Bewegungen/Gruppen, neben unterschiedlich ausgeprägten Endzeitvorstellungen, natürlich ein elitäres Selbstverständnis. Das aber ist ein grundlegendes Merkmal fast aller religiösen Heilsgemeinschaften. Gleiches gilt übrigens auch für die dezidiert »charismatische« Führung, die unzählige religiöse Gemeinschaften, inklusive der katholischen Kirche, »zusammenhält«. Anders gesagt: Die Kombination von endzeitlichen Vorstellungen, kollektivem Elitismus und autokratischer Führung ist kein hinreichender Grund, um die Vorfälle zu erklären.

Und die Anhängerschaft? Wie stand es um ihre vermeintliche Jugend, ihre Orientierungslosigkeit, ihr soziales Außenseitertum und die familiäre Isolation? Die Anhänger der Sonnentempler waren internationaler, überwiegend westeuropäischer Herkunft, zumeist gut situierte und integrierte Gesellschaftsmitglieder sowie überdurchschnittlich gut gebildet. Die Heaven's Gate-Opfer entstammten überwiegend der unteren Mittelklasse weißer Amerikaner. Der Volkstempel bestand zum Zeitpunkt seines Untergangs zu einem großen Teil aus Angehörigen der schwarzen US-amerikanischen Unter- und Mittelschicht (während er in seinen Anfängen deutlich »weißere« Züge aufwies). Für die Bewegung, über die es nur wenige verlässliche Aussagen gibt, lässt sich vermuten, dass sie sich überwiegend aus depravierten Schichten afrikanischer Katholiken zusammensetzte. Die Opfer der Davidianer waren überwiegend Angehörige der bibelfesten weißen US-amerikanischen Mittelschicht.

Auffällig »jung« war die Anhängerschaft nirgends: Die Heaven's Gate-Opfer können nachgerade als das Gegenteil einer »Jugendsekte« angesehen werden. Die meisten der 21 weiblichen und 18 männlichen Opfer waren zwischen 40 und 65 Jahre alt; nur drei waren jünger als 40. Auch die Sonnentempler waren überwiegend älter, wobei es sich hier eher um männliche Opfer im mittleren Alter mit Familienanhang handelte. Der gleiche familiäre Zusammenhang gilt auch für die Volkstempler, wiewohl der Anteil an Frauen und Kindern hier erheblich höher ist, und die Davidianer. Auch die Opfer der Bewegung weisen, obwohl hier wenig exakte Angaben vorliegen, einen hohen Familienanteil auf, wenngleich die Opfer hier überwiegend Frauen und Kinder sind. Mit Blick auf die Kinder sei hier aber unbedingt betont: Ausnahmslos alle getöteten Kinder wurden deshalb zu Opfern, weil ihre Fürsorgepflichtigen – zumeist ihre Eltern – den genannten Gruppen angehörten.

Somit lässt sich auch das Klischee der isolierten und von ihren Familien entfremdeten Sekten-Opfer widerlegen. Nur im Fall von Heaven's Gate ist dies zutreffend. Die Bewegung, die Sonnentempler, die Davidianer und ganz besonders natürlich die Volkstempler bestanden zu einem großen Teil aus Familien. Keine der Gruppen hatte es zu irgendeiner Zeit seines Bestehens besonders auf die »Verführung der Jugend« abgesehen, und soweit es die erwachsenen Opfer betrifft, handelte es sich durchweg um Langzeitmitglieder, die insofern keineswegs »uninformiert« über die Ideen und Praktiken ihrer jeweiligen Gemeinschaften waren. Dementsprechend zeigt auch der Blick in die biographischen Vorgeschichten – soweit bekannt – dass es hier kaum radikale Konversionen gegeben hat: Die Bewegung fand ihre Mitglieder vornehmlich unter Katholiken, die Davidianer in Kreisen der Adventisten und die Volkstempler zunächst im Pfingstler- und Gospelmilieu, später dann in sozial unterprivilegierten Schichten schwarzer Amerikaner. Heaven's Gate und die Sonnentempler fanden ihre Anhänger vorwiegend in den alten New Age-Milieus. Folglich ist es unsinnig, hier Klischees wie »Persönlichkeitsmutationen« oder »Gehirnwäsche« in Anschlag zu bringen. Vielmehr scheinen hier lediglich bestehende religiöse Orientierungen geschärft worden zu sein, wofür es keiner »Psychotechniken« bedurfte.

Man wird also nicht umhin kommen, die Gemeinsamkeiten obiger Fälle am ehesten in ihrer Tragik und damit im medialen Sensationspotenzial zu sehen – was sie dann anfällig für die Anwendung von Sekten-Stereotypen macht. Dementsprechend, und im Angesicht der realen Tragik könnte man hinzufügen unnötigerweise, haben die Medien alle Geschichten maßlos sexualisiert (Vergewaltigungen, Kindesmissbrauch, »Sexgier der Führer« usw.), obwohl Sexualität in keiner der Gruppen eine Rolle gespielt hat. Die Bewegung und Heaven's Gate waren entschieden lustfeindlich, bei den Volks- und den Sonnentemplern spielte Sexualität keine Rolle. Der Davidianer David Koresh mit seiner bezeugten Vorliebe für Mädchen im Teenageralter ist hier eine Ausnahme, wiewohl er nur für sich alleine diese sexuelle Freizügigkeit in Anspruch nahm.

Alles in allem sollten drei Dinge klar geworden sein. Erstens: Die in diesem Kapitel vorgestellten Tragödien können keine »Beispiele« für Tragödien sein, die anderswo überhaupt nicht vorkommen. Zweitens: Jede der hier geschilderten Ausnahmen hat seine ganz eigene historische und soziale Dynamik und ist auf diese Weise »einzigartig«. Drittens: Die anderweitig immer wieder mal zutreffenden Sektenklischees treffen gerade bei diesen tragischen Fällen auffallend wenig zu.

Die letzte Schlussfolgerung der Vernunft ist, anzuerkennen, dass es ungezählte Dinge gibt, die sie übersteigen
(Blaise Pascal)

14 Wir und die anderen: Versuche zur Vermessung von Religionen

Im Rückblick auf 2000 Jahre abendländische Religionsgeschichte(n) und die nur ausschnittartig aufgezeigte Vielfalt religiöser Ideen und Gemeinschaften bleibt nun die Frage, was alle in diesem Buch beschriebenen Dinge tatsächlich gemeinsam haben. Die Antwort ist überraschend einfach: Alle in diesem Buch skizzierten religiösen Phänomene – beginnend mit dem Urchristentum – wurden zu irgendeiner Zeit und in ganz unterschiedlichen sozialen und kulturellen Zusammenhängen als »Sekte« abgestempelt und damit ins Abseits gesellschaftlicher »Normalität« verschoben.

Nun hat allerdings »normales« Denken und Handeln keinen anderen Inhalt, als das Denken und Handeln von gesellschaftlich relevanten bzw. »herrschenden« Mehrheiten zu bezeichnen. Wer im ersten Jahrhundert an den göttlichen Jesus, im Mittelalter an eine sich um die Sonne drehende Erde oder während des deutschen Nationalsozialismus an die Menschengleichheit von Juden glaubte, war definitiv nicht normal. Normal ist, wer das glaubt, was die jeweilige Mehrheit glaubt oder zu wissen glaubt. Im Umkehrschluss bedeutet eine Sektenzugehörigkeit, einer gesellschaftlichen Minderheit anzugehören, die »anders« denkt, fühlt oder lebt als die Mehrheit. Diese Sichtweise ist nicht falsch, aber sie verleitet zu der falschen Schlussfolgerung, Mehrheiten wären jene, die »kritisch« denken. Zunächst ist nämlich das Gegenteil der Fall: Die Welt genauso zu sehen und deshalb genau das gleiche zu tun wie »alle anderen«, das »So-und-nicht-anders-Sein« als fraglos gegeben hinzunehmen, erfordert keine intellektuelle Anstrengung und kein kritisches Denken. Nichts ist einfacher als »normal« zu sein, weshalb man in Bayern Katholik und im US-amerikanischen Bundesstaat Utah Mormone ist.

Stellen Sie sich vor, Sie hätten im ersten Jahrhundert gelebt, Ihnen wäre dieser Jesus über den Weg gelaufen und Sie hätten an seiner Botschaft Gefallen gefunden. Wenn Sie sich nun tatsächlich entschließen, diesem »Spinner« und seiner »Sekte« zu folgen – denn das ist die zeitgenössische Sichtweise –, dann sind Sie im Wortsinne »kritisch«, weil sie zwischen der fraglos gegebenen Normalität und einer Alternative »unterschieden« (griechisch: *kritikē* = unterscheiden) haben. Fortan befinden Sie sich in der misslichen Lage, einer Minderheit anzugehören und Sie wären erstaunt, wie unbarmherzig »Mehrheiten« sein können. Man wird Ihnen vorwerfen, Sie hingen einer »falschen« Religion an, Ihr Jesus sei nichts als ein Scharlatan und Sie selbst seien »gehirngewaschen« oder mindestens nicht ganz bei Trost. Stellen Sie sich weiterhin vor, die christliche Botschaft, der Sie nun anhängen, wäre tatsächlich so schlicht wie in Kevin Nevilles Bestseller-Roman *Gott bewahre* (2011) und sie würde lauten: »Seid lieb!«. Glauben Sie, dass Sie Ihr Leben nun »einfach« ist, weil Sie diese »einfache« Botschaft für richtig halten, selbst beherzigen und verbreiten wollen? Mitnichten. Und wenn Sie das trotz allen Spottes und vielleicht sogar physischer Bedrohung von Leib und Leben durchhalten, was meinen Sie, wer dann noch Ihre Freunde sind? Die »Normalen«, die bestenfalls nichts mit Ihnen zu tun haben wollen, Sie schlimmstenfalls sogar »hassen«? Oder jene Leidensgenossen, die Ihre Weltsicht teilen und die auch ein tieferes Verständnis für diese »einfache« Heilsbotschaft haben?

Um nicht missverstanden zu werden: Mit diesem Beispiel ist keinesfalls gesagt, dass religiöse oder sonstige Minderheiten auf dem »richtigen« Weg sind oder ihre Ansichten »gut« sein müssen. Im Gegenteil. Aber wenn man den sogenannten Sekten oder ihren Anhängern tatsächlich auf Augenhöhe begegnen will, dann müssen nicht sie das kritische Denken lernen, sondern vor allem »wir«. Wir müssen lernen, dass nicht jeder, der die Welt mit anderen Augen sieht, gleich »verblendet« ist. Das müssen vor allem die eingefleischten Atheisten lernen, denn angesichts der Tatsache, dass weltweit ca. 85 bis 90 % der Menschen an eine wie auch immer geartete höhere Macht glauben, vertreten sie im globalen Maßstab eine Minderheitenmeinung.

Und es gibt noch ein typisches Missverständnis über die sogenannten Sektenanhänger, wenn man nämlich annimmt, sie wären »realitätsfremd«. Sektenanhänger wissen oft sehr gut, wie »unsere« Realität funktioniert und wie die »Normalen« ticken, denn zumeist entstammen sie dieser Welt. Die »Normalen« dagegen »wissen« über die Sektenanhänger allenfalls, dass sie »nicht ganz richtig« ticken. Wir »Normalen« glauben, Sektenanhänger wüssten nicht, was sie tun. Nein: Ein »Sektenanhänger« weiß im Regelfall ganz genau, was und warum er es tut – aber wissen Sie, warum »wir« freitags so oft Fisch essen? Im Vergleich zum »normalen« Kirchgänger ist der »Sektenanhänger« in religiöser Hinsicht wesentlich qualifizierter. Dies gilt umso mehr, als sich »Sektenanhänger« im Regelfall freiwillig und bewusst einer Gemeinschaft und deren Glauben angeschlossen haben – und eben nicht einfach in jenen Kirchen verbleiben, in die sie »hineingeboren« sind. Diese Erkenntnisse, die mit Blick auf die »neuen« christlichen Gemeinschaften des 19. Jh. formuliert wurden, sind zwar schon fast 100 Jahre alt, aber keineswegs veraltet.

Die Zeiten haben sich seither fraglos gewandelt: Zwar gibt es noch viele der oben gemeinten christlichen Sekten, aber viele davon sind, besonders in den USA, zu mächtigen Denominationen mit vielen Millionen Anhängern angewachsen, z. B. die Methodisten und die Baptisten. Insofern sind sie längst keine Minderheiten mehr, aber der religiöse Markt hat sich seither auch enorm erweitert. Viele neureligiöse Gruppen stehen nur noch schwach oder gar nicht mehr in der christlichen Tradition bzw. sie stehen in ganz anderen religiösen, gegenwärtig insbesondere asiatischen Traditionen und etliche Gruppierungen gehen überhaupt nicht mehr auf altehrwürdige religiöse Traditionen zurück. Das alles hat zwar keinen Einfluss auf das obige Verständnis von einer »Sekte«, aber letztlich haben sich auch die Inhalte und Organisationsformen der religiösen Bewegungen stark gewandelt.

»Sekten« im Sinne exklusiver und fest organisierter sozialer Gemeinschaften bilden nur noch eine – immer seltener werdende – Möglichkeit religiöser Organisation. Daneben stehen, und das ist der Trend der Gegenwart, viele lose und temporäre Gemeinschaftsformen mit wenig elitärem Selbstverständnis. Viele neureligiöse Bewegungen kommen ohne jede besondere Qualifikation oder formale Disziplin aus, und etliche stellen überhaupt nicht mehr den Anspruch, die gesamte Lebenswirklichkeit ihrer Anhänger umfassen zu wollen. Lebenslange Heilswege verlieren zunehmend an Verbindlichkeit, ja sie werden teilweise ganz bewusst als nur eine von vielen Möglichkeiten dargestellt. Hält man sich dazu den gesellschaftlichen Bedeutungsverlust traditioneller kirchenchristlicher Normen vor Augen (der ja auch innerhalb der Kirche stattfindet), dann ist klar, dass sich selbst die christlich motivierten neureligiösen Bewegungen kaum noch an den alten Dogmen abarbeiten. Kurzum: Das heute ebenfalls klischeehaft gewordene Bild der kirchlichen Glaubensorganisation und der christlichen Wertegemeinschaft taugt in der modernen Gesellschaft nicht mehr zur Vermessung neuer oder substanziell anderer religiöser Gemeinschaften – zumindest nicht in Deutschland.

Es bleibt der »weltliche« Standpunkt, im Sinne des abendländischen Weltbildes der Gegenwart und seiner vom religiösen Wissen weitgehend abgekoppelten wissenschaftlich-technischen und liberal-ökonomischen Anschauungen. Auch dies ist ein Standpunkt allgemein akzeptierter Normalität, weshalb man auch von dort aus vermessen kann, wie nah oder fern ein religiöser Entwurf diesem steht. Nach einer wissenschaftlich recht verbreiteten Theorie kann man dementsprechend unterscheiden zwischen Religionen, die die »normale« Welt und ihre säkularen Werte völlig ablehnen; jenen, die ihr zwar skeptisch gegenüberstehen, sich aber mit ihr arrangiert haben; und zuletzt jenen, die sie vollständig bejahen bzw. ihr sogar mit einer gewissen Übererfüllungsmentalität begegnen.

Zu den weltablehnenden Gruppen der Gegenwart zählt man einerseits so spektakuläre »Selbstmord-Sekten« wie Heaven's Gate, aber auch viele radikale Christengruppen wie beispielsweise die Zeugen Jehovas. Viele Geistliche Gemeinschaften des Katholizismus, seien sie »alt« oder »neu«, kann man hier ebenfalls hinzuzählen. Das Weltverhältnis dieser Religionen kann man sinnfällig mit einem bekannten Satz des Philosophen Theodor W. Adorno (1903–1969) umschreiben: »Es gibt kein richtiges Leben im falschen.« Meint: Die Welt, so wie ist, ist für die weltablehnenden Gruppen so grundfalsch (Teufelswerk, eine Illusion usw.), dass es in ihr unter keinen Umständen ein »richtiges« Leben geben kann. Viele, wenn auch nicht alle dieser »Adorno-Religionen« sind endzeitorientiert (eschatologisch) und deswegen mehrheitlich urchristlich; sie glauben oft an eine heilsgeschichtliche Wende des Erdzeitalters oder an katastrophische Wendungen des irdischen Menschheitsschicksals. Die Kontakte zur Außenwelt sind oft auf ein notwendiges Minimum beschränkt, mönchische und asketische Lebensformen – zuweilen gepaart mit missionarischem Eifer – sind vergleichsweise häufig anzutreffen. Die soziale Dichte der Gemeinschaften ist meistens sehr hoch, die individuellen Abhängigkeiten von der Gruppe sind deswegen eher stark; sowohl der Einstieg als auch der Ausstieg in bzw. aus solchen Gruppen sind vergleichsweise langwierige Prozesse. Insgesamt machen die radikalen »Adorno-Religionen« allerdings den kleinsten Teil der neureligiösen Bewegungen aus, und die Zeugen Jehovas sind mit ihren ca. 6 Millionen Mitgliedern weltweit eine untypisch große Gemeinschaft im Feld der ansonsten eher kleinen weltablehnenden Gruppen.

Die zweite Gruppe, die sich mit der Welt arrangierenden Religionen, ist die größte der drei Gruppen. Man kann sie sich vielleicht am besten als »Feierabendreligionen« vorstellen. Zu diesen Religionen gehören weite Teile der abendländischen Großreligionen und die meisten »klassischen« christlichen Sekten, der kleinere Teil der Neuen Geistlichen Gemeinschaften, viele evangelikale Pfingstler- und Charismatikergruppen sowie ein beträchtlicher Teil der esoterischen Gemeinschaften und der aufklärerisch orientierten »Geheimgesellschaften« wie Freimaurer oder Rosenkreuzer. Die Weltsicht dieser Gruppen ist, wie gesagt, durchaus skeptisch, denn die Welt, in der man lebt, gilt keineswegs als die bestmögliche. Die Welt in ihrem »Sosein« wird dennoch weitgehend akzeptiert und man lebt den Alltag in Anpassung an seine Gesetze. Mit dem »Feierabend« aber (im Sinne des Nicht-Alltags), eröffnet sich die Welt noch einmal in einem anderen Verständnis, das vielleicht am besten als spirituelle Ergänzung oder religiöse Vervollständigung der Welt verstanden werden kann: Der Bahnarbeiter, der am Abend zum Charismatiker wird, oder die Sekretärin, die am Wochenende intensiv an ihren spirituellen Energien in einem Lichtkreis arbeitet. Viele Feierabendreligionen sind gemeinschaftlich-spirituell orientiert, d. h. die soziale Dichte ist vor allem während der Gemeinschaftszeiten recht hoch, bleibt aber überwiegend auf die außeralltäglichen Zusammenkünfte beschränkt. Aufgrund des vor allem in christlich-spirituellen Kreisen recht starken sozialen Verbindlichkeitscharakters sind Ein- und Ausstieg nicht immer für jeden völlig problemlos, gleichwohl sind ernste Schwierigkeiten eher Einzelfälle.

Die dritte und letzte Gruppe von Religionen sind die modernsten und man kann sie sich am besten als »Ellenbogen-Religionen« vorstellen. Sie zeichnen sich dadurch aus, dass sie der modernen Welt und der Mehrzahl ihrer Werte positiv gegenüberstehen bzw. dass sie der modernen Welt in praktischer Hinsicht mit einer gewissen Übererfüllungsmentalität begegnen. Zu diesen Religionen gehören viele der im Satanismus-Kapitel beschriebenen Phänomene, natürlich der Großteil der Marktesoterik und weite Teile der männlichen Ordensesoterik außerhalb der aufklärerischen Traditionen sowie auch die Mehrzahl der hier beschriebenen Trendreligionen. Mag die moderne Welt das »Individuum« als relativ frei betrachten, so sehen die Ellenbogen-Religionen den Menschen oft als »total« frei. Die Sichtweise des New Thought wie auch die scientologische Sicht beispielsweise, dass jeder Mensch, wenn ausreichend individualisiert und »selbst-bewusst«, seine Wirklichkeit selbst »herstellen« und in diesem Sinne zum eigenverantwortlichen Schöpfer seines eigenen wie des Weltschicksals wird, ist ein gutes Beispiel und keineswegs untypisch im Kreis der Ellenbogen-Religionen – die hier so genannt werden, weil sie im Regelfall »Techniken« anbieten, mit denen man in der gegebenen Welt der unerbittlichen Natur- und Marktgesetze und des unausweichlichen Geltungskampfes nicht nur »bestehen«, sondern auch »siegen« kann. Allerdings sind gerade darin die Überlappungen zum noch größeren Markt der »säkularen« Erfolgsideologien und -techniken erheblich, sodass hier die Anwendung des Religionsbegriffs immer wieder strittig ist.

Die Ellenbogen-Religionen sind aufgrund ihres oft sehr individualistischen Charakters wenig gemeinschaftlich organisiert bzw. sie bilden eher Zweckgemeinschaften. Die soziale Dichte ist zumeist gering und die Fluktuation entsprechend hoch. Damit ist nicht ausgeschlossen, dass sich hier zuweilen soziale Strukturen in Analogie zu einer »corporate identity« ausbilden, die für die entsprechenden Akteure durchaus Verpflichtungen mit sich bringen können. Eine professionelle marktförmige Ausprägung ist schon deswegen nicht ungewöhnlich, weil Ellenbogen-Religionen tatsächlich oft über Produkte verfügen, die auf dem Markt (zumeist dem sogenannten Selbsthilfemarkt) angeboten werden und entsprechend käuflich sind. Ein- und Ausstieg sind für typische »Kunden« im Regelfall problemlos, wiewohl hier gewisse Produktabhängigkeiten und dadurch auch finanzielle Risiken entstehen können.

Die letztgenannte Gruppe ist aus sozialwissenschaftlicher Sicht die vielleicht interessanteste, weil sie die Kernfrage der existenziellen Begründetheit von Religionen stellt. Für religiöse Menschen ist klar, dass Religionen existieren, weil es höhere Wesenheiten und Mächte gibt, deren Abglanz in den irdischen Religionsformen widergespiegelt wird. Es gibt freilich auch die Theorie, die besagt, dass Religionen im Kern idealisierte Formen von Gesellschaften sind. Meint: In menschlichen Gesellschaften existieren elementare Vorstellungen darüber, welche Bedingungen und Grundsätze sie im Kern zusammenhalten. Und diesen elementaren Regeln des Zusammenlebens – beispielsweise ethische Grundsätze wie das Nicht-töten-Sollen oder die Barmherzigkeit, aber auch zahlreiche »einfache« soziale Regeln, die z. B. Familie, Ernährung oder Kleidung betreffen – wird ein übermenschlicher Geltungsgrund verliehen. Sie werden gewissermaßen »geheiligt« und damit zum Kern einer Religion. So werden sie dem menschlichen Zugriff und dem historischen Wandel entzogen, denn »göttliche« Gesetze sind wie Naturgesetze ewig und unabänderlich. Zu Ende gedacht heißt das, in Religionen beten Gemeinschaften die Grundsätze ihres Zusammenlebens und damit letztlich sich selbst an.

Man kann dieser Theorie, die auf den französischen Soziologen Emile Durkheim (1857–1917) zurückgeht, einen gewissen Charme nicht absprechen. Vor allem dann, wenn man auf jene jüngeren Religionen zurückblickt, deren Anfänge nicht im Nebel der Geschichte verschwinden. Ein gutes Beispiel hierfür wären die Amish, die in ihrer Religion ebenso deutlich wie beharrlich die Lebenswirklichkeit von Schweizer Bauern des 17. Jh. nachvollziehen. In dieser Perspektive kann man auch nachvollziehen, warum die Anfang der 1960er Jahre in Kenia (Afrika) aufgrund einer Neuoffenbarung gegründete LEGIO MARIA einen »schwarzen« Jesus und »schwarze« Päpste hat. Und San Myung Muns Vereinigungskirche wäre als das koreanische Pendant zu interpretieren. In gewendeter Blickrichtung mag der individualistische und vernunftbetonte Buddhismus ein speziell westliches Missverständnis des traditionellen Buddhismus sein, aber in ihm widerspiegeln sich zentrale Wertvorstellungen seiner individualistischen und überwiegend besser gebildeten westlichen Anhängerschaft. Und während sich die Forschung noch immer uneins darüber ist, ob es frühgeschichtliche Matriarchate (Frauenherrschaften) gegeben hat, bewahrt die selbstbewusste und emanzipierte Weiblichkeit der Gegenwart dieses Credo längst im modernen Wicca-Glauben.

Anders gesagt: Jede Religion widerspiegelt zuallererst grundsätzliche weltanschauliche Wahrheiten ihrer Anhänger, nicht mehr und nicht weniger. Eine solche Wahrnehmung ist unabhängig davon, ob eine existierende religiöse Idee ihre menschlichen Anhänger findet oder ob spirituelle Sucher ihre Religionen »erfinden«. Und sie ist auch unabhängig davon, ob der metaphysische Existenzgrund der Religion wahr ist oder nicht. Nur in dieser tiefer gehängten Sichtweise ist eine gesellschaftliche Auseinandersetzung über Religion sinnvoll. Wer dabei immer noch meint, in einer solchen Auseinandersetzung einen »normalen« Standpunkt zu vertreten oder aus der Perspektive einer »echten« Religion zu argumentieren, sollte dieses Buch jetzt verbrennen oder im Zweifelsfall noch einmal lesen.

Kommentierte Kurzbibliografie

Die folgende Bibliografie dient dem Zweck, dem interessierten Laien einen vertiefenden Einstieg in das komplexe Themenfeld der Kulturgeschichte der Religionen und religiösen Bewegungen zu ermöglichen. Dazu gehört es auch, gewisse Anforderungen an Verständlichkeit und Zugänglichkeit zu beachten. Ein großer Teil der religionsspezifischen Fachliteratur wird naturgemäß in Form von Aufsätzen in Fachzeitschriften veröffentlicht. Diese sind aber oft speziell an ein akademisches Fachpublikum gerichtet, dementsprechend schwer verständlich und außerhalb gut sortierter Universitätsbibliotheken kaum erhältlich. Deswegen beschränkt sich das Folgende wesentlich auf Bücher und Internetseiten.

Primärliteratur

Unabhängig davon, wie gut jegliche Sekundärliteratur sein kann und bei allem was es über Religionen überhaupt zu wissen gibt: Ein ernsthafter Versuch, sich dem Thema verstehend zu nähern, kann nur über Primärliteratur, d.h. über Materialien der jeweiligen Gemeinschaften erfolgen. Selbst wenn man noch nicht über das nötige intellektuelle Handwerkszeug verfügt, um das von den Gemeinschaften selbst dargebotene Material »richtig« zu verstehen und zu interpretieren, so sind dies doch die einzigen wirklich authentischen Quellen.

Das gilt für alle Religionen, und im 3. Jahrtausend sind fast alle der in diesem Buch genannten religiösen Bewegungen und Gemeinschaften im Internetzeitalter angekommen, d.h. sie verfügen über mehr oder weniger gut gemachte eigene Webseiten. Diese Seiten sollten immer die erste Informationsquelle sein. Nur dort nämlich findet man Informationen über das, was die jeweiligen religiösen Gemeinschaften antreibt, was sie glauben und wollen. Und zunächst muss immer das »principle of charity« gelten, also die Annahme, dass die Gemeinschaften ehrlich sind und ihr Ansinnen nach bestem Wissen und Gewissen verfasst haben. Nicht zuletzt aus diesem Grund finden sich in diesem Buch alle Gemeinschaften zumindest einmal mit dem korrekten Namen genannt. Wer nach diesen Namen im Internet sucht, sollte problemlos zu den entsprechenden Gemeinschaften finden.

Niemals die erste Quelle sollte dagegen **Wikipedia** sein. Außerhalb der Artikel und Verweise im Zusammenhang mit den sogenannten Weltreligionen ist die (deutsche) Wikipedia bei den neuen Religionen nur selten eine seriöse Quelle. Wie auch bei vielen anderen gesellschaftlich umstrittenen Themen, brodelt hier die Leidenschaft vieler Laien-Diskutanten so stark, dass objektiv gesinnte Wissenschaftler ihre Mitarbeit eher früher als später freiwillig beenden und das Feld den selbst ernannten »Sektenexperten« überlassen.

Die folgende Bibliografie beschränkt sich auf seriöse Literatur mit sachlichem und wissenschaftlichem Hintergrund: auf die Nennung handelsüblicher »(Anti-)Sektenliteratur« wird prinzipiell verzichtet.

Sekundärliteratur

Der moderne wissenschaftliche Blick auf Religionen ist zwangsläufig vergleichend. Deshalb bietet es sich an, den EINSTIEG IN DAS THEMA RELIGION zunächst über entsprechend RELIGIONSÜBERGREIFENDE und soweit es das Christentum betrifft besonders HISTORISCHE WERKE zu suchen. Hier gibt es etliche umfangreiche und informative Werke, die man im Übrigen zuvorderst daran erkennt, dass sie gleichermaßen große und kleine, alte und neue Religionen thematisieren. Zugegebenermaßen etwas willkürlich seien hier ein paar solcher Werke herausgegriffen. Zum ersten sei auf das von Peter Antes herausgegebene und recht knapp gehaltene: *Vielfalt der Religionen: Baha'i, Buddhismus, Christentum, Hinduismus, Islam, Judentum, Naturreligionen, neue religiöse Bewegungen, Astrologie* (Hannover: Luth. Verl.-Haus 2002) hingewiesen, da es schon im Titel jene Offenheit verrät, die auch seinen Inhalt prägt. Zum zweiten sei auf die sehr umfangreiche und derzeit (2011) schon weit über 3000 Seiten umfassende Loseblattsammlung *Handbuch der Religionen. Kirchen und andere Glaubensgemeinschaften in Deutschland* von Michael Klöcker und Udo Tworuschka (München: Olzog) hingewiesen, obwohl das Werk, je nach Autor und Thema, auch den einen oder anderen schwächeren Abschnitt hat. Und zuletzt soll noch auf eine ganz andere, aber sehr interessante religionsübergreifende Perspektive aufmerksam gemacht werden, die vo Marco Frenschkowski in *Heilige Schriften der Weltreligionen und religiösen Bewegungen* (Wiesbaden: marixverlag 2007) geboten wird. Wie alle Bücher Frenschkowskis besticht auch dieses Buch neben seinem Inhalt vor allem durch einen bibliographischen Reichtum, der seinesgleichen sucht.

Die EINFÜHRENDE LITERATUR ÜBER DAS CHRISTENTUM ist schlechthin unüberschaubar, weshalb es keinen »richtigen« Einstieg gibt. Anders formuliert: Einen Einstieg in das komplexe Thema findet der Laie am besten über Werke, die tatsächlich für ihn geschrieben sind und von denen es zahlreiche gibt. Um hier ausnahmsweise mit einer Internetquelle zu beginnen: Eine kurzen, aber wirklich guten Einblick in die Kirchengeschichte gewährt der katholische Pfarrer Jörg Sieger *(www.joerg-sieger.de/gesch.htm)* auf seiner »privaten« Homepage. Eine eher emotionale und ziemlich kritische, aber durchaus korrekte Einführung in das Christentum bietet auch *Das Christentum. Wesen und Geschichte* (München: Piper 1994) des bekannten katholischen »Dissidenten« Hans Küng. Zu den Anfängen des Christentums sei außerdem auf Eduard Lohses *Das Urchristentum* (Göttingen: Vandenhoeck & Ruprecht 2008) hingewiesen. Für die, die es doch lieber sehr akademisch und vollständig mögen, sei schließlich *Die Geschichte des Christentums. Religion – Politik – Kultur* empfohlen. Dabei handelt es sich um ein 14-bändiges Monumentalwerk, das seit 1991 von einer französischen Historikergemeinschaft um Jean-Marie Mayeur, Charles und Luce Pietri, André Vaucher und Marc Venard herausgegeben wurde und 2010 seinen Abschluss mit dem Registerband fand.

Im Besonderen lässt sich das **Christentum** dann freilich nur über einzelne Aspekte seines **Wesens, seiner Gemeinschaftsformen, konkrete Phasen seiner Geschichte oder bestimmte Personen** erfassen. So bietet beispielsweise das im Internet frei zugängliche *Heiligenlexikon (www.heiligenlexikon.de)* viel unterhaltsamen Lesestoff rund um den katholischen Heiligenkult. Akademischer – teilweise bis zur Unleserlichkeit für Laien – und mit riesigen Bibliografien ist das *Biographisch-bibliographische Kirchenlexikon (www.bautz.de/bbkl).* Leider kostet der Zugriff seit 2011 Geld, aber mit ca. 20.000 hervorragend recherchierten Einträgen ist es eine Quelle, die wenig Wünsche offenlässt.

Zum **Protestantismus** sei vor allem das kleine Werk von Friedrich Wilhelm Graf, *Der Protestantismus. Geschichte und Gegenwart* (München: Beck, 2006) empfohlen. Lesenswert ist auch die *Geschichte der Reformation* von Thomas Kaufmann (Frankfurt: Verlag der Weltreligionen 2009). Wer sich speziell für das **amerikanische Christentum** interessiert, dem sei unbedingt das Werk *Das Christentum in Nordamerika. Glaube und Religionsfreiheit in vier Jahrhunderten* von Sidney E. Mead (Göttingen: Vandenhoeck & Ruprecht 1987) ans Herz gelegt. Für Laien zwar nicht wirklich geeignet, aber dennoch als unverzichtbare Lektüre für alle, die wissen wollen, was eigentlich »Kultur- und Religionssoziologie« ist (die das vorliegende Buch dominierende Sichtweise), sei auf den schon 1904/05 und dann erweitert 1920 erschienenen Aufsatz *Die protestantische Ethik und der Geist des Kapitalismus* von Max Weber hingewiesen. Das Buch ist bis heute aktuell und kann in unterschiedlichen Ausgaben gelesen werden (etwa: München: Beck 2010).

Wer dagegen etwas über die mittelalterlichen **häretischen Bewegungen** des Christentums erfahren möchte, nehme sich das kleine, aber feine Buch *Die Ketzer: Katharer, Waldenser und andere religiöse Bewegungen* von Christoph Auffarth (München: Beck 2005) zur Hand. Dazu passt in gewisser Weise die schon 1956 von Adolf Waas verfasste und sehr detaillierte *Geschichte der Kreuzzüge* (Freiburg: Hohe 2007). Über die **christlichen Orden** informieren gut verständlich Franz Metzger und Karin Feuerstein-Praßer in *Die Geschichte des Ordenslebens. Von den Anfängen bis heute* (Freiburg: Herder 2006).

Für den Bereich der vor allem aus (westdeutsch) evangelisch-kirchlicher Sicht so genannten **Christlichen Sondergemeinschaften** (Neuapostolische Kirche, Zeugen Jehovas, Mormonen, Siebenten-Tags-Adventisten usw.) sei an dieser Stelle auf die vierte und stark erweiterte Auflage eines ehemaligen DDR-Standardwerkes hingewiesen. Dabei handelt es sich um *Apostel und Propheten der Neuzeit. Gründer christlicher Religionsgemeinschaften des 19. u. 20. Jahrhunderts* des DDR-Kirchengeschichtlers Helmut Obst (Göttingen: Vandenhoeck & Ruprecht 2000). Da der EZW-Weltanschauungsbeauftragte Andreas Fincke darin eine allzu »liebevolle« Darstellung der betreffenden Gruppen zu erblicken vermeint, sei parallel auf das von Fincke selbst verantwortete Kapitel über die »christlichen Sondergemeinschaften und sog. Sekten« in dem von Reinhard Hempelmann für die EZW herausgegebenen Sammelwerk *Panorama der neuen Religiosität. Sinnsuche und Heilsversprechen zu Beginn des 21. Jahrhunderts* (Vollst. überarb. Neuausg. Gütersloh: Gütersloher Verl.-Haus 2009; Kap. VI) verwiesen.

Speziell für die **Neuapostolische Kirche** sei ergänzend auf *Neuere Entwicklungen in der Neuapostolischen Kirche* von Katja Rakow (Berlin: Weissensee-Verlag 2004) hingewiesen. Als eines der wenigen populärwissenschaftlichen Bücher in diesem Themenbereich sei an dieser Stelle auch *Die **Amish-People:** Überlebenskünstler in der modernen Gesellschaft* von Peter Ester empfohlen (Düsseldorf: Patmos 2005).

Auch die wissenschaftliche Literatur zur **Esoterik** bzw. in historischer Perspektive zu den sogenannten **gnostischen Strömungen** ist umfangreich. Das Standardwerk hierzu dürfte das *Dictionary of Gnosis & Western Esotericism* von Wouter J. Hanegraaff sein (Leiden: Brill 2006). Soweit es die Gnosis und damit die Ursprünge der christlichen Esoterik betrifft, kann ein Einstieg aber auch anhand von übersetzten Originaltexten Sinn machen. Insofern sei auf zwei im Wiesbadener marixverlag erschienene Bücher hingewiesen. Zum einen *Die Gnosis. Texte und Kommentar* von Johanna Brankaer (2010) und zum anderen *Die verbotenen Evangelien. Apokryphe Schriften* von Katharina Ceming und Jürgen Werlitz (2007).

Obgleich die eine oder andere merkwürdige Spur aufnehmend, ist auch *Was ist Esoterik? Kleine Geschichte des geheimen Wissens* (München: Beck 2004) von Kocku von Stuckrad durchaus lesenswert. Etwas älter, umfangreicher und andere Schwerpunkte setzend ist: *»**New Age**« und moderne Religion. Religionswissenschaftliche Analysen* von Christoph Bochinger (2. Aufl. Gütersloh: Kaiser 1996). Die grundlegende Modernität der New Age-Kultur zeigt der Klassiker von Paul Heelas *The New Age Movement. The Celebration of the Self and the Sacralization of Modernity* (Oxford: Blackwell Publishers 1996). In gleicher Weise empfehlenswert sind auch Steven Sutcliffs *Children of the New Age. A History of Spiritual Practices* (London: Routledge 2003) und das *Handbook of New Age*, das von Daren Kamp und James R. Lewis herausgegeben wurde (Leiden: Brill 2007).

Die Verschränkung von **Esoterik und moderner Alltagskultur** schließlich bzw. die zunehmende Ununterscheidbarkeit religiöser und säkularer Spiritualität zeigt Hubert Knoblauch in seinem Buch *Populäre Religion. Auf dem Weg in eine spirituelle Gesellschaft* (Frankfurt: Campus 2009). Als einzelne lesenwerte Publikationen in diesem Themenfeld seien noch genannt: ***Schamanismus** in Deutschland. Konzepte – Praktiken – Erfahrungen* von Gerhard Mayer (Würzburg: ERGON 2003) und *Die **Wicca-Religion*** von Britta Rensing (Marburg: Tectum 2009), eine ziemlich breit angelegte religionswissenschaftliche Darstellung.

Das Themenfeld **Buddhismus/Hinduismus** ist ausgesprochen komplex und viele Aspekte sind der westlichen Vorstellungswelt eher fremd, weshalb gute Einführungen bzw. laienverständliche Gesamtdarstellungen die Ausnahme sind. In dieser Hinsicht durchaus gelungen sind die Kapitel von Angela Krumpen (Buddhismus) und Bernardin Schellenberger (Hinduismus) in dem von Bradley K. Hawkins u. a. herausgegebenen Überblickswerk *Die fünf Weltreligionen. Geschichte, Lehren, Perspektiven* (Freiburg: Hohe 2009). Ganz frisch auf dem Markt und in interreligiöser Dialogperspektive herausgegeben ist der Tagungsband *Buddhismus im Westen. Ein Dialog zwischen Religion und Wissenschaft* von Carola Roloff, Wolfram Weiße und Michael Zimmermann (Münster: Waxmann 2011) sowie *Buddhismus. Handbuch und kritische Einführung* von Oliver Freiberger und Christoph Kleine (Göttingen: Vandenhoeck & Ruprecht, 2010).

Zum spezielleren Thema **Östliche Religiosität im Westen** sei zudem das gleichnamige Kapitel in Reinhard Hempelmanns *Panorama der neuen Religiosität* (Kap. IV; Quellenangabe siehe oben) genannt. Dort wird zusammenfassend und recht fair über diesen speziellen Aspekt der abendländischen Religionsgeschichte berichtet. Für die angelsächsische bzw. die amerikanische Rezeption der östlichen Religiosität sei das von Thomas A. Forsthoefel und Cynthia Ann Humes herausgegebene *Gurus in America* (Albany: State University of New York Press 2005) empfohlen. Durchaus schwierig zu lesen, aber der Anstrengung wert, ist *Auf den glückseligen Inseln. Buddhismus in der deutschen Kultur* des Religionswissenschaftlers Volker Zotz (Berlin: Theseus 2000). Teilweise noch tiefergehende und speziell auf ein akademisches Publikum ausgerichtete Materialien zum Buddhismus findet man auf der Homepage des Zentrums für Buddhismuskunde der Universität Hamburg *(www.buddhismuskunde.uni-hamburg.de)*. In Bezug auf einzelne Gruppen sollte man Frank Neuberts *Krishnabewusstsein. Die* **International Society for Krishna Consciousness** (Marburg: Remid 2010) sowie Joachim Süss: *Bhagwans Erbe. Die* **Osho-Bewegung** *heute* (München: Claudius 1996) zur Kenntnis nehmen.

Der größte Teil der lesenswerten **Überblicksliteratur über Neue Religiöse Bewegungen** erscheint nach wie vor in den angelsächsischen Ländern. Der Klassiker für alle Religionssoziologen ist in dieser Hinsicht zweifellos Eileen Barkers *New religious movements. A perspective for understanding society* (New York: Edwin Mellen Press 1982). Auch ihr Sammelband über neue religiöse Bewegungen von 1989 (*New religious movements. A practical introduction.* London: Her Majesty's Stationary Office) gehört noch immer zur Basislektüre. Aktueller und gleichfalls sehr lesenswert sind die von Lorne Dawson herausgegebenen Aufsatzsammlungen *Cults in context. Readings in the study of new religious movements* (New Brunswick: Transaction Publ., 1998) bzw. *Cults and new religious movements. A reader* (Malden: Blackwell, 2009) sowie das *Oxford handbook of new religious movements* von James R. Lewis (Oxford: Oxford University Press 2008). Eine leider seit 2003 nicht mehr gepflegte, aber noch immer sehr gute Internetseite mit einer Fülle erhellender Informationen über neue zahlreiche Religionen ist das nun auf »fremden« Seite gehostete *Religious Movement Homepage Project* der Universität Virginia *(web.archive.org/web/20060907005952/http://etext.lib.virginia.edu/relmove)*. Sehr viele lesenswerte akademische Texte finden sich auch auf der Seite der niederländischen »Skeptiker« *(www.skepsis.nl/onlinetexts.html)*; einige auch auf der deutschen Schwesterseite *(www.gwup.org)*. In deutschsprachiger Buchform ist in jedem Fall der von Dorothea Lüddeckens und Rafael Walthert herausgegebene Sammelband *Fluide Religion. Neue religiöse Bewegungen im Wandel* (Bielefeld: transcript 2010) der Lektüre wert. Die Evangelische Zentrale für Weltanschauungsfragen (EZW) ist, wie schon im

Text vermerkt, hinsichtlich der »Sektenproblematik« mit Vorsicht zu genießen. Neben einigen eher schwachen Abschnitten enthält aber das von Reinhard Hempelmann für die EZW herausgegebene Sammelwerk *Panorama der neuen Religiosität. Sinnsuche und Heilsversprechen zu Beginn des 21. Jahrhunderts* (Vollst. überarb. Neuausg. Gütersloh: Gütersloher Verl.-Haus 2009) auch etliche gute Abschnitte und Kapitel.

Über **Freimaurer, Rosenkreuzer** und andere **Geheimbünde** informiert äußerst kenntnisreich, zuverlässig und dabei in knappest möglicher Form Marco Frenschkowski in *Die Geheimbünde. Eine kulturgeschichtliche Analyse* (Wiesbaden: marixverlag 2007). Zum etwas enger gesteckten Thema des **modernen Okkultismus** sei auf die Lektüre zweier anekdotenreicher und deswegen ausgesprochen unterhaltsamer Werke des viel zu früh verstorbenen britischen Historikers James Webb verwiesen. Diese sind *Das Zeitalter des Irrationalen. Politik, Kultur und Okkultismus im 20. Jahrhundert* (2008) und *Die Flucht vor der Vernunft. Politik, Kultur und Okkultismus im 19. Jahrhundert* (2009). Da diese Zeit zugleich ein Kulminationspunkt verstärkter alternativer Heilssuche war, empfiehlt sich auch die Lektüre von *Geisterseher und Wunderwirker. Heilssuche im Industriezeitalter* des Historikers Ulrich Linse (Frankfurt: Fischer 1996). Mit ähnlichen Vorzeichen ist Diethard Sawickis *Leben mit den Toten. Geisterglauben und die Entstehung des Spiritismus in Deutschland 1770–1900* (Paderborn: Ferdinand Schöningh 2002) zu lesen.

Zum speziellen Thema **Satanismus** seien vor allem zwei Titel empfohlen. In internationaler Perspektive handelt es sich dabei um den von James R. Lewis herausgegebenen Sammelband *Satanism today. An encyclopedia of religion, folklore, and popular culture* (Santa Barbara: ABC-CLIO 2004). Und aus »deutscher« Perspektive: *Zeitgenössischer Satanismus in Deutschland: Weltbilder und Wertvorstellungen im Satanismus* von Dagmar Fügmann (Marburg: Tectum 2009). Aber auch das schon 1995 und in einem katholischen Verlag erschienene *Satanismus. Zwischen Sensation und Wirklichkeit* von Massimo Introvigne und Eckhard Türk (Freiburg: Herder) räumt mit den Satanismus-Klischees weitgehend auf. Gerade in Bezug auf die vermeintlichen Aussteiger-Geschichten ist auch *Satanismus als Religion der Überschreitung. Transgression und stereotype Darstellung in Erfahrungs- und Aussteigerberichten* (Marburg: Diagonal-Verlag 2007) von Melanie Möller lesenswert – wiewohl in der akademischen Sprache für »Einsteiger« nicht immer leicht verständlich.

Über die sogenannten **UFO-Religionen** informiert der 1995 von James R. Lewis herausgegebene Sammelband *The Gods have landed. New religions from other worlds* (Albany: State University of New York Press). In deutscher Sprache kann hier lediglich auf den kleinen EZW-Text von Andreas Grünschloss (*Wenn die Götter landen … Religiöse Dimensionen des UFO-Glaubens.* Berlin: EZW-Texte 153) hingewiesen werden, der im Übrigen auch einen diesbezüglich lesenswerten Teilabschnitt in Hempelmanns *Panorama* (siehe oben) verfasst hat. Zuletzt sei das von Michael Schetsche und Martin Engelbrecht herausgegebene Buch *Von Menschen und Außerirdischen. Transterrestrische Begegnungen im Spiegel der Kulturwissenschaft* (Bielefeld: transcript 2008) als lesenswert empfohlen, in dem das Thema in einer sehr breiten kulturwissenschaftlichen Perspektive abgehandelt wird.

Den »Sonderfall« **Scientology** betreffend sei zunächst *The Road to Total Freedom: A Sociological Analysis of Scientology* von Roy Wallis (London: Heinemann, 1976) empfohlen. Das Buch ist zwar nicht mehr sonderlich aktuell, aber in der Bearbeitung noch immer vorbildlich und es ist die Pionierarbeit der Scientology-Forschung. Nicht ganz unumstritten, aber in jedem Fall up-to-date ist der von James R. Lewis herausgegebene Sammelband *Scientology* (Oxford: Oxford University Press), der 2009 erschienen ist und in dem erstmals eine wirklich internationale Autorenriege versammelt ist. Zuletzt – und auch wenn der Autor (Gerald Willms) heute sicher einiges anders formulieren und definitiv einen professionellen Lektor engagieren würde: Das nach wie vor einzige deutschsprachige Buch über Scientology, das keiner speziellen normativen Perspektive verpflichtet ist, ist *Scientology. Kulturbeobachtungen jenseits der Devianz* (Bielefeld: transcript 2005). Ach ja, ein in diesem Zusammenhang unbedingt zu nennendes Buch ist *The American Idea of Success* von Richard M. Huber (New York: McGraw-Hill 1971). Obwohl in diesem Buch Scientology überhaupt nicht und die **New Thought-Bewegung** eher am Rande erwähnt wird, ist es ein famoses Werk über die Kulturgeschichte der US-amerikanischen Erfolgsmythologie.

Eine sehr gut gestaltete Internetseite mit vielen profunden, aber auch überraschenden Ein- und Ansichten ist *www.religiousworlds.com.* Abgesehen davon, dass die Seite eine riesige Link-Sammlung zu Religionen aller Formen, Farben und Größen ist, enthält sie auch viele Informationen zu den religiösen Tragödien, namentlich zu Heaven's Gate, zu den Davidianern und den Volkstemplern. Zu den Volkstemplern sei der Verweis auf *http://jonestown.sdsu.edu* gesondert angeführt, da diese Seite die seltene Möglichkeit bietet, sich tatsächlich selbst ein Bild von den Vorgängen zu machen.

Die Aufklärung über **Sektenmacher, Sektenklischees und Gehirnwäsche** ist im Grunde das Tabuthema für all jene Experten, die die Panikmache über »Sekten« zu ihrem ideellen oder materiellen Lebensmittelpunkt gemacht haben. Die folgenden Literaturhinweise seien trotzdem oder gerade deswegen gegeben. Die vielleicht wichtigste Publikation für den deutschsprachigen Raum ist tatsächlich der *Endbericht der Enquete-Kommission »Sogenannte Sekten und Psychogruppen«: neue religiöse und ideologische Gemeinschaften und Psychogruppen in der Bundesrepublik Deutschland* (Bonn: Dt. Bundestag 1998). Obwohl letztlich mit anderen Intentionen ins Leben gerufen, und deshalb auch nach seinem Erscheinen von den Medien und politischen Initiatoren nachgerade totgeschwiegen, ist es ein solides Werk mit viel wissenschaftlicher Unterfütterung, weshalb dort mit näherungsweise allen Sektenklischees aufgeräumt wird. In knapperer und appellhafter Form fanden diese Aufräumarbeiten aber auch zeitgleich von Massimo Introvigne in seinem Bändchen *Schluß mit den Sekten! Die Kontroverse über ›Sekten‹ und neue religiöse Bewegungen in Europa* (hrsg. und eingeleitet von Hubert Seiwert; Marburg: Diagonal 1998) statt. Dass neureligiöse Bewegungen seit jeher öffentlich stigmatisiert werden, ist seit Frank Usarskis *Die Stigmatisierung Neuer Spiritueller Bewegungen in der Bundesrepublik Deutschland* (Köln: Böhlau 1988) ohnehin »amtlich«.

Wie schon im Buch angedeutet, gibt es auch eine kleine **Anti-Anti-Sekten-Bewegung,** die sich sehr leidenschaftlich mit den eingefleischten »Sektenjägern« auseinandersetzt. Auch wenn die Protagonisten ab und an über das Ziel hinausschießen, sei hier exemplarisch auf zwei kenntnisreiche und kritische Werke von echten Theologen hingewiesen. Zum einen auf das weithin unbekannte Buch des protestantischen Schweizer Pfarrers Felix Flückinger, der für die allenthalben stattfindende *Sekten-Jagd* (*Die neue Intoleranz – Fakten, Hintergründe, Einwände;* o. O. ca. 1998) interessanterweise die »linke« Kultur der Aufklärung haftbar machen will. Zum anderen *Die neue Inquisition. Sektenjagd in Deutschland* von Hubertus Mynarek; ein Buch, das im »Haus-Verlag« des Universellen Leben erschienen ist (Marktheidenfeld: Das weisse Pferd 1999) und sich wesentlich auf die Motive der kirchlichen und staatlichen Sektenbeauftragten konzentriert. Speziell in Bezug auf die »unheilige Allianz« von Sektenjägern und Medien ist auch das Buch *Satan – Jünger, Jäger und Justiz* von Andreas Huettel und Peter R. König (Großpösna: kreuzfeuer-verlag 2006) lesenswert. Das Thema **Gehirnwäsche** wird kurz aber zutreffend von Gordon Melten und Massimo Introvigne in dem kleinen Bändchen: *Gehirnwäsche und Sekten. Interdisziplinäre Annäherungen* (Marburg: Diagonal-Verlag 2000) zusammengefasst. Die Pionierstudie zum Thema stammt aus dem Klassiker von Eileen Barker: *The making of a Moonie. Choice or brainwashing?* (Oxford: B. Blackwell 1984). Eine Aufarbeitung des gemeinten Sachverhalts in angemessener, d. h. religionspsychologischer Perspektive, findet sich in Sebastian Murkens *Neue religiöse Bewegungen aus religionspsychologischer Perspektive* (Marburg: Diagonal-Verlag 2009).

Zum Schluss noch ein paar systematisch schwer zuzuordnende, aber sehr gute Internetquellen: Die Seite *www.adherents.com* stellt vorwiegend **Statistiken über Religionen und religiöse Bewegungen** zusammen. Mit über 4200 religiösen Gruppen ist sie die bei weitem umfangreichste Seite in diesem Metier. Von manchen für etwas zu »sektenfreundlich« gehalten, gleichsam aber eine der materialreichsten Informationsseiten über alle **Diskurse im Zusammenhang mit neuen Religionen** ist die des *Center for Studies on New Religions (www.cesnur.org)*. Eine sehr seriöse Seite in Deutschland ist nach wie vor die Seite des *Religionswissenschaftlichen Dienstes Marburg (www.remid.de);* auch sie ist leider nur noch teilweise kostenfrei. Der Verweis auf die *Evangelische Zentralstelle für Weltanschauungsfragen (www.ekd.de/ezw)* mag hier der Vollständigkeit halber gegeben sein, empfehlenswert ist die Seite nicht. Die angebotenen längeren Texte (EZW-Materialien) sind kostenpflichtig und nach wie vor von sehr unterschiedlicher Güte. Die kostenlosen Kurzinfos zu den umstritteneren Phänomenen (TM, Scientology, Zeugen Jehovas usw.) sind aus wissenschaftlicher Perspektive schlichtweg inakzeptabel. Wer unbedingt Aufklärung aus »evangelischer« Sicht möchte, sei eher auf die Schweizer Seite *Evangelischer Informationsdienst (www.relinfo.ch)* verwiesen. Auch hier sind die Informationen von unterschiedlicher Qualität und die Seite ist miserabel gepflegt, aber sie ist kostenfrei und enthält auch durchaus lesenswerte Texte. Und um mit etwas wirklich Gutem zu schließen: Die vielleicht beste kostenfreie **Verweisquelle in den wissenschaftlichen Diskurs über neue und alte Religionen** ist das US-amerikanische Hartford Seminary's bzw. das *Hartford Institute for Religion Research (www.hirr.hartsem.edu)*. Hier findet sich auch eine der besten freien enzyklopädischen Quellen zu »Religion und Gesellschaft« *(www.hirr.hartsem.edu/ency/index.html)*.

Personenregister

Sachregister

Register der Religionen und religiösen Bewegungen

Danksagung

Liebe Freunde, Studierende, weitläufig Bekannte und fast Unbekannte, die ihr mich immer wieder mit dem »Sektenthema« gelöchert und euch deswegen nicht selten blutige Ohren bei mir abgeholt habt: Danke! Ohne Eure »dummen Fragen« hätte ich das Buch nie geschrieben.

Der notwendige Folgedank geht an meine Kleinfamilie – besonders an meine Lebensgefährtin Susanne und meinen Sohn Jonas –, die ich während der zeitraubenden Arbeit an diesem Buch regelmäßig und rücksichtslos vernachlässigt habe.

Der akademische Dank geht an die beiden Theologen mit der großen Leidenschaft für die Religionswissenschaften: An Andreas Grünschloss, der mir den tieferen Einblick in die Religionswissenschaften überhaupt erst schmackhaft gemacht hat, und an Marco Frenschkowski, der nicht nur das Vorwort beigesteuert hat, sondern auch das Manuskript im Vorfeld kritisch geprüft hat. Ein Sonderdank geht in diesem Zusammenhang an Prof. Dr. Georg Plasger, der mein Weltbild bezüglich des Calvinismus ein wenig geradegerückt hat.

Dem Vandenhoeck & Ruprecht-Verlag danke ich für die gute Zusammenarbeit und ganz besonders meiner Kollegin Fanny Schoeler-Rädke für das unermüdliche, aufopferungsvolle und kritische Lektorat.

Gewidmet sei das Buch zwei meiner großen Mentoren, die beide im letzten Jahr (2011) verstorben sind: Prof. Dr. Walter Euchner, dem »kleinen« großen Ideengeschichtler, und dem Publizisten und Literaturwissenschaftler Heinz Ludwig Arnold: *Requiescant in pace!*